小散户
如何正确炒股

一个老股民25年的炒股经

谢宏章/著

经济管理出版社

ECONOMY & MANAGEMENT PUBLISHING HOUSE

图书在版编目（CIP）数据

小散户如何正确炒股——一个老股民25年的炒股经/谢宏章著. —北京：经济管理出版社，2019.8

ISBN 978-7-5096-6812-2

Ⅰ. ①小⋯　Ⅱ. ①谢⋯　Ⅲ. ①股票投资—基本知识　Ⅳ. ①F830.91

中国版本图书馆 CIP 数据核字（2019）第 158982 号

组稿编辑：勇　生
责任编辑：勇　生　杜弈彤
责任印制：高　娅
责任校对：赵天宇

出版发行：经济管理出版社
　　　　　（北京市海淀区北蜂窝 8 号中雅大厦 A 座 11 层　100038）
网　　　址：www. E-mp. com. cn
电　　　话：(010) 51915602
印　　　刷：三河市延风印装有限公司
经　　　销：新华书店
开　　　本：787mm×1092mm/16
印　　　张：23
字　　　数：434 千字
版　　　次：2020 年 1 月第 1 版　2020 年 1 月第 1 次印刷
书　　　号：ISBN 978-7-5096-6812-2
定　　　价：68.00 元

前　言

有关股票投资方面的书，已经出版了八本，分别是：《民间高手谈股经：散户怎样战胜庄家》（中国发展出版社）、《炒股的智慧：民间高手谈股经2》（中国发展出版社）、《跟谢宏章学炒股》（中国经济出版社）、《我的炒股十招》（机械工业出版社）、《从5万元到150万元》（龙门书局）、《散户只盈不亏技法：民间高手谈股经3》（中国发展出版社）、《炒股：对策决定成败》（经济管理出版社）、《股市成功之道：中短线滚动操作技法揭秘》（清华大学出版社）。本书是第九本，也是最后一本，起名叫《小散户如何正确炒股：一个老股民25年的炒股经》。

为什么写这本书，又为什么要起这个名字？最初考虑的是在封笔之前给自己的儿子写点东西、留点文字。记得八年前儿子中考结束，提出的第一项"请求"是，希望准许他学炒股票。儿子的"突然袭击"当时弄得我有些措手不及。考虑之后我断然拒绝了儿子的要求，原因在于怕耽误他的学业。如今，儿子大学毕业，参加工作也一年多了，说不定哪一天突然也炒起股来了，尽管我不希望他跟股票沾边。但作为父亲，管得了儿子眼前，管不了他的将来。所以，我得两手准备，趁现在健在把自己想讲的东西提前写出来，等有朝一日他需要的时候可以拿出来予以参考，免得他在股市投资的道路上，再走父辈曾经走过的弯路，再犯父辈曾经犯过的错误，尽管在股市投资的道路上，没有千篇一律的模式，没有一成不变的方法，很多人都需要在自己的投资实践中去不断摸索和尝试，甚至走弯路、犯错误。

还要考虑的是，在日常与投资者朋友的交流中，发现很多人辛辛苦苦了许多年，把自己省吃俭用节省下来的每一分钱甚至本来用于买车买房的钱或者借来的钱都用于股市投资，但到头来不仅没有盈利，反而亏损严重，好不容易挣来的钱就这样打了水漂、有去无回。有些还是省外从事医生、教师等职业的投资者，专门打来电话、发来邮件或微信前来咨询或求助。每当看到这样的情景，我总想把自己多年来总结出来的这套操作方法介绍给他们，好让他们少走弯路、少犯错误，也好有些收益、有些回报。与此同时，也好让自己有些成就感，在给他人带来快乐的同时也给自己带来快乐。这

也是我要写本书的一大初衷。所以，从这个意义上看，每一个拥有本书的读者，都是和笔者有特殊缘分的朋友、知己。

鉴于以上两点考虑，所以把"一个老股民 25 年的炒股经"体现在标题里，核心在于"小散户如何正确炒股"，尤其是"正确"两字。正因为如此，笔者对自己撰写本书的要求比之前写的八本更高一些，尤其是突出了本书的系统性、完整性和可操作性，把落脚点放在"正确"炒股上。为了验证这套操作系统的可行性，笔者特意对自己 2012~2016 年的实际操作结果进行了专门统计，发现这五年，均跑赢了上证指数，其中 2012 年跑赢 10.17 个百分点，2013 年跑赢 10.88 个百分点，2014 年跑赢 4.04 个百分点，2015 年跑赢 62.23 个百分点，2016 年跑赢 17.82 个百分点，年化平均跑赢 21.03 个百分点。

实盘投资的平均年化收益率达到 30.31%，其中，2012 年收益率为 13.34%，同期上证指数涨 3.17%；2013 年收益率为 4.13%，同期上证指数跌 6.75%；2014 年收益率为 56.91%，同期上证指数涨 52.87%；2015 年收益率为 71.64%，同期上证指数涨 9.41%；2016 年收益率为 5.51%，同期上证指数跌 12.31%。统计的目的在于进一步增强本书的针对性和这套操作方法的有效性。

说起这套操作方法，值得一提的是，笔者自 20 世纪 90 年代入市以来，已在股市摸爬滚打 25 年。在此期间，也曾经历过从挫折到觉悟，从亏损到盈利，从不知所措到得心应手的重大转变，在此基础上，才逐渐总结出了一套适合自己、适合普通散户的操作方法。所以，本书的一大亮点，正是将这套相对成熟的操作方法系统地加以总结和梳理，用尽可能短的语言，尽可能直白的文字，以简明扼要的方式表达出来，供自己的儿子、亲戚、朋友、同事，以及所有有这方面需求的投资人士参考借鉴，便于大家从过去的投资困境中走出来，达到理想的投资效果，取得应有的投资回报。若能如此，便是笔者的一大幸事。

写完本书后，我也快退休了，若无特殊原因打算就此封笔，腾出时间专心于股市操作和日常生活，好让今后的生活简单一些、轻松一些。

这一想法由来已久，如今就要实现，真的已无遗憾。

谢宏章

于宁波

目 录

上篇 方法篇

第一章 做好两份工作 ································ **003**

第一节 亲历"5·30" / 003

第二节 能不炒股尽量不要炒股 / 005

第三节 做好两份工作 / 005

第四节 具备炒股条件 / 006

第五节 一个家庭能否多人炒股 / 007

第二章 备好三个钱包 ································ **009**

第一节 勿用"压力钱" / 009

第二节 备好三个钱包 / 010

第三章 确定盈利目标 ································ **012**

第一节 确定具体目标 / 012

第二节 重在实际执行 / 014

第四章 确定盈利路径 ································ **016**

第一节 "三大"盈利路径 / 016

第二节 "打新"路径详解 / 017

第三节 "波段"路径详解 / 020

第四节 "短差"路径详解 / 022

第五节　操作的"三大前提" / 024

第五章　须做哪些"功课" ………………………………………………… 026

第一节　实际操作举例 / 026

第二节　须做哪些"功课" / 030

中篇　技巧篇

第六章　关于品种选择：选对品种炒股就成功了一半 ………………… 037

第一节　选择股票前需想清楚的几个问题 / 037

第二节　在"比较"优势中捕捉"黑马" / 038

第三节　牵手心目中的"潜力黑马" / 041

第四节　巧用三步法把握自选股机会 / 043

第五节　学会"撒网捕鱼" / 047

第七章　关于品种置换：正确及时的换股与品种选择一样重要 ………… 049

第一节　善于调"兵"遣"将" / 049

第二节　把握轮涨节奏实现持续盈利 / 051

第三节　操作预盈股为什么盈利这么难 / 054

第四节　在"亏损股"里淘金 / 057

第五节　多策并举应对"弃儿股" / 061

第六节　"回头草"不是草，"吃得好"也是宝 / 064

第七节　怎样换股才不会被主力暗算 / 067

第八章　关于交易时机：成功的另一半是机会的正确把握 ……………… 071

第一节　"启动股"的操作技巧 / 071

第二节　把握黄金坑里的"左侧"机会 / 074

第三节　如何让"右侧交易"技高一筹 / 078

第四节　把握"金针探底"后的投资机会 / 082

第五节　善于抓住"磨"出来的机会 / 085

第六节　急不得，也等不得 / 088

第九章　关于仓位控制：建仓重仓满仓 VS 减仓轻仓空仓 ················· **091**

第一节　控制仓位最要紧 / 091

第二节　多跳"集体舞"，少唱"独角戏" / 092

第三节　"分批买卖"有讲究，"把握分寸"最重要 / 094

第四节　妙用"加减乘除"法则 / 097

第五节　偶尔也可"满仓操作" / 100

第十章　关于持仓周期：长线持股好还是短线交易好 ················· **106**

第一节　好股票怎样才能不"流产" / 106

第二节　"不操作"往往就是"最好的操作" / 108

第三节　投资"长线股"≠一味死守 / 110

第四节　死筹码怎样操作才能活起来 / 113

第五节　炒股的"借鸡下蛋"获利模式 / 117

第六节　巧借"T+0"打赢"闪电战" / 119

第七节　过好四道"坎"，欲速也能达 / 123

第八节　妙用"高频交易"应对"磨底行情" / 124

第九节　让固定筹码"流金淌银" / 128

第十节　"波段操作"的三大纪律八项注意 / 131

第十一节　炒股不能功利短视 / 134

第十一章　基本操作技法：怎样炒股更给力 ················· **137**

第一节　"高卖低买"：简易而不简单 / 137

第二节　"补操作"在实际交易中的妙用 / 141

第三节　回转交易："简单"的制胜法宝 / 144

第四节　嵌套交易如何实现逆市盈利 / 147

第五节　简单实用的连环交易操作法 / 152

第十二章　特殊操作技法之一：牛市逃顶术 ················· **157**

第一节　牛市"起涨阶段"的投资策略 / 157

第二节 "赶底阶段"如何"防守反击" / 160

第三节 主升浪交易技法揭秘 / 163

第四节 "逼空市"炒股离不开精细化 / 167

第五节 普涨之后的操作技巧 / 169

第六节 牛市炒股的"制胜宝典" / 171

第七节 "踏空"后的操作技巧 / 174

第八节 巧借主力洗盘回补低位筹码 / 177

第九节 散户"逃顶"三秘诀 / 180

第十三章 特殊操作技法之二：熊市抄底经 ·········· **183**

第一节 如何搏"连跌"后的"超跌反弹" / 183

第二节 大跌后如何跑赢指数 / 186

第三节 善于在下跌中实现持续盈利 / 190

第四节 "寻底市"怎样掘金 / 193

第五节 加速赶底阶段如何减亏 / 196

第六节 如何操作"政策底" / 200

第七节 熊市解套"路线图" / 205

第八节 存量资金如何在熊市实现"双赢" / 209

第九节 增量资金如何参与熊市抄底 / 212

第十节 "三字经"抄底法 / 216

第十一节 散户"抄底"全解码 / 219

第十二节 "保险坑"的趋利避险功效 / 222

第十四章 特殊操作技法之三：猴市制胜法 ·········· **227**

第一节 "震荡市"如何不坐"过山车" / 227

第二节 解好方程式，巧对"挣扎市" / 230

第三节 "僵持阶段"怎样操作 / 232

第四节 "整固"阶段的投资策略 / 234

第五节 "敏感点位"的投资策略 / 237

下篇　秘籍篇

第十五章　面对信息消息：摒弃幻想相信自己 …………………………………… **243**

第一节　"利好云集"怎么操作 / 243

第二节　把握"利空股"的投资机会 / 246

第三节　三招应对"地雷股" / 249

第四节　面对股评须一分为二 / 253

第五节　最值得信赖的人是你自己 / 254

第十六章　面对逐利诱惑：始终坚守风控底线 …………………………………… **258**

第一节　做好危机管理　确保风险可控 / 258

第二节　筑牢六道防线　严控投资风险 / 261

第三节　把紧操作"安全阀" / 265

第四节　变"潜在机会"为现实盈利 / 267

第十七章　面对获利之难：自创各种技法招术 …………………………………… **270**

第一节　亏钱"路线图"揭秘 / 270

第二节　盯"盘面"，寻"真金" / 272

第三节　踢好委托下单"临门一脚" / 275

第四节　"无招"胜有招 / 278

第五节　"阵地战"里"打游击" / 281

第六节　逆势操作的机遇与挑战 / 283

第七节　追涨不是本事，潜伏才是高手 / 285

第八节　怎样才能"后发制人" / 288

第九节　"弯道"炒股如何"超车" / 290

第十节　操作的"四大法宝" / 293

第十一节　巧打"时间差"，淘金"配售股" / 296

第十二节　善于"算计"才能稳操胜券 / 299

第十三节　差别化红利税实施后怎么省钱 / 302

第十八章　面对各路高手：用笨办法搭"顺风车" ································· **307**

第一节　巧搭主力自救"顺风车" / 307

第二节　巧用跟进法把握营利性机会 / 311

第三节　"蹭法"炒股亦奇崛 / 314

第四节　"傍式"炒股的独特技法 / 317

第五节　念好"三字经"，跟着"高手"走 / 319

第六节　寻找与自身实际相适应的炒股方法 / 321

第十九章　面对市场规律：莫被无情股市利用 ································· **324**

第一节　理性看待"章鱼哥" / 324

第二节　勿过度迷恋期指仿真"神话" / 327

第三节　淘金"难看股"：细节决定成败 / 329

第四节　七成股民跑输大盘之反思 / 334

第五节　怎么抢股市"红包" / 337

第六节　"翻身仗"怎么打 / 341

第七节　怎样才能少"埋单" / 344

第八节　炒股需要有"记性" / 346

第九节　猜测底部不如"计划行事" / 347

第十节　"谋而后动"方能"战胜自己" / 349

第十一节　炒股也要"见机行事" / 352

后记　勤学多思要牢记 / 355

上篇　方法篇

炒股，需不需要有方法，答案是肯定的。有人可能会说，炒股还需要什么方法，不就是低买高卖嘛。只要看准大势，涨时重仓出击，跌时空仓观望；选择强势品种，然后一路持有，等到了一定高位，把它卖出，再换别的品种即可。道理上讲，这样做的确没错，可在实际操作中并非易事，没几个人能做得好，笔者的体会是，炒股跟做任何事情一样，需要有一套适合自己的方法，需要有自己的独门"绝活"才行。

第一章 做好两份工作

第一节 亲历"5·30"

说起炒股方法，不能不提起著名的"5·30"事件，对此，多数老股民记忆犹新。中国股市始于 1990 年 12 月 19 日当天上午 11 时，在上海浦江饭店孔雀厅，随着一声锣响，上海证券交易所正式开市营业。之后二十几年，经历了数次大起大落，既有轰轰烈烈的牛市，也有阴跌不止的熊市，尤其是几次大的暴跌，其中最著名的要数"5·30"暴跌。

2007 年 5 月 30 日，在多重利空影响下，沪指跳空 247 点（-5.71%）低开，全日几无像样反弹，至收盘暴跌 6.50%，躺在跌停板上的股票不计其数。翌日超跌反弹后，周五继续大跌 2.65%。在这 3 天里，笔者没有减仓，好不容易熬到了周末。

第 4 天（6 月 4 日），在内外利空夹击下，股市继续大幅跳水，个股更是大面积跌停，无论用什么词语来形容当时股市的惨状和股民的悲凉都不为过。这一天，尽管持有的股票悉数跌停，但笔者仍坚守初衷，没有减仓，咬牙坚持挺了过来。

最揪心的时刻发生在第 5 天，那是星期二。上午，绝大多数股票在周一暴跌惯性作用下，毫无悬念地继续封死跌停，一动也不动。

怎么办？5 天时间市值已严重缩水。再等吧，似乎又看不到一丝希望，脑子感觉一片茫然，似乎末日就要来临，打算全部清仓，暗中发誓从今往后再也不炒股票。

下午开市后，盘面依然死气沉沉，个股毫无转机迹象。与其这样死等，不如趁早出来。于是，几乎未加思索就当即作出了清仓离场的决定，并拿起电话（当时最先进的委托方式），时价委托，在跌停板或接近跌停价上大开杀戮，分别清仓大唐发电、中国联通、浙大网新和北京城建等股票。就这样，超过 80% 的仓位在大跌 5 天之后拱手

让给了别人，仅留下两成股票打算留作"纪念"。

低位离场后，十分担心大盘和个股转头上涨。然而，投资就是这样：期待的往往落空，担心的常常发生。股市似乎偏与人过不去一样，几乎是在放下电话回到显示行情的电视机前的一瞬间，让人目瞪口呆的事情发生了：大盘已由深绿变成大红，几分钟前还死死躺在跌停板上的股票仿佛全都注射了强心剂一般变得生龙活虎，你追我赶，场面十分壮观。此后，大盘在连涨 11 天又连压 11 个交易日后硬是一路狂奔，向 6124 点历史高点冲去。

在大盘绝尘而去的同时，刚卖出的股票也表现出色、纷纷暴涨，特别是大唐发电已从跌 10%变成了涨 5%，并以全日次高点收盘。

晚上回家，特意就当天的操作算了一笔账：卖与不卖比，仅大唐发电一只股票损失就超过了 12 个百分点。轻仓暴涨的打击甚于满仓暴跌。伴随账户市值的"蒸发"，此时心态也坏到了极致，整个晚上都无法合眼入眠。

一周后，由于高送转题材没有兑现，加之大唐发电涨势如虹，不得不以 27.10 元的高价将 19 元卖出的 5000 股大唐发电原数买回。仅此一只股票，动与不动相比，4 万余元的资金就打了"水漂"，还不包括来回交易成本。

这便是中国股市历史上著名的"5·30"暴跌事件，以及此次"反差"操作留给笔者的难忘记忆。

"5·30"暴跌事件留给笔者的思考很多，既有当时失去真金白银所留下的遗憾，也有如今变教训为财富所带来的欣慰，其中最深刻的体会是：只要身在股市一天，就要风险防控一天。这种防控不能等暴跌发生后才想起，而是要在暴跌没有发生甚至形势一片大好的时候，时刻提醒自己注意防范股市风险，做好下跌甚至暴跌的准备；而当暴跌既已发生，则应坚定投资信心，看到股市美好未来，且把暴跌看作是风险的释放和机会的降临。

在本书一开头，就提那不愉快的"5·30"暴跌，大家的心情可能会比较沉重些，目的就是要告诉大家，每一个来股市投资的人都是希望赚钱才来的，但股市有风险，而且有些风险防不胜防，比你想象的、比你能承受的风险大得多，对此，来股市之前首先需要想清楚。

第二节　能不炒股尽量不要炒股

讲了那么多关于"5·30"暴跌事件，你应该明白笔者接下来想要说的话了。那就是先给大家泼一盆冷水，能不炒股，尽量不要炒股。

人的一生，会有许多选择，但关键之处只有几步。入不入股市、炒不炒股票，便是其中之一。股市并非"大众情人"，不是所有的人都适合炒股。对于有些人来说，炒股是正确的选择，因为有强烈的风险意识、有雄厚的资金实力、有精湛的操作技艺、有驾驭股市的能力和水平。

但对于另外一些人来说，不炒股才是理性的选择：日出而作，日落而息，过着平平常常的日子，生活倒也其乐融融。只要你不炒股票，将来无论做什么，只要用心去做，尽力而为，都会有饭吃。只有炒股，你的付出，你的投入，与收入不一定成正比，说不定你的付出越大失望也越大，你的投入越多亏损也越多。

在此，笔者奉劝大家尤其是年轻人尽量不要选择炒股。如果特别有兴趣，一定要炒股，那也不能"以股为业"，专干炒股这一行。如果你已经有一份不错的工作，就别选择辞职炒股；如果还没有一份正当的行业，那就踏踏实实地去找一份稳当的工作吧，千万不要指望在股市里赚钱甚至指望在股市发财；如果将来有一天，感觉没事做的时候，千万别打炒股的主意，没钱赚的时候，千万别动炒股的脑筋。

第三节　做好两份工作

如果有一天，感觉对炒股特别有兴趣，实在想要炒股，上面讲了不能"以股为业"，那怎么办呢？告诉大家，有个好办法，那就是"做好两份工作"。一份是必须做的工作，另一份是喜欢做的工作。做到这两份工作两手抓、两兼顾、两不误。

必须做的工作——不是炒股。这是主业、正业，必须做好的工作。随便你从事什么工作（只要不是炒股），只要一心一意、认认真真、脚踏实地、用心去做，都能够做出成绩，都能够有所作为，都能够养家糊口，都能够给你和你的家庭带来幸福，所以，

任何时候都不要放弃这份正业。切记！

喜欢做的工作——才是炒股。这是次业、副业，属于喜欢做的工作，需要因人而异，如果你有这份炒股的天赋，又对炒股有特别的喜好，就可以在做好本职工作，做好正业的基础上，适当地涉足股市、炒炒股票。但不可过于投入、过于痴迷，只能当作第二职业，当作业余爱好，且不能影响工作、学习和生活。这一点，同样需要切记！

第四节　具备炒股条件

炒股并非人人适合，适合人人。即使你处理好了两份工作的关系，适合炒股的人还须具备以下条件：

一是有闲钱。赌博是万恶之源，因欠下一屁股赌债而家破人亡、妻离子散的悲剧不胜枚举；炒股也有风险，尤其是因借贷炒股最终落得个倾家荡产的投资者同样不在少数。所以，无论在什么情况下都不能动借钱炒股的念头。投入股市里的钱，必须是多余的闲钱。

二是有闲心。不能把炒股当主业、正业，充其量只能利用业余时间玩玩而已。那么作为有一份正当行业的上班族怎么来从事炒股这份副业呢？前提是要有闲心。具体方法，笔者倒有个小"秘方"：上班族炒股，可选择"早一刻，晚一刻"这种适合上班族的"半小时工作制"，非常不错。

早上起来，在上班前，用上大约刻把钟的时间，浏览一下时政新闻、财经信息和过去一天的行情，做好操作计划，设好心理价位，提前进行委托。做完这一切后，便去单位上班，忘掉股市股票，该干什么干什么。

晚上回家，料理完了杂事，再来看看一天的行情，查查自己的委托有无成交，看看手里持有的品种涨跌如何，并做好第二天的打算。假如委托成交，获得了盈利，自然就有种成就感；如果亏了也没关系，还可以从头再来。

"半小时工作制"，虽然一天只有半小时，但午休期间，也可以浏览一下股市行情，做做买卖委托操作等，只要不影响工作即可。要是赶上年休假什么的，还可以过把职业股民的"瘾"，体验一下专职炒股的生活。

三是有平常心。"上班族"炒股与专门从事炒股的职业股民不同，所以难度相对较大，要求也更高，尤其要有平常之心。以笔者之见，需要注意这么几点：要加强知识学习，既包括政经、时事等宏观方面知识的学习，也包括对证券市场内部基本情况和个股信息的了解；要培养投资兴趣，无论做什么事情，有了兴趣才会成功，炒股也不例外；要以平常心待之。涨跌乃股市的常事。上班时认真做好自己的工作，下班后，像翻报纸、看电视、听广播一样，查看一下股市的行情和自己所持的股票。涨了，当然高兴，跌了，也无所谓。

四是有适合炒股的性格。能耐得住寂寞，能经得起考验，有强烈的风险意识。任何时候都不能只有"盈利"这一种预期，一定要有"亏钱"的思想准备，要亏得起。此外，还要有严格的计划观念，只有计划周全了，并严格按计划行事，才会防止和避免操作的随意性和失误。

总之，在处理好两份工作关系的基础上，经过掂量感觉自己是属于适合炒股的类型，具备炒股的条件时，才可选择炒股，否则还是远离为好。

第五节　一个家庭能否多人炒股

如果一个家庭内部有两人及两人以上想炒股，行不行？需要根据情况区别对待，具体可把握这么几个原则：

一要分别开户。股市的最大魅力在于未来的深不可测。股市的这一特性也决定了投资者（家庭成员）对股市预期的分歧。夫妻也好，其他成员也罢，都不可能做到看法、预期的完全一致。因此，对家庭炒股的资金进行合理分配，分别由不同成员各自掌控，各自投资，是应该的，也是必要的。

二要互不干涉。既然已经把投入股市的资金进行了分配，由各位成员分别掌控、各自投资，就应由各方自己决定投资的目标、方向、数量，其他成员不要随意干涉对方的操作，要彼此信任、相互支持、不予干涉。对对方的投资决策，无论对错、成败与否，都不要埋怨和指责，而要多给予理解和宽容。

三要互相帮助。互相帮助与互不干涉并不矛盾，也无须把两者对立起来。在总的坚持互不干涉、主意自拿的原则下，根据对方需求，进行一些力所能及的帮助指导是应该的，也是能够做得到的。尤其是"股龄"相对较长、经验较为丰富的一方，更应给对方及时、正确的指导和帮助。

简言之，普通家庭炒股票，关键的问题不在于炒的人数多少，而在于怎么炒。炒

得好，不仅可以多人炒，而且也便于家庭成员之间在操作技巧等方面的互相切磋、共同提高，有利于加强沟通、增加彼此之间的信任，使家庭氛围变得更加融洽、和谐；炒不好，即使一个人炒，也会炒出问题、炒出烦恼来。

第二章 备好三个钱包

第一节 勿用"压力钱"

炒股需要钱，钱从哪里来？什么样的钱可以投入股市？对此，不同的人，各有各的门道，各有各的招数。有人从银行取出了多年的积蓄，有人采取各种方法去贷款，也有人把自己的养老金、孩子的教育费、家里的生活费，甚至用于买房、结婚、上大学的钱都拿出来，投入股市，用于炒股。

这样做对不对、好不好？因各人情况不同，因此也不能一概而论。但有一点，千万别把有"压力"的钱投进股市！

这里所说的"压力钱"，指的主要是三种情况：一是倾其所有，孤注一掷，即把家里的全部财产拿出来用于炒股，一旦投资失利，就会对家庭生活造成重大"压力"；二是预支未来，寅吃卯粮，即把"未来的收入"也提前拿出来用于炒股；三是不计成本、贷款炒股，即通过银行贷款、向亲友借款，有的甚至采取高利贷等办法，筹集股款。

用"压力钱"炒股与使用自有、可支配、无压力的"闲钱"相比，最大的特点是，前者有使用时间上的限制，以及"只能盈利不能亏损"的心理压力。一旦投资结果与预期不一致，往往会给心理、情绪、正常生活带来较大影响，轻则影响工作、学习和生活，重则导致妻离子散、家破人亡，对个人、家庭乃至社会稳定都会产生程度不同的负面影响。类似的例子在平时时有所闻。

怎么办？老股民真诚地告诉大家，用于炒股的资金，必须是没有使用时间上的限制、不受盈亏影响、完全属于自己、可以独立支配的"自有资金"，即"闲钱"。即使如此，也不能倾其所有，把全部家当搬出来放在一个"篮子"里，也要控制好比例。

自有资金炒股的最大好处是，可以使投资者保持一种平和的心态，涨了、盈了当

然高兴，跌了、亏了还有机会，无论是盈是亏，都不至于影响情绪、改变生活。而且，有了这种平和心态，反而有利于投资。操作的时候，可以做到理性思考、沉着决断、动作稳健、不急不躁，进而有利于取得投资的成功。

第二节　备好三个钱包

利用"闲钱"炒股，关于资金管控，笔者有一办法，就是"三个钱包"法，即每个家庭以家庭整体为单位，除去必要的个人自由支配资金，将每个家庭成员所有的收入集中起来，实行统一管理。在此基础上，根据量入为出、收支合理的原则，将收入分成三份，分别放入三个"钱包"：

一是日常消费包。每月从收入中提取专门用于家庭日常开销的钱包。主要用于日常生活开支、购物旅游、人情支出等，做到不与股市牵涉，确保日常生活不因炒股而受影响。

二是家庭积蓄包。每月从收入中提取的专门用于储蓄，进行保值增值，无须承受风险，将来用于买房、买车、子女教育、自身养老等的钱包。同样不与股市牵涉，确保家业大计不因炒股而受影响。

三是股市投资包。以上两个钱包之外的、由家庭多余闲钱组成的、专门用作股市投资的钱包，不与日常零用、家庭积蓄牵连。由于这部分钱不与日常生活、重大用途挂钩，没有使用时间限制，炒起股来不会有压力，即便遇到突发事件、长期熊市，被套后完全有机会等待解套，顶多花点时间。再退一步，万一亏了，对生活也不会造成影响，用这样的资金、这样的心态炒股，就会觉得炒股没有压力，炒股非常轻松，炒股成功的概率就会很高。

"三个钱包"各有各的功能、各有各的用途，各自独立、互不影响。与此同时，做好家庭经济总账，每年往"三个钱包"分别充值了多少，尤其是股市投资包，从第一笔打入此包用于炒股开始，陆陆续续一共投入了多少，盈亏如何，都能做到一目了然、一清二楚（详见表 2-1）。

表 2–1　股市资金进出及盈亏情况汇总

年度区分	年初总值	年内投入	年投合计	年末总值	当年盈亏	历年投入	总盈亏额
××年前							
年							
年							
年							
年							

　　填表说明在后面介绍"年度系列统计表"时具体说明。

　　如果家庭内部有多人炒股的，股市投资包可再细分为股市投资包 A、股市投资包 B、股市投资包 C 等，分别交由家庭成员 A、B、C 进行投资打理。

　　"三个钱包"看似并不起眼甚至多此一举，实际上，此举正是老股民投资炒股的重要法宝和风险管控的最高境界。只有安排好了"三个钱包"，才有利于风控，有利于操作，才有可能在复杂多变的股市里成为最终的赢家。

　　总之，在股市投资，必须要有一份稳定收入的工作，且在安排好家用钱、储蓄钱的同时，利用闲心和闲钱，再去股市投资。换言之，在处理好两份工作关系、备好三个钱包基础上，通过实现财务的自由管理，把金钱当数字，把闲余资金这一"蛋糕"做深、做精、做好、做大，最终达到在众多投资者中成功胜出的目的。

第三章 确定盈利目标

第一节 确定具体目标

没有目标不行。做任何事情，如果没有目标，放任自流，做到哪、算到哪，就难以成功。实践表明，做事成功的第一步便是要有明确的目标，炒股也不例外。炒股的目标，就是把资金拿到股市以后，打算取得多少收益，盈利的目标是多少。对此，心里一定要非常清楚，一定要制定出适合自身实际的具体目标。

当然，目标还要切实可行。目标定得太高不行——难以实现，定得太低同样不行——意义不大，所以关键是要制定出一个适量适度、切实可行的具体目标。从 A 股市场自身特点和近年表现看，普通散户将收益目标——年化收益率确定在 20%左右比较恰当，实现的可能性还是比较大的。

比如，做个模拟，以期初投入 100 万元、时间周期 5 年，年化收益率确定 20%为例，5 年后的最终收益为 148.83 万元，总值达到 248.83 万元，总收益率达 148.83%；10 年后的最终收益为 519.17 万元，总值达到 619.17 万元，总收益率达 519.17%；15 年后的最终收益为 1440.70 万元，总值达到 1540.70 万元，总收益率达 1440.70%（详见表3-1）。

表 3-1　20%年化收益率各年度末对应总值

模拟年份	年末计划总值（万元）
第 1 年	120.00
第 2 年	144.00
第 3 年	172.80
第 4 年	207.36

模拟年份	年末计划总值（万元）
第 5 年	248.83
第 6 年	298.60
第 7 年	358.32
第 8 年	429.98
第 9 年	515.98
第 10 年	619.17
第 11 年	743.01
第 12 年	891.61
第 13 年	1069.93
第 14 年	1283.92
第 15 年	1540.70

投资者如果确定的期初投入金额、时间周期和年化收益率目标不同，那么最终收益的数额及总收益率也会不同。

再来看实盘操作。2011 年底，笔者按照上述思路，以当时账户总值（市值加资金）813993 元为期初投入资金开始起步，时间周期确定为 15 年，年化收益率确定为 20%，制订了一个分三步走（每 5 年一个阶段）的类似年化收益率计划表。

照此计划，第一阶段（5 年后）的最终收益为 1211482 元，总值达到 2025475 元，总收益率达 148.83%；第二阶段（10 年后）的最终收益为 4226037 元，总值达到 5040030 元，总收益率达 519.17%；第三阶段（15 年后）的最终收益为 11727215 元，总值达到 12541208 元，总收益率达 1440.70%，即 81.3993 万元起始资金，如果每年 20% 的盈利目标能够如期实现，15 年后将变成 1254.1208 万元。具体如下：

2012 年末应达到总值 976792 元；

2013 年末应达到总值 1172150 元；

2014 年末应达到总值 1406580 元；

2015 年末应达到总值 1687896 元；

2016 年末应达到总值 2025475 元；

2017 年末应达到总值 2430570 元；

2018 年末应达到总值 2916684 元；

2019 年末应达到总值 3500021 元；

2020 年末应达到总值 4200025 元；

2021 年末应达到总值 5040030 元；

2022 年末应达到总值 6048036 元；

2023 年末应达到总值 7257643 元；

2024 年末应达到总值 8709172 元；

2025 年末应达到总值 10451006 元；

2026 年末应达到总值 12541208 元。

第二节　重在实际执行

有了目标以后，关键在于执行。从某种意义上讲，有计划不执行比没有计划危害更大、问题更严重。所以，一旦制订出股市操作计划后，便要时刻提醒自己，严格按计划操作，确保计划如期实现。

当然，在计划具体执行过程中，单就某一年度而言，受市场整体行情影响，实际收益可能会大于或小于 20% 这一事先确定的年化收益率，所以还要把时间周期适当放长些，比如 5~10 年，看看整体上有没有达到年化收益率的目标，只要达到便是正确的执行结果，否则，说明执行有问题，需要总结问题症结所在，在接下来的操作中注意。从最终结果看，投资者还应有必要的两手准备，如果投资结果能够超预期当然最好不过，如果未达目标，事先也须有一定的心理准备。

来看实盘操作结果。期初投入 100 万元模拟盘的最终结果，投资者可按照各自的实际操作予以验证，以下是笔者 2011 年底，813993 元初始资金，实盘操作 5 年来的实际执行情况。从第一阶段的执行结果看，尽管就单一年度看，并不是每年都能达到 20% 的收益率，各年度的实际收益也是不均衡的，多的年份达到 56.91%、71.64%，少的年份只有 4.13%、5.51%，但总体来看，第一目标（5 年）计划的执行情况是顺利的、符合预期的。5 年时间内，平均年化收益率为 30.31%（5 年收益的算术平均值），已经远远超过期初确定的 20% 的目标。换言之，只用 5 年时间就已达到计划需要 7.5 年才能达到的目标，说明计划的执行是有效的、正确的，具体如下：

2012 年末应 976792 元，实 1142545 元，收 108552 元，率 13.34%；投入 22 万元；

2013 年末应 1172150 元，实 1249677 元，收 47132 元，率 4.13%；投入 6 万元；

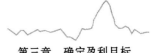

2014 年末应 1406580 元，实 2010000 元，收 711166 元，率 56.91%；投入 4.9 万元；

2015 年末应 1687896 元，实 3450000 元，收 1440000 元，率 71.64%；未再投入；

2016 年末应 2025475 元，实 3640000 元，收 190000 元，率 5.51%；未再投入。

这里，前 3 年实际操作中做了资金追加，为体现实盘操作的真实性，标列了实际追加的数额，在计算收益时已作扣除；后 3 年年末实值做了归整处理（提取了部分余款），目的在于平时做账方便，所以实际收益率还要略高些。

第四章 确定盈利路径

第一节 "三大"盈利路径

看到这里，大家可能会说，有目标且能如期实现当然是好事，这样的目标别说只有 20%，30%、50%岂不更好？问题的关键在于，要有能力去实现这一收益目标，换言之，要有一套适合自己、切实可行的赢利路径才行。因为，良好的目标都是有适当的路径作为支撑，否则就是空谈、妄想。

当然，不同的投资者需要有不同的路径。每个人的脾气、性格、趋向不同，决定了他的操作风格和投资路径也会截然不同。譬如，有人喜欢操作上升通道的股票，有人喜欢追逐强势股票，有人喜欢设立止盈、止损，有人喜欢一年之内只操作少量时间，多数时间选择空仓，等等。对此，无须千篇一律，只要适合自己即可，因为炒股这东西无对错、好坏之分，只有盈亏、适合与否之别。

不同阶段同样需要有不同路径。即使是同一投资者，在不同时期、不同阶段，也需调整它的投资路径和盈利方式。因为在不同时期，市场特点和投资者的操作趋向会有较大差别，投资者的操作必须适应这种变化，盈利路径也须作相应调整。

譬如，在大盘指数涨跌不多，板块和个股更多地呈现出不断轮动的市场环境下，便可尝试一下"三个 10%"的盈利路径，即"打新收益 10%""短差收益 10%""波段收益 10%"。

第一，"打新收益 10%"。在不考虑大盘和个股涨跌前提下，只通过"打新"（申购新股）获得的收益回报。以单一账户投入 50 万元，长期满仓配置股票市值（其中上海市场 30 万元左右、深圳市场 20 万元左右）为例，在新股发行节奏保持不变的前提下，经测算每年可打中 2~3 只新股（平均概率，具体到单一账户，会有偶然因素，账户越多越接近平均概率），按每只新股平均获利 2 万元计，单一账户仅"打新"一项收益就有 5 万元，对应收益率为 10%，其中资金量大的投资者需多配置几个账户"打新"。

第二，"短差收益 10%"。在完成账户基本配置、多数时段保持筹码不变的前提下，通过日内或周内快进快出、高抛低吸获取的额外收益。按 50 万元投资者账户，每个交易日"短差收益"200 元计（实际交易时不可能完全平均，往往波动较大），全年 250 个交易日（实际会有差异）累计可获得 5 万元收益，对应收益率为 10%。

第三，"波段收益 10%"。相对于"短差收益"而言，此收益指"短差"之外的、持有股票或资金时间相对较长的高抛低吸收益，保守一点估算全年收益也在 5 万元左右（仍以单一账户投入 50 万元为例），对应收益率也为 10%。

需要说明的是，以上"三个 10%"收益是在不考虑大盘和个股涨跌因素的前提下实现的目标。换言之，即使在某一投资年度内，大盘和个股不涨也不跌，投资者的账户收益也能达到 30%；若大盘和个股全年上涨 ×%，则投资者的账户收益为 30%+×%；若大盘和个股全年下跌 ×%，则投资者的账户收益为 30%-×%。譬如，大盘和个股上涨 30%，投资者的账户收益就是 60%，如果大盘和个股下跌 30%，投资者的账户收益就是 0，也能确保不跌。

第二节　"打新"路径详解

1. 盈利路径

做任何事情，都离不开天时地利人和，但并不意味着可以把一件事情的成功希望全都寄托在运气上，炒股"打新"亦是如此。有人认为，"打新"能否中签全凭运气，实际上此话只说对了一半，正确的说法应该是，必然和偶然的结合才是"打新"中签的秘诀所在。

所谓必然，指的是"打新"能否中签以及中几个签有内在的必然性，并非一些投资者所想象的那样全凭运气。如 2017 年笔者分成几个账户"打新"，经测算，1~6 月，中签的概率分别为 325%、171%、305%、186%、165%、185%，合计 1337%，即 1~6 月应分别中签 3.25 只、1.71 只、3.05 只、1.86 只、1.65 只、1.85 只，合计应中签 13.37 只，换言之，上半年"打新"应该会有 13 只新股中签。实际上，最终中签数量为 3

只、3 只、3 只、1 只、3 只、4 只，合计 17 只，与测算的结果比较接近。这 17 只新股"开板"后卖出共产生收益 281302 元，全年"打新"收益约为 562604 元，对年收益率的贡献率达 15.46%，远远超过"打新收益 10%"的目标，说明"打新收益 10%"的盈利路径是可行的、可以实现的。

所谓偶然，指的是单次"打新"能否中签，其偶然性相对较大。

2. 配套工具

看到这里，大家可能会问，你上面提到的中签率是怎么得来的呢？实际上非常简单，即采用自行研制的《"打新"中签率日统计表》（详见表 4-1）和《"打新"中签率年汇总表》（详见表 4-2），得出"打新"中签率。

表 4-1　"打新"中签率日统计表

日期	额度		A 账		B 账		C 账		共计只数	单中签率	合中签率
	上海	深圳	上海	深圳	上海	深圳	上海	深圳			
合计											

表 4-2　"打新"中签率年汇总表

月份	A 账中签		B 账中签		C 账中签		合计中签		共计只数	均中签率	合中签率
	只数	收益	只数	收益	只数	收益	只数	收益			
1											
2											
3											

续表

月份	A账中签		B账中签		C账中签		合计中签		共计只数	均中签率	合中签率
	只数	收益	只数	收益	只数	收益	只数	收益			
4											
5											
6											
7											
8											
9											
10											
11											
12											
合计											

3. 操作方法

《"打新"中签率日统计表》操作方法如下："打新"当天，先将申购新股的上限填入"额度"栏内，每只新股填一行（因为每只新股申购的中签率不同）；申购完成后，将各个账户实际申购的只数填入对应的账户名下（上海市场和深圳市场分别填写）；再将每只新股的实际申购只数总和加起来填入"共计只数"栏内，表示几个账户加起来，该只新股一共申购了几只号码；当天晚上（若遇节假日前最后一个交易日申购，要到下一个交易日的前一个晚上）该只新股申购的中签率公布后，将该中签率填入"单中签率"栏内，并与"共计只数"相乘，可得出投资者对于该只新股可能中签的概率，再填入"合中签率"栏内即可。

月末，再来汇总单月申购结果，只要将前面一个月内"打新"的"共计只数""单中签率""合中签率"分别相加，即为该月的"共计只数""单中签率"和"合中签率"总数。

《"打新"中签率年汇总表》操作方法如下：先将每月统计汇集起来的"共计只数""单中签率""合中签率"分别填入《"打新"中签率年汇总表》对应栏内，其中"单中签率"总数相加后，还须除以申购只数才变成"均中签率"；在年底，将此表各栏相加，便能得出投资者全年申购新股的总只数、平均中签率和合计中签率，其中"合计中签率"便是理论上该投资者全年能够中签的数量（"合计中签率"除以100便是只数），上面提到的中签率便是这样得来的。

及时填写实际中签只数和上市后的收益。一般在新股申购的下一个交易日晚上（一般 21 时左右），即可在账户内查询中签结果。一旦出现中签，须在下一个交易日留足资金，用于缴款（系统会自动扣款），然后就等上市、交易即可。待该股正式上市交易若干个交易日之后，该股的一字涨停板就会打开，一旦发现涨停板被打开，当天第一时间即可以开盘价将其卖出。通常情况下，打中的新股只参与连续涨停，不参与开板后涨跌，所以一开板便应将其卖出。

新股实际中签数量以及新股上市开盘卖出后，应及时将中签的股票只数和收益分别填入对应的"A 账中签"的"只数"和"收益"栏内，以此类推。最后，计算出"合计中签"的"只数"和"收益"，年底再来汇总全年的"只数"和"收益"。至此，全年申购新股的理论中签只数、实际中签只数和"打新"收益便全部统计汇总完毕。

顺便再提一下关于如何提高"打新"中签率的问题。笔者多年"打新"实践摸索出来的规律主要有：一是单一账户规模控制，一般以 50 万元资金量为宜，资金量大的投资者最好能分成几个账户"打新"，否则容易造成市值浪费；二是配置股票市值以上海市场 30 万元左右、深圳市场 20 万元左右为宜；三是"打新"时间以"取中间"为宜，即上午 10 时 30 分左右，下午 2 时左右，尽量选择在上午，因为万一有事或遗忘还有下午"补打"的时间，每次申购完毕可在表格内做个标记，以免遗漏；四是坚持，每次都打，不要放弃，除非"打新"出现收益没有保障的情况，"打新"也有风险时，另当别论。

第三节 "波段"路径详解

1. 盈利路径

"波段"操作的基本考虑是，假如投资者对账户里的投资品种完成布局后，采取的是长线投资策略。这种方法能够确保大牛股不"丢"，但也往往容易导致上上下下"坐电梯"，错失高抛低吸良机。所以，在长线投资基础上，如能适当地做一些"波段"，实际效果会好一些。

这里所说的"波段"，是指在确保筹码不丢前提下，当持股经过一段时间的上涨，在相对的高位将其卖出，一段时间后，再在相对低位将其买回；或当卖出的股票经过

一段时间的下跌，在相对的低位将其买回，一段时间后，再在相对高位将其卖出的操作方法。与"短差"操作方法相比，"波段"操作的特点在于持股或持币的时间相对较长、操作频率相对较低、进出价差相对较大。

2. 配套工具

成功的"波段"操作同样离不开必要的交易工具，主要包括《"波段"操作登记表（固定部分）》（详见表 4-3）和《"波段"收益登记表》（详见表 4-4）两个部分。其中，"固定部分"指的是整体纸张中保持不动的、固定的部分。

表 4-3 "波段"操作登记表（固定部分）

证券名称	原交易	备注
A 股票	↙10.00×10000	
B 股票	↗20.00×10000	

表 4-4 "波段"收益登记表

区分	周收益	备注
第 1 周		
第 2 周		
第 3 周		
第 4 周		
第 5 周		
第 6 周		
第 7 周		
全年合计		

3. 操作方法

假如投资者之前有两笔操作，分别是买入 A 股票 10000 股，价格 10.00 元；卖出 B 股票 10000 股，价格 20.00 元。正式操作前，先将之前的交易清单填入表 4-3 内，可在"原交易"栏内作如下标记：↙10.00×10000，↗20.00×10000。至此，操作前的准备工作正式完成。

如果计划待 A 股票涨至 12.00 元时将其卖出，B 股票跌至 18.00 元时将其买入，即可将此计划填入《"短差"操作登记表（活页部分)》(详见表 4-5，待后另作介绍）的"操作计划"栏内。正式委托时，再在"委托及成交"栏内作如下委托标记：↗12.00，↙18.00（此时交易数量保持不变，标记时可省略数量）。如果顺利成交，再在原标记处划个圆圈，表示已经成交。如果未画圆圈，表示已委托但未成交。

对于已经成交的委托，待周末做下周计划时，将新交易的结果填入表 4-3 "原交易"处（此时的原交易已被新的交易所覆盖）。与此同时，还须修改表 4-5 的"操作计划"供下周使用；对于未成交的委托，则继续在下周进行委托，直到成交为止。

一周交易结束后，须对已经成交的"波段"操作，即已经达到交易目的、取得预期收益的交易，计算出产生的实际收益，多笔操作后产生的收益相加即为一周内"波段"操作产生的收益总和，并填入表 4-4《"波段"收益登记表》的"周收益"栏内。年底再来汇总全年的"波段"收益。至此，全年"波段"收益便全部统计汇总完毕。

第四节 "短差"路径详解

1. 盈利路径

前面已经讲过，"短差收益"指的是在完成账户基本配置、多数时段保持筹码不变的前提下，通过日内或周内快进快出、高抛低吸获取的额外收益。与"波段"操作最明显的区别在于交易回转的周期限定在"日内或周内"，也就是限定在一周之内，再明确点就是严格限定在周一至周五完成回转交易（即配对交易）的操作，这部分操作所获得的收益称为"短差收益"（具体周期长短可根据投资者自身实际灵活确定，笔者多年形成的习惯是不超过一周，即周一起，周五止，周五收盘后再做下周计划）。

2. 配套工具

与"波段"操作一样,"短差"操作也需要有一套工具,表格也有两种,包括《"短差"操作登记表(活页部分)》(详见表 4–5)和《"短差"收益登记表》(详见表4–6)。其中,"活页部分"指的是整体纸张中放在上层、可以活动、需要不断更新的部分。

表 4–5 "短差"操作登记表(活页部分)

操作计划	委托及成交	收益
↗12.00×10000	↗12.00	
↙18.00×10000	↙18.00	

表 4–6 "短差"收益登记表

区分	周收益	备注
第 1 周		
第 2 周		
第 3 周		
第 4 周		
第 5 周		
第 6 周		
第 7 周		
全年合计		

3. 操作方法

"短差"操作的一个显著特点是，建立在"波段"操作基础上，以"波段"操作为依托，和"波段"操作的区别在于，时间较短、价差较小，操作往往是选择在相关股票急涨或急跌时进行短线快速回转交易，一般在周内即完成回转配对交易。

具体情形有两种：一种是本来进行的是"波段"操作，到下周或以后再进行"波段"交易的，但股票买入或卖出后，快速出现了反向走势，出现了较好的卖点或买点，于是抓住机会进行了反向交易，此时进行的快速交易，相当于完成了一次配对交易，将原本进行的"波段"交易实际上变成了"短差"交易；还有一种是尚未出现"波段"交易机会（价格未到），但短线上涨或下跌过快，存在短线交易回转机会时进行的快速短线回转交易。

"短差"交易的品种、数量、交易计划及准备工作，与"波段"交易相同。正式委托时，在"委托及成交"栏内作委托标记，只标注交易方向和价格，可省略交易数量，一旦成交，再在原标记处画个圆圈，表示已经成交。如果未画圆圈，表示已委托但未成交。

对于已经成交的委托，立即（一般指周内）进行反向委托，当日未成交的下个交易日继续进行委托，直到成交为止。一周交易结束后，同样须对已经成交的"短差"操作——回转配对部分，即已经达到"短差"交易目的、取得预期收益的交易，计算出产生的实际收益，多笔操作后产生的收益相加即为一周内"短差"操作产生的收益总和，并填入表4-6《"短差"收益登记表》的"周收益"栏内。年底再来汇总全年的"短差"收益。至此，全年"短差"收益便全部统计汇总完毕。

第五节　操作的"三大前提"

值得一提的是，"波段"操作与"短差"操作既有联系又有区别，且时常存在相互转换的情形，即本来进行的是"波段"操作，但当周内出现了较好的回转交易机会时，快速进行回转交易，此时就变成了"短差"交易。相反，本来进行的是"短差"操作，但当单向操作完成后，周内未能出现反向回转交易机会，始终无法完成回转交易，需要待下周或更长时间去择机交易，此时，"短差"交易就变成了"波段"交易。换言之，凡是单一品种单一批次筹码完成交易后的交易次数为双数的，将其视为"短差"交易，取得的收益即为"短差"收益；交易次数为单数的，将其视为"波段"交易，取得的收益即为"波段"收益。

不过，无论是"波段"交易还是"短差"交易，由于每笔交易委托下去，都是针对之前操作的"正向"交易（先高抛后低吸或先低吸后高抛），所以交易结果产生的也是"正向"收益，都属于"正确操作"的范畴。但这样的操作须有"三个前提"：

一是仓位控制。简言之，叫作既不满仓也不空仓。一方面，无论媒体、舆论、消息是看多还是看空，投资者情绪是高涨还是低落，都始终坚持既不满仓也不空仓的持仓原则；另一方面，根据自己对资本市场基本面和技术面的个性化判断对仓位做出适当调整，原则上做到利好公布后适当减仓、利空出来后适当加仓，大盘和个股大涨后适当减仓、大跌后适当加仓。

二是品种选择。在操作对象的选择方面，原则上以操作熟悉的老股票为主，一般不参与股性不熟、定位不稳的新股操作，充分体现"宁可错过、不可做错"的风控原则。只有在建仓对象出现难得的建仓机会，且胜算把握相对较大的情况下，才会考虑在适当的时机拿出适当的资金参与适当的操作——或换股操作，或筹资买入。

三是节奏把握。只进行高抛低吸，不参与追涨杀跌。在多数情况下，所进行的买入操作只针对原来的卖出操作，即品种、数量保持不变，且符合高卖低买原则；卖出操作则是只针对原来的买入操作，同样做到品种、数量不变，且符合低吸高抛原则。特例是：当个股出现重大转机、具备长线投资价值时，则"只买不卖"；当个股出现变盘迹象或出现突变甚至成为"问题股"不宜久留时，操作时"只卖不买"。

此外，顺便提一下，上述操作工具中表格的"项目"，投资者可予以灵活调整（适当增加或减少）。还有，投资者若有多个账户分别交易不同股票，可分别交易并分开列表进行操作和统计。

第五章 须做哪些"功课"

第一节 实际操作举例

为了便于大家理解上述操作方法，现就具体的操作方法以实盘操作的形式举例说明如下。以笔者一周时间内对 A 股票的操作为例，具体介绍这套"操作工具"的主要构成和使用方法（表格"项目"略有调整）。

第一，准备《空白计划表》。用一张 A4 纸或大小相仿的白纸制作成《空白计划表》，表头有四部分，分别是原交易、最新价、周操作和日操作。《空白计划表》制成后备用（详见表 5-1）。

表 5-1 空白计划表

原交易	最新价	周操作	日操作

第二，制订周操作计划。周一开盘前（可利用双休日时间），对"之前"的交易情况进行仔细回忆，并将原交易情况填写在事先设计好的《空白计划表》"原交易"栏内，本着数据要准确、文字要简捷的原则填写交易方向（可用"↗"表示卖出，"↙"表示买入）、交易品种（可用简称，如用"A 票"表示 A 股票）、交易价格、交易数量（单位均可省略，一般指元、股）等。与此同时，还要在一周计划表（详见表 5-2）"最新价"栏内填写最新收盘价（一般指上周五收盘价）。

表 5-2　一周计划表

原交易	最新价	周操作	日操作
↙A 票 5.72×4200	5.74		

第三，实际交易并填表。下周开盘后，根据行情涨跌和股价变化，按照高抛低吸原则进行委托交易，并及时将委托和交易情况填入"日操作"栏内（有委托和交易就填，无委托和交易就不填）。如周一，在大盘震荡盘整过程中，A 股票出现了快速冲高走势，时价已达 5.88 元，比"原交易"中的买入价 5.72 元高出 0.16 元，已达自己的心理卖出价，于是当即进行委托卖出，并将委托交易情况及时填入表内。填写时，分为两种情况：一是已委托但未成交时，只填写委托方向和价格即可，无须填写数量，表示委托尚未成交，如"↗5.88"；二是委托成交后，在原填写的委托方向和价格上画上圆圈，表示委托已成交（详见表 5-3）。

表 5-3　盘中操作表（1）

原交易	最新价	周操作	日操作
↙A 票 5.72×4200	5.74		↗5.88

第四，做好盘后登记。收盘后，将"日操作"栏内填写的内容转移至《盘后登记表》"周操作"对应的品种栏下（也可不转移，待周末变成"波段"时再转移）。如转填，交易期间填写在"日操作"栏内的"↗5.88"字样消失，"周操作"栏内原来的空白部分出现"↗5.88"字样。转填目的是更加清晰地显示不同品种的即时交易状态——买入还是卖出、成交价格等信息，便于投资者在接下来的看盘和操作中进行比对和委托（详见表 5-4）。

表 5-4　盘后登记表（1）

原交易	最新价	周操作	日操作
↙A 票 5.72×4200	5.74	↗5.88	

第五，继续交易并填表。下个交易日，按照"第三步"方法，继续根据行情涨跌和股价变化，按照高抛低吸原则择机进行委托交易，并将委托和交易情况填入"日操作"栏内。如周二，在 A 股票回调过程中，笔者以 5.75 元的时价将上一交易日卖出的 4200 股筹码买了回来，比之前的卖出价便宜了 0.13 元。交易后，将委托交易情况及时填入表内（详见表 5-5）。

表 5-5　盘中操作表（2）

原交易	最新价	周操作	日操作
↙A 票 5.72×4200	5.74	↗5.88	↙5.75

第六，继续做好盘后登记。收盘后，按照"第四步"方法做好转填工作，将"日操作"栏内填写的"↙5.75"内容转填至"周操作"栏内（详见表 5-6）。

表 5-6　盘后登记表（2）

原交易	最新价	周操作	日操作
↙A 票 5.72×4200	5.74	↗5.88，↙5.75	

第七，参照上述相同方法，再将周内其他委托和交易情况依照先"日操作"、后"周操作"顺序，分别填入对应的栏内。如周五，笔者又做如下委托和交易：↗5.82，↙5.74。交易期间和收盘之后，又分别做了填写和转填（详见表 5-7 和表 5-8）。

表 5-7　盘中操作表（3）

原交易	最新价	周操作	日操作
↙A 票 5.72×4200	5.74	↗5.88，↙5.75	↗5.82，↙5.74

表 5-8　盘后登记表（3）

原交易	最新价	周操作	日操作
↙A 票 5.72×4200	5.74	↗5.88，↙5.75×↗5.82，↙5.74	

第八，一周交易结束后，一般在收盘后（也可利用周末时间），根据配对与否（是否成功回转），计算出"波段"或"短差"收益，分别填表。同时制定下周操作计划，具体参照上述"第二步"介绍的方法。此时，投资者即可发现，本周最后一笔操作情况（交易方向、名称、价格、数量）已成为下周计划表中"原交易"的内容，以此类推，循环更替即可（详见表5-9）。

表5-9　一周计划表

原交易	最新价	周操作	日操作
↙A 票 5.74 × 4200	5.80		

至于操作效果，周五收盘后，笔者特意对动与不动操作进行了比较，结果发现：若"不动"，结果为A股票周涨0.06元，对应市值增加252元，加上周内分红获得的税后红利189元，合计增值额为441元，对应的周涨幅为1.83%；"动"后，最终筹码依然不变（仍持A股票4200股），只是增加了盘中交易，两次高抛低吸后分别获得484元和275元"额外收益"，加上股价上涨、税后红利，总增值额上升到1200元，对应涨幅达4.98%。动与不动，结果相差759元，相当于3.15个百分点，这就是"短差"交易后，为账户总值增加所做的"特别贡献"。

最后再提一下制表用的纸张，一般用A4纸较为合适，其中"周计划"部分（包括原交易和最新价）一般只占1/3的页面（左侧位置），"周操作"部分也只占1/3页面（中间位置），以上两个部分可在同一纸张上（连体式），也就是上面提到的"固定部分"（详见表4-3）。另外1/3是"日操作"部分，需另用纸张进行折叠，正面（1/3页面大小）部分显示"日操作"记录，其余部分折叠后放在反面，也就是上面提到的"活页部分"（详见表4-5）。这样，不管是固定部分还是活页部分，组成一体后从整体上看，似乎是一张完整的A4纸，实际上有上、下两层，其中上层（右侧1/3）部分上下折叠、每天或每周变换，下层部分连成一体、保持不变（只需填充周操作内容每周更换即可）。

第二节　须做哪些"功课"

对于股市里的事，总体而言要把握好度，做到该简则简，该繁则繁，关键看投资者自己有没有兴趣、作何选择。如作为股民，每天、每周、每年，面对股市里纷繁复杂的信息，以及不同人士涨跌买卖的意见，看不看、听不听、照不照这些意见去做，日常需要做哪些事，需要关心哪些新闻，哪些功课必须提前做好，这些都是需要想清楚的问题。

当然，没有千篇一律的模式，也需要因人而异，只要认为适合自己、愿意去做就行。通常而言，投资者每天、每周、每年须做的事包括以下几个方面：

第一，每天须做的事。既然选择了炒股，就要对股市有感情、有兴趣。一点都不关心当然不行，但过于执着也不行，可以选择折中法，具体分为三个阶段：

首先，在开市之前（一般在前一天晚上，当天早上也可适当留意），需关注国内国际重大新闻包括重大财经新闻，上市公司特别是长期跟踪、经常操作的自选股的最新消息，以及欧美股市昨晚涨跌表现等，做好相关操作准备工作，具体买卖计划，有关表格的填写、登记等。对于一些计划性特别强的操作可提前进行下单委托。总之，开市之前，需把该做的准备工作全部做好。

其次，在交易期间，需要关注国内国际资本市场波动情况，包括沪深股市、香港股市、亚太股市等，按计划进行适量适度的账户交易，包括委托、成交、撤单，以及成交后的再委托、再成交、再撤单等，并做好同步记录和账户整理工作，以及操作计划的调整工作。此外，上午 10 时 30 分或下午 2 时不要忘记新股申购及"打新"之后的填表、登记工作。总之，把交易期间该做的操作尽可能地做好。

最后，在收盘之后，一方面，继续关注主要财政媒体（选择 1~2 家即可）对于市场行情的评述，相关人士的财经股市博客（选择 2~3 家即可，放在收藏夹内），有关实盘操作高手的交易结果；另一方面，对于自身管理的账户当天的操作结果及涨跌波动，做好必要的计算统计工作，并与大盘和个股表现作一粗略比较，总结得失、以利再战。

在时间安排上，早上可以花上大概半个小时，浏览隔夜美股市场表现、重大财经股市新闻、新股申购资料以及中签率公告并填表等。晚上可以采取三个"半小时"法，即半个小时电视，主要收看新闻联播、焦点访谈和股市节目；半个小时电脑，重点关

注新闻、财经、股市、博客和关注对象的操盘结果；半个小时手机，主要查看新股是否中签、自选股有无重大信息以及新闻、短信、微信等信息。

完成这些工作之后，实际上全天的工作任务便已完成，下个交易日前的准备工作也进行得差不多了。如此这般，循环往复，日复一日，依次交替。

以上这些工作，看似纷繁复杂，有无数工作要做，须花费大量时间，实际上，熟练了、习惯了，就会熟门熟路，再加上合理安排时间，并不会感到很累，反而会觉得心情愉悦、生活非常充实。

配套工具：日统计表。对于自身管理的账户当天的操作结果及涨跌波动，可在收市后制作一张《日统计表》（详见表5-10）。

表 5-10 日统计表

	当天涨跌
上证指数	
深证成指	
创业板指	
指数平均	
个股平均	
本人账户	
关注账户一	
关注账户二	
关注账户三	

填表说明："关注账户"指的是投资者关注的操盘高手（如大赛冠军、模拟账户、散户高手）实际操作管理的账户。通过对这些账户涨跌结果的关注，进一步认识各路高手，既学习他人之长，又防止过于迷恋，目的在于增强自己的操作自信，做好自身的操作管理（具体关注对象可视情取舍）。

第二，每周须做的事。除了做好"每天须做的事"，还需对一周的操作进行回顾总结，同时做好下周操作准备。

配套工具：周统计表。可在一周交易结束后制作一张《周统计表》（详见表5-11）。

第三，每年须做的事。在做好"每天须做的事""每周须做的事"的基础上，到年底（一般是12月最后一个交易日收盘后），须对一年来的操作结果进行全面回顾总结，同时做好新的一年操作计划。

表 5-11　周统计表

	本周涨跌
上证指数	
深证成指	
创业板指	
指数平均	
个股平均	
本人账户	
关注账户一	
关注账户二	
关注账户三	

配套工具：年度系列统计表。可在每年 12 月最后一个交易日收盘后制作或填写 3 张年度系列统计表，分别是《年统计表》（详见表 5-12）、《股市资金进出及盈亏情况汇总》（详见表 5-13，同表 2-1）和《账户增值目标实现动态及与指数对照》（详见表 5-14）。

表 5-12　年统计表

	全年涨跌
上证指数	
深证成指	
创业板指	
指数平均	
个股平均	
本人账户	
关注账户一	
关注账户二	
关注账户三	

表 5-13　股市资金进出及盈亏情况汇总

年度区分	年初总值	年内投入	年投合计	年末总值	当年盈亏	历年投入	总盈亏额
××年前							
年							
年							
年							
年							

表 5-14 账户增值目标实现动态及与指数对照

年度区分	年末目标（万元）	年末实值（万元）	增减金额（万元）	增减比例（%）	同期指数
	120.00				
	144.00				
	172.80				
	207.36				
	248.83				
	298.60				
	358.32				
	429.98				
	515.98				
	619.17				
	743.01				
	891.61				
	1069.93				
	1283.92				
	1540.70				

填表说明："××年前"指开始统计的年份前，累计已在股市投入的资金；"年初总值"指统计当年年初账户资产总值；"年内投入"指统计当年全年往账户内新投入的资金；"年投合计"指统计当年全年累计投入的资金，为前两项（"年初总值"和"年内投入"）之和；"年末总值"指每年年底账户资产实际值（资金加市值）；"当年盈亏"指当年投资实际产生的盈利或亏损（"年末总值"减"年投合计"）；"历年投入"指截至本年度末往股票账户上投入的资金总和（上一年的"历年投入"加本年度的"年内投入"）；"总盈亏额"指截至本年度末股票账户投资实际产生的盈利或亏损总额（上一年的"总盈亏额"加本年度的"当年盈亏"）。

填表说明："年末目标"，指以 100 万元作为初始资金，年化收益率确定为 20% 的年末应值（详见表 3-1）；"同期指数"一般指上证指数，也可采用三大板指的平均值。必要时，也可采用所有挂牌交易的个股中位数。

需要指出的是，做年度系列统计，不要"为做而做"，而应与年度总结结合起来，分析成败得失，总结经验教训。只有这样，才能更好地发挥年度系列统计工作的作用，达到年度系列统计工作的目的。

在利用年度系列统计表进行分析、总结时，一般采取两种方式：

一是将年度系列统计结果——年度盈亏额及涨跌幅与指数进行比较，看看是跑赢指数还是相反。一般情况下，若能跑赢指数说明操作是成功的，可多从经验角度加以总结；否则便不能说是成功的，宜多总结教训。

当然，指数不是万能的，将年度盈亏额及涨跌幅与指数比只能相对说明问题，在指数越来越难以反映投资者操作水平和收益状况的情况下，有时虽跑赢指数但不一定说明操作是成功的，有时虽跑输指数但同样不能说明投资者的操作是不成功的，所以，如果简单地以是否跑赢指数来衡量全年的操作水平显然不够科学，更与实际不符，相对客观准确的是与三大板指平均值比，或与全部挂牌交易的个股中位股（排名居中的股票）比。

二是将全年操作结果与持股不动进行比较，看看"动"与"不动"哪种方式操作效果好。假如"动"比"不动"要好，说明适合短线操作，反之，说明不适合短线操作，今后须引以为戒。

值得一提的是，除了上述系列操作工具外，还有一张并不起眼、容易被多数人忽略的"操作备忘录"在实际交易中也挺管用，即在平时的委托操作中，将想买或想卖的股票名称、委托价格、委托数量写在一张便笺上，并保存一段时间。一段时间过后，你会发现，当时很难买入或卖出的品种，如今不仅能随便买入或卖出，而且比当时的买入价或卖出价在价格上优势更加明显，换言之，可以比当时买得更便宜，或比当时卖得更贵些，这种简单的笨办法在实际操作中也十分管用。

以上操作、填表、登记的所有工作完成后，一个周期（一般为一年）的操作工作也告一段落。到年底，将这些资料、表格、本子，在分类整理之后，像存档一样保存起来。如此这般，日复一日，年复一年，将投资进行下去、进行到底，既紧张忙碌又富有意义。

总之，炒股的人，有了这些工具，有了这些工作，再加上持之以恒，熟练地运用这些工具，愉快地从事这些工作，慢慢地，你就演变成了一名股市里熟练的"交易员"、优秀的"操作工"。至此，你若再来问我，这些年来，你在股市里的收益到底是怎么得来的？我方可回答你：就是这些年来，在做好两份工作、备好三个钱包基础上，通过如此这般"打工"，才像滚雪球一样把闲资"蛋糕"做大的，也算是市场给予笔者这位忠实的"股市打工者"应有的回报吧。

中篇 技巧篇

前面讲了，炒股之前，首先处理好两份工作、三个钱包的关系，要有一套适合自己的方式方法、实用工具等。所有这些，都是前置条件，可谓缺一不可，但光有这些还远远不够。要想成为一名熟练的"交易员"、优秀的"操作工"，要想把账户里的资金"蛋糕"做大、做好，还需要在实盘交易中拥有娴熟的操作技巧、过人的操作本领，这就是本篇——技巧篇需要解决的问题。

第六章 关于品种选择：选对品种炒股就成功了一半

第一节 选择股票前需想清楚的几个问题

正式炒股时，首先面临的问题是选择股票，而选股面临的问题就是犹豫不决、不知所措。常见的现象之一，就是买入一只股票前往往缺乏计划，稍有冲动，就会买入，较为随意，一旦买入，又提心吊胆，后悔不已。实际上，要做一个沉着的投资者，在买入股票前，必须想清楚一些问题，尤其是在股票指数和个股出现剧烈波动时。

1. 股票指数会不会出现与自己预期相反的走势

比如，股票指数从高点下来，经过一段时间下跌，一些股票产生较普遍的打折现象，尤其是"破发"家数不断增多，许多股票的价格只剩下了零头。从低点上去也一样，经过一段时间的上涨，股票指数和个股出现了较大涨幅。在某一点位，股票指数究竟是高了，还是低了？如果嫌太高，可以离场，可以持币，但一旦再涨，甚至涨到你都不信的时候，就不该再去追涨；反之，如果认为低了，可以进场，可以持股，但一旦跌到更低位置，甚至低到同样让你不信的时候，就不该再去杀跌。对此，一定要想清楚。

2. 有没有与港股价格"倒挂"的担忧

H股和A股的巨大差价，特别是港股直通车开通以后，一直困扰着广大投资者。为此，在买入股票前，要先看一看股本结构，有没有H股。如果没有H股，就可以不考虑此问题；如有H股，就要比一比H股和A股的价格。如后者大大高于前者，就要

小心；如后者大致等于甚至低于前者，就没有这方面的担忧，可以考虑作为买入的备选品种。

3. 有没有大小非减持的可能

在查看股本结构的时候，还要看一看限售股情况，如限售数量、流通日期。如数量巨大、时间临近，就要小心；否则，如果解禁的数量不多，时间还早，说明压力不大，就不必过于担心。有的虽然已经全流通或大部分解禁，但解禁股减持的意愿依然较强，主力尚未"减透"，操作时仍要特别小心。

4. 粗算一下主力成本以及目前价格的获利空间

包括备选品种的发行价格、最低价格、最高价格、最新价格。通过查看，如果发现累计涨幅不大，获利空间较小，就比较理想。如果主力获利丰厚，就要注意回避。另外，如果前十大流通股东多为机构、基金，且控制了比例较高的流通筹码，这也是好事，但要看其建仓期及建仓价格，如现价已被套甚至深套最好。

5. 基本面是不是"良好"

重点关注一下最近公布的年报业绩，分配预案。如果业绩优良，分配方案又好，当然是首选的品种。反之，如果业绩很差、连续数年亏损，则应坚决予以回避。

总之，买入前，胆子要小，要多问自己"为什么买入"，多想想有没有上述担忧，只有想清楚了上述问题，把上述可能出现的担忧一一排除掉，才可以考虑建仓；一旦买入，胆子要大，要坚定自己的判断。只有在建仓前就已想清楚了这些问题，才能使自己对买入的股票"放心"，才能使自己做一个沉着冷静的投资者。

第二节　在"比较"优势中捕捉"黑马"

在两市数千只股票中选股，不少人觉得越来越难了。同时，在实际操作中，不同风格的投资者又会采取不同的选股方法。但无论采取何种方法，追求的目标只有一个——使风险最小化、盈利最大化。

为使风险最小化、盈利最大化，笔者在多年的实践中，总结了一些既简便又实用，

且效果明显、胜算较大的选股方法。善于从"比较"优势中去捕捉"黑马"，便是其中的一种。

所谓从"比较"优势中去捕捉"黑马"，就是在被比较的品种其基本面大致相同（具有可比性），且没有发生重大变化的前提下，通过比较它们在一段时间内的涨、跌幅等数量关系，取其中最优的品种作为今后买入股票时的备选品种的选股方法。

下面，就以广深铁路和大唐发电为例，介绍一下具体的"比对"和"挑选"方法。首先，"比对"广深铁路和大唐发电的基本面（详见表6-1）。

表6-1　广深铁路与大唐发电基本面情况比较

名称	大唐发电	广深铁路
所属行业	电力、蒸气、热水等	铁路运输
上市日期	2006年12月20日	2006年12月22日
上市首日开盘价	10.52元	6.72元
最新流通A股	60594万股	181714万股
2007年中报每股收益	0.16元	0.10元
2007年2月28日收盘价	5.66元（折算成除权价）	7.70元
随后表现	2007年3月26日之前，一直在5~6元（折算成除权价）震荡，3月27日开始，经历了5波拉升	一直在7~10元盘整
2007年8月31日收盘	23.60元（折算成除权价）	9.13元

结论：通过"比对"，发现广深铁路和大唐发电是两家几乎同时在沪市上市，又都有H股，基本面也相差不大的公司，即具有可比性。因此，可以进行涨跌幅的"比对"。

其次，再来"比对"广深铁路和大唐发电的涨跌幅（详见表6-2）。广深铁路是笔者在"5·30"暴跌中斩仓的品种。当时，一起被斩的还有大唐发电等共计七个品种。2007年9月8日（星期六），我对这七个品种按照当时斩仓价与7日收盘价的涨幅进行排序。表6-2是"5·30"大跌时的斩仓价与2007年9月7日收盘价涨幅的比较。

表6-2　"5·30"大跌时斩仓价与2007年9月7日收盘价涨幅比较

名称	代码	斩仓价（元）	9月7日收盘价（元）	涨幅（%）	名次
广深铁路	601333	7.88	8.83	12.06	8
工商银行	601398	4.98	6.81	36.75	5
大唐发电	601991	9.70（除权）	22.92	136.3	1
中国联通	600050	5.30	8.73	64.72	2

续表

名称	代码	斩仓价（元）	9月7日收盘价（元）	涨幅（%）	名次
浙大网新	600797	9.12	10.73	17.65	7
北京城建	600266	25.64	31.35	22.27	6
大港股份	002077	9.26	14.10	52.27	3
上证指数	1A0001	3502.7	5277.2	50.66	4

选股原则：在各品种基本面均未发生重大变化的前提下，要充分考虑机会与风险的因素，在选择新的购买品种时，原则上应以涨幅最小的优先。从表6-2不难看出，首先应该考虑买入的是广深铁路（涨幅最小，只有12.06%），同期大唐发电涨幅已高达136.3%，同期上证指数涨幅为50.66%。广深铁路的涨幅不仅与大唐发电的涨幅相去甚远，而且还远远落后于上证指数的涨幅，属于严重的"滞涨股"。比起涨幅较大的大唐股份，广深铁路展开报复性大幅反弹的机会远大于大唐发电，即使有风险，也只是"时间"上的风险，而无"价格"上的风险。

值得一提的是，在"比对"过程中，如出现基本面情况不一致，就不能简单地将涨跌幅的大小作为选股的依据，而应综合运用多种方法进行统筹考虑。特别是对于基本面趋于恶化的"垃圾"股，更不能以此比较。

结论：从"比较"优势中去捕捉"黑马"，就是要对基本面相差不大的公司，选择一段时间以来涨幅相对较小、而跌幅又比较大的潜力品种进行介入；若是在"比对"中发现被"比较"的公司同期涨跌幅相差不多，则应选择基本面相对较优的公司介入。本次"比对"结果，选择广深铁路。

结果运用：结果出来后，一般情况下，应在第一时间介入；考虑到大盘和个股实际确需再等待的，也要在回调之际及时果断地介入，以免因"贪"而错失投资的"良机"。

结果检验：文中大唐发电和广深铁路的比对日期为9月7日。到18日收盘，大唐发电最新价为22.99元，比"比对"时的22.92元只涨了0.31%；而广深铁路最新价10.30元，比"比对"时的8.83元上涨了16.65%。仅7个交易日，一出一进差价就高达16.34%，说明"比对"结果正确。

第三节 牵手心目中的"潜力黑马"

能够及时、精准地捕捉到属于自己的"潜力黑马"，牵手并骑住"黑马"，享受"黑马"一路狂奔所带来的快感，是广大股民的共同心愿，也是衡量投资者技法高低的标准之一。那么，怎样才能发现、牵手并骑住心目中的"潜力黑马"呢？有四个"关键词"："相马""牵手""考验""狂奔"。

1. "相马"——在已经"抄底"的品种里捕捉跌幅最大者

选择什么样的股票买入，往往最能反映一个股民的投资理念和操作风格。单从涨跌角度考虑，有人喜欢在已经买入的品种里加码已经获利的股票，有人偏偏钟情于已经买入的品种里跌幅最大者。笔者显然属于后者。

2009 年 9 月 7 日中午，已经满仓的笔者另有一笔 15000 元的资金准备建仓。选择品种时，给自己定的原则是，既不考虑位于两市涨幅榜和涨速榜里热门一时的"陌生股"，也不考虑自选股里那些涨得好好的"旧情人"，而是偏偏选择已经"抄底"的品种里跌幅最大的"丑小鸭"。

先打开账户，发现已经"抄底"买入的股票共有 8 只。接着，逐一计算出这些股票从买入之日起至 7 日前市收盘时的涨跌幅：工商银行 2.54%、中国石油-13.86%、景兴纸业-8.42%、大秦铁路-4.84%、中国南车-6.18%、同方股份-16.16%、百大集团-5.50%、华夏银行-0.20%。其中，涨得最好的是工商银行，已经获利 2.54%，跌得最凶的是同方股份，时价 14.58 元，已经被套 16.16%。显然，同方股份最符合笔者的建仓要求，理所当然地进入了笔者的"待买视线"。

2. "牵手"——不在涨时追，专等跌时捡

股民买股票与大妈买"小菜"是一个道理，应坚持质优价廉的原则——在品质不变的前提下，价格越便宜越好。14.58 元的同方，对笔者来说，虽已有较强的吸引力，但还是想便宜、再便宜些，于是没有急于买入，而是准备等下午开市后再择机逢低介入。

午休后，打开电脑，下午的交易早已开始。"14.48 元"——同方股份的最新价与前

市收盘相比，又便宜了 0.10 元。同样买入 1000 股，又可省下 100 元的成本，相当于一个午觉"睡来"一张百元大钞。这样的好事"打着灯笼也难找"啊。于是，不再犹豫，立即下单，当场成交——1000 股同方，14.48 元，"牵手"成功。

3. "考验"——任凭"风吹浪打"，笔者自"屹然不动"

许多"潜力黑马"在正式狂奔前都要"撒撒娇""作作秀"，甚至考验考验主人是不是真心"喜欢她"。同方也一样，7 日买入，大盘涨 0.68%，同方只涨 0.35%；8 日，大盘涨 1.71%，同方又只涨 0.76%。特别是"发飙"的前一天——10 日，在大盘微跌 0.73% 的情况下，同方大跌 2.92%，并以一根"光头阴线"收于全日的次低点 14.31 元，"潜力黑马"对主人的"考验"达到了极致。

14.31 元——意味着过去的 3 天半，在大盘上涨 63.27 点（2.21%）的情况下，买入同方的操作，不仅"颗粒无收"，连本带费还得赔上 242 元。此时，对投资者特别是想赚快钱的投资者来说，的确是个不小的考验。但我从买入之时起就没有指望过"她"会立即大涨，所以也不会在乎"她"的一时涨跌——任凭"风吹浪打"，我自"屹然不动"。

4. "狂奔"——从"跌幅最大"到"涨幅最大"

老股民都知道："大盘大涨她小涨，大盘小跌她大跌"这种不"争气"的股票往往就是未来最具潜力的大"黑马"，其"不争气"的表现往往是在为日后的"奔腾"积蓄动能。同方股份从当初的"颓然"到日后的"井喷"，再一次印证了股市这一亘古不变的"规律"。

11 日——周五，沉寂多时的同方终于显露出了"潜力黑马"的本领。9 点 25 分，同方以 14.38 元的价格跳空高开，随后，在稍作震荡后便放量拉升。午后 13 时 07 分，一笔 250 万股的买盘更是将股价推到了涨停价附近。至收盘，同方仍以 7.27% 的涨幅"雄踞"当天挂牌交易的 1540 家上市公司中的第 44 位，俨然成了当天的"耀眼明星"之一。

更有意思的是，至 18 日收盘，同方这只两周前位于"抄底八大员"中"跌幅最大"的"丑小鸭"，一跃成了两周以来"涨幅最大"的"千里马"。收盘后，笔者又对先期"抄底"的这八只股票自 7 日前市收盘，至 18 日尾市收盘时的最新"业绩"进行了逐一"考核"：工商银行 3.09%、中国石油 -0.07%、景兴纸业 9.38%、大秦铁路 -2.29%、中国南车 4.25%、同方股份 11.87%（以 14.48 元买入价计，涨幅为 12.64%）、百大集团

3.70%、华夏银行2.76%。不难发现，两周时间里"表现"最差的，就是前期"表现"较好的大秦铁路-2.29%，而"表现"最好的，恰恰就是曾列跌幅第一的同方股份，自买入至收盘，9个半交易日已累计上涨12.64%，与同期大盘1.90%的涨幅相比，高出10.74个百分点。

从"跌幅最大"到"涨幅最大"——同方"后来居上"的故事告诉人们，牵手心目中的"潜力黑马"，除了需时刻牢记"相马""牵手""考验""狂奔"这四个"关键词"外，还有三个"关键节点"，需同时把握：

一是不要动摇当初"抄底"时的"坚定信念"。许多股民在买入某只股票时，往往雄心勃勃、底气十足。但几天后，当该股的走向与自己的预期相反时，"信念"也随之出现了动摇，甚至会对当初买入该股的"正确性"表示怀疑。越跌越怕，越怕越怀疑，越怀疑越不敢买，是许多股民错失建仓良机、难与"潜力黑马"牵手的重要原因。笔者的体会是，"涨时莫贪，跌时勿怕"，在个股基本面不变、买卖理由相同、进出时机可比的情况下，就是要选跌幅大者买入。

二是不要指望买在最低点，更不要指望买入后立即大涨。要有买入后不涨、下跌甚至大跌的思想准备。

三是不要被"黎明前的黑暗""吓跑"。一旦熬过了最难熬的时分，牵手心目中的"潜力黑马"便会瓜熟蒂落，由梦想变为现实。

第四节 巧用三步法把握自选股机会

建立"股票池"的目的，不是为建而建，而是在于对"股票池"里"自选股"的正确使用，即在经常关注、长线跟踪的"股票池"里，通过对"自选股"的正确操作，达到持续稳定盈利的目的。

1. 自选股里有黄金

无论在牛市还是熊市，在多数交易日里都会有不少"涨停股"出现在涨幅榜上。一些投资者在羡慕这些"涨停股"强势表现的同时，总要埋怨买入并持有的"自选股"表现太弱，走势不如前者。殊不知，对于"自选股"，只要心态正确、操作得法，同样能取得理想的投资收益。

2013 年 4 月 8 日收盘后，笔者有一笔资金准备建仓。按照选股原则，笔者在六只"可买范围"的股票中，确定了两只"拟买股票"，分别是东方航空和中国北车。

之前表现并不起眼的东方航空和中国北车在随后 4 个交易日里走势明显强于大盘和其他个股。4 月 9 日至 12 日，上证指数下跌 0.22%，深证成指下跌 1.33%，两大指数平均下跌 0.78%。与此同时，两只"拟买股票"平均上涨 4.21%（其中东方航空涨 2.00%，中国北车涨 6.41%），不仅跑赢指数 4.99 个百分点，而且列同期可比的 2349 只股票涨幅榜第 200 名，大幅跑赢个股的平均涨幅（详见表 6-3）。

表 6-3　2013 年 4 月 9~12 日"自选股"区间涨跌幅

名称	涨跌幅（%）
上证指数	−0.22
深证成指	−1.33
中国北车	6.41
东方航空	2.00
新疆城建	−0.18
南方航空	−0.29
中铁二局	−0.32
中海集运	−0.88

这一收益，虽不及同期挂牌交易中的最牛股票，但就普通散户而言，在赚钱难度越来越大的市况下，也称得上是较为理想的操作结果。

2. 精挑细选是前提

在某一时点，选择"自选股"里什么样的品种作为拟买股票，依据有哪些，需注意什么问题，所有这些都是操作"自选股"时需要解决的问题。

在上例中，涉及拟买股票及最终顺序的问题主要有两个：一是在众多的"自选股"里为什么把选股范围限定在上述六只股票之内？二是在上述六只股票中为什么把东方航空和中国北车这两只股票确定为最终的拟买股票？这就涉及了"自选股"的挑选问题。下面，就围绕这两个问题，对"自选股"的操作特别是拟买股票的精挑细选做一介绍。

一般情况下，投资者平时关注的"自选股"品种数量较多。在众多的"自选股"中，拟买股票的选择方法主要有两种：一是单买式，在已经卖出股票或已有资金的情况下，只需选择拟买品种，无须顾及拟卖股票的选股方式；二是互换式，既须考虑拟

买股票，又得顾及拟卖股票的选股方式。

由于单买式选股方式相对比较简单，而且容易操作，所以就重点介绍后者——互换式选股方式的操作步骤，主要有三。

第一步：确定卖出品种及拟卖顺序。在大盘和个股经过持续大幅下跌后，投资者买入并持有的股票多数处于被套甚至深套状态。在此期间，也会有个别股票表现得比较抗跌甚至出现了逆市上涨。确定卖出品种及拟卖顺序的过程，实际上就是在众多的持有品种里，将其中抗跌甚至逆市上涨品种作为拟卖品种，并按照涨幅大小确定卖出顺序的过程。

譬如，4月8日收市后，笔者在选择"拟卖股票"时发现，在其他多数股票处于被套情况下，5个月前买入的华东数控（7.21元，4600股）却出现了逆市上涨，涨幅为1.66%。于是，就将华东数控确定为拟卖品种，并按计划的价格和数量及时交易，以便腾出资金买入其他股票。

需要说明的是，如果在同期可比的品种里，有多只股票出现了抗跌甚至逆市上涨情形，只要按涨幅大小排列，依次确定卖出顺序即可。

第二步：确定可买范围及初步顺序。卖出股票、腾出资金后，接下来便要确定可买范围及初步顺序。这一阶段要做的工作，一是确定可买范围——哪些股票可以买入、值得买入。

一般情况下，可买范围包括以下三种情形，先是查找，在刚刚卖出的股票里有没有出现能够正差接回的股票。若有，按照高抛低吸交易原则，此股票毫无疑问应作为优先买入的品种。接着查找，之前曾经高抛的股票，如今有没有出现正差接回的机会——以当时卖出价为准，与最新收盘价比较，看股价是否出现了下跌。若股价下跌，存在正差接回机会，此股票同样应列入可买范围。最后查找，在之前曾经低买、如今处于被套的股票中，有没有出现更好的低吸机会的品种。若有，同样应将此股票列入可买范围。

在上述可买范围的三种情形中，也会有个别品种属于两者兼顾的品种，即既属于之前曾经高抛、如今能够正差接回的股票，又属于之前曾经低买、如今出现更好低吸机会的股票。一旦遇上这种两者兼顾的品种，更应将此股票列入可买范围，重点跟踪、重点买入。上例中，六只"可买范围"的股票便是这样经选择后确定的。

二是确定初步顺序。可买范围确定后，接下来可对这些股票的买入顺序作初步排列，依据是"正差额度"，即不同品种之间分别买入后，正差收益大的作为先买品种，正差收益小的作为后买品种，依次排列后作为初步买入的顺序。

但据"正差额度"确定初步顺序也有不科学之处，因为"正差额度"受交易数量、占用资金等因素影响较大，所以相对科学的确定初步顺序的方法是"正差幅度"：不同品种之间分别买入后，正差幅度大的作为先买品种，正差幅度小的作为后买品种，并据此确定初步买入顺序。

第三步：确定拟买股票及最终顺序。可买范围及初步顺序确定后，基本解决了"定性正确"问题，可以确保接回这些股票都是正差操作，买入这些股票都是正确的操作（与当初不卖相比），但正确的程度——"定量正确"问题依然没有解决。换言之，在同样确保买入正确的同时，不同品种之间的可比性如何，买入什么样的股票优势更明显，上涨潜力更大？这就是确定拟买股票及最终顺序需要解决的问题。

确定方法可分两个层面进行。先定区间。确定拟买股票及最终顺序时，相对科学的方法是：当卖出某一股票（如华东数控）后，需要买入别的股票时，以卖出股票的"买卖区间"作为"比较区间"。如卖出品种华东数控，原买入时间为 2012 年 11 月 12日，现卖出时间为 2013 年 4 月 8 日，解决"定量正确"问题所对应的"买卖区间"即为 2012 年 11 月 13 日（原买入时间的下一交易日）起至 2013 年 4 月 8 日止，只要分别计算出在此期间所有"可买范围"中的股票的区间涨跌幅，"定量正确"的程度便一清二楚。再定顺序。区间确定后，顺序的确定就变得非常简单了。只要利用交易系统软件，先将"可买范围"里的全部股票输入某一"自选板块"，再"自动"计算出"2012 年 11 月 13 日~2013 年 4 月 8 日"这一区间的阶段涨幅即可。实际操作中，若准备买入 N 只股票，只要将跌幅最大的 N 只股票作为"拟买股票"即可。上例中，六只拟买股票及最终顺序，以及最终确定的两只拟买股票（东方航空和中国北车），便是这样确定的（详见表 6-4）。

表 6-4　2012 年 11 月 13 日~2013 年 4 月 8 日"自选股"区间涨跌幅

名称	最新价（元）	涨跌幅（%）
上证指数	2211.59	6.36
深证成指	8953.84	6.70
中海集运	2.28	0
南方航空	3.44	−1.99
新疆城建	5.57	−3.30
中铁二局	6.19	−7.47
中国北车	3.90	−8.02
东方航空	3.00	−9.37

3. 要确保做到"三性"

要想在"自选股"里成功"淘金"，精挑细选是前提，但正确的操作技法和良好的操作心态同样不可缺少，特别是在"操作前"和"操作时"这两大阶段。

操作前，重在精心谋划。充分的准备是取得"自选股"操作成功的关键。在操作前的谋划中，主要是确保所制订的操作计划具有"三性"。一是计划的"适度性"，在确定拟买股票特别是拟买数量时，不管拟买股票的优势多么明显，都要做好总量控制，切不可把全部资金都投入单一品种上。二是计划的"可行性"，在确定拟买股票数量时，还须及时查看账户里的资金余额是否够用，若资金余额不足，就须及时补充或通过卖出股票腾出资金，确保备用的资金达到买股要求。三是计划的"时效性"，制订的"自选股"操作计划是否可行，很大程度上取决于它的"时效性"。即使刚刚制订出来的计划是可行的，但一段时间后随着行情的变化往往会"失效"，需要及时调整甚至重新制定。此外，在制订计划时，还要注意不要过于复杂，应该尽量做到简明扼要。

操作时，重在把握好度。一方面，在"自选股"的操作时机上，尽可能做到下跌时买、上涨时卖；另一方面，在把握好拟买股票交易顺序的同时，应适当兼顾拟买股票的历史股性、走势特点、持仓情况和市场影响力，对交易顺序作适当调整。一些有足够底仓的股票，当出现短线交易机会时甚至可作为优先买入的品种，以便当刚买入的股票就出现上涨时，可通过持有的底仓及时进行"T+0"操作。

第五节　学会"撒网捕鱼"

通过对"自选股"的正确操作，达到持续、稳定、盈利目的，还须有相应的方法，笔者时常采用的撒"网"捕"鱼"法便是较为有效的方法之一。

1. 专捕自己"熟悉鱼"

海洋里有鱼类品种无数，渔民要想掌握所有鱼种的捕获方法，显然不是件容易的事儿。要想取得渔业生产的成功，势必要突出重点，针对性地掌握其中几个鱼种的捕获方法。股民炒股也一样，两市共有 1000 余家上市公司，要想全部掌握这些上市公司的基本面和二级市场的走势特点也一样不可能，唯一有效的方法是选择其中几家上市

公司进行重点跟踪，供买卖时选择。作为普通投资者，长期跟踪一二十家公司，同时持有三五只股票就够了。否则，整天围着股票转，挑三拣四、喜新厌旧，紧张忙碌不说，效果也不一定会好。

2. 耐心等待"鱼入网"

炒股有"长线"和"短线"之分，作为普通投资者，可采用"长短结合"进行操作。对"长线"品种可以选择在较长时间里持有不动，而对"短线"品种则可适度进行"短线进出""高抛低吸"。"高抛低吸"好比撒"网"捕"鱼"，目标要准，要有耐心。对"高抛"的品种，设好价位，订好计划，作好委托，等待接回，这就好比撒"网"；到价后，顺利成交，好比"鱼入网"。只要不是太"贪"，设定的价位不是太离谱，多数情况下都能成交。也就是说，多数情况下，"鱼"都会"入网"。有时，事先设定的价位未能到达，也会出现"未成交"的情况，这种情况也属正常，对此，要有充分的思想准备。

3. 该"收网"时则"收网"

撒"网"不是目的，捕"鱼"才是根本。撒"网"且"鱼入网"后，接下来就要选择时机及时"收网"了。该"收网"时一定要记得及时"收网"，切忌太贪、"因贪失收"。记得 2008 年 12 月 29 日，笔者在先期高抛的基础上，以 3.45 元和 6.40 元的价格分别买入景兴纸业 7800 股、威华股份 2800 股，这一过程相当于再次撒"网"及"鱼入网"。2009 年 1 月 8 日又以 3.48 元和 7.02 元的价格分别将它们卖出，这一过程则又变成了"鱼入网"后的再次"收网"。与"撒网"相比，"收网"显得更难，主要难在"收网"的时机较难把握，需在实践中多摸索、多体会。

4. 要学"渔民"平常心

渔民捕鱼大多有颗平常心，不会企求海洋里的鱼统统归己所有，而是完成既定的生产目标，把自己的渔船装满即可。股民炒股也一样，需要有颗平常心，自己持有的股票不涨停是正常现象，出现涨停才是特殊情况。对此，有些股民则不同，希望自己持有的股票能天天上"第一版"，涨停板的股票要求只只都是自己的。抱有这种心态的投资者结果当然可想而知。还有，买入的股票出现下跌，卖出的股票时常上涨，这也是再平常不过的事。买、卖股票之后，无论出现涨还是跌，只要自己的操作是按计划行事，符合自己的心理预期，这样的操作就是正确的。这就好比渔民捕获了一船鱼回去后，还有更多、更大的鱼留了下来、供别的渔民捕获一样，投资炒股也要有颗平常心。

第七章　关于品种置换：正确及时的换股与品种选择一样重要

第一节　善于调"兵"遣"将"

成语"调兵遣将"，大家都比较熟悉，意思是调动兵力，派遣将领，泛指调动安排人力。

一段时间以来，笔者的操作频率比以前明显加快，一会儿卖出北京城建和太龙药业，一会儿又买入新乡化纤和银鸽投资；"昨天"才用"城建"换"太龙"，"今天"又用"太龙"换"城建"；有时甚至刚卖出中国铝业，当天却又把它接了回来，等等。与以前相比，虽然操作的节奏和频率明显加快了，也有些许紧张与刺激，但却没有半点的压力和不安，倒是其中的动作又多了几分娴熟与自如。至此，我突然感到：自己所做的，与其说是在炒股票，倒不如说是在"调兵遣将"。

说炒股也是在调兵遣将，其实一点都不为过：沪深股市就是个没有硝烟的战场，个人账户里的资金就是已经上了膛的子弹，长期跟踪的那些自选股就是随时备用的千军万马，日常操作使用的电脑网络系统就是个信息畅通、设施齐全的指挥所，而其中的键盘就是那指挥旗、命令器。从这个意义上说，无论投入资金多少、炒股水平高低、盈利能力大小，每个股民其实就是名指挥官，每天进行的操作实际上就是在调兵遣将。然而，要真正当好"官"、用好"兵"，却不是件容易的事。其中，善于调"兵"遣"将"，做到得心应手，显得尤为关键。

首先，在趋势的把握上，当一轮大的"攻势"已经或将要发起的时候，就要"重兵出击"，当一个"战役"已经或将要结束的时候，就要"及时休整"。设想一下，当战斗已经结束，战士已经撤回的时候，你若再孤军奋战，自然就会凶多吉少，即使大

难不死，恐怕也会被打得头破血流；而当部队已经出发、战斗已经打响的时候，你若呆若木鸡，或按兵不动，那胜利的果实怎么可能轮到你的头上呢？

其次，在概率的测算上，要充分考虑成败得失，估算出"胜出"的概率。不是每次战斗，都只有胜利这一种结果。除了胜利，还有失败的可能。但在事先，最终结果没有出来之前，谁也不知道结果会是什么样，但"胜出"的概率大小倒是可以估算出个大概的。比如，当大盘和个股涨到一定高位、投资者获利丰厚的时候，此时虽然仍有获利的机会，但总体而言，风险远大于机会，就该小心了，如果实在忍不住想操作，投入的"兵力"也不宜太大；当大盘和个股跌到一定低位、投资者纷纷被套的时候，此时虽然也有一定的风险，但总体而言，机会大于风险，应该一搏，与此同时，投入的"兵力"也要随之加大。

最后，在节奏的控制上，要力争做到进退自如、恰到好处。总体而言，无论大盘处在什么位置，业内人士看多还是看空，作为理性、成熟的投资者要始终做到"总有一些士兵在投入战斗"，以便见好就收，也"总有一些士兵在休养生息"，以便及时出击，也即我们平时所说的控制仓位。至于具体在什么情况下谁该出手、谁该收手，需结合各人实际，灵活定夺。为便于调兵遣将，控制操作节奏，笔者感到，有这么三件事是"必做"的：

一要有"战区地图"。对自己长期跟踪的自选股，不妨设计张表格，将每周收盘的价格填入表内，每隔一段时间后，作一次分析、比较和研究，寻找和发现其中的规律，为选股做必要的准备。这张表格好比"战区地图"，这一过程好比"战前形势分析"。

二要有"作战计划"。不同的投资者有不同的操作风格，不同的股票也有各自的"性格特点"，在某一时间段，"自选股"里的品种都会出现较为理想的买、卖点。每当周末，投资者就可做做这方面的"功课"，把其中"待买"和"待卖"的品种选出来，记录汇总后制成"下周作战计划"，以便操作起来做到有备无患、有的放矢。当然"作战计划"也是动态的，"有效期"有长有短，有时几个月前的这份计划现在依然有效，有时上午刚刚制订的计划，到了中午就又变了。

三要有"战后记录"。"好记性不如烂笔头"。不少人买入和卖出股票后，过了一段时间，就忘得一干二净。笔者的体会是，买、卖股票后，一定要将数量和价格记录在相应的表格内，做到直观简洁、一目了然。而且下次操作时，要注意尽量做到"高抛低吸"，不要做反，同一品种、数量不变。这样几个回合下来后，你会发现尽管持有股票的品种和数量没有变化，但资金却多了出来。

在做好以上三门"功课"的同时，需要注意的是，在具体执行中，要严格按照计

划行事，而且要以"平常心"待之。当你将正在前方奋勇冲杀的"勇士"（涨停板）撤下来（卖出）的时候，或许他还有余力（还会涨）；当你将正在后方休养生息的"预备队"换上去（买入）的时候，或许他尚未进入状态，表现得还不够勇猛，还有可能下跌，但都不要紧，不要对自己作出的调兵遣将的决定的正确性有任何的怀疑，要拿出自己的大将风度，坚信自己的判断。

善于调兵遣将，既可以使自己在一轮牛市里同步分享股市上涨带来的盈利，使自己的收益力求做到最大化，也可以使自己在熊市里有效地避免因操作不当而导致的投资损失，使自己的损失降低到最低程度。而且，善于调兵遣将，最大的迷人之处还在于"调兵遣将"本身，由"调兵遣将"这一"过程"带来的快乐与满足。

拿破仑说过一句经典的名言："没有无能的士兵，只有无能的将军。"他还说，"一只狮子领导的一群羊，能打败一只羊领导的一群狮子"。两句话说的是同一个意思，即强调了指挥员在战斗胜利中所起的决定性的作用。把战争中的这一现象引申到炒股中，是否也可得到这样的结论：在股市投资，能否成功，不仅取决于能否赶上一轮大牛市以及"牛有多大"，不仅取决于能否"骑"上"大黑马"以及"马有多黑"，而且取决于投资者驾驭股市和股票的能力强不强，调兵遣将的功夫深不深?!

第二节　把握轮涨节奏实现持续盈利

无论是大盘还是个股，虽然从某一阶段看，行情走势有它的持续性——"强者恒强"或"弱者恒弱"，但从更长的时间段看，又带有明显的"轮动"特点——涨多了就要跌，跌多了就会涨，行情不可能"一根筋"地朝一个方向永远地走下去，这就是充满变数的股市唯一不变的规律。

在"轮动"特点日益显现的股市里操作，两种投资者最赚钱。一是选对品种者。如果持有的是大牛股，又有足够的耐心抱住不放，自然获利丰厚。二是踏准节奏者。能抓住市场热点，踏准"轮动"节奏，高抛低吸，快进快出，收益也不错。相比之下，一些既没有选对品种，又未能踏准节奏的投资者，收益就会大打折扣，有的甚至逆市亏钱。

对于后者——逆市亏钱的投资者，在行情火爆、个股轮涨的市场里，当然可以改变思路、前去追涨，但风险不言而喻。实际上，除了追涨，还有更稳妥的"补救"措

施，这就是通过"轮涨"节奏的巧妙把握，达到反败为胜、持续盈利的目的。

1. 不追热门股能否跑赢指数

不少投资者在股市交易中喜欢"追热点"，认为只有敢"追"才能跑赢指数，取得好的收益。实际上，"追热点"的结果不盈反亏的事例不胜枚举。相反，在自己熟悉的冷门股里事先潜伏、等待"轮涨"，也能取得理想收益，而且风险较小。

先看操作。2013 年 8 月 26 日至 9 月 18 日（4 个交易周），笔者持有的新疆城建总量不变（17300 股），区间涨幅 60.20%，跑赢指数 53.67 个百分点（同期上证指数涨 6.53%）。不仅如此，笔者还对其中部分筹码在保持不丢的前提下做了如下操作。

9 月 5 日：卖出 4200 股（价 6.80 元），买回 4200 股（价 6.52 元），卖出 4200 股（价 6.70 元），卖出 4200 股（价 6.81 元）；9 月 6 日：买入 4200 股（价 6.56 元），买入 4200 股（价 6.52 元）；9 月 9 日：卖出 8400 股（价 6.84 元）；9 月 10 日：买回 8400 股（价 6.62 元）；9 月 13 日：卖出 8400 股（价 6.92 元），买回 8400 股（价 6.80 元）。

再看结果。数次"进出"后，筹码不变（依然持有新疆城建 17300 股），但账户资金分别多出 1105 元、686 元、978 元、1704 元和 863 元，合计获利 5336 元。

操作后的收益实际上由两部分组成：一是股价上涨带来的市值增加部分，对应涨幅 60.20%，二是高抛低吸获得的资金收益部分，对应初始市值 85635 元的涨幅 6.23%，两者合计为 66.43%，跑赢指数 59.90 个百分点。这就是不追"热门股"，只做"轮涨股"取得的操作收益。

2. 操作轮涨股有哪些实用技巧

所谓"轮涨股"，简言之就是随着市场热点的切换，以及个股风格的轮动，所有挂牌交易的品种里，依照先后、轮流上涨的股票。

乍一看，操作"轮涨股"不仅收益可观，而且操作不难，无非就是"一路持有"加"高抛低吸"。实际上，要达到这样的操作结果并非易事，上例操作中，就至少包含了以下四大操作技法：

一是长线持股操作法。这是确保"轮涨股"筹码不丢最简单也是最有效的操作法。一般情况下，对于长期跟踪、股性熟悉、股价偏低、持续看好，同时具有"轮涨"可能的股票，原则上应采取长线持股法操作，即买入后既不卖出，也不短线交易，而是持股不动，直至股价涨至预先设定的目标价时才卖出的操作方法。尤其是对数个具有"轮涨"可能的，在横向比较中属于涨幅落后、跑输大盘且有止跌可能的股票，更应抓

住难得的"轮涨"机会，采取抱住不放策略，进行长线持股。

二是高抛低吸操作法。在确保长线持股、筹码不丢的前提下，有一定短线操作技能的投资者还可同时进行短线操作——高抛低吸。须注意的问题主要有：当股价运行处于"碎步小阳"、温和放量阶段时，应选择持有，此时不宜短线进出，否则，筹码丢失的可能性较大（筹码一旦丢失，高抛低吸操作的前提就不存在了）；放量涨停的次日，可选在股价高开后、短线冲高的瞬间进行高抛，在回调到位后的低点进行等量买入，再次冲高、有利可图时，再进行等量卖出。

三是越涨越卖操作法。当确定并实施"高抛"操作后，以首次"高抛"时的价格为基准，当股价再度急冲且越过"基准价"时，可再次卖出同一品种的股票，越涨越卖。此法操作的前提是，确保首次卖出的"正确"，即"基准价"的确定要适当。否则，就有可能因卖得过早（"基准价"确定不当），导致利润缩水，而且出现刚开始"越涨越卖"就已经"无股可卖"的情况。

四是越跌越买操作法。当确定并实施"低吸"操作后，以首次"低吸"时的价格为基准，当股价再度急跌且跌穿"基准价"时，可再次买入相同品种的股票。越跌越买操作法同样以确保首次操作的"正确"为前提，即"基准价"的确定要适当。否则，同样有可能因买得过早（"基准价"确定不当），导致刚开始"越跌越买"就已是"无钱可买"这一情况的出现。

此外，"轮涨股"的操作技巧还包括："T+0"操作法——需要有底仓和余资，操作时不求最好，只求"正确"（动比不动好即可）；"涨停板"操作法——巨量封涨停时一路持有，次日高开（放量且乏力）时卖出。未能封住涨停的股票应于收盘前先卖出，次日再找低点买回，等等。

利用"涨停板"操作法参与"轮涨股"操作时须注意的问题有两个：一是要克服贪婪和恐惧——数个涨停板后卖出时担心再涨，调整到位后低吸时害怕还跌等；二是要做好两手准备，尤其是卖出股票后，即使再涨也不后悔，买入股票后即使再跌同样不悔。"轮涨股"的多种操作技法，投资者可在实际交易中结合起来一并采用。

3. 把握轮涨股的两大制胜秘籍

操作"轮涨股"，从表面上看成败关键似乎在于投资者的操作技法，实际上，取胜关键在于心态——未涨时能否逢低买入、耐心持有，大涨后能否果断卖出、获利了结，尤其体现在以下两方面关系的处理上：

一是盘前委托和盘中下单的关系。无论有无时间看盘和交易，盘前委托和盘中下

单都是"有利也有弊"。就盘前委托而言，最大的优点在于计划性强，且不受行情波动影响，能严格按计划操作，该怎么交易就怎么交易，投资者心态对操作影响几乎可以忽略不计。但问题在于，由于盘中变数较大，因此应对的灵活性相对差些；盘中下单正好相反，能及时应对盘中行情变动尤其是突发事件，但计划性较差，且容易受波动影响，操作结果往往不如盘前委托。一般情况下，对于无时间看盘、交易，情绪波动影响较大，操作执行力相对较弱的投资者，可采取盘前委托法交易，反之，才可适用盘中下单法操作。

二是极端交易与适量适度的关系。有投资者认为，既然"轮涨股"操作得如此得法，为何不全仓进出，而只做其中的一部分筹码。实际上，不做极端交易，确保适量适度，正是成功操作"轮涨股"的核心秘籍。适量适度的关键要做到两点：一方面，不"满进满出"。因为"满进满出"会导致心态失衡，动作变形，自然难以取得好的收益。"适量适度"虽然收益有限，但能保持淡定，反过来有利于按计划操作。另一方面，要配对交易。总体而言，投资者可从各自交易习惯出发，灵活确定交易数量，但必须是配对交易，即买入的筹码必须针对之前的卖出，卖出的筹码必须针对之前的买入，确保买卖数量相等，账户筹码不变，以此滚动操作，反复高抛低吸。

第三节　操作预盈股为什么盈利这么难

在品种置换中，除了须掌握基本的置换技能，考虑到一些特殊的交易品种，投资者在转换时同样需要引起足够的重视，主要包括预盈股、亏损股、"弃儿股"等，下面分节予以介绍。本节先介绍预盈股的操作技巧。

股市投资有一个现象不知投资者有没有注意到，即能否在股市交易中取得预期收益，与操作对象既有一定关联，又无必然联系。多数人能够获利的品种对于有些投资者来说不一定能够获利。同样，多数人操作后亏损的股票，对于另外一些投资者来说照样能取得理想收益，两者的主要区别在于操作方法不同。这一点，既是资本市场的重要特点，也是股市投资的魅力所在。

1. 一样的预盈股为何结果不一样

2013 年，随着年报预披露工作的不断推进，一些发布良好业绩特别是扭亏为盈的

公司股票受到投资者的广泛追捧。公告发布后，这些预盈股有的连续大幅上涨，有的干脆"一字"涨停，也有的高开低走甚至持续阴跌。参与操作的投资者大多能取得较为理想的收益，但也有部分投资者不盈反亏，出现与公司良好业绩背道而驰的操作结果。

2013 年 1 月 21 日，中海集运发布业绩预盈公告称，预计 2012 年度经营业绩与上年同期相比，将实现扭亏为盈，实现归属于上市公司股东的净利润约 5.2 亿元。值得一提的是，该公司 2011 年净亏损 27.4 亿元。

公告发布当天，中海集运高开高走，半小时后封于涨停。见中海集运走势如此强势，投资者 A 想参与此股操作，可惜数千万股的大买单始终不给 A 买入机会，A 只好于翌日再次高开时以集合竞价方式参与买入（2.83 元，10000 股），准备待该股连续涨停后获利卖出。

然而，中海集运小幅高开后便逐波回落，开盘价成了全天最高价，A 不幸买在了高位上。至收盘时，该股下跌 3.97%，相对开盘价更是大跌 6.01%，再考虑交易成本因素，A 当天浮亏比例高达 7 个百分点。1 月 25 日，无法承受亏损的 A 只得在该股收盘时亏着出局（2.65 元，10000 股）。一买一卖，A 亏了 6.36%（未考虑交易成本），不仅跑输指数 5.25 个百分点（上证指数周跌 1.11%），而且大幅跑输预盈股中海集运全周涨幅（6.75%）13.11 个百分点（详见表 7-1）。

表 7-1　2013 年 1 月 21~25 日中海集运周涨幅及与上证指数比对

区分	起始（买价）	收盘（卖价）	周涨跌	与上证指数比对
上证指数	2317.07 元	2291.03 元	−1.11%	—
中海集运	2.52 元	2.69 元	6.75%	7.86 个百分点
投资者 A	2.83 元	2.65 元	−6.36%	−5.25 个百分点

令 A 想不通的是，别人参与预盈股操作总能取得良好收益（即使不操作原来持股的投资者也能有 6.75% 的进账），有的甚至赚得盆满钵满，唯独只有自己不盈反亏，替他人埋单，问题究竟出在哪里，怎么操作才能获利？

2. 不盈反亏的成因在于追涨杀跌

应该看到，中海集运 2012 年 9 月 6 日至 2013 年 1 月 25 日，在大盘和个股的反弹中属涨幅较大的品种之一。在此期间，该股大涨 33.83%，大幅跑赢指数 21.38 个百分点（同期上证指数涨 12.45%），在同期可比的 2435 只个股中位居涨幅榜第 178 名，属

走势较强的股票之一（详见表 7-2）。且从基本面看，公告表明，该股已成功扭亏，公司基本面已出现好转迹象。按理说，参与这样的预盈股操作，应能获得不错收益。

表 7-2　2012 年 9 月 6 日至 2013 年 1 月 25 日中海集运涨幅及与上证指数比对

区分	9 月 6 日收盘	1 月 25 日收盘	涨跌	与上证指数比对
上证指数	2037.68 元	2291.30 元	12.45%	—
中海集运	2.01 元	2.69 元	33.83%	21.38 个百分点

A 之所以出现与多数参与预盈股操作的投资者不同的操作结果，问题不是出在品种（预盈股）本身，也不是由于大环境（大盘）不配合，而是出在自己身上，由于操作不当、时机没有把握好所致。

打开中海集运 K 线图不难发现，操作类似中海集运这样的预盈股，较好的介入时机有两个：一是预盈消息发布前、股价调整、无从问津时。先以极端的介入方式为例，若以该股起涨时的最低点 1.99 元介入，至 1 月 22 日的高点 2.83 元卖出，阶段涨幅高达 42.21%，大幅跑赢指数和其他多数个股。即使不以最低价买入、最高价卖出（实际操作也很难做到），而是以此期间内的任意一个价位买卖，只要不频繁进出、追涨杀跌也都能取得正向操作结果，获得一定程度的操作收益。二是预盈消息发布后、小幅高开、尚未追抢时。投资者若事先没有持有中海集运股票，选择在公告发布后第一时间介入（成交价为 2.58 元），不是在上冲过程中争抢，同样会有良好收益——至 1 月 25 日收盘涨幅为 4.26%，同样能大幅跑赢指数 5.37 个百分点（同期上证指数跌 1.11%）。

操作预盈股风险最大的介入时机是：预盈消息发布后，股价连续涨停、众人哄抢、成交放量、大幅高开时。当天买入（2.83 元），翌日卖出（2.65 元），追涨杀跌，造成大幅亏损。A 选择的便是这种方式交易，结果自然就出现不盈反亏的结局。

可见，操作预盈股能否获利、如愿以偿，关键不在品种本身，很大程度上取决于操作方法特别是介入和卖出的时机。

3. 参与预盈股操作重在把握时机

预盈股对于普通投资者来说，不是不可以操作，而是要注意方式方法，运用正确的操作技巧，唯有如此，才能达到操作预盈股的最终目的。

首先，在品种选择上宜熟不宜生。参与预盈股操作，一定要选择平时关注、长期跟踪、股性熟悉，最好曾经操作过、获利过，给自己带来良好收益的熟悉品种。在此基础上，预盈股同时具有股价超跌、众人被套、机构驻扎、实力较强、股性活跃、市

场认同等特点则更佳。这样的股票有利于增强投资者的操作底气，做到进出自如。对于股性不熟、情况不明的陌生股还是敬而远之为好。

其次，在介入时机上宜早不宜迟。最好是在预盈消息发布前股价处于持续低迷，尚未引起多数投资者关注时逢低吸纳。此时买入，成交清淡，股价较低，风险最小。而且，由于此时预盈消息尚未发布，公司基本面看似较差，实则存在潜在的利好可能。一旦利好（预盈消息）兑现，往往会有惊喜出现。至于是否存在潜在利好的判别方法，既可根据主力动向（一般看盘面主动性买入多还是卖出多，大单买入多还是卖出多）来判断，也可根据业绩报表公布时十大流通股东的增减情况来确定。

最后，在操作方式上宜吸不宜追。普通投资者除了可在预盈消息发布前提前潜伏外，也可在预盈消息发布后小幅高开时第一时间介入。与前者相比，后者介入的时机同样较为理想，唯一区别在于收益率会略少于前者。但前提是一定要低吸切不可追涨，特别是不可在股价连续涨停后大幅高开时买入。因此，操作前进行周密的计划准备显得尤为重要，特别是买入预盈股的价格、数量、时机，以及买入后出现不同情况时的应对策略，都要在操作前想清楚、谋划好。

操作预盈股时须注意的问题主要有四个：一是要总量控制，切不可满进满出；二是要做好搭配，在几个品种之间按一定比例分散配置；三是要分批买卖，做到越跌越买，越涨越卖；四是要配对交易，买入多数就卖出多数，高抛多少就低吸多少，防止由于数量确定不当导致看似高抛低吸实际追涨杀跌这种隐性亏损结果的出现。

总之，投资者只要心态良好、方法正确，且对上述问题足够重视，不仅可以参与预盈股的操作，而且完全有可能取得预盈股操作的理想收益。

第四节　在"亏损股"里淘金

上一节介绍了预盈股的操作技巧，接下来再介绍亏损股的操作方法。

投资炒股，不同的股民有不同的招数。有人喜欢越涨越"追"，有人喜欢越跌越"捡"；有人喜欢在已经盈利的股票中加码，有人喜欢在已经亏损的品种里补仓。投资结果，盈利基础上补的仓不一定还会盈利，亏损品种里加的码也不一定仍将亏损。在"亏损股"里"淘金"，就是一种既简单易行又稳妥有效的制胜方法。

1. 专"捡"亏得多的股票

这里所说的亏损，不是指上市公司经营出现问题而导致企业亏损，而是指投资者买入股票后，因股价出现下跌而使账户里"盈亏"一栏出现负数的投资亏损。

2009 年 7 月 24 日"逃顶"后，笔者一直在寻找新的进场机会。8 月 26 日，见大盘短线跌幅已大，便以 10.54 元的价格买入大秦铁路 10000 股，4.76 元的价格买入工商银行 9500 股。第二天，以 4.69 元再买工商银行 10500 股。至此，"逃顶"时卖出的大秦铁路和工商银行已悉数"正差"接回。

买入后，大秦铁路和工商银行出现了截然不同的走势。至 9 月 10 日收盘，大秦铁路由买入时的 10.54 元跌至 10.07 元，而工商银行则由均价 4.72 元涨到了 4.90 元。两股票"一跌一涨"，形成鲜明反差。

因大秦铁路和工商银行都是"逃顶"后"正差"买入，建仓时间又在同一天，且基本面、技术面等都有一定的可比性，便决定第二天去"捡"个便宜，用工商银行换取大秦铁路。9 月 11 日，恰逢工商银行盘中冲高、大秦铁路冲高后又出现回档，便以 5.06 元、10.08 元的价格分别卖出获利的工商银行 20000 股、买入亏损的大秦铁路 10000 股，顺利完成预定的换股操作计划。

2. 越亏越要拿得住

两次建仓后，大秦铁路并没有如笔者所期望的那样出现大幅上涨，反而继续沿着标准的下降通道阴跌不止。9 月 28 日，大秦铁路一举击穿 9 元大关，创出调整新低 8.99 元。笔者买入的大秦铁路也随之浮亏一成还多，投入的资金中 2.64 万元打了水漂。

当时，最关心的，一是大秦铁路到底会在哪里止跌，是否值得继续守仓；二是剩余的资金建仓什么品种？考虑到已经建仓的品种都是自己长期跟踪、非常熟悉的"放心股"，于是决定不仅已有的仓位继续坚守，而且再建仓时还买这些"放心股"。

9 月 30 日，笔者专门制作了《在持仓股票与大盘比对中选股》表格（详见表 7-3），对已经建仓的品种进行分析、选择。结果发现，与 7 月 24 日"逃顶"前账户里的股票全为"红色"相反，已经买入的 8 只股票全部"翻绿"、出现亏损。接着，再通过"8 股比对"和 K 线形态分析，确定选股顺序，依此作为是否坚守或买入的优先品种。结果，中海集运、大秦铁路、威华股份位居选股顺序前三名。

表 7–3　在持仓股票与大盘比对中选股

股票名称	持仓数量（股）	买入日期（月.日）	买入价格（元）	买日收盘（元）	9月30日收盘（元）	股票涨跌（%）	买日沪指收盘（元）	9月30日沪指收盘（元）	同期沪指涨跌（%）	股票涨跌与沪指比（百分点）	选股顺序
同方股份	6100	8.5	17.39	17.45	14.13	−19.03	3428.50	2779.43	−18.93	−0.10	7
大秦铁路	10000	8.26	10.54	10.44	9.27	−11.21	2967.59	2779.43	−6.34	−4.87	2
大秦铁路	10000	9.11	10.08	10.09	9.27	−8.13	2989.79	2779.43	−7.04	−1.09	4
中国南车	10800	8.13	5.02	5.06	4.52	−10.67	3140.56	2779.43	−11.50	0.83	9
中国石油	10000	7.31	15.58	15.73	12.70	−19.26	3412.06	2779.43	−18.54	−0.72	5
中海集运	3300	9.14	5.16	5.19	4.24	−18.30	3026.74	2779.43	−8.17	−10.13	1
招商轮船	900	9.17	5.35	5.37	4.85	−9.68	3060.26	2779.43	−9.18	−0.5	6
景兴纸业	19500	8.13	5.94	6.00	5.33	−11.17	3140.56	2779.43	−11.50	0.33	8
威华股份	700	9.15	9.20	9.24	8.22	−11.04	3033.73	2779.43	−8.38	−2.66	3

在选出的"三股"中，由于大秦铁路的仓位已到了控制"警戒线"，无论发生什么情况都不能再行补仓，但仍属坚定持有的品种。余下的资金则在国庆节后开市第一天（10月9日）分别买入了中海集运和威华股份。至此，"逃顶"后余下的资金已全部买入亏得最多的股票。

3."愤怒"的"亏损股"

重仓股大秦铁路在创出调整新低后又整理、蓄势了一个多月。之后，在利好消息的"刺激"下，股价势不可当、出现"井喷"。

11月4日，受"巴基斯坦称中巴正磋商修建连接中东铁路等计划"和"巴菲特260亿美元收购美第二大铁路公司"等消息"刺激"，大秦铁路以超过2%的幅度跳空高开，随后又高举高打，在大盘微涨0.46%的情况下，以大涨4.30%收盘，超过指数3.84个百分点。

时隔两天，11月6日大秦铁路再次高开高走。当天，大盘涨0.28%，而大秦铁路的最大涨幅达到7.92%，并以上午收盘时的涨幅4.51%结束全天的交易（下午因一则"重要事项未公告"的公告被交易所临时停牌），再次跑赢指数4.23个百分点。

11月2日至6日一周时间，大盘涨5.61%，愤怒的"亏损股"大秦铁路飙涨16.41%，超过指数10.80个百分点（详见表7–4）。

表 7-4 大秦铁路与上证指数一周（11 月 2 日至 6 日）涨幅比对

日期	上证指数涨幅（%）	大秦铁路涨幅（%）	"两股"涨幅差（百分点）
2 日（周一）	2.70	1.85	-0.85
3 日（周二）	1.22	0.81	-0.41
4 日（周三）	0.46	4.30	3.84
5 日（周四）	0.85	4.02	3.17
6 日（周五）	0.28	4.51	4.23
周涨幅	5.61	16.41	10.80

4. "亏损股"里有"黄金"

在"亏损股"里"淘金"，从表面上看非常简单，只要买入后一路持有即可，但实际上颇有讲究。

正确的投资理念，不仅需要心动，而且需要行动。一方面，操作理念要正确，被换的"亏损股"要有可比性，这是前提；另一方面，正确的理念要变成实际的行动。如果不是对当初买入、后又亏损的股票深信不疑，即使想换股可能也只是停留在心动上，而不会付诸行动。这样，也就不会卖出已经获利、"涨得好好"的工商银行，更不可能买入已经亏损、"跌跌不休"的大秦铁路。

坚守或买入，可以无条件，但要有理由。每下一次单，都需有充分的理由作为操作的依据。之所以如此看好大秦铁路，既有基本面的原因——最新三季报所显示的 0.35 元的每股收益、3.16 元的每股净资产等；也有技术面的原因——最近一年里指数翻了一番，但大秦铁路却始终在 8~12 元的小区间里震荡。不随心所欲，不步人后尘，坚定不移听"自己"，是"用理由操作"的关键。

买入或守住亏得最多的股票，需要有过人的胆略和勇气。股票涨起来人人高兴，跌起来个个害怕。投资者如果对自己曾经操作过的股票，不敢亏时买入、盈时卖出，就很难在投资中取胜。除了中海集运和威华股份，要不是仓位已过"警戒线"，受投资纪律约束，大秦铁路也会成为笔者再次加仓的首选；虽因"警戒线"所限不能增加仓位，但能够坚定持有大秦铁路，尤其是在急跌前后亏得最多时依然做到镇定自若，同样考验着投资者的定律。

"亏损股"里有"黄金"，"偶然"之中有"必然"。一周之内能取得 16.41% 的收益，且跑赢指数 10.80 个百分点，实不多见。从当初亏 2.64 万元到如今盈 2.08 万元（截至 11 月 6 日收盘），这一"奇迹"的出现，除了消息刺激等"偶然"因素的配合外，正确

的投资理念、充分的操作理由和过人的胆略勇气，这些"必然"的因素结合在一起，也促成了投资者在"亏损股"里成功"淘金"。

第五节　多策并举应对"弃儿股"

最后，再来看看"弃儿股"的走势特点和操作方法。

在沪深股市 3000 多家上市公司里，不同品种之间的"命运"往往大不一样，与备受大股东青睐的"增持股"时常跑赢指数相比，屡遭大股东抛弃的"弃儿股"就没那么幸运了。

面对突然出现的"弃儿股"，无论是已经持有还是准备买入的投资者都不得不考虑的问题是：在鱼龙混杂的股市里，怎样才能及时发现、有效回避，并妥善处理好已经持有的"弃儿股"。

1. 市场出现"弃儿股"

股市永远是个上蹿下跳"不一定"、多空双方"闹矛盾"的地方。近段时间以来，在一些质地优良、调整充分的股票纷纷被大股东们增持的同时，也有不少股价偏高、主力获利丰厚的股票被一些大股东所抛弃。

来自大宗交易平台的信息显示，2011 年大宗交易成交量与成交额和去年相比均出现大幅增长。截至 6 月 3 日，2011 年大宗交易累计成交量 64.41 亿股，成交额 576.11 亿元，同比分别增长了 3.18 倍和 2.12 倍。研究发现，这些通过大宗交易平台减持的股份绝大多数系大股东限售股流通后减持的筹码。

在通过大宗交易平台减持股份的"弃儿股"中，天龙光电无疑是颇具代表性的公司之一。该股第二大股东自 2010 年 12 月 27 日限售股解禁首日即减持 140 万股起至 2011 年 3 月 30 日最后一次减持止，仅仅用了 3 个月时间，就将持有的全部 3000 万股天龙光电股票悉数出尽，从而由天龙光电的大股东变成了"局外人"。

类似天龙光电这样的"弃儿股"还有很多，如友阿股份、北新路桥、乐普医疗等。据统计，在 2011 年 5 个多月的时间里，累计发生 10 笔以上大宗交易的上市公司达 40 余家，大多与大股东减持股份有关。而且，这种被大股东抛弃的"弃儿股"近来有进一步增加的趋势。

2. 怎样发现"弃儿股"

"弃儿股"被大股东减持前后的股价走势表明，买入并持有"弃儿股"的投资者将是"不幸"的。天龙光电自 2011 年 2 月 23 日创出上市以来新高 38.49 元，至 6 月 7 日收盘下跌了 36.22%，不仅跑输同期上证指数（-4.33%）31.89 个百分点，而且跑输同期创业板综指（-22.78%）13.44 个百分点。其他"弃儿股"也大多出现了程度不同的"双跑输"走势。

那么，这些上市时间不长、质地大多不差、限售股份刚刚解禁的股票为何屡遭大股东抛弃而成为"弃儿股"？综合比较后笔者发现，"弃儿股"大多有以下特征：一是减持前后股价涨幅巨大，有的还屡创新高；二是大股东获利丰厚且去意坚决，如天龙光电二股东持有的 3000 万股筹码，成本价只有 2.40 元，减持均价 30 元以上，获利超过 10 倍，减持心切便不难理解，其中，二股东为其他公司贷款提供担保的 1450 万股股份解除质押后仅仅过了两天又减持了 610 万股，去意可谓再坚决不过；三是多数"弃儿股"在大股东减持的同时往往利好消息不断且时有机构推荐，帮助推波助澜；四是大股东减持之后，多数"弃儿股"将步入漫长的阴跌、"不归"之旅，股价随之大幅下跌，而此时的消息面又渐趋平静。

面对"弃儿股"，早走早主动，这是多数投资者的共同体会。那么，普通投资者怎样才能尽早发现这种被大股东抛弃的"弃儿股"？发现"弃儿股"的方法主要有两种：最直接的方法是观察盘口，通过交易软件查看相关股票的价量关系。如股价下跌的同时伴随成交量放大，买盘不济的同时伴随卖盘汹涌，涨起来不易的同时伴随跌起来冲锋等，这类股票除极少部分是有人在刻意洗盘外，多数可断定为主力正在减仓的"弃儿股"。间接但有效的方法是关注上市公司发布的减持公告。如天龙光电 2011 年 1 月 7日发布公告称，公司第二大股东×××分别于 2010 年 12 月 27 日、2011 年 1 月 5 日通过大宗交易系统累计减持公司无限售流通股股份 390 万股，其中 2010 年 12 月 27 日减持股份 140 万股，减持均价为 27.70 元/股，2011 年 1 月 5 日减持 250 万股，减持均价为 30 元/股。通过这一公告，投资者应马上意识到二股东的减持行为极有可能持续较长时间，此举极有可能是该股成为"弃儿股"的前兆。

2011 年 3 月 31 日天龙光电收到二股东一纸减持股份的告知函，充分说明天龙光电实际上已成为"弃儿股"：二股东于 2011 年 3 月 30 日通过大宗交易系统累计减持公司无限售流通股股份 400 万股，至此，其所持公司无限售流通股已全部减持，不再持有公司其他股份，不再是公司的股东。

3. 如何操作"弃儿股"

实际操作中，在发现相关股票已经或将要成为"弃儿股"时，投资者还须结合各自实际，对"弃儿股"加以分析并区别以待。

未持有"弃儿股"的投资者原则上不要买入，具体分三种情况：

一是大股东刚开始减持时尽量不要买入。天龙光电二股东首次减持时间是 2010 年 12 月 27 日。自 2010 年 12 月 31 日起至 2011 年 6 月 7 日收盘，天龙光电累计下跌 20.42%，大幅跑输同期上证指数（-2.27%）18.15 个百分点。显然，投资者要是在大股东刚开始减持时就买入"弃儿股"并一直持有，损失较大。

二是大股东减持完毕后同样不要买入。天龙光电二股东最后一次减持时间是 2011 年 3 月 30 日。自 3 月 31 日起至 6 月 7 日收盘，天龙光电区间跌幅为 22.04%，不仅大幅跑输同期上证指数（-6.28%）15.76 个百分点，而且远远跑输同期创业板综指（-15.33%）6.71 个百分点。同样，投资者要是在大股东减持完毕后以为跌得差不多了而买入"弃儿股"并一直持有，损失仍然较大。

三是利好消息公布时也不宜买入。在二股东大量减持期间及减持完毕之后，天龙光电的利好消息或媒体的正向报道可谓持续不断：2014 年 1 月 25 日的"业绩大幅增长无悬念"，2 月 11 日的"重大合同进展"，4 月 15 日的"一季度业绩预增公告等"。但众多的利好消息依旧未能阻挡天龙光电的下跌步伐。自 4 月 15 日公告发布之日起至 6 月 7 日收盘，天龙光电继续大跌 16.27%，虽然跑输指数的程度有所收敛，但仍跑输上证指数（-10.04%）6.23 个百分点，跑输创业板综指（-15.17%）1.1 个百分点。投资者即使至 4 月 15 日公告出来时才选择观望，同样是正确的选择。

已经持有"弃儿股"的投资者一方面在加仓时要慎重，尽量不要加仓；另一方面，对所持有的"弃儿股"要区分仓位性质，妥善决定去留。对长线仓位可继续持有，但短线仓位应及时高抛；仓位较重的投资者无论股价高低、被套与否，都应先出一部分，其余部分视情择机高抛，只宜保留少量仓位，仓位较轻的投资者或持有或高抛均可，但也不宜加仓。

减仓时机：通过观察盘口发现"弃儿股"的投资者应抓住其他投资者尚未发现的有利时机及时减仓；通过公司公告发现"弃儿股"的投资者应在公告发布后的第一时间卖出，切忌犹豫不决，以免越套越深。

减仓之后，投资者还须保持耐心，不要轻易回补之前卖出的筹码。作为大势已去的"弃儿股"尤其是在大宗交易平台上进行打折"甩卖"的"弃儿股"，不仅大股东完

成减仓需要时间，而且即使减仓完成后"弃儿股"要想走出下降通道也需有一个漫长的自我消化、恢复元气阶段，因此，保持足够耐心，做好"等"的文章就显得尤为重要。

第六节 "回头草"不是草，"吃得好"也是宝

换股操作须注意的问题很多，及时发现并抓住"回头草"的投资机会，同样是一种简单、实用、有效且适合多数投资者普遍采用的换股方法。

1. "回头草"不是草

换股与选股一样，不少人都有喜新厌旧的习惯，喜欢陌生的新股，不喜欢熟悉的老股，尤其是曾经操作过的股票（以下简称"回头草"）。殊不知，"回头草"不是草，不少曾经操作过的股票恰恰具有较大的投资机会，能给投资者带来意想不到的好收益。

2012 年 4 月 20 日（周五）收市后，笔者有一笔资金想建仓。由于当时大盘自低点 2132.63 点起涨以来涨幅已大，达 12.86%，且面临前高压力，因此，若再按传统方式选股风险较大。怎么办？笔者想到了"回头草"——之前曾经操作过、如今依然在低位徘徊的股票南方航空，决定于下周一（4 月 23 日）开盘后的第一时间买入该股 10000 股。

4 月 23 日（周一），笔者以比开盘价高 0.01 元的价格买入南方航空 10000 股（4.73 元），用资 47300 元（暂不计交易费）。截至 6 月 8 日收盘，以南方航空最新价 4.68 元计，操作结果浮亏 500 元，对应跌幅 1.06%，比同期上证指数（-5.08%）少跌 4.02 个百分点。

不仅如此，笔者还在 5 月 2 日至 6 月 4 日期间，利用这 10000 股南方航空底仓，三进三出、高抛低吸，回转交易后分别获利 677 元、282 元、1080 元，合计 2039 元，对应涨幅 4.31%。

在此期间，笔者还用账户里的少量闲资，通过"自我双融"操作法，进行了五次融资操作，分别获利 583 元、583 元、582 元、383 元、483 元，合计 2614 元，对应涨幅 5.53%。

在指数下跌 5.08%、个股本身下跌 1.06% 的情况下，通过多种方式结合操作"回头草"，最终取得了 4153 元的收益，对应涨幅达 8.78%，相当于位居同期可比的 2342 只

股票涨幅第 322 名，不仅跑赢南航自身 9.84 个百分点，而且跑赢指数 13.86 个百分点，"回头草"的赚钱效应由此可见一斑。

2. "怎么吃"有讲究

细察南方航空操作结果不难看出，能在大盘和个股"不配合"的情况下取得超出指数 13.86 个百分点的"回头草"收益并非易事，13.86% 的"超额收益"实际上由三部分组成，分别是南航自身强于大盘走势带来的"抗跌收益"——4.02%，高抛低吸取得的"正向收益"——4.31%，以及"自我双融"获得的"额外收益"——5.53%。"回头草"的具体"吃法"离不开品种选择、高抛低吸和"自我双融"三部分。

第一，正确的品种选择。几乎所有投资者都出现过曾经操作过的股票被晾在一边的情况，在这些数量庞大、可供选择的"回头草"里如果品种选择不当，纵然有高超的短线交易能力，也很难踏准操作节奏，取得理想效果。反之，如果品种选择恰当，即使不是特别擅长短线交易，多数情况下也能取得好的收益。譬如，因为选择了南方航空，才使在近半股票区间跌幅超过 7% 的情况下，"回头草"市值只缩水 1.06%，大幅跑赢指数和绝大多数个股，并为最终取得"回头草"的操作成功奠定了基础。所以，正确的品种选择是成功操作"回头草"的重要前提。

现在的问题是，为什么会在众多的"回头草"里选择南方航空而不是别的股票？其中的奥秘在于"四看"：一看熟悉性——股性"越熟越好"。无论是基本面、技术面还是投资者对于股性的熟悉程度都要尽可能做到"越熟越好"。譬如南方航空，笔者曾于 2011 年 3 月 30 日至 5 月 18 日期间先后 16 次操作过该股，其中八次买入、八次卖出，最终全部获利。通过多次操作，对该股的股性已较为熟悉。二看超跌性——跌幅"越大越好"。南方航空自"前期高点"（2010 年 10 月 27 日创下高点 13.00 元当天的收盘价）至 2012 年 4 月 20 日（收盘价）跌幅达 60.69%，同期上证指数只跌 19.69%。三看滞涨性——涨幅"越小越好"。南方航空自"前期低点"（2011 年 12 月 22 日创下的低点 4.42 元当天的收盘价）至 2012 年 4 月 20 日（收盘价）的涨幅只有 3.48%，同期上证指数大涨 10.09%。四看优势性——利好"越多越好"。如南方航空具有每 10 股派 2 元分红扩股的潜在利好。通过"四看"所做的正确品种选择为最终大幅跑赢指数贡献了 4.02 个百分点。

第二，正确的高抛低吸。不难看出，即使选择了南方航空这样十分抗跌的"回头草"，如果不穿插必要的高抛低吸，收益同样难以如愿。建仓南方航空后笔者共进行了三次高抛低吸，通过回转操作分别获得数百元至千余元不等的短差收益。操作方法有

时先买后卖、有时先卖后买，根据股价高低灵活进行买卖交易，但大多采取急涨时卖、急跌时买的交易方法，虽然差价不多、获利不丰，少的只有 282 元，多的也才 1080 元，但全部取得正向收益。结果，正确的高抛低吸又为最终大幅跑赢指数贡献了 4.31 个百分点。

第三，正确的"自我双融"。由于买入的"回头草"采取长短结合、滚动操作方式交易，所以对此进行的高抛低吸操作实际上是"融券操作"——先借券卖券、后买券还券。"自我双融"的另一重要方式是"融资操作"——先借资买券、后卖券还资，这也是成功操作"回头草"的必要组成部分。对于留有一定数额余资的投资者来说，可通过"融资操作"达到"买得更低、卖得更高"的目的，进一步扩大"回头草"的盈利比例。譬如，在高抛低吸操作中，"高抛"（4.92 元）南方航空后"低吸"的价格为 4.84 元，当股价跌至 4.61 元、出现更好买点时，便以 4.61 元的时价融资买入 10000 股，翌日便在该股冲高过程中以 4.68 元的价格逢高卖出，获利 583 元后翌日便将所借款项"还"了回去。

由于"自我双融"体现的操作原则是"买得更低、卖得更高"，操作收益多数情况下会超过高抛低吸方式。而且，"自我双融"与"普通双融"比优势更为明显，无须支付利息、没有双融期限、没有操作压力，操作起来反而更加轻松，更有助于理性操作、稳定获利。结果表明，正确的"自我双融"为最终大幅跑赢指数贡献了 5.53 个百分点。

由此看来，"吃回头草"既没有想象中的这么简单，随便找一只"回头草"买入即可，也没有意想中的这么复杂，以为不是普通投资者所能做好的。只要将正确的品种选择、正确的高抛低吸以及正确的"自我双融"结合起来，就能面对"回头草"敢于低吸、敢于高抛、"吃"出收益、"吃"出水平。

3."吃得好"才是宝

作为一种独特的选股方式，"吃回头草"实际上是门技术活，讲究的是精细，考验的是耐心，需要与"确定性""执行力""平常心"结合起来。只有做到了"三结合"，才算是"吃得好"，才能让"回头草"变草为宝。

一是要与"确定性"结合起来。能否在"吃回头草"过程中保持镇定、充满底气，与买股时的"比较方法"密切相关。如果比的是买入之后，由于行情充满变数往往会感到不踏实，但如果比的是买入之前，由于盈亏已经确定，无论买后股价怎样涨跌都不会受到任何影响。譬如，"吃回头草"前笔者最后一次卖出南方航空的价格为 8.14 元，"吃回头草"时首次买入的价格为 4.73 元。一旦买入，3.41 元的正差收入实际上已成为

"确定性"收益。如此操作，"吃回头草"时才会镇定自若、底气十足。

二是要与"执行力"结合起来。一方面，要有切实可行的交易计划。即使精选了交易品种，同样离不开交易计划，包括买入股票的批次、数量、价格及买后打算等。另一方面，要严格执行交易计划。计划一旦确定，就要严格执行，否则就会前功尽弃、劳而无功。

三是要与"平常心"结合起来。既要在"吃回头草"时敢于低吸，特别是要抓住早盘恐慌时提供的低吸良机，按计划分批买入股票；又要敢于高抛，及时抓住盘中冲高时提供的高抛机会，按计划分批卖出股票。与此同时，还要有良好的心态，一方面，不在买入股票后当相关品种出现大涨时后悔当初买得不够多，假如真的买多了交易心态就会大不一样，结果常常适得其反；另一方面，不在卖出股票后当相关品种出现大跌时后悔当初卖得不够多，假如真的卖多了内心也会很不踏实，甚至影响"吃回头草"的交易节奏和最终结果。

第七节　怎样换股才不会被主力暗算

老股民都知道，换股是把"双刃剑"。换好了，不仅能抓住机会，提高收益，而且能回避风险，减少损失。但若换不好，就会适得其反，甚至落入主力精心设计的陷阱，从而被主力暗算。

1. 换股为什么常被主力暗算

日前上网，看一博文，颇受启发。说的是博友一同事跑来告诉他："惨，我被主力暗算了！"原来，该同事买入某股票后被套数年，一直咬牙坚持，在大盘跌破2000点时也依然抱着"打死也不卖"的心态顽强坚守。但在大盘持续反弹，其他个股纷纷大涨，所持个股毫无起色时，他突然改变初衷，作了换股操作——割肉卖出深套多年的股票，转而买入另外一只当时很有"牛相"的股票。

这一换，他彻底落入圈套，被主力成功暗算：割肉的"深套股"连续大幅上涨，短短几天涨幅已超过20%，而买入的"大牛股"则事故不断，短短几天跌幅接近20%。一涨一跌，账户市值损失了40%。

博友在文末总结道：我们都是凡人，熊市中你亏我亏大家都亏，但是牛市启动之

初，不少"熊哥熊妹"已经旧貌换新颜，这时候产生的嫉妒就是主力暗算你的陷阱，只要你眼红，马上会出现让你更加后悔的结果，股市就是这样，你不知道对手是谁，对手却掌握着你的"七寸"。

2. 怎样才能不被主力暗算

博友同事的窘境多数投资者都或多或少经历过，本想通过换股取得理想收益，结果却被主力暗算，得不偿失，动不如静。

换股，之所以常被主力暗算，原因是多方面的，其中的关键在于心态不正，追涨杀跌所致。最近，笔者做了一次模拟操作，结果表明：追涨杀跌是换股的一大"杀手"。

2013年2月1日，笔者准备模拟换股。此时，首先想到的是将两年前（2011年5月25日）曾经卖出的中国石油（卖出价10.81元）以正差价格买回来。若以最新股价计，中国石油与当时卖出价相比，已下跌7.07%，应该说出现了较好的正差接回机会，可以作为买入的首选品种。

但实际上，此时除了正差接回原卖出的股票外，还有两种极端的换股方法：一是"弃弱择强"，在当时挂牌交易、同期可比的2416只股票中卖出表现最弱（跌幅最大）的"三大熊股"，换入表现最强（涨幅最大）的"三大牛股"；二是"弃强择弱"、反向换股，卖出"三大牛股"，换入"三大熊股"。

截至2013年3月1日，两种不同换股方法在一个月时间里出现的结果大相径庭。利用"弃弱择强法"换股——卖出区间（2011年5月25日至2013年2月1日）跌幅最大的三只股票（天龙光电、京运通、亿晶光电，平均跌幅74.36%），同时换入区间涨幅最大的三只股票（国海证券、华夏幸福、金叶珠宝，平均涨幅456.75%）。换股一个月后（2013年2月2日至3月1日），相关股票出现了与预期完全相反的走势，在同期上证指数下跌2.46%的情况下，卖出的三只"弱势股"全部逆市大涨，平均涨幅高达13.28%，而买入的三只"强势股"无一上涨，平均下跌5.79%。一涨一跌，换股结果与不换股相比市值损失19.07个百分点。

反之，利用"弃强择弱法"换股——卖出"三大牛股"的同时，换入"三大熊股"，一个月后，相关股票出现了与预期完全一致的走势，一涨一跌，换与不换相比市值增加19.07个百分点（详见表7-5和表7-6）。

通过比较不难发现，以追涨杀跌、"弃弱择强"法换股，不仅难以取得理想的换股收益，结果甚至不如正差接回原卖出的股票（中国石油，同期跌3.01%），而且风险很大。反之，若能以高抛低吸、"弃强择弱"法换股，结果不仅远超正差接回原卖出的股

表 7-5　2011 年 5 月 25 日~2013 年 3 月 1 日"三大牛股"的市场表现

证券代码	证券名称	2011 年 5 月 25 日~2013 年 2 月 1 日涨跌幅	2013 年 2 月 2 日~2013 年 3 月 1 日涨跌幅
000001	上证指数	−12.58%	−2.46%
000750	国海证券	762.03%	−4.45%
600340	华夏幸福	407.97%	−1.12%
000587	金叶珠宝	200.24%	−11.79%
平均		456.75%	−5.79%

表 7-6　2011 年 5 月 25 日~2013 年 3 月 1 日"三大熊股"的市场表现

证券代码	证券名称	2011 年 5 月 25 日~2013 年 2 月 1 日涨跌幅	2013 年 2 月 2 日~2013 年 3 月 1 日涨跌幅
000001	上证指数	−12.58%	−2.46%
300029	天龙光电	−75.87%	8.62%
601908	京运通	−74.55%	19.48%
600537	亿晶光电	−72.65%	11.73%
平均		−74.36%	13.28%

票所得的收益，在大幅跑赢指数的同时取得意想不到的投资收益，而且风险很小。

模拟操作结果充分表明，普通投资者要想在换股操作中踏准节奏、把握主动，不被主力暗算，保持良好心态，确保做到高抛低吸显得十分重要。

3. 成功关键在于技法正确

要想在换股操作中达到预期目的，不被主力暗算，除了需要拥有良好的换股心态，还须掌握正确的换股技法，主要有三：

第一，选好股票，进行跟踪。正确换股的前提是正确的品种选择，包括卖出和买入股票的确定。一般来说，卖出股票的确定比较容易，只要选择涨幅较大、获利已丰的品种即可，难度较大的是买入品种的选择。对此，可用"三步法"进行选股。第一步：假如拟买的股票是原卖出的股票（如中国石油），此时，先不急于买入，看看有无更好的品种可供选择。方法是，以当时卖出的时间（2011 年 5 月 25 日）为起始日，至最近交易日（拟买日~2013 年 2 月 1 日）为阶段区间，计算出全部挂牌交易的品种在此期间的涨跌幅，并与拟接回的品种进行比较。此时，即可发现，拟买回的品种阶段跌幅实际上并不大，还有跌幅更大、优势更明显的品种可供买入——在同期可比的 2416

只股票中位于跌幅前十的股票跌幅均在 67%以上，其中跌幅最大的三只股票平均跌幅达 74.36%。在此基础上，在交易系统软件上建立自选板块——"跌幅前三"备用。第二步：对"跌幅前三"中的备选品种进行过滤、筛选，必要时可剔除业绩预亏、出现问题的股票，尽量确保所选备用的品种没有"问题"，并再次调整"跌幅前三"自选板块里的备选品种。第三步：计算出本轮低点以来精确的涨跌幅，排除本轮低点以来涨幅特别大的风险股，如自选品种涨幅均在 25%以下的可作为最终确定的"待买股"，予以收录，进行跟踪。

第二，定好策略，做好准备。品种选好后，在换股操作前还须定好策略，做好操作前的准备工作。一是要确定买入时机。原则上要在大盘回调时低吸，上涨甚至急冲时应暂缓买入（在有底仓的情况下甚至要反向卖出）。须注意的是，必须在大盘回调（而不是个股回调）时买入，因为在大盘回调时，一般情况下多数个股都会跟着回调，若在大盘上涨时买入，一旦大盘展开回调，个股的杀伤力往往很大，所以要选在大盘回调时低吸。二是要确定买入对象。若在大盘回调时，原卖出的股票随之下跌，出现了正差接回机会，此时可选择原股接回，不一定要选择新的品种买入。只有当大盘回调的同时，原卖出的股票未能下跌，无法正差接回，才可换股操作，买入待买的股票。

第三，按照计划，择机换股。重在把握三点：一是在大盘回调，原卖出的股票没有正差接回机会，且待买股票选择对象较多时，优先买入处于下跌且跌幅较大的"待买股"。二是将待买资金分成三批，此时先买第一批，即买入总量的 1/3，再跌时再买第二批，数量仍然是 1/3，以此类推直至全部买入时止。若首次（或二次）买入后待买品种不再下跌，就停止买入，可择机高抛或一路持有。三是当原卖出的股票出现正差接回机会，后买入的股票又有利可图或能保本卖出，此时即可卖出后者，同时买入前者。但若原卖出的股票出现正差接回机会的同时，后买入的股票处于被套甚至深套状态，则应视情况区别对待。一般情况下，换股结果虽然一盈一亏但总体上依然是盈利大于亏损、结果仍为盈利时可按计划换股，若亏损大于盈利、结果仍为亏损时则不宜换股。

第八章 关于交易时机：成功的另一半是机会的正确把握

第一节 "启动股"的操作技巧

无论是在牛市还是熊市，股市或多或少都会有热点板块和强势个股出现在投资者面前。从理论上讲，投资者只要在热点板块和强势个股启动前后及时介入，然后一路持有，一段时间后再找高点择机卖出就会取得超过大盘和个股的投资收益。

但实际上，操作"启动股"的投资者不一定都能赚钱，即使那些嗅觉灵敏、反应极快的投资者也不例外，有的甚至出现不盈反亏的窘境。

1. 莫被"启动股"所伤

先来看个实盘。五矿发展是 2010 年 12 月中旬以来表现最抢眼的股票之一。在 12 月 10 日至 27 日 12 个交易日里，上证综指下跌 1.05%，深证成指下跌 0.41%，两市指数平均下跌 0.73%。同期，五矿发展却从 25.30 元涨至 29.08 元，逆市上涨 14.94%，跑赢指数 15.67 个百分点。

投资者若能在此期间及时买入并耐心持有五矿发展，不仅能躲过大盘的下跌而且能使市值逆市上扬，但投资者 Q 却没那么幸运。五矿发展启动前后，Q 分别建仓 1000 股和 500 股，后又多次进行交易操作。然而，五矿发展的强势"启动"不仅没有给 Q 带来相应的收益，反而使 Q 的账面市值出现了巨大亏损。截至 12 月 27 日，Q 共持有五矿发展 2000 股，然仅此一只股票 Q 的浮亏额度就达 8238 元（−12.41%）。

2. 此钱亏得有点冤

一只涨幅达 14.94% 的"启动股"为何使投资者反而出现 12.41% 的亏损？观察五矿发展的走势图和 Q 的交易清单，亏损原因很快浮出水面：

（1）"买后再跌"不敢补。五矿发展 12 月 10 日启动首日的低点为 25.04 元，要求投资者以最低价买入显然不现实，但确定建仓（Q 以 28.28 元买入 500 股）后，一旦出现更低的价格就应考虑补些仓位。Q 买入当天，五矿发展收于 28.05 元，比买入价低 0.23 元，翌日又见 27.45 元低点，Q 只要以比 28.28 元低的任何价格补仓对应 28.28 元买入来说都是更好的操作，但 Q 此时没有补仓也不敢补仓，错过了难得的低吸机会。

（2）"卖后再涨"不愿卖。炒股，不仅低吸难高抛也难，因为很难发现真正的高点在哪里，生怕"卖后再涨"。但一旦确定卖出后，就应越涨越卖，切忌做反。12 月 20 日，Q 见买入才 3 个交易日的五矿发展出现了每股 3 元多的浮动盈利，便以 31.48 元的价格卖出 500 股，获利了结。当天，Q 又在五矿发展冲击涨停价（32.67 元）时再次卖出 500 股，顺利成交。然而，当次日该股再次大涨时，Q 的信念开始动摇，余下的 500 股再也舍不得卖出，错过了绝好的高抛机会。

（3）"反差"追涨铸大错。如果说 Q 的前面几次操作值得肯定（低买高卖）的话，那么问题就出在下一交易日。时隔 1 天，当五矿发展再次大涨时，之前逢低不敢买入的 Q 选择了高位追涨。12 月 21 日，在五矿发展冲高过程中 Q 不仅没有把余下的 500 股进行盘中高抛，反而心头一热以 35.00 元、35.60 元、35.80 元连续三次追涨买入各 500 股。收盘后发现，Q 几乎买在了此次反弹的次高点（最高 35.87 元）。之后，五矿发展连续大跌，不仅把 Q 之前"正确操作"部分的利润全都还了回去，而且使其倒亏 12.41%（详见表 8-1）。

表 8-1　2010 年 12 月 10~27 日投资者 Q 交易五矿发展清单（原持有 1000 股）

交易日期	交易方向	成交价格（元）	成交数量（股）	累计持仓（股）
12 月 15 日	买入	28.28	500	1500
12 月 20 日	卖出	31.48	500	1000
12 月 20 日	卖出	32.67	500	500
12 月 21 日	买入	35.00	500	1000
12 月 21 日	买入	35.60	500	1500
12 月 21 日	买入	35.80	500	2000

3. 怎样操作"启动股"

"启动股"不是不可以操作，特别是对于短线投资者来说。而且，由于"启动股"一般都会持续一段时间，投资者若能抓住其中的主升段往往能取得理想的短线收益，对于跑赢指数、战胜市场将起到十分关键的作用。但操作"启动股"有诸多讲究，其中关键是要做到以下三点：

（1）买卖坚定，持之以恒。对刚启动的股票一旦决定买入，就要以首次买入价为基准做到越跌越买，做到尽可能买得低些，时间上则越早越好；当涨到一定程度后决定卖出时，就要以首次卖出价为基准做到越涨越卖，卖出价越高越好。只有当买入后出现上涨或卖出后出现下跌时才可"正差"反向操作。投资者若做不好高抛低吸、滚动操作，也可在买入刚启动的股票后持有不动，这样做至少比追涨杀跌要好许多。

（2）精心谋划，严守铁律。一些投资者之所以抓住了刚启动的强势股最终仍大亏，重要原因是操作前没有制订周密的计划，因而更谈不上按计划执行。实际操作中，不少投资者喜欢根据盘面动向决定买卖操作，但最终结果达到高抛低吸的投资者很少。假如事先有严谨的计划并能严格执行，就不会做出刚刚在32.67元价位上卖出马上又在35.00元把它接了回来，且越涨越买这种有违操作纪律的"反差"操作举动。投资者需注意，一是一定要有操作计划，什么时间、多少价格、买卖多少都要事先清楚；二是严格按计划执行。

（3）把握火候，果断出击。操作"启动股"关键在于"稳、准、狠"：所谓"稳"是指在品种选择时一定要选择先启动、真启动的股票买入，对于没有启动或者后启动、假启动的股票一定要谨慎，原则上不要介入；所谓"准"是指介入的时机要选在启动前后，最好是众人没有发现而你已经发现该股有主力进入，成交开始放量，股价开始启动，并于发现股票启动后的第一时间介入；所谓"狠"是指介入的原则上要选在启动时一次性介入，防止患得患失，越买越涨，越涨越买，导致持有成本不断提高。此外，由于"启动股"大多股性较活，单日震幅较大，买入后一旦出现下跌不仅不要害怕，反而可再筹资金适量加仓；一旦出现上涨不要冲动，无论有无多余资金，都不建议盘中追涨。

第二节 把握黄金坑里的"左侧"机会

股市从来不缺机会，尤其是每隔一段时间，长则几年短则数月，就会在投资者面前呈现"黄金坑"投资机会（见图 8-1）。

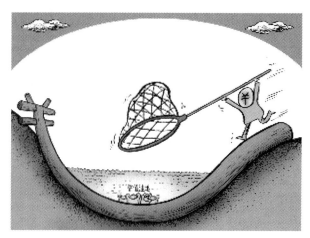

图 8-1 投资者的"黄金坑"投资机会

1. 珍惜"黄金坑"机会

且不说中国股市建立 20 多年来的跌宕起伏，单是 2007~2012 年五年来的行情走势就至少出现过三次较为典型的"黄金坑"机会。

第一次：左侧自 2007 年 10 月 16 日的高点 6124.04 点起，至 2008 年 10 月 28 日的低点 1664.93 点止，历时一年构筑而成，坑底为 1664.93 点；右侧始于 2008 年 10 月 28 日的低点 1664.93 点，至 2009 年 8 月 4 日的高点 3478.01 点，历时 10 个月，涨幅 109%。

第二次：左侧从 2010 年 4 月 15 日的高点 3181.66 点开始，至 2010 年 7 月 2 日创出低点 2319.74 点止，只用两个半月时间就构筑完成了左侧，坑底为 2319.74 点；接着开始构筑右侧，至 2010 年 11 月 11 日一举创出右侧高点 3186.72 点，4 个月时间涨幅达到 37%。

第三次：左侧始于 2011 年 4 月 18 日的高点 3067.46 点，至 2012 年 1 月 6 日的低

点 2132.63 点止，经过三波反复下探，才构筑完成了左侧，坑底为 2132.63 点；右侧始于 2012 年 1 月 6 日的 2132.63 点，到 2019 年 6 月依然处于右侧构筑之中。

从以上三次"黄金坑"机会可以看出，每次出现"黄金坑"，对于投资者来说都是难得的投资机会。前两个"黄金坑"触底后，上证综指在随后的反弹中涨幅分别达到 109% 和 37%。第三次筑成的"黄金坑"至 2012 年 3 月 6 日收于 2410.45 点，阶段涨幅已超过 10%，到 2019 年 6 月依然运行在右侧上升通道中。笔者认为，珍惜并把握难得的"黄金坑"机会，对于投资取胜至关重要。

2. 做好"黄金坑"操作

稍加观察不难发现，操作"黄金坑"的最佳状态无疑是在坑底买入最强势的品种，再在坑顶卖出、获利了结，但为何几乎所有的投资者都难以取得这样的理想效果？因为在当时，大家都不知道"黄金坑"的坑底在哪里，所以买不到坑底价，也不知道未来一段时间里哪些板块和个股将领涨，所以买不到最强势股票，等发现"黄金坑"的坑底及最牛股票后往往为时已晚。所以，寄希望在坑底买入最强势的股票并不实际。操作中，一些总是希望买在坑底的投资者实际上一次次地错失了"黄金坑"的投资机会。

怎么办？调查发现，绝大多数投资者面对难得的"黄金坑"机会，实际上都是在"黄金坑"的两侧参与交易，或在左侧提前埋伏，或在右侧及时跟进。无论从过程还是结果看，都不能简单断言孰优孰劣，关键是看投资者是否适用。就普通投资者来说，最适合的"黄金坑"操作方式是：左侧低吸、右侧高抛。

以笔者操作为例。2011 年 12 月 7 日——第三次"黄金坑"见底前一个月，有一笔资金准备买股。当时，大盘正在左侧运行、未达坑底，笔者便在大盘和个股回调中以 4.00 元的价格买入东方航空 8000 股，当天上证指数收于 2332.73 点；12 月 16 日——坑底前 20 天，再次筹资买入东方航空 4000 股，价格 3.62 元，对应指数 2224.84 点。显然，这两次建仓点位都不在坑底，也不是右侧进场，而是在事先不知道坑底在哪里的情况下选在了"黄金坑"的左侧进行交易，且后一次买价比前一次更低，符合新增资金"越跌越买"的建仓要求。

随后走势表明，两次左侧交易都取得了较好收益。首次买入的 8000 股东方航空，买价 4.00 元，用款 32026 元（含交易费用，下同），至 2012 年 3 月 2 日收盘（4.38 元），市值涨 3040 元，涨幅 9.49%；其间，经多次交易，最终仍持有东方航空 8000 股，资金账户多出 1894 元，对应涨幅 5.91%；合计升值 4934 元，涨幅 15.41%，超过上证指数（同期涨 5.49%）9.92 个百分点，超过东方航空自身涨幅（9.50%）5.91 个百分点

（交易清单见表 8-2）。再次买入的 4000 股东方航空，买价 3.62 元，用款 14492 元，也经多次交易后仍持 4000 股，至 2012 年 3 月 2 日收盘涨幅高达 20.99%，超过上证指数（同期涨 10.60%）10.39 个百分点（交易清单略）。

表 8-2　2011 年 12 月 7 日~2012 年 2 月 29 日部分股票交易

交易日期	交易方向	交易名称	交易价格（元）	交易数量（股）	多出资金（元）
2011 年 12 月 7 日	买入	东方航空	4.00	8000	增资买入
2011 年 12 月 16 日	买入	东方航空	3.62	4000	增资买入
2012 年 1 月 31 日	卖出	东方航空	4.04	8000	243
	买入	中科英华	3.80	8000	
2012 年 2 月 1 日	卖出	中科英华	3.82	8000	
	买入	东方航空	4.01	8000	
2012 年 2 月 2 日	卖出	东方航空	4.06	8000	161
	买入	东方航空	4.03	8000	
2012 年 2 月 3 日	卖出	东方航空	4.13	8000	237
2012 年 2 月 6 日	买入	东方航空	4.09	8000	
2012 年 2 月 13 日	卖出	东方航空	4.16	8000	237
	买入	东方航空	4.12	8000	
2012 年 2 月 22 日	卖出	东方航空	4.21	8000	236
	买入	东方航空	4.17	8000	
2012 年 2 月 27 日	卖出	东方航空	4.50	8000	390
	买入	东方航空	4.44	8000	
2012 年 2 月 29 日	卖出	东方航空	4.43	8000	390
	买入	东方航空	4.37	8000	
合计					1894

两次在"黄金坑"的左侧交易结果说明，普通投资者即使不是买在"黄金坑"的坑底，买入的也不是强势热门股票，也同样能取得理想收益，达到市值上升、资金增加"双赢"的目的。

当然，左侧交易的问题是买入后大多要吃套，且买得越早往往套得越深。但好处也显而易见，因为是越跌越买，不仅存量资金可以高抛低吸，而且增量资金也可以源源不断地进场，成本价越买越低，数量则可以越买越多，这种交易方法看起来吓人、实际上安全，大量的投资机会正是在这种情况下产生的。

如果错失了左侧交易机会，也可适当选择右侧买入，但要注意在大盘回调和个股

下跌中尤其是急跌时买入，尽量不要在急冲时追涨。

3. 打好"双赢战"硬仗

单就仓位而言，"黄金坑"操作的极端情况有两种，一是空仓，这显然是"黄金坑"操作的大忌，所以要尽力避免；二是满仓，以笔者首次买入东方航空（区间涨幅9.50%）8000股为例，操作结果同样存在三种可能：由于自身操作不当、追涨杀跌导致的收益不如个股自身涨幅的结果（<9.50%）；由于保持良好心态、持股不动带来的收益等于个股自身涨幅的结果（=9.50%）；由于拥有独特技法、长短结合获得的收益大于个股自身涨幅的结果（>9.50%）。

显然，除了踏空者外，上述三种满仓者结果最糟糕的是第一种，效果最好的是第三种，首次买入8000股东方航空及之后的操作便属于第三种情况。若将最终取得的15.41%的收益分成两部分，分别是个股自身上涨带来的收益9.50%，以及中间穿插的短线交易收益5.91%，将上述操作"合二为一"相当于在"黄金坑"里打了个"双赢仗"。

"黄金坑"里的"双赢仗"怎么打？笔者认为，关键有三：

第一，在众人恐惧的时候要敢于买入弱势股票。大盘正在构筑"黄金坑"尤其是处于坑底前的左侧末端时，往往是市场内外最恐慌的时候，同时也是"捡"廉价筹码的最好时期。因此，敢于在众人恐惧——指数加速赶底、个股纷纷跌停的时候买入股票是取得"黄金坑"操作成功的一大关键。在品种选择中，善于弃强择弱，不替他人埋单，也是取得"黄金坑"操作成功的一大关键。另外，在首次买入之后出现更好买点时敢不敢于再次低吸，也是对投资者胆略的考验。总之，养成低位补仓、摊低成本的交易习惯，对于取得"黄金坑"操作的成功非常重要。

第二，在操作流畅的时候要大胆进行高抛低吸。要打好"黄金坑"里的"双赢仗"不仅取决于能否在众人恐惧的时候敢于买入弱势股票，而且有赖于能否在"黄金坑"里大胆进行高抛低吸。操作要诀主要有：在交易对象方面，既可在不同股票之间交叉操作，也可用同一股票自身高抛低吸；在买卖价格方面，既可进行正差操作（高卖低买），也可实施反差交易（高买低卖），但须注意，相对之前的操作可以是反差（高买低卖），但对之后来说，必须确保正差（高卖低买）；在交易数量方面，原则上要求保持一致，尽量不要频繁变动，显得过于随意。

第三，在患得患失的时候要严格按照计划操作。在"黄金坑"里操作，最大的问题是容易患得患失，股价急拉时不敢卖，急跌时不敢买，一次次错失高抛低吸机会，

周而复始就很难打好"黄金坑"里的"双赢仗"。为此，频率控制方面重在做到灵活，有机会就多动，无机会就休息；交易形式方面重在做到多样，既可用"T+N"方式交易——隔日或间隔一段时间进行回转交易，也可用"T+0"方式交易——当天买卖、当天回转，其中先买后卖时按照现行交易规则账户里需要有底仓；交易纪律方面重在强调计划性和执行力，盘前制订好严密的操作计划，盘中严格按计划交易，尤其是当股价急拉时要敢于出手，急跌时要及时抢进。

第三节　如何让"右侧交易"技高一筹

截至 2 月 24 日收盘，2012 年股市已运行了近两个月。打开日 K 线图即可发现，2012 年头两个月的股市实际上已悄然运行在见底 2132.63 点以来的"右侧"之中，投资者也已在不知不觉中进行着右侧的交易。

抓住难得的右侧交易机会，让右侧交易技高一筹、收获多多，对于把握整体投资的主动权，把之前失去的损失夺回来甚至反败为胜、扭亏为盈显得尤为重要。

1. 右侧交易三要诀

2 月 24 日收盘后，笔者照例做了份投资报表。结果发现，与 2011 年左侧交易明显不同的是，在 2012 年头两个月右侧交易中，取得了较为满意的收益。截至 2 月 24 日，2012 年上证指数涨 10.92%，笔者账户总值涨 19.59%，跑赢指数 8.67 个百分点。分析后发现，之所以能在右侧交易中取得较为满意的收获，要诀在于以下三点：

一是保持足够仓位。行情涨得再好，要是没有仓位，就好比无米之炊。要想在右侧交易中把握主动、成为胜者，首先要保持足够的仓位。当大盘上行趋势确立，交易机会来临时，就应大胆出击、果断进场，采取重仓甚至满仓策略进行操作。只有这样，才不会在右侧交易中踏空，从而分享右侧交易带来的良好收益。实际上，笔者取得的上述收益也正是得益于自底部反弹以来始终保持的几乎满仓的筹码。

二是守住所持股票。一些投资者时常挂在嘴边的一句话是，炒股要炒强势股。似乎只要捕捉到强势股票，即使仓位不重也能获得好的收益。实际上，在右侧交易之初，普通投资者很难察觉哪些板块和个股将成为强势板块、强势个股。只有等行情运行一段时间后，某一阶段的强势板块和强势个股才会浮出水面，但此时发现往往为时已晚。

普通投资者在发现不了强势板块和强势个股的情况下，右侧交易最有效的办法实际上就是紧紧抓住持有的股票，不放手、不卖出。

三是博取超额收益。在确保做到以上两条的基础上，再考虑用适量的筹码通过短线交易方法去博取超额收益。此举目的在于，一方面让持有的筹码在大盘上涨的同时做到水涨船高，另一方面在确保筹码不丢的同时让账户资金多出来，进一步提高右侧交易的操作效果和账户总值。如果只能做到前两条，结果充其量也只是账户市值随大盘和个股上下波动、坐坐"电梯"而已，在这种情况下要想让账户总值跑赢大盘就会有较大难度。

2. 超额收益怎么博

相比之下，在右侧交易中重仓买入、耐心持股较为容易，难度较大的是博取超额收益。下面，以操作中科英华为例，介绍如何在右侧交易中博取超额收益。

前提：到达心理价位时要敢于买入目标股票。2012 年初，笔者的小账户里除了绝大部分为持股外，尚有余资 16352 元，准备择机建仓。1 月 4 日（新年开市头一天），当待买股票中科英华随大盘跌至 3.85 元时，便以时价全数买入 4200 股，连同本金、交易费用在内成本总额为 16183 元，买入后一路持有。至 2 月 24 日收盘，依然持有中科英华 4200 股，但收盘价已涨至 4.42 元，市值上涨 2394 元，涨幅 14.79%。此举不仅有助于账户总值增加，而且为日后进行短线操作准备了筹码，奠定了基础。

关键：突发利空消息时要依然保持沉着镇定。买入的股票能否一路持有，与个股的基本面尤其是突发消息不无关联，尤其取决于当利空降临时能否保持镇定。1 月 31 日（买入后不到一个月），中科英华就发布了 2011 年度业绩预亏公告，当天股价大跌 3.99%。此时，对持股者的心态是个考验，一般情况下此时不应卖出。实际上，该股利空消息公布当天下探的低点——3.72 元，不仅未击穿 3.58 元的前期低点，而且成为日后重要的阶段性低点，该股由此走出了一波较好的反弹行情。因此，善于在利空消息公布时保持冷静、守住股票，也是在右侧交易中顺利博取超额收益的一大关键。

操作：出现买卖机会时要果断进行高抛低吸。右侧交易最大的乐趣有两个：一是个股本身随大盘上涨带来的市值增加；二是正确的短线交易带来的账户资金增加。自 1 月 4 日买入中科英华起至 2 月 24 日止，笔者在确保中科英华筹码不丢的同时，以 4200 股该股筹码为基础，进行了 18 笔短线交易（交易清单见表 8-3）。在扣除交易费用的同时，共获得 1224 元超额收益，对应涨幅为 7.56 个百分点。连同增加的市值，仅中科英华一只股票就为账户增值 3618 元，使单一品种的涨幅达到 22.35%，远超同期上证指数

和中科英华自身涨幅。

表 8-3　2012 年 1 月 4 日~2 月 24 日中科英华短线交易及盈亏情况

交易日期	交易方向	交易名称	交易价格（元）	交易数量（股）	多出资金（元）
1 月 4 日	买入	中科英华	3.85	4200	
2 月 10 日	卖出	中科英华	4.26	4200	
	买入	东方航空	4.11	4200	320
2 月 13 日	卖出	东方航空	4.09	4200	
	买入	中科英华	4.15	4200	
2 月 15 日	卖出	中科英华	4.25	4200	
	买入	东方航空	4.07	4200	206
	卖出	东方航空	4.13	4200	
	买入	中科英华	4.24	4200	
2 月 20 日	卖出	中科英华	4.31	4200	207
	买入	中科英华	4.25	4200	
2 月 21 日	卖出	中科英华	4.28	4200	
	买入	东方航空	4.13	4200	246
2 月 23 日	卖出	东方航空	4.25	4200	
	买入	中科英华	4.32	4200	
2 月 24 日	卖出	中科英华	4.41	4200	
	买入	东方航空	4.23	4200	245
	卖出	东方航空	4.31	4200	
	买入	中科英华	4.41	4200	
合计					1224

　　注：首次买入中科英华 4200 股，用款 16183 元；多次交易后仍持中科英华 4200 股（市值涨 2394 元），但资金账户多出现金 1224 元。合计升值 3618 元，涨幅 22.35%。

　　上述操作中投资者可能会有两个疑问：一是卖出中科英华后需要换股时为什么选择东方航空？因为，在所有备选品种中，东方航空的股价、股性、走势特点都与中科英华相似，且笔者对这两只股票较为熟悉；二是随着资金的逐渐增加，在后续交易中为什么不全额而是依然买入 4200 股？实际上，这正是短线操作、回转交易时需要遵循的原则——保持筹码不变、让资金多出来。

3. 处理好四个关系

　　让右侧交易技高一筹的关键在于按照"三要诀"的要求做到重仓买入、坚定持股和博取短差，而处理好其中的四个关系又是关键中的关键。

一是存量资金与增量资金的关系。持有的股票卖不卖、留下的资金买不买，始终是投资者在右侧交易中经常碰到且颇为纠结的问题。解决这一问题的有效办法是处理好存量资金与增量资金的关系。对于存量资金——原买入的股票，操作中需分清长线投资还是短线交易。若属于长线投资，只要持股不动即可，如果是短线交易，原则上要在大幅高开或快速冲高时卖出，再逢低买回、赚取差价，只要结果是正差，多少价位都无所谓，且都是正确的操作。增量资金——新建仓的筹码，也分为长线和短线两个部分，对于长线部分一定要遵循越跌越买原则，严格按计划在事先设定的大盘点位和个股价位上买入，切不可随意建仓；对于短线部分则可在任意点位和价位上买入，但要做到快进快出并设好止盈（损）价位。

二是即时计划与后续计划的关系。与其他时段交易一样，右侧交易同样离不开仔细、周密的计划。右侧交易中的计划分为即时计划与后续计划两种，其中即时计划又可分为历史交易记录提供的回转机会交易计划，新近交易提供的盈利机会交易计划，以及因突发事件导致的意外机会交易计划等，只要出现上述情形，就应及时调整即时交易计划；后续计划指的是计划执行后的交易计划，也分两种情况：其一是单一品种自身高抛低吸的后续计划，其二是不同品种之间换股交易的后续计划，在计算正差收益时需考虑交易成本因素，在安排交易顺序时既可先卖后买，也可先买后卖，虽然顺序不一但结果大体相当（后者需有备用资金）。

三是同步交易与交叉交易的关系。在右侧交易博取超额收益中，一般情况下买、卖股票应同时进行，以防买后卖不出或卖后买不回。但在特殊情况下，也可利用交叉法进行操作。如突发利好时，可先卖出股票，等日后出现回落机会时再买回；突发利空时，可先买入股票，等日后出现冲高机会时再择机卖出。虽然方法和结果相同，但在交易时序上有明显区别。

四是买后被套与卖后踏空的关系。在右侧交易尤其是其中的博取超额收益操作中，如果买入的股票被套或者卖出的股票踏空，都属于正常现象。对此，一方面要不断总结成败得失，以便进一步提高操作技法、减少重复犯错；另一方面，进行必要的纠偏操作。卖出股票后，如有正差接回机会，应及时接回，不要患得患失，以免踏空。若无正差接回机会，处于暂时踏空状态，可适当等待，谨防做反。买入股票后，操作方向相反、方法相同。以下情况须引起注意：换股时如果一方亏损、另一方盈利但正负相抵后结果仍为正差可进行换股操作，若结果仍为负差则暂缓换股。

第四节　把握"金针探底"后的投资机会

单就日 K 线图形看，股市就有无数种走法，也存在无数个机会，"金针探底股"便是其中之一。

1. 有利可图的"金针探底股"

所谓"金针探底"，通常是指含有长下影线的一种日 K 线图，其实体部分一般可分为小阴、小阳和十字星三种。无论是大盘还是个股，日 K 线图一旦出现"金针探底"状，大多会以该日为起点，在日后出现止跌企稳甚至反转向上的走势。

2011 年上半年，上证指数至少有 3 个交易日出现过"金针探底"走势：1 月 25 日"金针探底"后，出现了 3 波力度较大的反弹；3 月 15 日，第二次"金针探底"后出现了持续一个多月的上涨行情；6 月 2 日，再次"金针探底"后又连收三阳，给投资者带来了久违的惊喜。

类似的"金针探底"走势 2010 年也出现过多次。其中，始于 2010 年下半年 2319.74 点的反弹行情，在短短 4 个月时间里涨到 3186.72 点，涨幅高达 37.37%。这波力度较大的反弹行情的起点正好是 2010 年 7 月 2 日的这根"金针探底"日 K 线。

神奇的"金针探底"现象在一些个股身上更是表现得淋漓尽致。一向"低调"的大唐发电 2011 年 3 月 18 日出现了一根难得的"金针探底"日 K 线。从这一天的低点 5.73 元起，大唐发电在不到两个月时间里，一鼓作气冲到了 7.63 元的阶段高点，区间涨幅高达 33.16%，跑赢指数 33.50 个百分点（同期指数 -0.34%）。

当时被"金针探底"吓出一身冷汗的投资者事后发现，大唐发电当时的"金针探底"不过是虚惊一场。

2. 寻找心目中的"金针探底股"

虚惊之后，不少投资者又在反思：假如在"金针探底"时及时介入该有多好！的确，在多数情况下，只要介入"金针探底股"，日后跑赢指数的概率较高。那么，到哪里去寻找这种具有良好回报的"金针探底股"呢？现在介绍两种实用的方法：

一是被动发现法。就是在没有刻意寻找的前提下，投资者偶然发现"金针探底股"

的方法。主要途径有：在平时关注的自选股里突然发现"金针探底股"；在读报、上网、看电视时偶然发现其中介绍的"金针探底股"；在日常生活中偶然发现的"金针探底股"，譬如朋友介绍、家人说起等。

这三种被动发现的共同特点，就是在无意之中偶然发现"金针探底股"，需要投资者多加留意、做有心人，一旦发现了"金针探底股"的线索就要抓住不放，不要因为主观上没有搜寻意愿而让来之不易的"金针探底股"从自己身边悄然溜走。

二是主动寻找法。不少投资者往往不满足于被动发现这种听天由命式的发现方法，喜欢主动出击寻找"金针探底股"。想主动寻找的投资者可在震幅榜里查找，具体方法如下：

先点击网上行情交易系统"A股"，再点击"震幅%"。当方向"↓"时，震幅按从大到小排列，当方向"↑"时，则按从小到大排列。投资者在查找"金针探底股"时，可按前者排序，从大到小依次逐个查找。

排在前列、震幅较大的股票，当行情上涨时多数是"光头大阳股"，当行情下跌时多数是"光头大阴股"，对这些股票投资者可一一剔除。当发现正好是"金针探底股"时，无论该股当天是收阳还是收阴，只要"针尖"够长即可收集起来备用。

3. 哪些"金针探底股"值得关注

投资者只要学做有心人，抑或做到够勤快，每天盘中或盘后总能发现一些"金针探底股"，只不过具体形态、针尖长短不同罢了。但问题是，不是所有的"金针探底股"都有投资机会，更不是所有的"金针探底股"都适合投资者买入并持有。

那么，什么样的"金针探底股"值得投资者关注并买入呢？一般来说，取决于"两看"结果：

先看"金针探底"前。通常要求累计涨幅不大，最好是长期下跌的股票跌幅已大，之后又一直在一个较狭窄的箱体内横盘，且横盘时间较长，不再创出新低。这种已走出下降通道且底部不断抬高、上升趋势确立的股票如果突然出现"金针探底"走势，一般来说都值得投资者加以重点关注。

再看"金针探底"日。开盘并无异常，如大唐发电"金针探底"日以昨收价6.37元平开，盘中还冲高过6.39元；盘中一路下跌，伴随成交缩量；探底时间不长，有明显的"做图形"嫌疑，不给投资者低吸的机会。从分时图上看，看不到"金针探底"的过程，只有在日K线图上才能看到"金针探底"的图形，在大图右侧的小窗口（盘口显示窗口）上看到当天曾经到过的最低价；尾盘放量抢筹，多数股票还在"金针探

底"的同时收出小阳图形，包括真阳（收盘价不但高于开盘价而且高于昨收价）和假阳（收盘价虽然高于开盘价但却低于昨收价）。

在"两看"基础上，投资者还要把握以下两条原则：一是震幅越大越好，二是针尖越长越好。如大唐发电"金针探底"日的震幅达到 10.36%，超过了涨停极限，盘中跌幅一度达到了跌停价，实体阴线只有"0.16 元"，但针尖长度却达到了"0.48 元"，是实体阴线的三倍。一般来说，这种既符合"两看"要求，又具备两条原则的"金针探底股"在日后交易中都值得投资者重点关注、适量买入并耐心持有。

4. 操作中的"三个关键点"

要变"金针探底股"的潜在机会为现实盈利，还需与正确的操作结合起来，其中关键是要把握"火候"，不可操之过急。

一是买入要"慢"。对于经过筛选、具有投资机会的"金针探底股"，已经持有的筹码原则上不宜卖出。留有资金的投资者还可在控制仓位的前提下择机适量买入。

买入的时机为：能在"金针探底"日盘中低点买入的当然是最佳选择，但不要指望买在最低点；能以"金针探底"日收盘价买入的同样是不错的选择，但须有足够的眼力和勇气。未能在"金针探底"日买入的投资者则应慢慢来、不要急，日后往往还有更多的建仓机会。

如大唐发电"金针探底"成功后，先是连涨两天（此时不要追涨），但随后又连跌 8 天（尽管跌幅不大且未跌破"金针探底"日的低点），给投资者提供了更好的买点。在此期间，每次拉回都是好的买点。投资者在逢低买入时要切忌患得患失，不要总拿买入价与之前的最低价比。

二是持股要有耐心。对于绝大多数没有超短线操作能力的投资者来说，买入"金针探底股"后不要做波段，耐心持有即可。而且，在"金针探底股"盘中波动时应做到涨不喜、跌不悲。大唐发电在从 2011 年 4 月 6 日起涨到 5 月 10 日创出阶段高点的 23 个交易日里，虽然总体上涨多跌少，其中上涨 15 天、下跌 8 天，单一交易日最大涨幅达到 9.53%，但也时有大幅波动出现。投资者情绪如果经常随涨跌波动，不仅会影响心态，而且会影响操作，导致拿不住股票、过早地下马。

三是卖出要"快"。一旦确定卖出，则要坚决果断。"金针探底股"的卖出时机主要有：到达计划价时，无论出现什么情况都严格按事先确定的卖出计划执行；确定为滞涨时，虽然未到计划卖出价，但当盘中发现"金针探底股"前期高点迟迟突破不了，时常靠尾市少量资金快速拉起勉强维持股价，已经明显出现上涨乏力迹象时也应果断

卖出。大唐发电 5 月 10 日创出 7.63 元阶段高点后，在随后的 6 个交易日里始终在高位震荡，尤其是后三天还有盘中冲高或尾市拉起动作，给人后市仍存机会的错觉，实际上每次拉高动作都是难得的卖点；突破下轨时，如果"金针探底股"一直未到计划卖出价，且盘中滞涨时也未能抓住机会及时卖出，只要箱体下沿被有效击穿，则应抓住最后的逃命机会，坚决卖出。

投资者在选择突破下轨日卖出时，同样不能患得患失，将即时卖出价与之前的高点比较。否则，极有可能错失"金针探底股"的高抛时机，导致整个操作前功尽弃。

第五节 善于抓住"磨"出来的机会

炒股，重在把握机会。不仅在一轮明显的上涨行情里，要抓住难得的"做多"机会，而且当股市形成明显的下行趋势时，同样要抓住"做空"机会，以巩固胜利果实，或减少投资损失。除此之外，还有一种机会投资者同样需要抓住，这就是"磨"出来的机会。

1. "磨蹭期"市场特点

无论是大盘还是个股，多数时段的走势可以用两个字来概括——磨蹭。不仅指数涨跌不多，而且绝大多数个股也是不温不火，涨跌不多，呈现出上有阻力、下有支撑的"磨蹭"特点。"磨蹭期"市场的特点主要表现在以下三个方面：

一是指数起伏不大。总体来看，"磨蹭期"的指数涨不易跌也难。有时，指数偶尔小涨几天，投资者好不容易看到了一丝希望，结果又被一根"大阴棒"打了回去；有时，指数连跌数日，正当投资者感到失望甚至绝望时又突然大幅反弹。从沪、深两大市场看，有时沪强深弱，有时相反。面对"磨蹭期"的指数，多数投资者缺乏方向感，难以把握操作节奏，买也不是、卖也不是，时常感到迷茫和纠结。

二是热点切换频率加快，板块轮动持续性差。在指数"原地踏步"的同时，一些个股也出现分化。一方面，局部板块、少数股票给投资者的感觉是牛气冲天，有的甚至连续涨停；另一方面，不少板块和品种表现不佳，有的还持续下跌。在这些板块和个股两极分化但轮动加快、持续性差的同时，绝大多数板块和个股却"磨磨蹭蹭"，或原地踏步，或小幅波动。

三是该涨不涨、该跌不跌的"非正常走势"表现得越发明显。观察指数，似乎也在波动、有涨有跌，但再看个股却会发现，无论是持有的股票还是关注的自选股，在很长时间里股价不是该涨不涨、该跌不跌，就是干脆"躺"着不动。而且，在实际交易时，即使按现价交易且数量不多也很难快速成交，有时一笔数量不大的委托需要持续较长时间才能完成交易，有的甚至直至收盘也只有"部分成交"。

2."磨蹭期"操作要点

把握"磨蹭期"市场特点的目的在于指导操作，增强交易的针对性和实效性。面对"磨蹭期"的市场特点，投资者在操作过程中，从大的方面讲重点须把握好两个方面：一是要控制好仓位，做到适量适度，既不满仓也不空仓，一般以半仓为宜，以便操作起来无论行情涨跌都能保持主动。与此同时，在不同点位持仓量应有所区别，随着指数和个股不断上涨，仓位随之减轻，当指数和个股出现下跌，仓位则应随之增加。二是要搭配好品种，保持不同品种之间的均衡配置。

做到了以上两点，并不等于完全掌握了"磨蹭期"操作的主动权。在具体交易中，投资者还需做到以下三点：

第一，买股要有眼力。由于"磨蹭期"操作机会相对较少且持续性差，因此品种选择十分关键。有的投资者喜欢在"磨蹭期"买入强势品种。实际上，"磨蹭期"出现在涨幅榜上的强势股与大牛市期间的强势股不同，大多持续性较差，参与价值不大，因此，要注意区分是主动上涨还是被动跟风，是升势确立还是超跌反弹，如属于主动上涨、升势确立，应及时跟进，反之则应审慎对待。有的投资者喜欢买入弱势股票。面对"磨蹭期"的弱势股，投资者也要注意区分是调整开始还是上升途中的正常回调，若属于前者，应尽量少碰，若是后者则可逢低买入。具体买入方法有三种，分别是：在调整中分段加仓，在见底时重仓买入，在升势确立时满仓出击等。

第二，持股要有耐心。在"磨蹭期"跑赢指数，取得较好收益，不仅取决于找准"对象"，而且有赖于耐心持股。对于不同股票，持有时间往往不尽相同，前提是要掌握相关个股的性格脾气。一般来说，对于上升趋势保持完好或处于再起一波前的回杀阶段的股票，以及在前期高点附近主动回调、积蓄能量、正作上升准备的股票，原则上应保持耐心、继续持有，否则应择机高抛。投资者有没有足够的耐心，不仅表现为对所持有股票的性格脾气是否摸透并采取针对性的操作对策，而且表现为当其他股票上涨时能否经得起所持股票不涨的考验，能否拿得住，这一点往往决定着投资者的最终成败。

第三，卖股要有胆魄。在"磨蹭期"买入股票后，一般情况下既不要全部做长线，也不要都做短线，而要根据个股的具体情况区别对待，做到有长有短、长短结合，既要善于拿住长线筹码，又要舍得放弃短线股票。具体方法是实行分批卖出：当个股急涨时，先出第一批筹码（一般为单一品种持有总量的1/3），如果再涨则再卖第二批，以此类推，假如下跌，则把第一批卖出的筹码低吸回来，赚取差价；第二批筹码卖出后也一样，如果再涨则再出第三批，如果下跌则先把第二批卖出的筹码低吸回来，再跌再接回第一批卖出的筹码，以此类推。实际交易过程中情况往往千变万化，投资者只要记住一点——做到高抛低吸，而不是相反即可。

3. "磨蹭期"注意事项

"磨蹭期"炒股，不要指望赚大钱、赚快钱，能在长线持股的同时，踏准节奏、高抛低吸、博取差价、积少成多就已算不错。注意事项主要有：

一要适度"自我双融"。投资者在"磨蹭期"交易时，时常会遇见各种交易性机会，对此，须区别情况分别对待。譬如，短线部分的股票分批卖完后，如果该股再涨、账户内又有同一品种的长线筹码，投资者可"借用"这部分长线筹码先行高抛（相当于融券卖券）。因为在一般情况下，多数股票在"磨蹭期"冲高后都有再度回落机会，只要不贪一般都能正差接回，可等调整到位或调整过程中把"借用"的筹码买回后"还"回去（相当于买券还券）。再如，短线部分的资金用完后，如果相关股票再跌且未达到仓位上限，账户内又留有部分长线资金，同样可"借用"这部分长线资金融资操作，方法同上，方向相反。

二要切忌追涨杀跌。"磨蹭期"炒股的大忌是追涨杀跌，取胜的关键在于建仓成本要低，获利之后再跑。因此，在实际交易时要力求买得更低、卖得更高。以下三种情形原则上不要卖出：一是"杀跌式"卖出，尤其是中小盘股票在严重超跌后的卖出动作；二是连续小阳、未拉大阳的股票；三是虽然短期出现上涨且涨幅不小，但前期超跌严重、估值明显偏低或上涨后仍处于深套的股票。不要买入的情形也有三种，确定方法同上，方向相反。无论是买入还是卖出，都要确保做到高抛低吸，切忌追涨杀跌，做到有机会就多做，无机会就放弃，"倒差"的蠢事千万不要去做。

三要不可一卖了之。一方面，卖要比买得快，因为有些机会稍纵即逝，一迟疑就会失去高抛机会，因此，原则上只要个股出现快速拉升就要坚决卖出；另一方面，要多操作熟悉的股票，防止喜新厌旧，对之前卖出的股票要善于在下跌过程中择机低吸回来，通过"吃回头草"这种简单的方法进行高抛低吸，取得超过大盘的投资收益。

只有这样，才能抓住"磨蹭期"的投资机会，并在大盘和个股的不断"磨蹭"中通过投资者的正确操作"磨"出水平、"磨"出收益。

第六节 急不得，也等不得

许多股民觉得，炒股的关键是品种选择，只要抓住一两匹"大黑马"，从头"骑"到底，就能赚个盆满钵溢。其实，这只说对了一半。老股民都知道，与品种选择一样，时机把握也十分重要，而其中的关键在于"火候"，既不能太大也不能太小，换言之叫作急不得，也等不得。

1. 急不得

炒股，急不得，这是许多投资者的共同感悟。2007 年，大盘见顶 6124 点前后，无论是一直空仓的，还是高位逃顶的，如果缺乏耐心，手脚发痒，大盘和个股稍有回调便抢反弹，十有八九会被深套，急的结果——损失惨重。

2008 年，大盘自 1664 点起涨伊始，投资者如果心一急，把略有获利的股票卖了，就会捡了芝麻丢了西瓜，与未来 10 个月的反弹行情失之交臂；同样，当 8 月大盘触及 3478 点前后，投资者假如头一热，手忙脚乱抢反弹，也会买在高点，急的结果——得不偿失。

在我们身边，这样的急性子大有人在。有人五六千点买入的股票，跟随大盘调整起来，颇有耐心，但跌破 2000 点后急了，担心大盘和个股继续下跌，所以一遇反弹就卖了，结果抛在了地板价；有人 300 元敢买船舶、60 元敢买铝业，但当股价只剩下零头、一两折时又急了，牙一咬、心一横，不计成本，割肉离场。

急，无论是日常生活，还是投资炒股，虽不能一概而论说它一定不好，但其中的弊端显而易见。急得及时、急得得法，往往能急中生智，坏事变好；急不好，常常会急中出乱，事与愿违。关键在于，在什么时候急、在什么情况下急，怎么个急法。如果该急不急、不该急时乱急，这当然是炒股的大忌，这种急当然要不得。

2. 等不得

急不得，好理解，做起来也不难，只要把手脚管住，不应卖时就不卖，不该买时

则不买，操作起来多一分耐心即可。但等不得可不是人人都能明白、个个都能做好的。譬如，在大盘起涨阶段，轻仓甚至空仓的投资者，如果优柔寡断、该买不买，就会在无休止的等待中错失建仓的良机；同样，当大盘从高位开始俯冲，重仓甚至满仓的投资者，如果黏黏糊糊、该了不了，也会在一而再、再而三的等待中贻误减仓的良机。对此，Q 就有深刻的教训。

2009 年 8 月 25 日早上，在大盘急挫两成、日 K 线出现"红三兵"之后，成功"逃顶"的 Q 准备进场了。一早起来，Q 又是翻报纸，又是看电脑，看看涨幅榜，瞧瞧自选股，在 1000 多只股票里来了个"翻箱倒柜"，最终，也没能找到"最具潜力"的"白马王子"。到了出门上班时间，Q 丢下一句，"帮我找一只，一定要涨停……"欲匆匆而去。

"等等。给个建议'找一只'可以，但涨停我可保证不了。真要想买，还是买同方股份吧，把你 20 天前 17.60 元抛出的 11800 股接回来便是。"笔者说。当时，同方已跌至 14.30 元。与卖出价相比，除去成本，已有 3 元 2 角的差价，38000 元的现金利润（指股数不变，多出来的资金）在向 Q 招手。

然而，与以往一样，这一合理化的建议 Q 还是听不进去，未予采纳。

上午，两市继续上演惯性"跳水"大戏，同方也不"示弱"，跌幅一度超过 5 个点。10 点 36 分，随着大盘逐波杀跌，同方随之创出全日低点 13.58 元。然而，午后笔者发现，两市跌幅继续扩大，但同方股份却拒绝调整，先知先觉的主力还在悄悄吸纳。直觉告诉笔者，同方的机会来了，毕竟该股在历时 10 个月的反弹中累计涨幅不大，但在持续 20 天的下跌中却先于大盘调整，且累计跌幅已达两成以上，眼下是个较好的短线买点，不买点儿实在可惜。

正巧，Q 来电，要笔者帮她选一只股票全仓买入。笔者毫不犹豫地选择了同方，时价 13.98 元。可正要"下单"时，电话那头的 Q 又下达了新的"指令"："再等等，明天再说！"

这一等，又错失了一次短线反击的好机会。话音刚落，随着大盘触底反弹，一些老牌科技股群起而攻之，同方更是冲锋在前，扮演起了"领头羊"的角色，在十几分钟的时间里，从 13.90 元直接拉到了 15.05 元，收盘时虽有回调但仍稳稳地站于 14.74 元的价位上，3.08% 的涨幅与大盘 2.59% 的跌幅形成了鲜明的反差。

晚上回家，打开电脑，看看大盘，瞧瞧同方，Q 还是自言自语那句重复了无数遍的老话："今天要是买同方就好了。"笔者接话："过去的已成过去，再悔也没用，还是现实点，计划明天吧。"

等了一天之后——8 月 26 日，见同方股价已高、买点已过，Q 只好换买另一只备选股票——华夏银行，23000 股，10.05 元。

然而，这"一等一换"，使 Q 账户里的市值出现重大落差。若"不等"，按计划买入同方，至 9 月 4 日收盘，在同期大盘下跌 1.09% 的情况下，不仅资金账户多出现金 38000 元，且股票账户增加市值（浮盈）4131 元，跑赢指数 4.09 个百分点；"一等一换"后，不盈反亏（浮亏）11046 元。盈亏相抵，"损失"高达 15177 元。这就是等等、再等等付出的代价。

3. 不急也不等

急和等，是操作的两种极端，也是炒股的大忌。大盘自 1664 点涨到 3478 点，再跌到 2639 点，经历了此起彼伏、大喜大悲。其间，快跌慢涨的特征非常明显。如果在下跌开始阶段，建仓过于着急，减仓过于犹豫，就会导致失误，留下遗憾；当跌到一定程度，行情刚刚起来，如果减仓的过于心急，建仓的过于犹豫，同样会造成无谓的损失。

急和等，从表面上看，是投资者在进出时机的把握上缺乏功力，实际上暴露的是投资者心态浮躁、过于功利。如果在投资炒股中，能把沪深股市放在一个较长远的历史周期里，在对中国股市始终抱有足够信心的同时，做到刚柔相济、张弛有度，该休息时就休息，该出手时就出手，操作起来就会显现出既富有耐心，又不乏果敢的大将风度，就会不犯或少犯急和等的错误。

第九章 关于仓位控制：建仓重仓满仓 VS 减仓轻仓空仓

第一节 控制仓位最要紧

前面用了比较大的篇幅讲了交易时机的把握，接下来的问题是，一旦决定买入，那么怎么买，是倾其所有，全仓买入，还是留有余地，部分买入？其实，这里面也大有讲究，这就是仓位控制需要解决的问题。

买入操作中，许多投资者都有这样的体会：买多吧，一旦涨起来，甚至涨停，肯定过瘾，但万一跌起来，甚至跌停的话，就会损失惨重。所以不少"要性"重的投资者常常因买得多、跌得惨而后悔不已。买少吧，跌起来损失倒不大，但如果涨起来，就不大痛快，所以此类投资者同样会因买得少而懊恼不已。正因为如此，无论是买多还是买少，都会使一些投资者感到困惑。那么，什么样的仓位才算是合理、可行的仓位？有以下三点可供参考：

一要根据资金定仓位。总体而言，无论资金大小，都有个仓位控制的问题。但相比之下，资金量大的投资者，尤其要把控制仓位作为头等大事来对待。一般情况下，资金量大的投资者，尽量不要重仓，尤其不要满仓，至少不能长期满仓。资金不多的投资者，可在个人能够承受的风险底线之内，适量重仓。

二要根据点位定仓位。确定仓位大小时，还有一个重要的判定依据就是大盘的点位。一般来说，当大盘涨幅已大、处于相对高位时，要减仓、轻仓，越往上走，仓位越要降低；在大盘相对低位，要增仓、重仓，越是下跌，仓位越可加重。"不涨不卖、小涨小卖、大涨大卖；不跌不买、小跌小买、大跌大买"，指的就是这个意思。

三要根据股价定仓位。除了以上两点需要考虑外，还要考虑目标股票的价格，根

据股票价格确定仓位轻重。对看好的股票，在基本面未作任何改变的前提下，应该采取高位轻仓、低位重仓、越涨越卖、越跌越买的策略，而不是随波逐流、人云我云，频繁地进行追涨杀跌。

当然，最关键的一条，还是要因人而异，根据各人的操作风格来合理地控制自己的仓位。可以肯定的是，如果仓位控制好了，操作起来不仅可以做到进退自如、得心应手，而且心情也会变得非常愉悦。为什么在市场大起大落的时候，总有那么一些人能够做到涨不喜、跌不悲？善于控制仓位，就是其中的奥秘之一。

第二节　多跳"集体舞"，少唱"独角戏"

如果说，及时、适度地控制好仓位是取得投资成功的关键，那么，稳妥、有机地做好组合搭配则是投资成功的又一"法宝"。多跳"集体舞"、少唱"独角戏"，不仅能使投资者在股市下跌时规避风险，而且能在市场上涨时取得超额收益。

1. 为何不唱"独角戏"

面对股市涨跌榜，一些投资者常发出这样的感慨：要是全仓买入涨幅榜上的股票，要不了多久就能把失去的损失夺回来，甚至让账户里的市值大幅度提升。然而，这只是投资者的一厢情愿。满仓一只品种，既增加了获得短线暴利的可能，也加大了造成投资巨亏的概率。

以最后交易日为 2010 年 6 月 25 日的宝钢 CWB1 认股权证为例。两周前（6 月 11 日），宝钢股份的收盘价为 6.13 元，宝钢 CWB1 认股权证的收盘价为 0.137 元。至 6 月 25 日，宝钢股份的收盘价为 6.04 元，如同"废纸"的宝钢 CWB1 认股权证则毫无悬念地以最低价 0.001 元收盘。两周时间，该权证跌幅高达 99.27%。由于该权证早已处于深度价外状态，实际上已成为"废纸"权证，25 日该权证的跌幅实际为 100%。

投资者无论是半个月前满仓买入宝钢 CWB1 认股权证 100 万元，还是之后的任一时间买入，只要一直持有至 25 日收盘，实际损失均为 100%。若不追加投资，已不可能在股市翻身。

如果采取组合搭配方式投资，结果则大相径庭。以"单一品种持仓不超过 10%"这一搭配原则为例，同样投入 100 万元资金，其中投入宝钢 CWB1 认股权证的资金不

超过 10 万元（10%），其余资金持币或投资其他品种（假如不涨也不跌），合计亏损 10 万元，浮亏率为 10%。显然，用余资 90 万元再去实现整体扭亏甚至盈利，可能性就非常大。

尽管普通投资者一般不会用宝贵的资金去购买这种深度价外的"废纸"权证，但这一极端的例子也从一个侧面说明重仓出击一只品种所带来的巨大风险，这也是股市投资为什么不能唱"独角戏"、重仓出击一只品种的重要原因。

2. 怎样跳好"集体舞"

截至 6 月 25 日，2010 年上半年的股市只剩 3 个交易日。在此期间，上证指数下跌 22.10%，深证成指下跌 26.24%，笔者市值同期浮亏 17.23%，分别跑赢上证指数和深证成指 4.87 个百分点、9.01 个百分点。这一"战绩"，许多投资者可能不屑一顾，但笔者却深感知足。之所以能在股市下跌中跑赢大盘，就是因为较好地做到了组合搭配。主要方法有：

一是既要有股票，又要有资金。组合搭配的前提是控制仓位，一般情况下，要做到既不满仓也不空仓，既要有股票又要有资金，并能根据大盘点位和个股价位确定持仓比重，合理控制仓位。具体操作时，可参照"加减乘除"法则，结合自身实际，灵活控制持仓比例。通过控仓，使账户里的资产确保既有股票、又有资金。

二是持仓家数既不宜过多，也不能太少。仓位确定后，接下来还要确定买入品种的家数。对于资金量不大的投资者，待买品种数量在 3~5 家或每个品种市值占持仓总数的 10%~20% 为宜。持仓量较大的投资者，可适当增加持仓家数（如 3~10 家），或降低每个品种市值占持仓总市值的比例（如 3%~5%）。买入品种家数的确定，要尽可能做到数量适中——"不多也不少"。如家数过少，将会加大个股风险；若家数过多，则不符合组合原则，且会导致看盘时眼花缭乱、顾此失彼。

三是既要做好板块搭配，又要做好市场组合。所谓板块搭配，是指与市场表现无关，根据目标品种"固有"的板块属性确定搭配方案。如待买品种涉及的板块既要有证券、银行、房地产，又要有医药、农业、制造业等，既要有涉及不同省份公司的地域组合，又要有大小各异的流通盘搭配，如大盘股、小盘股等。所谓市场组合，是指与所属板块无关，根据待买品种的市场表现选择相应的股票搭配方案。既要有一个时期的热门品种，又要有冷门品种；既要有市场表现相对强势的品种，又要有弱势的品种；既要有股性较为活跃的品种，又要有相对"呆板"的股票等。

3. 把握好操作技巧

一是确定搭配"原则"。重点是要根据大盘所处的位置和个股的阶段涨幅来确定搭配原则。当大盘和个股涨幅已大时,首选风控原则,力求减少损失。搭配时,要多选择一些盘子大、股性呆、涨幅小、估值低,一旦展开调整会比较抗跌、能起到风控作用的股票。当大盘和个股跌幅较深时,首选逐利原则,力求增加盈利。搭配时,应尽可能选择一些盘子小、股性活、跌幅深、弹性足的股票。一旦市场止跌回升,这些股票往往会冲在前面、涨幅较大,进而帮助投资者跑赢大盘、取得超额收益。

二是确定搭配"底线"。无论何时、采取什么方法、原则进行搭配组合,都不能忘记风控。投资者在进行组合搭配时,须坚决回避的品种有:基本面存在问题的品种,如 ST 特别是＊ST 股票,以及如同"废纸"一样即将到期注销的权证产品等;估值偏高的股票,在数只具有可比性的品种里市盈率较高的品种,如创业板股票等;已被爆炒的股票,短时间内涨幅已大、后又恢复平静,但短时间内难有起色的品种;捉摸不透的陌生品种或创新产品,如股指期货、融资融券等。

三是确定搭配"性质"。投资者在组合搭配时,还需弄清楚筹码性质——是固定筹码还是流动筹码。若是固定筹码,建仓后就不要进行"流动操作",若系流动筹码,就不要"固定对待"。对不同性质的筹码采取针对性操作,并严守操作纪律,也是投资者在跳"集体舞"时需要注意的。

第三节 "分批买卖"有讲究,"把握分寸"最重要

要想取得股市投资的良好收益,除了需精准确定操作时机、审慎选择投资品种,还需正确把握操作分寸、合理确定交易数量。只有这样,才能在实际操作特别是组合投资、分批买卖中达到恰到好处的程度。

1. 有哪些费用,标准是多少先要弄清楚

绝大多数投资者在证券交易中采取的是组合投资、分批买卖的方法。这种方法虽不能使最终结果达到收益最大化的程度,但也能有效缓解股市风险对投资带来的心理压力,因而被越来越多的投资者所采用。

但在实际操作中笔者发现，也有为数不少的投资者采取了较为绝对的做法：有的采取一次性投资法，将所有资金满仓、一次性买入一只股票。这种做法虽然"涨起来"利润可观，但"跌起来"也会损失惨重，因此，并不适合普通投资者采用；有的采取分批买卖法，但显得过于分散，不仅增加了操作难度、浪费了宝贵时间，而且多缴了不少费用，增加了交易成本。

为使操作达到不多不少、恰到好处的程度，首先要弄清楚自己的证券交易有哪些费用组成，标准是多少，以便让每次操作都做到心中有数。现以投资者 G 为例，对普通投资者所缴的证券交易税费作一简要剖析。

2012 年 7 月 26 日，投资者 G 作了如下操作：卖出中国北车 3600 股，价格 3.67元，成交金额 13212 元；买入南方航空 3000 股，价格 4.36 元，成交金额 13080 元。缴纳的各种税费有：卖出时的佣金 6.61 元，印花税 13.21 元，过户费 2.70 元，合计 22.52元；买入时的佣金 6.54 元，印花税 0 元，过户费 2.25 元，合计 8.79 元。

不难看出，投资者 G 在证券交易中实际缴纳的税费共有三项，分别是：佣金（比例为成交金额的 0.05%）、印花税（比例为成交金额的 0.10%，只在卖出时单向缴纳，买入时无须缴纳）、过户费（按成交股数计，标准为每 1000 股 0.75 元，只在沪市缴纳，深市无须缴纳）。这样，卖出时的总费用约为成交金额的 0.170%，买入时的总费用约为成交金额的 0.067%，"一买一卖"的总费用约为成交金额的 0.237%。

实际操作中，由于与证券公司约定的佣金标准不同，不同投资者的实际交易费用不尽相同。其中，印花税和过户费保持不变，区别在于佣金标准。投资者若想了解自己的税费标准，只要（隔日）打开证券交易账户，依次点击"查询""交割单"，即可看到佣金、印花税、过户费的实际缴纳数，并计算出对应的缴费比例。

2. 实际缴多少，多缴了多少也要弄清楚

在弄清楚自己的缴费项目和缴费标准基础上，通过与实际操作的比对即可发现实际缴费情况及操作中存在的问题。

仍以投资者 G 为例。2012 年 8 月 2 日，投资者 G 作了如下操作：卖出中国北车1000 股，价格 3.75 元，成交金额 3750 元；买入南方航空 900 股，价格 4.13 元，成交金额 3717 元。缴纳的各种税费如下。

卖出中国北车时缴纳的税费：佣金按 0.05% 标准计、应缴 1.88 元，实缴 5.00 元、对应比例为 0.13%，多缴 3.12 元、对应比例为 0.08%；印花税应缴 3.75 元，实缴 3.75元，比例不变；过户费按每 1000 股 0.75 元标准计、应缴 0.75 元，实缴 1.00 元、对应

标准为每 1000 股 1.00 元，多缴 0.25 元、对应比例为每 1000 股 0.25 元。卖出合计：应缴税费 6.38 元、对应比例 0.17%，实缴税费 9.75 元、对应比例 0.26%，多缴税费 3.37元、对应比例 0.09%。

买入南方航空时缴纳的税费：佣金按 0.05% 标准计、应缴 1.86 元，实缴 5.00 元、对应比例为 0.13%，多缴 3.14 元、对应比例为 0.08%；印花税应缴 0 元，实缴 0 元；过户费按每 1000 股 0.75 元标准计、应缴 0.68 元，实缴 1.00 元、对应标准为每 1000 股1.11 元，多缴 0.32 元、对应比例为每 1000 股 0.36 元。买入合计：应缴税费 2.54 元、对应比例 0.07%，实缴税费 6.00 元、对应比例 0.161%，多缴税费 3.46 元、对应比例0.09%。

综合上述分析可以看出，印花税的缴纳比例与成交量大小、股数多少没有关联，即无论成交量大小、股数多少印花税都按成交金额的 0.10% 征收。对投资者缴纳费用影响较大的主要有两项：一是佣金，多缴了 166%~169%；二是过户费，多缴了 33%~47%。由于这两项费用的多缴，使"一买一卖"的总费用由应缴的 0.237% 增加到实缴的 0.421%。

"小账"恐怕说明不了什么问题，再来算笔"大账"或许就会"吓一跳"。假如投资者 G 投入的资金总量为 100 万元，每周交易（包括买入和卖出）一次，全年按 50 个交易周计算，应缴的税费为：100 万元 × 0.237% × 50=11.85 万元；若按上述方法操作，实缴的税费为：100 万元 × 0.421% × 50=21.05 万元。一年时间就多缴了 9.2 万元税费，多缴的幅度高达 77.64%。值得一提的是，这些多缴的费用正是由于在分批买卖时数量确定不当，过于分散、未达"底线"引起的。

3. 底线在哪里，该如何操作更要弄清楚

从投资者 G 缴纳的税费构成可以看出，多缴的费用主要是佣金和过户费。因此，要解决费用多缴问题须对症下药，从避免多缴佣金和过户费做起。

解决佣金多缴问题，关键是操作时的成交量。在佣金比例 0.05%、"底线"5 元不变的情况下，要想不多缴佣金，就必须确保单笔操作的成交量在 10000 元以上，即只有当单笔成交额大于或等于 10000 元时，佣金才大于或等于 5 元，才不用多缴佣金，否则就会多缴佣金。另外，当投资者与证券公司签订的佣金合同发生变化时，确保不多缴佣金所对应的单笔交易成交额也会随之发生变化，计算公式为：5 元/佣金比例。例如，佣金比例依次为 0.01%、0.02%、0.03%、0.04%、0.05%、0.06%、0.07%、0.08%、0.09%、0.10% 的投资者，确保不多缴佣金所对应的单笔交易成交额必须在

50000 元、25000 元、16667 元、12500 元、10000 元、8333 元、7143 元、6250 元、5556 元、5000 元以上。佣金比例越低，确保不多缴佣金所对应的单笔交易成交额就越多；佣金比例越高，单笔交易成交额就越少。

解决过户费多缴问题，关键是操作时的成交股数。在过户费标准每 1000 股 0.75 元、"底线" 1 元不变的情况下，要想不多缴过户费，就必须确保单笔操作的股数在 1333 股以上（对应的百股整数为 1400 股以上），否则就将多缴过户费。

所以，对于佣金比例为 0.05% 的投资者来说，在佣金 "底线" 为 5 元、过户费标准为每 1000 股 0.75 元、"底线" 为 1 元的情况下，只有确保成交额在 10000 元以上、成交股数在 1400 股以上，这两个条件同时满足，才不会多缴交易费用。否则，就会多缴交易费用，且成交额和股数越少，多缴的费用就越多，就越不划算。

当然，证券交易税费除了尽量不要多缴外，还应设法做到能省则省，这就需要选择好券商——在服务质量、信誉程度、交通便利等方面大体相当的情况下，尽可能选择佣金（手续费）标准较低的券商，如果没有选择券商的余地，也要设法与券商进行协商，尽可能地把佣金标准降到最低；选择好市场——如果备选品种大体一致，既可选沪市股票，也可选深市股票，在这种情况下应尽量选择深市股票交易，这样就可免缴过户费，但若不同品种之间优劣相差悬殊，则首先要考虑品种本身，而不是市场；选择好品种——即使必须在沪市交易，也要尽可能选择股价相对较高的品种进行交易，以节省过户费，因为在成交金额已定的前提下，股价越高，股数就越少，需缴纳的过户费也越少。只有选择好了券商、市场和品种，才能把 "该缴" 的证券交易税费降下来。

总之，投资者在组合投资、分批买卖中，尽量不要采取 "极端式" 的操作方法，既不要唱组合投资的 "反调"，一次性满仓买入一只股票，也不可在分批买卖时显得过于分散。只有在交易数量确定的情况下，守住 "底线"、把握分寸，才能在分批买卖中确保达到恰到好处的程度。

第四节　妙用 "加减乘除" 法则

有人说，炒股最难的是预测大盘，只要测准指数，就会胜券在握；也有人说，炒股最难的是选择个股，只要选对品种，就会十拿九稳。其实，炒股还有一难，这就是控制仓位。

控制仓位的理想化状态是，大盘和个股涨时满仓、跌时空仓，但在实际操作中难以达到这种绝佳的境界，倒是时常出现"一买就跌、一卖就涨"这样的尴尬情景。既然如此，不如从现实出发，积极寻找切实可行的控仓方法。用"加减乘除"法则来控制仓位，便是在实践中摸索出来的既简便又有效的炒股控仓方法。

1. 加法

以大盘某一点位和个股某一价位为基准点，在此基础上利用"加法"原理分批买入股票。在基准点（价）位，投资者可结合各自实际选择满仓、半仓或空仓。有持续增量资金配合并打算不断追加投入的投资者，可在基准点（价）位选择满仓；无持续增量资金配合或不准备追加投入的投资者，应在基准点（价）位选择半仓；只有极度看空且事后不悔的投资者才可在基准点（价）位选择空仓。

基准点（价）位一经确定，无论是满仓、半仓还是空仓的投资者，都应在基准点（价）位基础上，随着大盘和个股的下跌分批加仓（做"加法"）。譬如，以大盘 2500 点为基准点（具体品种的基准价位由投资者自行设定），每跌 100 点，加仓 1 万元，即当指数下跌 100 点、200 点、300 点、400 点……时，分别增加投资 1 万元、2 万元、3 万元、4 万元……其特点是，风险较小，但略显保守，因而见效也慢。也有投资者喜欢选择在大盘和个股上涨过程中分批加仓（做"加法"），操作方法同上但方向相反，其特点是，见效较快，但比较激进，因而风险也大。

2. 减法

在确定基准点（价）位和基准仓位的基础上，随着大盘和个股的上涨分批减仓（做"减法"）。投资者假如以 2500 点为基准点，每涨 100 点，减仓 1 万元，即当指数上涨 100 点、200 点、300 点、400 点……时，分别减少持仓 1 万元、2 万元、3 万元、4 万元……也有投资者刚好相反，选择在大盘和个股下跌过程中分批减仓（做"减法"）。无论是在上涨过程中做"减法"，还是在下跌过程中减仓，都各有利弊，须因人而异。

3. 乘法

利用"乘法"原理控制仓位方法与"加法"操作基本类同，区别在于，增加的仓位数量不是采取等额递加的方法，而是成倍增加。例如，以 2500 点为基准点，当指数下跌 100 点、200 点、300 点、400 点……时，分别增加投资 1 万元、2 万元、4 万元、

8 万元……（乘数为 2）；或 1 万元、3 万元、9 万元、27 万元……（乘数为 3），以此类推。特点是，随着大盘和个股的上涨（或下跌），仓位的增加额随乘数的不同相差较大，且越往后增加额越大，须有足够的后备资金作保障。因此，在操作前，投资者需先作测算，再作决定。一般而言，"乘法"控仓方法只适合后续资金比较充足的投资者，并不适合多数投资者普遍采用。

4. 除法

"除法"控仓操作与"减法"控仓方法相似。区别在于，仓位数量的变化不是等额缩小，而是采取按比例减少（取决于除数的大小）的方法依次降低仓位。以 2500 点为基准点、基准市值 100 万元、除数 10 为例，当指数上涨 100 点、200 点、300 点、400 点……时，分别减少市值 10 万元（余仓 90 万元）、再减 9 万元（余仓 81 万元）、再减 8.1 万元（余仓 72.9 万元）、再减 7.29 万元（余仓 65.61 万元）……以此类推。"除法"方法一般在指数上涨过程中采用，指数下跌时慎用，否则极有可能踏空，出现重大操作失误。

用"加减乘除"法控仓，操作本身并不复杂，投资者只要稍加操练、养成习惯，很快便能掌握其中的要领，难点主要在以下四个方面：

一是确定"基准点数"。用"加减乘除"法控仓，首先要确定基准点（价）位。基准点（价）位确定得恰到好处，操作起来就能游刃有余，否则就会顾此失彼。如基准点（价）位定得过高，就会导致过早加仓，错失减仓良机；定得过低，又会导致过早减仓，错失加仓机会。投资者在确定基准点（价）位时，既要结合宏观政策面和行情技术面综合定夺，又要有自己的个性化方法。如根据移动平均线确定基准点（价）位，长线投资者可参考年线确定基准点（价）位，短线投资者可依据月线或周线确定基准点（价）位。再如，根据指数平均点确定基准点（价）位，如以前期高点 3478 点和前期低点 1664 点的平均点数 2571 点作为基准点（价）位，以此进行"加减乘除"操作。

二是选择"增减区间"。用"加减乘除"法控仓，如果区间选得过大（如 200 点、300 点），往往跨越时间长、超越难度大、缺乏可操作性；如区间选得过小（如 50 点、30 点），当指数剧烈波动时，就会出现一天之内跨越多个区间的情况，既会增加操作的频率和难度，又将失去区间设定的意义。以大盘 2500 点左右看，"增减区间"设定在 100 点至 150 点之间较为合理。

三是做好"两手准备"。用"加减乘除"法控仓的前提是，投资者对中国股市的未来充满信心，且目标的股票的基本面无问题。在排除了系统风险和个股风险的基础上，

投资者还应想清楚两个问题："加法"或"乘法"操作全部结束后，大盘和个股再跌怎么办？"减法"或"除法"操作全部完成后，大盘和个股再涨怎么办？只有做好了这两手准备，有了相应的对策，才能在"加减乘除"操作中不乱方寸、沉着应对。

四是确保"入脑入心"。妙用"加减乘除"法则，既要轻松淡定，又要"入脑入心"，从具体操作中跳出来，多动脑、勤思考，尤其要多考虑并想清楚资金性质、投入方式、使用期限和风控能力等问题。假如投入的是"压力钱"，采取一次性方式投入，有一定的时间限制，风险承受能力较弱，就要采取安全边际相对较高的操作方法（"加法"或"减法"）；如果投入的是自由资金，采取连续追加方式投资，没有使用时间限制，风险承受能力较强，操作的空间和弹性就可以更大些（"乘法"或"除法"），以便最大限度地发挥"加减乘除"方法在投资中的实际效用。

第五节　偶尔也可"满仓操作"

控制仓位，是多数投资者在多数情况下采取的投资策略，也是一些老股民历经熊市考验而不倒的法宝之一。但在特定情况下，一些投资者也会采取"满仓法"操作。比如，在大盘和个股运行至阶段性底部时，不少投资者就会选择"满仓操作"。

1. "满仓操作"的关键是品种选择

所谓"满仓操作"，指的是在一定时间里，账户里只有股票、没有资金的操作方法。

与控制仓位、既有股票又有资金的操作方法相比，"满仓操作"法是把"双刃剑"。当大盘和个股大幅上涨甚至出现井喷式上涨时，"满仓操作"能使投资收益达到最大化的程度；反之，当大盘和个股出现下跌甚至暴跌时，"满仓操作"也会导致巨大损失。因此，从稳健角度出发，对于多数投资者来说，不宜采取"满仓操作"这种极端式的交易方式。

但在投资后特定情况下，对于部分投资者而言，一旦机会来临也可尝试"满仓操作"。其条件是：投资者投入的是自有资金，没有时间限制，没有使用压力，满仓后一旦市场出现下跌就有后续资金跟上；当大盘和个股经过连续、大幅下跌，多数品种严重超跌后估值重心明显偏离正常范围，出现了难得的"满仓操作"机会时；投资者经过多年的市场磨炼，具备娴熟的操作技法、良好的投资心态、较强的风控能力。

只有具备以上条件的投资者才可以进行"满仓操作"，但最终能否取得"满仓操作"的预期收益，还取决于"满仓操作"时的品种选择。如果品种选择正确，满仓后即使市场出现下跌，往往也会有良好收益；要是品种选择不当，就极有可能大幅跑输指数甚至在市场持续走牛的情况下陷入不涨反跌、逆市亏钱的尴尬境地。

以笔者操作的 A 账户和某投资者操作的 G 账户为例。2012 年，笔者操作的 A 账户在多数时间里采取的都是"满仓操作"。2012 年初至 10 月 31 日，A 账户即使不操作，也依然能在两大指数平均跌 5.49% 的情况下取得逆市涨 14.02%、跑赢指数 19.51 个百分点的良好收益。投资者 G 账户 2012 年以来同样采取几乎满仓的操作法，至 10 月 31 日，虽然浮亏 0.69%，但依然跑赢指数 4.80 个百分点。上述两个账户之所以能全部跑赢指数，与年初持仓品种的正确选择密不可分。假如当时品种选择不当，就极有可能出现重大亏损。

"满仓操作"时，正确的品种选择一般应同时具备三个条件：

一是熟悉性。所谓熟悉性，指的是投资者对于相关品种非常熟悉，满仓品种属于长期跟踪、经常关注甚至是反复操作的对象。不仅对相关品种的基本面非常熟悉，而且对技术面也是了如指掌，如二级市场的走势特点、波动区间、主力控盘手法、机构实力强弱等。简言之，由于对相关品种非常了解，满仓后无论股价涨还是跌，都能做到平和淡定，非常放心。

二是超跌性。股价高低是直接关系到相关品种日后表现的重要因素，也是在选择"满仓操作"品种时必须考虑的因素之一。要选择那些涨幅较小、跌幅较大、比价优势明显的品种。

三是低估性。在考虑股价跌幅的同时还应考虑估值高低。有些估值偏高的品种虽然纵向比短期内已有较大跌幅，但横向比依旧属于高估者，所以日后还会出现较大幅度的下跌，这样的品种自然不能作为"满仓操作"的对象；有些估值偏低的品种虽然纵向比跌幅不大，但横向比依旧属于低估者，日后不仅下跌空间不大，而且继续大涨的可能性很大，这种股票理应作为"满仓操作"的首选品种。

只有当相关品种同时满足上述"三性"条件时，才可作为"满仓操作"的待买品种。当然，在具体买入品种和数量的确定中，还须做好不同品种之间的相互搭配和单一品种自身的上限控制等工作（详见表 9-1 和表 9-2）。

表 9-1　原持仓（2011 年 12 月 30 日收盘时）账户市值

账户	名称	数量（股）	最新（元）	市值（元）	总计（元）
A 账户	中铁二局	2500	4.93	12325	
	新疆城建	21500	5.37	115455	
	中国铁建	69900	3.79	264921	
	中国北车	1300	4.25	5525	
	中海集运	56500	2.43	137295	
	大唐发电	2000	5.16	10320	
	市值合计			545841	
	资金余额			4660	550501
G 账户	中科英华	4900	3.83	18767	
	东方航空	1500	3.80	5700	
	南钢股份	6900	2.78	19182	
	中铁二局	3900	4.93	19227	
	中国北车	2200	4.25	9350	
	市值合计			72226	
	资金余额			11727	83953

注：2011 年 12 月 30 日收盘，上证指数 2199.42，深证成指 8918.82。A 账户 550501 元，G 账户 83953 元。

表 9-2　如不动（2012 年 10 月 31 日收盘时）账户市值

账户	名称	数量（股）	最新（元）	市值（元）	总计（元）
A 账户	中铁二局	2500	6.42	16050	
	新疆城建	21500	5.35	115025	
	中国铁建	69900	5.02	350898	
	中国北车	1300	3.99	5187	
	中海集运	56500	2.26	127690	
	大唐发电	2000	4.08	8160	
	市值合计			623010	
	资金余额			4660	627670
G 账户	中科英华	4900	3.49	17101	
	东方航空	1500	3.47	5205	
	南钢股份	6900	2.25	15525	
	中铁二局	3900	6.42	25038	
	中国北车	2200	3.99	8778	
	市值合计			71647	
	资金余额			11727	83374

注：2012 年 10 月 31 日收盘，上证指数 2068.88，跌 5.94%；深证成指 8469.80，跌 5.03%；平均跌 5.49%。A 账户 627670 元，涨 14.02%；G 账户 83374 元，跌 0.69%。与指数比，A 账户 +19.51 个百分点，G 账户 +4.80 个百分点。

2."波段进出"的关键是节奏掌控

一般意义上的"满仓操作"，指的是长线投资，即买入股票后持有不动。但由于 A 股市场的自身特点决定，单纯利用此法进行"满仓操作"往往效果不佳。若能在"满仓操作"的同时，适当穿插短线交易，则能提高"满仓操作"的收益率，但其中的关键是节奏掌控。从操作实践看，节奏掌控准确与否将直接关系"波段进出"乃至"满仓操作"的最终结果。

仍以 A、G 两个账户的操作为例。A 账户在"满仓操作"的同时，通过短线操作，至 2012 年 10 月 31 日涨 16.39%，不仅大幅跑赢指数 21.88 个百分点，而且比不操作多涨了 2.37 个百分点，最终达到了"动比静好"的预期目的；但 G 账户短线操作后，至 2012 年 10 月 31 日跌 13.97%，不仅跑输指数 8.48 个百分点，而且与不操作比反而多跌了 13.28 个百分点，结果是"动不如静"（详见表 9-1、表 9-2、表 9-3）。

A 账户之所以"动比静好"，关键是踏准了操作节奏。G 账户之所以"动不如静"，问题的症结正是在于未能把握进出节奏，具体表现在四个方面：一是在大盘和个股持续下跌的情况下盲目追加投入（年内新投入金额 40000 元），由于下跌基数增加，导致亏损总额加大；二是单一品种高抛后未能及时低吸，或低买后未能及时高卖，错失高抛低吸机会；三是数个品种换股后，当出现正差回转交易机会时，未能抓住机会、及时回转，导致前功尽弃；四是委托下单时数量确定不当，交易数量太少（低于 10000 元），导致交易费用上升、操作成本增加。

要想在"满仓操作"的同时通过波段进出获得额外收益，关键是要正确把握和掌控波段操作的进出节奏：一是当大盘运行在下降通道，尚未盘出底部，或上行趋势不明时，可利用存量资金越跌越买直至满仓，但不宜追加资金，即"只可满仓、不可增资"。二是多进行高抛低吸，少进行换股操作。一方面，单一品种自身高抛后要利用股价下跌之机及时低吸，买入后要利用股价上涨之机及时卖出，有正差收益即可，无须追求利润最大化。另一方面，不同品种交叉操作后，当有正差机会、能回转交易时要及时进行回转交易，防止错失机会。三是控制好交易数量，既要防止大进大出、增加交易风险，又要避免数量太少、增加交易成本。若能做到以上三点，就能在"满仓操作"的同时通过波段操作取得额外收益。若做不到，建议长线持股、不做波段，这样虽然无法达到"动比静好"的效果，但也不至于出现"动不如静"的窘境。

表 9–3　操作后（2012 年 10 月 31 日收盘时）账户市值

账户	名称	数量（股）	最新（元）	市值（元）	总计（元）
A 账户	南方航空	20000	3.64	72800	
	新疆城建	25700	5.35	137495	
	中国北车	42500	3.99	169575	
	中海集运	69900	2.26	157974	
	大唐发电	6000	4.08	24480	
	泰山石油	13500	5.11	68985	
	市值合计			631309	
	资金余额			9399	640708
G 账户	南方航空	20900	3.64	76076	
	葛洲坝	4200	5.07	21294	
	中国一重	5200	2.79	14508	
	市值合计			111878	
	资金余额			345	72223（已扣除年内新注入的 40000 元）

注：2012 年 10 月 31 日收盘，上证指数 2068.88，跌 5.94%；深证成指 8469.80，跌 5.03%；平均跌 5.49%。A 账户 640708 元，涨 16.39%，G 账户 72223 元（已扣除年内新注入的 40000 元），跌 13.97%。与指数比，A 账户 +21.88 个百分点，G 账户 –8.48 个百分点。与不动比，A 账户 +2.37 个百分点，G 账户 –13.28 个百分点。

3. 持续获利的关键是"技术含量"

在市场上涨带来市值上升的同时，通过连续的波段操作获得持续性的超额盈利，无疑是"满仓操作"的最佳状态，但要达到这种程度，离不开必要的"操作技法"以及与之相配套的"技术含量"，包括三个方面：

一是要根据资金性质确定操作策略。"满仓操作"时涉及的资金大体可分为三类：对于高抛某一股票后腾出来的资金，原则上要原数接回原卖出的股票，只要以比卖出价低的价格买入，且做到品种不换、数量不变，一般来讲这样的操作都是正确的操作；对于一直想买某一股票但因多种原因始终未买而暂留的存量资金，原则上要利用此资金买入此股票，且要预先设好目标价，并力争以比目标价低的价格及时买入；对于新筹集的增量资金，则应在原买入股票的基础上对原买品种进行"补操作"（越跌越买），千万不要喜新厌旧、盲目换股。

二是要根据交易习惯确定委托方式。"满仓操作"中的波段交易对委托下单的技法要求相对较高，尤其是要熟练运用其中的"三个价格"。首先是"目标价"——"满仓操作"时对波段操作的对象事先设立的买卖价格。"目标价"设立后一般不马上委托，

而是视大盘和个股的运行情况伺机而动。其次是"调整价"——当"目标价"确定后，待买股票经过一段时间的下跌，再对波段操作的对象及买卖价格做一定的调整后确定的价格。"调整价"一般比"目标价"要低，因此买入后获利的概率也更大。最后是"委托价"——当相关股票的市场价低于"调整价"投资者正式委托下单时确定的价格。上述委托方式的具体运用需根据投资者的交易习惯和当时的市场状况综合而定，既要保持足够耐心，又要做好两手准备，两者兼顾、缺一不可。

三是要根据区间变化确定交易基线。随着市场涨跌和参与主体交易意愿的不断变化，一段时间内大盘和个股的重心也会变化，或上移（表现为卖出的股票接不回），或下降（表现为买入的股票卖不出）。在此情况下，及时调整"满仓操作"中的波段操作重心和委托基线显得十分重要，方法为：先是留足资金，通过高抛获得所需交易资金；接着查看底仓，打开账户、观察有无可供卖出的筹码及可用数量；再是寻找区间，通过比较或估算判断出近期大盘和个股的重心和委托基线，并以此重心和基线为准确定上下几个价位为高抛低吸的价格区间；最后进行交易，在确定的重心和基线边界处进行交易，一般当相关股票运行至基线"上边界"时进行卖出操作，运行至"下边界"时进行买入操作。

作为一种相对激进、难度较大的操作方法，"满仓操作"法并不适合多数投资者尤其是新股民采用。由于"满仓操作"法中的波段交易法对投资者的要求更高，因此，只有那些拥有一定的股市交易"技术含量"，能够承受相应的投资风险者，才可适当进行"满仓操作"并同时穿插波段交易，其中的"技术含量"不会一蹴而就，需要在长期的股市投资实践中不断磨炼，才会逐步形成。

第十章 关于持仓周期：长线持股好还是短线交易好

第一节 好股票怎样才能不"流产"

在股市投资，一个不争的事实是，谁都买过好股票，谁都"骑"过大"黑马"。不同的投资者，区别在于，有人拿得住、"骑"得牢，有人拿不住、"骑"不稳，早早地被赶了下来。

打个比方，"十月怀胎，一朝分娩。"想要抱上"金娃娃"，得先做到"怀得住"。炒股也一样。问题是，同样的好股票，为何"怀"在有的投资者"身上"，最后总能"抱"上"金娃娃"，而"怀"在另一些投资者"身上"，却总是"流产"？究其原因，大致有三：

一是分不清股票好坏。同样的股票，"怀"在不同的投资者"身上"，命运之所以大相径庭，区别在于主人"眼力"不同，有的被当作野草，有的则被视为宝。2009年4月2日，Q要笔者用她刚刚从大秦铁路身上获利腾出的资金，选一只股票买入。笔者左挑右选，最后选定了中国联通，因为在笔者看来联通就是一"宝"：虽然盘子大些，涨起来没有小盘股那样轻盈，但质地优良、业绩稳定，且涨幅落后于大盘，属于既有机会又较稳妥的品种，特别是引人注目的3G题材没有兑现、可以放心买入并一路持有。于是，笔者便毫不犹豫以5.69元的价格帮Q买入了18100股。但Q的看法则刚好相反，不仅对联通的种种"优点"视而不见，而且还将它说得一无是处，认为联通近期大的抛单接连不断，市场表现毫无起色，尤其因为她曾被联通"伤"过，一提起它，更是心有余悸，坚决要求换股。这就导致了这样的结果：因为看法截然不同，同样的股票拿在手里，有人紧握不放，有人挥手作别。

　　二是经不起庄家折腾。大凡好股票在启动甚至井喷前，都少不了折腾，有的甚至折腾起来没完没了，常弄得投资者无所适从。联通也一样，在较长的一段时间里，大盘涨它不涨，大盘跌它却跌得比谁都快，尤其是在 Q 那部分股票买入前后，股价更是起色不大，常在一个小区间里来回波动，连 6 元都阻力重重、久冲不过。对此，Q 看在眼里、"痛"在心里，对它也早已不抱任何希望，劝我若能保本就出局，即使小亏出掉也无悔。由于对联通我非常了解，也最有信心，所以没有按 Q 要求斩仓，但这也说明，折腾阶段往往是许多散户失去耐心、拿不住好股票的重要时期，也是股市"流产症"的"高发期"。

　　三是挡不住微利诱惑。好股票常"流产"的另一原因是微利引诱。由于不看好，割肉都想走，见有了蝇头小利，便想溜之大吉，结果导致"流产"、铸成大错。联通股在 Q 买入后，又像往常一样不紧不慢、来回折腾、反复洗盘，账户内的数字也跟着一会儿红、一会儿绿。再看看别的股票，在涨停板上排得整整齐齐、满满当当。此时，Q 再也"坚持"不住了，决意要卖联通去追"热门股"。4 月 15 日，当看见联通冲高，账户也已由亏变盈时，便急急忙忙地以 5.84 元的价格将其全部微利卖出。几天后，又以 4.40 元的价格追入中海集运。然而，这一卖一买，正好犯了两个错误，不仅又一次将好股票"流"了"产"，而且再一次被"强势股"套牢。

　　几天后，昔日表现"抢眼"的中海集运不涨反跌，而原先毫无起色的中国联通却一反常态，开足马力、一路狂奔。大盘和中海集运连跌几天，而联通则连涨数日。至 4 月 30 日收盘，4.40 元买入的中海集运跌到了 4.16 元，而 5.84 元卖出的联通却涨到了 6.75 元，还成了两市一千多只股票中难得的几个强势品种之一，令 Q 大跌眼镜。事后一算，这一"流"一"怀"，动与不动，损失高达 20% 以上，又一次给 Q 上了生动一"课"。

　　庄家赶散户下马、逼散户"流产"，从表象看情况千差万别、原因错综复杂，但使的招术却大体相同，无非就是让你"分不清股票好坏""经不起来回折腾""挡不住微利诱惑"，最终摧垮你的意志、动摇你的"军心"、让你达到"流产"目的。作为散户，没有过人的本领，又不想"流产"，唯一能做的，就是不要小聪明、做个老实人，不管风吹草动，任凭怎么折腾，认准好股票、坚守到最后。

第二节 "不操作"往往就是"最好的操作"

做股票赚钱，甚至赚大钱、赚快钱，是广大投资者所追求的目标。为此，许多投资者希望通过加快操作节奏，提高操作频率，来达到收益最大化的目的。但结果往往事与愿违。频繁操作，不仅没有使投资收益最大化，而且常常"因小失大"，或在"快进快出"中痛失牛股，或在不知不觉中犯了追涨杀跌的毛病，有时还心神不定，提心吊胆，影响身心健康。多年的实践表明，保持平常心，降低期望值，耐心持股，减少操作，往往能取得意想不到的收益，"不操作"往往就是"最好的操作"。

"不操作"就是"最好的操作"。中国联通是笔者长线持有的品种，2007 年买入的时候价格只有 5 元多，采取的策略是"不操作"，一路持有。但有一次，Q 未经笔者的同意，在中国联通冲高的时候以 8.36 元（相当于当天涨幅 8.71%）的价格委托卖出。但就在成交后的几分钟时间里，该股被巨量封至涨停，前市收盘后联通在涨停板上的委买量为 1.3 亿股。下午，当笔者得知以后，便在联通打开涨停，逐波回落之时，以 8.26 元的"保本"价把它接了回来。2008 年，联通的收盘价已在 12 元以上，给长期持有它的股东以良好的回报。《浙江工人日报》曾报道了一则类似消息，说的是"1 年操作 3 次，高手将 10 万元变成 120 万元"的故事，该股民采取的也是长线投资"不操作"的操作策略。

"不操作"也是"最难的操作"。频繁操作很难，"高抛低吸"很难，"不操作"其实更难。特别是当大盘和个股一路上扬，甚至疯涨的时候，而你或手握现金被"踏空"，或所持有的品种不涨反跌被"套牢"，走出了与大盘背道而驰的行情。此时，要做到沉着镇定，坦然面对，非常艰难。大唐发电也是我重仓持有的品种，10 送 10 除权后，上涨指数一路上扬，但同期大唐发电却在短暂上冲之后，便一路阴跌，跌至最多的时候股价只有高点时的一半左右，"虚盈"也变成了"实亏"。对这样的股票"拿着它""不操作"，就显得很难，心态也容易变坏。但现在再回过头来看大唐，你会发现，当时的持仓"不操作"其实是非常正确的，实际上那段时间恰恰是最难"忍"、最考验投资者耐心的"黎明前的黑暗"。如果经得起当时的考验，今后的"钱途"就一片光明，否则将前功尽弃，痛失机会。

"不操作"还是"要求最高的操作"。"不操作"看似无所事事，非常轻松，实际上

也是一种要求很高的"不操作"的"操作"。要做好这样的"不操作"，需要苦练内功：

一是要货比三家，精挑细选。选什么样的品种，长线捂股"不操作"，是投资中最为关键、最难把握的问题。以往，我在选股的时候，很少考虑股票的质地，认为只要能涨就是好股票，为此吃过不少亏，付出过不少"学费"。如今，在总结过去经验教训的基础上，坚持价值投资的理念，把质地优良、估值合理作为选择的标准，买入后便一路持有"不操作"。

二是要注意搭配，分散投资。为使投资效益最大化，不少投资者都喜欢重仓出击一只股票。但这种操作方法有利也有弊，最大的弊端就是抗风险能力比较低。一旦买入的品种出现"意外"，就容易倾家荡产或"全军覆没"。而且，投资人在持有的时候，往往比较紧张，有时甚至吃不好饭，睡不好觉。为此，自己给自己增加了一条不成文的"规矩"，即每个品种建仓的时候，仓位的比例不得超过总市值的20%。这样做的好处是，可以最大限度地控制风险，防止因个股风险导致账户市值出现大的亏损。另外，在分散投资中，还要注意不同行业、不同盘子的股票的有效搭配，做到既有"大象"，又有"小鸡"，既有金融保险，又有通信能源等。

三是要把握买点，人弃我捡。在以往的投资中，笔者也常犯"追涨杀跌"的毛病。但多次深刻惨痛的教训，使笔者逐渐形成了长线价值投资的理念，在买股票的时候尽可能做到在大盘和个股回调的时候买，在卖股票的时候尽可能做到在大盘和个股冲高的时候卖。如笔者相继买入的工商银行、中国铝业和中国联通等股票都是在个股出现一定的跌幅，一些投资者纷纷抛售的时候逢低捡拾的。买入后，尽管有的可能出现下跌（甚至大幅下跌），有的长时间进行棋盘整理，甚至在大盘创新高的时候仍毫无起色，不涨反跌，但我却始终坚持紧握股票不放。事实证明，只要拿得住，最终大多数股票都会给投资者带来不菲的收益。

此外，还要加强学习，做到心中有数底气足；降低期望值，既然选择一路持有"不操作"，就要做好坐电梯的准备，且要甘心情愿坐电梯，高兴乐意坐电梯；学会果断出击。"不操作"并非完全不动，当持有的品种达到自己预期的目标价位时就要果断出击，获利了结，做到"该出手时就出手。"

第三节 投资"长线股" ≠ 一味死守

炒股，是一种技术细活，更是一门遗憾艺术。几乎所有的投资者都不可能在操作中做到十分满意、不留遗憾。譬如，短线操作所带来的收获赶不上长线投资、频繁进出所取得的业绩远不及持股不动，就曾给不少投资者留下过许多遗憾。

的确，在许多时候，投资收益大小与操作节奏快慢没有必然的联系。相反，"勤快不如懒惰""短线不如长线"这种看似不可思议实则客观存在的炒股现象却随处可见。于是，不少投资者在经历太多的挫折、教训之后渐渐悟出真谛，并调整操作策略，选择长线投资，持股不动或持币观望。

那么，长线投资是否等于一味死守，在牛市只要买入股票后一路持有，在熊市只要卖出股票后持币观望即可？实际上，长线投资远不是一些投资者所想象的那么简单，长线投资同样要讲究策略、方法和艺术。现介绍几种常见的长线投资方法，供投资者参考：

1. 持股不动

这是最基本、最常用的长线投资方法，在大盘趋势保持向上、所持股票走势强于大盘时被许多投资者普遍采用。用好这一方法重在把握三个环节：

一是买入环节。包括品种选择要"强"，时机选择要"早"，仓位选择要"重"等，简言之就是要以最快的速度，以最大的可能，买入最强势的股票。

二是持有环节。买入股票后要能拿得住，做到这一点看似简单实则不易，需要经受住三个考验：大盘和个股"跳水"时市值缩水的考验，大盘和个股井喷时想获利了结的考验及出现高抛低吸机会时想博取差价的考验，只有经受住了这三个考验的投资者才拿得住股票。

三是卖出环节。持股不动不等于"永久持股"，它是一种根据投资者的预期，持有期相对较长的投资方法。长线投资的最终目的同样是卖出，而且想卖个更高的价格，取得更好的收益。把握好卖出环节的关键是：要有目标位，从买入股票之日起，投资者就要明确所买股票的预期目标价；到价即卖出，一旦股价达到或冲破目标位，就应毫不犹豫地卖出所持股票，至此一个完整的长线投资周期才算结束；卖后不后悔，卖

出后无论股价下跌还是上涨，投资者都能坦然面对，尤其是当股价上涨时也能做到卖后不悔。

2. 持币观望

说起长线投资，许多人想到的仅仅是买入股票后持有不动，殊不知还有另一种长线投资方式——持币观望。相对于持股不动来说，持币观望同样是一种简单实用的长线投资方法。事实表明，投资者如果仅会用持股不动方法而不善于持币观望，结果常常"坐电梯"，投资收益也会受到严重影响。

持币观望一般在熊市或"挣扎市"里采用。操作方法主要有二：一是让资金"闲着"，卖出股票后的资金直接留在资金账户里备用；二是派其他用场，用腾出来的资金去申购新股或转入银行存定期。这样做，虽然会失去一些短线机会，但由于较好地保存了资金实力，一旦行情转暖，发现理想的建仓品种时，即可为精确出击提供资金保障。

3. 长中有短

长线投资不等于一味死守，高水平的投资者往往会在长线投资的同时适度穿插一些灵活、有效的短线操作，做到长中有短、长短结合，这也是区别于"纯长线"或"纯短线"操作的一种更为合理、奏效的长线投资方法。

在实际操作中，不同的长线投资者（持股或持币）需有不同的操作方法：持股的长线投资者须先卖后买，即先高抛所持股票，再择机逢低买回；持币的长线投资者须先买后卖，即先逢低买入所选股票，再择机找高点卖出。操作数量视确定性大小而定，当确定性较大时，可动用大部甚至全部股票或资金进行长中有短操作。当确定性不大时，应少用或不用长中有短方法。无论是持股或持币的投资者，进行长中有短操作的目的都是赚取正差收益，在确保长线投资性质不变的同时进一步提高股票或资金的利用率，增加投资收益。能否达到这一目的，也是衡量"长中有短"投资方法正确与否的唯一标准。

4. 滚动操作

除了"长中有短"这种在单一品种内部进行的高抛低吸操作外，投资者还可在两个不同品种之间来回操作、交易，这种方法通常称为"滚动操作"。

譬如，某投资者长线持有 A 股票，当预期 A 将横盘或下跌，而另一非长线投资品

种 B 却存在短线上涨可能，此时就可用 A 股票去换 B 股票，即先将 A 股票卖出再买入 B 股票。当 B 股票到达目标位后便将其卖出并逢低买回 A 股票。操作结果为：既不改变长线投资初衷，又能达到筹码不变、资金增加的目的。可能出现的结果大致有四：一是 A 涨 B 跌，二是 A 跌 B 涨，三是 A、B 都涨，四是 A、B 都跌。但无论哪种情形，都要力求做到"筹码不变、资金增加"，或"资金不变、筹码增加"。

5. 声东击西

在确保"底仓"筹码不丢的前提下，将"短炒"对象拓展到 A、B 之外的其他股票上，这种操作方法便称为声东击西投资法。此法特点是选择的范围更广、获利的概率更高，但可能遭受的投资风险也更大。所以，这也是所有长线投资方法中难度更大、要求更高的操作方法，把握不大的投资者不建议频繁采用。采用此法取胜的关键在于品种要熟悉、心态要摆正，且在操作中能做到进出自如、得心应手，"你来玩转股票"而不是"被股票牵着走"。否则，极有可能"偷鸡不成蚀把米"，要么筹码丢失，要么资金缩水。

长线投资方法除了上述几种外还有很多，投资者不仅可以在同一板块、同一市场内进行操作，还可在不同板块、不同市场之间采取灵活多样的方法进行长线投资，使长线投资品种或资金的作用得到最大限度的发挥。

长线投资实际上是一种静中有动、动中有静，有长有短、长短结合，不同方法相互渗透、多种策略融为一体的投资方法。用好这一方法需注意的问题主要有：

一要明确操作对象。既要确保待买品种未来走势强于大盘和待卖品种，又要确保待卖品种日后走势弱于大盘或处于下降通道中，没有把握或胜算不大的股票不宜轻易出击，以免做反。

二要明确操作方法。无论采取哪种方法，都是在长线投资基础上进行的操作，要特别防止随着操作频率的加快和总量的增加，逐渐迷失方向甚至出现"长线变短线""逐利变被套"窘境。要做到这一点，买卖时机的把握十分关键，原则上要在冲高过程中卖出，股价回调时介入。

三要明确操作目的。始终牢记长线操作的目的：筹码不变、资金增加，或资金不变、筹码增加。一段时间后，为了检验操作效果，投资者还可拿资产总值与大盘指数做些比较。通过采取不同形式的长线操作方法，若在指数不变的情况下能使账户总值多起来，或在账户总值不变的情况下指数出现下跌，都是正确的长线投资，反之则是错误的操作，投资者须格外小心、尽力避免。

第四节 死筹码怎样操作才能活起来

在持续波动的股市里，最佳的操作无疑是高位逃顶、低位抄底，但就多数投资者而言，很难达到这种理想化的状态，因小失大、适得其反的倒大有人在。因此，一些投资者在不得已情况下选择了看似被动、实则高明的"不操作"操作方式，持有的筹码也因此成了"死筹码"。

实际上，持有"死筹码"的投资者并非无事可做，在正确把握"死筹码"股性特点、熟练运用交易技法基础上，同样能让"死"筹码"活"起来，达到"流金淌银"的目的。

1. 死筹码为什么能"流金淌银"

一提起"不操作"，许多人就会与持股不动联系起来，片面地认为抓住筹码、紧握不放就是"不操作"。的确，"不动"比"乱动"要好。而且，对于绝大多数投资者来说，在缺乏相关交易经验前提下，"不动"也是不得已而采取的操作方法。但有一定操作经验、有相应操作技法的老股民，就不能满足于简单的"不动法"操作，完全可以在把握"不操作"大原则基础上，通过穿插"让死筹码活起来"操作方法，最大限度地发挥"死筹码"的作用。

先看操作：继前一日大跌百点后，2013 年 6 月 25 日上午沪深股市再次大跌。下午开盘后，见多数个股快速跳水，笔者立即卖出中海集运 45100 股（价 1.87 元），同时抢进新疆城建 12600 股（价 4.48 元）、华东数控 5200 股（价 5.52 元）。

当天，随着大盘"V 型反转"，卖出的中海集运及买入的新疆城建、华东数控分别出现了不同程度的上涨。至 26 日收盘，中海集运、新疆城建和华东数控分别收于 1.93 元、4.85 元和 6.05 元。若以此价回转交易（数量不变、方向相反），卖出的中海集运买回后亏损（交易费用按成交额 0.25% 计算，下同）2917 元，买入的新疆城建和华东数控卖出后分别获利 4509 元、2677 元，盈亏相抵后总盈利额为 4269 元，对应初始市值（84337 元）"贡献"的涨幅为 5.06%（详见表 10-1）。

表 10-1　2013 年 6 月 25 日交易清单及至 26 日收盘止回转收益

交易方向	交易品种	成交数量（股）	成交价格（元）	26 日收盘（元）	回转收益（元）
卖出	中海集运	45100	1.87	1.93	−2917
买入	新疆城建	12600	4.48	4.85	4509
买入	华东数控	5200	5.52	6.05	2677
收益合计					4269

注：①在计算"回转收益"时已扣除交易费用，交易费用按成交额 0.25% 计算；②回转交易后，持仓筹码不变，多出来的 4269 元资金对应初始市值"贡献"的涨幅为 5.06%，初始市值为 84337 元。

27 日，在待卖股票的反抽和待买股票的回调中，再按计划原数卖出新疆城建（价 4.90 元）、华东数控（价 6.09 元），同时接回中海集运（价 1.90 元）。由于实际成交价比计划回转价要好，又多出 2191 元资金，对应初始市值"贡献"的涨幅增加了 2.60%（详见表 10-2）。

表 10-2　2013 年 6 月 27 日实际交易及与 26 日收盘比回转收益增减

交易方向	交易品种	成交数量（股）	计划交易价（元）	实际成交价（元）	收益增减（元）
买入	中海集运	45100	1.93	1.90	1353
卖出	新疆城建	12600	4.85	4.90	630
卖出	华东数控	5200	6.05	6.09	208
增减合计					2191
收益总计					6460

注：①"计划交易价"指 26 日收盘价，"收益增减"指在原回转收益基础上，由交易价格发生变化引起的收益变动情况，再次多出来的 2191 元资金对应初始市值"贡献"的涨幅为 2.60%；②回转交易总收益指计划回转收益与收益增减额两者之和，计 6460 元，对应初始市值"贡献"的涨幅上升至 7.66%。

再看结果：通过"让死筹码活起来"操作，交易前后账户里的"死筹码"保持不变——还是持有中海集运 45100 股，但资金余额却在原来基础上增加了 6460 元，这部分收益对应初始市值"贡献"的涨幅达到了 7.66%，这就是"让死筹码活起来"操作方式带来的神奇效果。

2. 死筹码为何能够活操作

在行情火爆、机会不断的"分化市"里操作，不少投资者认为，"让死筹码活起来"操作不如骑个大"黑马"来得更过瘾——不仅收益可观，而且操作简便。但实际上，骑"黑马"并非易事。相比之下，"让死筹码活起来"操作方式既实用又有效，多数投资者，以及持有的多数筹码大多能进行这样的操作。

所谓"让死筹码活起来"的具体操作方式很多，归结起来主要有三种类型：一是单一品种自身的高抛低吸；二是两个及两个以上品种之间的回转交易；三是两次及两次以上回转交易组成的连续回转。下面结合以上操作实例，重点介绍第二种类型——回转交易的"死筹码"操作方法。

典型的回转交易，按操作的先后顺序一般可分为初始交易和复原交易。所谓初始交易，就是通过正向换股（卖出 A、买入 B）操作，将持有的筹码打破原有状态（增加和减少）所进行的操作。复原交易正好相反，就是通过反向换股（卖出 B、买入 A）操作，将打破后的持股状态（增加和减少后的筹码）恢复至原来状态所进行的操作。

按内在操作方式分，回转交易实际上由以下四种交易方式共同构成：

一是双融交易。主要体现在初始交易上。一般情况下，当大盘和个股出现共振式暴跌后，不同个股的跌幅及错杀程度往往不同，由此带来日后反弹中的"弹性"也不相同，盘大、股性呆、跌幅小的"抗跌股"在日后反弹中大多难有好的表现，盘小、股性活、跌幅大的"错杀股"多数会在日后反弹中起领涨作用。针对不同股票在日后反弹中的不同表现，可适当利用账户内的存量筹码进行"自我式"双融交易：先卖出"抗跌股"，再利用"融券"卖出后获得的资金"融资"买入"错杀股"。至于交易数量的确定，可依历史交易记录或各自交易习惯而定，并无固定程式。

二是同步交易。"自我式"双融交易有个要求，既不能恐惧——卖出"抗跌股"后不敢买入"错杀股"，又不能贪婪——在买入"错杀股"时希望买得更低，而是要严格按照同步交易的要求进行即时交易：卖出"抗跌股"后，应立即买入"错杀股"。不仅在初始交易时要同步交易，而且在复原交易时同样应体现同步交易的要求。

三是反向交易。双融交易后，当相关股票出现了与预期一致的走势，或总体上出现了正收益大于负收益，结果仍为正向收益时，原则上应及时进行反向交易——复原交易：先卖出"错杀股"，获得并归还资金；再利用到位的资金买入"抗跌股"并归还股票。反向交易重在防止患得患失——既不愿卖出"错杀股"，又不想买入"抗跌股"，从而错失复原交易良机。只要记住反向交易属于复原交易，比的是"不操作"，一般都能避免患得患失情况的出现。

四是配对交易。一方面，应做好"抗跌股"和"错杀股"之间的配对，在交易数量和操作习惯上尽量做到配对式操作，确保在两只彼此相关联的股票之间进行双融交易；另一方面，须做好复原交易和初始交易之间的配对，当初卖出多少数量的"抗跌股"，如今也买入同样数量的"抗跌股"，当初买入多少数量的"错杀股"，如今也卖出相同数量的"错杀股"。配对交易的目的在于，通过一轮完整的回转交易，能使证券账

户里的"死筹码"保持不变，变化的只是资金账户里的资金在"流金淌银"。

一般情况下，只要做好了上述四种交易，实际上就抓住了回转交易的关键。至于单一品种自身的高抛低吸，以及两次及两次以上回转交易组成的连续回转操作方式，与单体式回转交易基本相同，只要做到四大交易并举即可。

3. 死筹码如何确保活起来

单就操作结果看，仅仅在 3 个交易日里，通过回转交易"让死筹码活起来"，就在保持"死筹码"不变基础上取得 6460 元现金收入，对应涨幅达到 7.66%，多数投资者会觉得此方法确有实际效用，但真要做好并不容易。要让"死筹码"真正能够"活"起来，须注意的问题还有：

一是用"两种估算法"确定双融品种。通常情况下，投资者不宜采取双融法操作，只有当大的机会来临、胜算把握较大时，才可适当进行"自我式"双融交易。但当大的机会来临时，最佳交易机会往往体现在盘中某一时点，停留时间特别短暂，一旦错过就很难再有这样的机会。在这种情况下，不可能有充分的时间来精准计算相关股票的涨跌，买卖品种的确定只能通过估算方法来实现。投资者可用心算法计算出相关股票大概涨跌情况，并快速确定待卖的"抗跌股"和待买的"错杀股"。在此基础上，机会来临时立即下单，卖出"抗跌股"，买入"错杀股"。

二是用"两头观察法"确定交易时机。在实际下单时，谁都希望卖得更高、买得更低，让交易达到更理想的程度，但要求投资者进行同步交易。解决"更好交易"与同步交易矛盾的方法是"两头观察"：在初始交易时，将待卖的"抗跌股"和待买的"错杀股"放在一起进行跟踪，选择待卖的"抗跌股"不跌（或上涨），而待买的"错杀股"下跌（或不涨）时立即下单，进行交易。复原交易也一样，只要选择待卖的"错杀股"不跌（或上涨），而待买的"抗跌股"下跌（或不涨）时立即下单，进行交易即可。

三是用"两手准备法"确定操作方式。任何交易方法在股市里都没有百分之百的把握，回转交易也不例外。初始交易后，相关股票走势既有与投资者预期一致的可能，也有与预期相反的可能。当与预期一致时，一般用两种方法实施复原交易，一是先确定好心理价格，制定好交易计划，再按计划执行。此法操作一般不会后悔，但也不大会有意外惊喜出现；二是根据计划，结合盘面灵活操作。此法操作可能会有意外收获，但也可能让人后悔——失去交易机会或降低操作收益。有正确技法、有良好心态并已做好两手准备的投资者可采取后一方法——灵活法操作，否则只能采取前一方法——

计划法操作。

当与预期相反时，可以进行"补操作"——再次进行初始交易（此时的初始交易比彼时初始交易的优势更明显），为再次复原交易提供更好机会，进一步扩大回转交易的盈利率；也可采取"等待法"——既不"补操作"也不"乱操作"，而是耐心等待相关股票转机的出现。

第五节　炒股的"借鸡下蛋"获利模式

说起炒股，恐怕多数投资者都会把其中的获利模式与股价上涨联系在一起，即要想获利，得先有资金，再买入股票，等股价上涨后，再将其卖出，达到获利目的。其实，炒股除了这种传统的获利方式外，还有许多新的获利模式，"借鸡下蛋"便是其中的一种。

1. "借鸡下蛋"："另类"获利模式

工商银行（601398）是笔者长线持有的股票之一。2010 年 8 月 31 日，按照"工行配债"的相关提示，笔者参与了工行转债的申购，悉数买入 11 手（持有 21100 股股票可配数）工行转债，面值 11000 元。10 天后（实际只有 8 个交易日）——9 月 10 日，工行转债挂牌交易。见发行价只有 1000 元/手的工行转债市价已涨至 1111 元/手以上，笔者随即以 1111.4 元/手的时价，将持有的 11 手工行转债全部脱手。

8 个交易日取得 11%以上的收益，与其说是买卖工行转债带来的收获，不如说是工商银行"A 股母鸡"下的"转债鸡蛋"更为贴切。

实际上，工商银行"A 股母鸡"下给投资者的不只是"转债鸡蛋"，还有之前的"红利鸡蛋"。2010 年 5 月，工商银行实施了"每 10 股派 1.7 元（含税，税后 1.53 元）"分红方案，笔者当时持有 20200 股工商银行股票，取得了税后 3090.6 元的红利收益，捡了个不小的"红利鸡蛋"。

单是 2010 年，除了工商银行"A 股母鸡"所下的"红利鸡蛋"外，笔者还收获过中国石油、大秦铁路、大唐发电等"A 股母鸡"所下的金额分别为 2820.42 元、5805元、850.5 元，合计为 12566.52 元（包括工商银行红利）的"红利鸡蛋"。

投资者只要稍加观察便不难发现，"A 股母鸡"所能下的除了"转债鸡蛋""红利鸡

蛋"，还有"融券鸡蛋"——当某一股票涨至一定高位、出现滞涨时，投资者可先卖出持有的筹码，再利用腾出来的资金，买入短线有可能上涨的潜力股票，待该股票获利卖出后，再买入原卖出的股票。这一过程，相当于融券卖券，起到了"借鸡（原卖出的筹码）下蛋（新买入的股票所产生的收益）"的作用。

2. "借鸡下蛋"：谨防弄巧成拙

利用原持有的筹码，在原则上不增加资金的前提下，通过"借鸡下蛋"操作法获得意外的超额收获，是许多精明的投资者时常采取的投资方法。其中的操作技巧主要有：

一是反应要迅速。投资者要是能事先知道"A 股母鸡"何时"下蛋"当然最好，以便能胸有成竹、及时应对，但假如事先没有预感，未能掌握"A 股母鸡"何时"下蛋"，临时才发现"A 股母鸡"有"下蛋"迹象，一定要快速反应、当机立断。2010 年 8 月 31 日"工行配债"时，笔者于当天下午打开账户才发现"工行配债"的相关提示。幸好，在第一时间，以最快速度弄清楚了"工行配债"的利弊取舍，随即决定参与申购，并立即腾出资金（卖出大唐发电 5400 股，价 6.91 元），在收盘前完成工行转债的"优先申购"，为确保"A 股母鸡"顺利"下蛋"奠定了基础。若稍加犹豫，就极有可能错失良机、导致"鸡飞蛋打"。

二是操作要冷静。记得当时在卖出大唐发电时因时间仓促，来不及准确计算申购工行转债所需的资金。于是，只进行了初步估算。在此基础上，卖出大唐发电时适当多卖一些。腾出来的资金，既可申购工行转债（实际买入 11 手），又可将余额用来高抛低吸做差价——在大唐发电下跌时再逢低买回 4000 股（价 6.89 元，账户内原有部分资金）。这样，既确保了申购转债所需要的资金，又做了部分仓位的高抛低吸，可谓一举两得。

三是获利要果断。笔者见买入才 8 个交易日的工行转债上市第一天就已获利 11%，便果断将其卖出，获利了结，并再次买入原卖出的其余部分大唐发电（1400 股，价 6.77 元），使账户内持有的大唐发电恢复到申购前的股数（5400 股），但此时，账户里的资金却比原来多出了 1408.8 元。这其中，既包括工行转债上涨获得的收益 1225.4 元，也包括大唐发电下跌多出来的"正差"183.4 元。这就是工商银行"A 股母鸡"所下的"转债鸡蛋"和大唐发电"A 股母鸡"所下的"融券鸡蛋"。

四是心态要摆正。"借鸡下蛋"操作法所包含的原理，不仅包括"借鸡下蛋"本身，还包括"借蛋孵鸡"。只有先做好"借蛋孵鸡"工作，才能确保日后"借鸡下蛋"。因

此，投资者平时就要有这种"借蛋孵鸡"的意识，当手头有了余钱，就要逢低买入潜力品种，相当于"借蛋孵鸡"，等"小鸡"生长、发育到一定程度，变成会下蛋的"母鸡"时，即可实施"借鸡下蛋"操作。根据这一思路，无论是工商银行"A股母鸡"所下的"转债鸡蛋"，还是大唐发电"A股母鸡"所下的"融券鸡蛋"，多出来的资金再加上账户里原有的少量余资，笔者又进行了"借蛋孵鸡"操作——全部买入工商银行股票（1200 股），等待下一回"借鸡下蛋"。

第六节　巧借"T+0"打赢"闪电战"

按照股市交易的周期长短区分，极端的交易方式有两种：一是"持久战"，二是"闪电战"。前者一般指买入股票后长线持有，或卖出股票后长期空仓；后者则是指以"快进快出"的方式交易，或买入股票后快速卖出，或卖出股票后快速买入。

相对"持久战"，"闪电战"交易方式比较激进，操作难度较大。因此，对投资者的操作技法要求较高，尤其是当天就完成逆转交易的"T+0"操作方式。

1. 实例：神奇的"T+0"

所谓"T+0"，指的是一种证券交易制度，即当天买入的股票在当天就可以卖出的交易制度。现阶段，沪深交易所对股票和基金均实行"T+1"的交易方式，即当天买进的股票要到下一个交易日才能卖出，但对资金仍实行"T+0"交易方式，即当日卖出股票后回笼的资金马上就可以使用。

在现行股票和基金均实行"T+1"交易制度的背景下，投资者只要合理利用现行规则，采取适当操作方式，也能做类似"T+0"这样的交易，不必等新的交易制度出台后再来"T+0"。

先看实例：2012 年 11 月 1 日，笔者共有 4 笔操作：先卖出中国北车 6000 股（4.10 元），接着买入新疆城建 4200 股（5.35 元），再卖出新疆城建 4200 股（5.55 元），最后买回中国北车 6000 股（4.01 元）。

不难看出，上述 4 笔操作实际上是由两组"T+0"组成，分别是：先卖后买中国北车的"T+0"，以及先买后卖新疆城建的"T+0"。前者一般称逆向"T+0"（先卖后买），后者一般称顺向"T+0"（先买后卖）。

再看结果：中国北车的逆向"T+0"交易后，账户内筹码不变（不多也不少），但多出资金480元；新疆城建的顺向"T+0"交易后，筹码依然不变，但又多出资金783元。两者合计，多出资金1263元，即在股票账户保持不变的情况下，资金账户却比交易前多出了1263元。

再将上述结果与指数作一比较：11月1日，上证指数涨1.72%，中国北车涨0.50%，"T+0"操作后多出来的资金相当于又使中国北车上涨了5.28%（1263元/23940元），两者相加，合计涨幅达5.78%。这一涨幅使本来跑输指数1.22个百分点的中国北车，变成了跑赢指数4.06个百分点，这就是"T+0"交易带来的神奇结果。

操作表明，在现行交易制度下，投资者不仅可以利用规则，稍作准备便能进行"T+0"操作，而且只要方法正确、操作得法，取得正向收益的概率很大。其中的好处，一方面体现为在股市持续震荡的背景下，主体仓位保持不变的同时，通过适量的"T+0"操作，能让账户资金持续增加，投资收益稳步提高；另一方面告诉投资者，正确的"T+0"操作有利于提高交易技法，增加操作灵感，保持股市交易的激情与活力。

2. 技法：微妙的"T+0"

利用现行交易规则实施正确的"T+0"交易可谓好处多多，但"T+0"交易毕竟不同于普通操作方式，其中的操作技法就有许多微妙之处，投资者若操作不当、节奏失调，也会不赢反亏、适得其反。因此，要想取得"T+0"交易的理想效果，达到"T+0"交易的预期目的，还须拥有一定的交易技法，采取相应的操作策略。

一是精选品种，制订计划。参与"T+0"交易的对象，不仅要在投资者长期关注、非常熟悉的品种里选择，而且要在这些品种里寻找之前曾经卖出、如今股价下跌、已经调整到位的品种，作为"T+0"操作的"先买"品种，之前曾经买入、如今股价上涨、出现滞涨症状的品种，作为"先卖"对象。即使这两个"双赢"条件不能同时具备，也须确保"一盈一亏"且总体结果仍然为"盈利"。

例如，上例中拟买新疆城建（4200股，5.35元），针对的正是之前5.90元卖出这一操作，拟卖中国北车（6000股，4.01元），针对的则是之前4.11元买入这一操作。虽然前者将盈利2248元（已扣除交易费用，下同），后者将亏损660元，但总体仍盈利1588元，所以可作为"T+0"操作中"先买"及"先卖"品种。利用此法选"T+0"交易品种的好处在于，一旦交易后相关品种走势与预期相反也能确保此时的交易是"正确"的——相对之前的操作，而不至于因品种选择错误导致投资损失。

选好品种后，即可制订出具体的"T+0"交易计划。包括拟"先卖"和拟"先买"

股票的名称、价格、数量及预期收益等，并将计划写在预先准备的活页纸上备用。值得一提的是，对于顺向"T+0"（先买后卖）交易计划，账户里还须确保有足够数量的底仓，即拟"先买"多少股票、准备随后卖出多少股票，账户里的原有品种不能少于这一数量，否则将无法在当天卖出（现有交易制度限制）。

二是动态跟踪，及时微调。计划制订后，一般无须立即进行"T+0"操作，随后或日后往往还有更好的"T+0"交易机会，只要对原计划不离不弃即可。在此期间，应做的主要工作是动态跟踪、耐心等待，并仔细观察是否出现了比交易计划更好的交易机会——拟卖股票的时价是否比计划卖出价更高，拟买股票的时价是否比计划买入价更低。一旦出现"更好"的买卖点，可随即调整"T+0"交易计划。如上例中，笔者根据实时价格变化，及时调整计划：拟买新疆城建价仍为5.35元，但拟卖中国北车价则由原来的4.01元提高至4.10元。随着交易计划的调整，此时的预期收益也出现了一定的变化——多出了540元，这实际上也使"T+0"操作进一步朝着"好上加好"的方向发展。

三是"急"时委托，下单要快。一方面，无论是顺向"T+0"还是逆向"T+0"，无论是买入还是卖出，都要力求做到急涨时卖、急跌时买，且一旦看准时机，下单一定要快，否则极有可能失去机会。因为在行情持续震荡情况下，股票最终封于涨停或打至跌停的概率毕竟比较低，只有做到急涨时卖、急跌时买，且快速下单，才能为"T+0"交易争取机会。另一方面，一旦"先买""先卖"操作顺利成交，就要密切关注行情变化，及时抓住回转机会，并在确保有利可图的情况下及时完成"后卖""后买"交易。只有这样，才能确保当日"T+0"操作的顺利完成。

在尝试"T+0"交易时，还须处理好三个关系：

首先是单向与双向的关系。理想的"T+0"是双向甚至多向的"T+0"，即卖出某一股票后，不立即买回该股票，而是利用回笼资金在别的股票上，通过先买后卖作一次甚至多次"T+0"操作，取得一次甚至多次正向收益后再正差买回原卖出的股票，达到双向甚至多向"T+0"的目的。但有时也会出现只能作单向"T+0"的情况。譬如，"先买"的股票已顺利卖出，但"先卖"的股票却无法正差买入，或"先卖"的股票已成功买入，但"先买"的股票又无法获利卖出等。一旦出现这种无法进行双向"T+0"情况时，只作单向"T+0"即可，无须总是追求双向"T+0"交易。

其次是单股与双股的关系。只有"先卖后买"A股票，或"先买后卖"A股票，而没有别的操作的"T+0"称作单股"T+0"；既有A股票又有B股票的"T+0"称作双股"T+0"。相对而言，双股"T+0"操作起来比单股"T+0"难度更大。因此，有能力进行

双股"T+0"的投资者可适当采用这一方式操作，对于多数投资者来说，在进行双股"T+0"有难度的情况下，只作单股"T+0"也是正确的选择。

最后是单盈与双盈的关系。就双向"T+0"和双股"T+0"操作来说，结果有可能单盈（一盈一亏）、双盈或双亏。无论出现什么样的结果，应该都属"T+0"操作的正常现象。问题是，成功的"T+0"操作，要么是双盈，要么单盈（但正负相抵后结果仍然要求是盈利的），就是不能双亏或单亏（正负相抵后结果仍然为亏损），这一点非常关键，这也是衡量"T+0"操作最终成功与否的唯一标准。

3. 提醒：任性的"T+0"

"T+0"看似诱人，实则任性。操作得好，收益不菲，但若操作不当，也会适得其反。因此，投资者在进行"T+0"操作时不可大意甚至采取情绪化操作。一方面，不可全仓参与"T+0"操作，只能动用账户里少量筹码和资金适量参与；另一方面，不要奢望在进行"T+0"操作时总能卖得最高、买得最低，只要有利可图，结果"动比静好"即可。另外，还要做好两手准备。股市风险的不可测性决定，无论是谁，不管在什么情况下进行"T+0"操作，都不可能有百分之百的胜算。只有在做好两手准备，拥有各种应对措施下进行的"T+0"才是正确的"T+0"。

作为一种机会与风险并存的交易方式，"T+0"操作法既具有诱人的机会，又存在一定的风险。普通投资者只要掌握了"T+0"交易的特点和技法，对于打赢"闪电战"也就有了坚实的基础。笔者的"T+0"交易实盘详见表10-3。

表10-3 2012年11月1日"T+0"交易实盘操作清单

交易序号	交易方向	交易品种	成交价格（元）	成交数量（股）
1	卖出	中国北车	4.10	6000
2	买入	新疆城建	5.35	4200
3	卖出	新疆城建	5.55	4200
4	买入	中国北车	4.01	6000

注：交易前账户余资9399元，交易后账户余资10662元。交易后与交易前相比，筹码不变，账户资金多出1263元。

第七节 过好四道"坎"，欲速也能达

炒股要有耐心，欲速则不达，这是许多老股民用真金白银"换"来的炒股经。的确，许多牛股在启动之前大多经历过反复折腾的"阵痛期"，拉升阶段持续时间一般也比较长，少的一年半载，长的三年五年才完成主升浪，实现翻倍、翻几倍的运作目标。对这样的牛股，最好的策略是买入后一路持有，适宜操作的对象是长线股民。

然而，对于喜欢快进快出、擅长激进投资的"短线客"来说，长线持仓这种不温不火的操作方法显得不够刺激，也不过瘾。对于这类群体，有一种操作方法比较适合，这就是"超短线"操作法。2019 年，笔者在大秦铁路上就"超短"了一回：4 月 1 日下午开市后，8.90 元买入 10700 股，第二天早上以 9.66 元的价格进行场外卖出委托，下午一开市便在大秦铁路冲高过程中顺利成交。

持仓时间才一天，大盘涨幅不到 1%，而短线获利却达到了 8% 以上。大秦铁路"超短线"投资的成功，从表面上看"一进一出"十分简单，还带有几分偶然的成分在里头，但操作所跨越的四道"坎"儿还是让笔者留下了深刻的记忆，给人以许多启迪：

第一道"坎"——捕捉目标。2009 年 2 月初，大盘从低点反弹以来已有不小涨幅，账户里的部分资金处于踏空状态，想择机进场，但选什么样的品种，是买涨幅已大的强势股去图快速获利，还是买涨幅偏小的弱势股以求安全第一，当时笔者选了后者。于是，在自己平时关注的品种中，专门挑了质地不错、涨幅落后的 13 只股票（包括大秦铁路），把它们收入自己的"自选股"里，作为密切关注的"预备队员"。

第二道"坎"——伺机待买。目标进入视线后，无须急于建仓，日后还会有更好的时机供自己买入。记得刚入选目标股那天，上证指数 2181 点，从低点 1664 起涨以来涨幅已达 31%，而大秦铁路 9.39 元，即使以 2008 年 12 月 29 日创下的调整新低 7.53 元计，涨幅也只有 25%，在两市属于少有的稀缺品种之一。尽管当时很想买入，但最终还是决定防守等待，寻找更加合适的买入时间。在伺机待买阶段，对入选的 13 只股票，"优胜劣汰"的标准只有一条，这就是"谁跌多买谁"。

第三道"坎"——果断出击。两个月后，上证指数从 2181 点不知不觉涨到了 2400 点以上，而大秦铁路却"反其道而行之"，从 9.39 元跌到了 9 元下方，4 月 1 日前市收在 8.94 元，成了这些预备队员里"表现"最差的一员，当然也成了伺机买入的首选目

标，于是决定买入。下午开市后，大秦铁路稍作上冲便又开始下杀，便以前市最低价 8.89 元加一分 8.90 元的价格将余下的资金挂单全仓买入 10700 股。有趣的是，收盘后发现，买入价竟比全日最低价高了 1 分。

第四道"坎"——及时收兵。买入后不久，随着大盘的反弹，压抑已久的大秦铁路终于发威，至收盘时，股价离买入价已有 5 个点以上的涨幅。既然是短线操作就决定快进快出，4 月 2 日早上，由于没时间看盘，按照既定的目标，在大概 3% 涨幅的价位（9.66 元）上，作了场外集合竞价卖出委托，在下午开市后顺利成交。同样有意思的是，卖出价竟比全日最高价只低了 3 分。

"一进一出"大秦铁路是近年来较为成功的一次"超短线"操作，既有偶然的成分——大盘的配合和个股的下杀与上冲，特别是买、卖成交价分别在当天的最低价和最高价附近，偶然的因素更大些，但也有必然的因素——大秦铁路超跌后的补涨。虽然何时启动、幅度多大，当时自己也无从知晓，但作为一次成功的"超短线"，在经历了这难忘的四道坎之后，获得的来之不易的短线收益和其中的投资感悟，倒让人实实在在地体味了一番什么叫"欲速也能达"。

第八节　妙用"高频交易"应对"磨底行情"

"不操作"往往就是最好的操作，这是许多老股民在股市摸爬滚打多年后得出的结论。在牛市，满仓持股"不操作"取得的收益往往大于频繁交易；在熊市，持币观望"不操作"同样要胜于追涨杀跌。

相对"不操作"交易方式，"高频交易"只要心态稳定、方法正确，更能取得胜于"不操作"的投资收益，尤其是在大盘和个股处于涨少跌多、反复调整，投资者操作越发艰难的"磨底阶段"。

1. "磨底阶段"有何"秘密武器"

每当股市进入熊市末期的"磨底阶段"，投资者就会感到操作难度很大。就操作方法而言，大致有三种：一是盲目操作、追涨杀跌。不仅持有的筹码随大盘展开调整，而且由于操作不当，账户总值的缩水程度远超大盘和个股跌幅。二是持股不动、"靠天吃饭"。这种方法虽比盲目操作、追涨杀跌要好，但在大盘和个股调整中免不了出现市

值同步缩水的情况，同样难以取得好的收益。三是在保持主仓位及总市值与大盘和个股涨跌同步起落的同时，通过连续的正差交易，反复的高抛低吸，让资金持续地增加，这就是"磨底阶段"炒股的"秘密武器"——"高频交易法"。

"磨底阶段"的"高频交易法"不仅在理论上行之有效，而且在实践中切实可行。

先来看操作。随着大盘持续调整，笔者依然保持着"高频交易"节奏。以操作东方航空为例，2012 年 6 月 20 日收盘时，笔者持有东方航空 4200 股，收盘价 4.07 元，市值 17094 元，当天上证指数收于 2292.88 点。至 8 月 17 日收盘，近两个月时间（主要交易集中在后两周），利用东方航空与中科英华之间的"高频交易"，买、卖操作了 12 次，最终在东航股价下跌、所持筹码不变的情况下，取得了 932 元的额外收益，对应期初市值涨 5.45%，大幅跑赢指数 13.22 个百分点（同期指数跌 7.76%），不仅回避了大盘的系统性风险，而且抵消了个股本身下跌造成的市值损失（详见表 10-4）。

表 10-4 2012 年 6 月 20 日~8 月 17 日部分股票"高频交易"及资金增减情况

交易日期	交易清单	股票余额	资金增减
交易前	上证指数（6 月 20 日）2292.88 点	东航 4200 股	0 元
6 月 21 日	4.11 元卖东方航空 4200 股	东航 4200 股	336 元
	4.04 元买中科英华 4200 股		
8 月 7 日	3.93 元卖中科英华 4200 股		
	3.90 元买东方航空 4200 股		
8 月 9 日	3.92 元卖东方航空 4200 股	东航 4200 股	213 元
	3.86 元买中科英华 4200 股		
8 月 15 日	3.83 元卖中科英华 4200 股		
	3.82 元买东方航空 4200 股		
8 月 16 日	3.83 元卖东方航空 4200 股	东航 4200 股	383 元
	3.76 元买中科英华 4200 股		
8 月 17 日	3.74 元卖中科英华 4200 股		
	3.70 元买东方航空 4200 股		
交易后	上证指数（8 月 17 日）2114.89 点	东航 4200 股	932 元

注：上证指数区间-7.76%，东航股价区间-9.09%，账户资金区间 5.45%，较好地抵消了个股下跌带来的投资风险。

再来看结果。乍一看，两个月时间里的多次操作只取得 932 元收益似乎有些微不足道，但由于这是在大盘和个股大幅调整时取得的逆市收益，加之整个账户里有许多这样的"小操作"，汇聚之后就成了"大收益"。为说明问题，笔者专门对 8 月 6~17 日

的"高频交易"情况和年初以来的市值涨跌做了比对，结果发现：当大盘小涨时，"高频交易"后的账户总值时常"多涨"，如 8 月 6~10 日，上证指数周涨幅只有 1.69%，但"高频交易"后的账户总值大涨 5.30%，跑赢指数 3.61 个百分点。

大盘大跌时，"高频交易"后的账户总值又能"少跌"，如 8 月 13~17 日，上证指数周跌幅 2.49%，"高频交易"后的市值下跌 3.21%，跑输指数 0.72 个百分点，远少于大盘上涨时市值跑赢指数的百分点。两周（8 月 6~17 日）综合之后，上证指数共跌 0.84%，市值却逆市上涨 1.93%，跑赢指数 2.77 个百分点。

"高频交易"最大的好处在于，交易后整个账户的市值始终保持着曲线螺旋式上升的趋势。仍以笔者为例，2012 年 1 月 1 日~8 月 17 日，上证指数下跌 3.84%，"高频交易"后账户总值逆市上涨 7.14%，跑赢指数 10.98 个百分点（详见表 10-5）。这一结果表明，正确的"高频交易"好处多多，不仅能避免追涨杀跌导致的市值损失，改变一味死守、"靠天吃饭"的被动局面，而且能在"磨底市"里取得超越大盘和个股的良好收益，牢牢把握股市投资的主动权。

表 10-5　2012 年 8 月 6~17 日及 2012 年 1 月 1 日~8 月 17 日上证指数和账户市值变动

区分	上证指数涨跌（%）	账户市值变化	
		涨跌（%）	与指数比（百分点）
8 月 6~10 日	1.69	5.30	3.61
8 月 13~17 日	−2.49	−3.21	−0.72
8 月 6~17 日	−0.84	1.93	2.77
1 月 1 日~8 月 17 日	−3.84	7.14	10.98

2. "流金淌银"需要"合理搭配"

在大盘跌个不休、交易机会缺乏的"磨底阶段"，通过正确的"高频交易"达到稳定获利的目的无疑已成为操作的秘诀之一。但要取得预期结果，既让固定筹码"流金淌银"，又让交易操作流畅有序，需要有良好的心态和扎实的功底，同时也离不开"高频交易"的重要前提——"搭配"工作的精致、到位。

一是仓位和余资的搭配要科学，即账户里股票和资金的各自占比要适中。一般情况下，衡量股票和资金的各自占比是否适中只要用"三档法"检测一下即可，第一档："5：5"，即股票和资金各占 50%，在大盘和个股处于相对居中位置时采用；第二档："4：6"或"6：4"，即股票和资金分别占 40% 和 60%，或 60% 和 40%，在大盘和个股处于略偏中位时采用，位置稍高时用前者比例搭配，稍低时用后者比例搭配；第三档：

"3：7"或"7：3"，即股票和资金分别占30%和70%，或70%和30%，在大盘和个股鉴于中位和极端位之间时采用，位置较高时用前者比例搭配，较低时用后者比例搭配。极端式的搭配方法如"2：8"或"8：2"、"1：9"或"9：1"、空仓或满仓等应慎用。"磨底阶段"一般用"7：3"或"6：4"搭配法较为适宜，仓位一般不低于5成。这样，既可防止踏空，又可为"高频交易"提供充足的筹码供应和资金保障。

二是不同股票的搭配要合理。仓位比例确定后，还要做好仓位内部不同品种之间的搭配工作。这是因为，若品种过于集中（只有一两只股票），虽然可通过同一品种内部不同批次间的搭配降低风险，但当个股走势趋于极端时，操作起来就会十分被动——或深套或踏空；若品种过于分散（拥有十几甚至几十只股票），虽然能最高程度地分散风险，但却不利于集中有限资金实现投资收益最大化，且操作起来会比较费劲甚至感到手忙脚乱、不知所措。正确的品种搭配方法在于把握好其中的"度"：资金量中等（50万元左右）的投资者一般以持有5只股票为宜，每只股票占仓位量的20%；资金量较大（100万元以上）的投资者可适当增加股票只数，但不多于10只；资金量较小（10万元以下）的投资者则应减少股票只数，但不少于3只。如某投资者投入股市的资金总量为100万元，确定"磨底阶段"的持仓比例为70%（70万元），品种的数量就可确定在5只左右，每只持仓约14万元。

三是不同批次的搭配要适度。即使确定好了单一品种的持仓量，也不宜采取一次性建仓法，而是要有若干个批次共同组成。单一品种持仓量中等（15万元左右）的投资者一般可分为5个批次建仓，每批次市值在3万元左右。这样，在进行"高频交易"时既增加了品种选择机会，又增加了批次选择可能；单一品种持仓量较大（30万元以上）的投资者可适当增加批次数量，但不宜超过10批；单一品种持仓量较小（10万元以下）的投资者则应减少批次数量，但不宜少于3批。

只有从以上三方面入手，做好了仓位和余资、不同股票间及不同批次间的搭配工作，"磨底阶段"的"高频交易"才会有正确的前提和良好的基础。

3. "高频交易"如何"道高一丈"

"搭配"是进行"高频交易"的重要前提但不能代替"高频交易"本身，通常情况下，"高频交易"的获利模式靠的是指数和个股的上涨，以及操作时的高抛低吸，所以品种、时机和数量的确定显得非常关键，但在"磨底阶段"，在指数和个股跌易涨难的情况下，除了需要熟练掌握并运用常规的获利模式外，还要善于利用特殊的获利模式去争取"高频交易"收益的最大化。"高频交易"的特殊获利模式主要有三种：

一是指数下跌时的获利模式。就"高频交易"结果而言，一般情况下只要搭配合理，指数上涨时市值也能随之上涨，买入的股票就能获利。但在"磨底阶段"，要是操作得法，在指数下跌时市值也能逆市上涨，买入的股票依然能够获利，这就是指数下跌时的获利模式。具体方法是：通过"高频交易"，当指数上涨时，让市值多涨点儿（除了股价的同步上涨外，再多出资金），如上例"第一周"，上证指数只涨 1.69%，但"高频交易"后的市值大涨 5.30%，跑赢指数 3.61 个百分点；当指数下跌时，让市值少跌点儿（除了股价的同步下跌，让多出来的资金充抵损失），如上例"第二周"，上证指数周跌幅 2.49%，"高频交易"后的市值下跌 3.21%，跑输指数 0.72 个百分点，远少于大盘上涨时市值跑赢指数的百分点。最终结果：两周时间指数下跌但市值上涨。

二是个股下跌时的获利模式。通常而言，在个股下跌、持仓不变的情况下，市值也会随之缩水。但同样在个股下跌、持仓不变的情况下，通过正确的"高频交易"就能让资金多出来，达到抵消损失、由亏转盈的目的。如上例东方航空操作前持有 4200 股，"高频交易"后依然持有 4200 股，虽然东航股价由原来的 4.07 元跌至后来的 3.70 元，跌幅达 9.09%，但却多出资金 932 元。这说明，通过"高频交易"，即使股价下跌也照样能够获利。

三是"追涨杀跌"时的获利模式。"追涨杀跌"无疑是操作的大忌，但在"高频交易"中，"追涨杀跌"却成了独特的获利模式。如上例操作中，东方航空的 6 次交易全部都是高抛低吸，中科英华的 6 次交易一半是"追涨杀跌"，即高买低卖。但即使是这样的"追涨杀跌"，与东方航空结合起来操作结果仍获得了正向收益，因此仍是正确的操作。值得一提的是，"高频交易"中的"追涨杀跌"是局部的"追涨杀跌"，其损失程度明显小于另一品种高抛低吸带来的收益，正负相抵后仍然盈利。所以，在整体上确保获利的同时，适当进行一些局部层面的"追涨杀跌"也是正确的选择。

第九节　让固定筹码"流金淌银"

在一轮大的牛市里，"不操作"往往就是"最好的操作"。因此，不少投资者都在自己的账户里"设置"了一些"固定"筹码，采取持股不动、紧握不放的策略，程度不同地分享到了牛市的盛宴，有的还成了牛市里最大的赢家。

然而，"固定"筹码的"任务"，不应该局限于提升筹码本身的市值，还应该包括

增加账户里的资金。换言之，"固定"筹码也能"流金淌银"，而非"等闲之辈"。

一方面，通过"逃顶"和"抄底"，让"固定"筹码"流金淌银"，即当大盘和个股涨到一定高位时，将"固定"筹码清空。待跌到一定低位时，再将这部分筹码接回来。在确保持仓品种和数量不变的同时，尽可能多地增加账户里的资金，达到"流金淌银"的目的。

另一方面，利用"固定"筹码进行"换股操作"，即在一定高位，将"固定"筹码抛出，然后换入其他股票，获利变现后，再在一定低位将等量的"固定"筹码买回来，使账户里的股票不变，资金增加，达到"流金淌银"的目的。

那么，投资者在"换股操作"时需注意哪些问题呢？简言之，要突出"三个重点"、掌握"三种方法"、把握"三个关键"。

1. 突出"三个重点"

一是"换股对象"。包括卖出品种的选择和买入品种的选择。卖出的品种，要尽量选择在同一时段内"固定"筹码中涨幅较大或跌幅较小者。买入时刚好相反，要尽量选择涨幅小、跌幅大的股票。"换股对象"确定后，即可用卖出的品种去换买入的品种。

二是"换股方式"。当投资者决定"换股"时，可视现有筹码与资金的比例，确定"换股方式"，如账户内既有资金又有股票，且足够买入或卖出股票时，可选择"先买后卖"或"先卖后买"。一般情况下，当拟卖的股票价格较高且瞬间急涨时，可"先卖后买"，当拟买的股票价格较低且出现急跌时，则"先买后卖"，这样可有效地防止最佳卖（买）点的错失。如账户内只有资金没有股票，只能"先买后卖"。若账户内只有股票没有资金，只能"先卖后买"。

三是"换股数量"。由于"换股"的目的，是使"固定"筹码"流金淌银"，希望多出资金而非多出筹码，所以原则上要采取"原数接回法"，即当初卖出多少，现在接回多少，筹码不变，让资金多出来。只有当胜算较大、建仓机会"不可多得"时，才可用"全额接回"法，即手头的资金全部买入股票，资金不变，让股票多起来。

2. 掌握"三种方法"

一是"换后换回"。用"固定"筹码进行"换股操作"的前提是筹码"固定"不变。所以，"换股"时，最要紧的是要确保筹码能顺利"回家"。只要有"正差"，只要能"回家"，就要让它们在完成各自的"使命"后及时回到自己的"住所"。需要防止的是，因为"贪心"太重，造成筹码丢失，或因为错失时机，只能以高价"反差"接

回，这是"换股操作"的大忌。

二是"换上加换"。当"换股"后"被换"股票的走势与自己的预期相反，出现了更好的"换点"时，不要动摇当初"换股"的正确性，若有必要和可能，还要"换上加换"，即以更高的价格卖出原先卖出过的股票，以更低的价格买入原先买入过的股票。笔者 2009 年 9 月 14 日用同方股份（15.94 元）换中海集运（5.16 元）后，16 日见更好的"换点"出现，又用同方（16.20 元）换了中海（5.02 元）。第二次"换股"与第一次相比，在"被换"股票数量不变的情况下，"换股"后账户里的资金又多出了许多。

三是"换中有换"。无论是初次"换股"，还是"换上加换"，投资者有时会发现，被换方（买入的股票）尽管与主换方（卖出的投票）相比，具有一定的"优势"，但与第三方（其他股票）相比，"优势"又不太明显。此时，可以拿被换方与第三方进行"换中有换"的操作。2009 年 9 月 16 日，笔者对 7 月 24 日"逃顶"股票的最新涨跌幅进行了重新"排序"，结果发现，中国南车跌幅第一，下跌 14.31%，而中海集运逆市上涨 3.61%，故从买入的角度考虑，南车明显优于中海，所以在用同方（16.20 元）换了中海（5.02 元）的基础上，再次考虑用中海（5.02 元）去换南车（4.66 元），以便通过"换中有换"让账户里的资金"多上加多"。

3. 把握"三个关键"

一是要有可比性。在衡量所换股票的比价"优势"时，务必要有可比性。既要纵向比——单就某只股票而言，要确保"高抛低吸"，日后能低价接回，而不是相反；又要横向比——在相同时段内不同股票的价格优势。譬如，笔者 2009 年 8 月 26 日同时买入了大秦铁路（10.54 元）和工商银行（4.76 元），至 9 月 11 日，两者出现了完全相反的走势，于是就用获利的工行（5.06 元）去"换"被"套"的大秦（10.08 元）。此时"换股"与 8 月 26 日相比，又"流淌"出了不少"金银"。

二是要有必要性。"换股"操作，除了要有比价上的"优势"外，还要有换股的"必要"，而不是简单地看谁"更便宜"。还是以工行"换"大秦为例。9 月 11 日，在观察行情时，笔者发现，开盘"表现良好"的大秦，在随后的交易中，大盘涨了近 2%，而大秦却从 10.23 元跌至 10.08 元。如果大秦是前期涨幅较大的品种，或是基本面出现了不利于股价上涨的情形，因而有其下跌的"必然性"和"合理性"，当然不能盲目"换入"，但问题是，这些"情形"都没有出现，所以笔者当时认为，这种下跌不是"怕的理由"，而是"买的机会"，所以选择了"换股"。

三是要有实效性。"可比性"有了，"必要性"也有了，还要有实际效果。"换股操作"时，投资者不要把自己逼上"绝路"，要有退路，给自己留有余地。譬如，在条件许可的情况下，能否给自己多留些"空间"——卖股时留些股票，买股时留些资金，做到"卖后还能卖，买后还能买"，因为衡量"换股"对错，效果好坏，是否有效的唯一标准，在于是否达到了"流金淌银"的目的。

不少投资者认为，"换股"是一种极其简单的操作，无非是用此股换彼股，再用彼股换此股，"一卖一买"即可。其实不然。对于许多股民来说，炒股最难的恰恰是"换股"。许多操作——"一卖就涨""一买就跌"，正是"换股"之难的真实写照。但投资者只要掌握了正确的"换股"方法，操作起来便会熟能生巧，在确保筹码不丢又能增值的同时，让"固定"筹码更好地为你"流金淌银"。

第十节　"波段操作"的三大纪律八项注意

无论在牛市还是熊市，操作的是牛股还是熊股，如果一味采取持股不动策略，结果虽比追涨杀跌要好，但收益也会大打折扣，结果往往不尽如人意。若能在长线持股的同时，进行适度的"波段操作"，通过及时有效的进出达到高抛低吸、跑赢指数的目的，结果就会明显好于前者。

这里有一个操作实例或许能说明"波段操作"的重要性。截至2012年4月20日，笔者2012年初以来股市投资的浮动盈利为17.79%，跑赢指数8.36个百分点（同期上证指数涨9.43%）；四周之后——截至5月18日，上证指数2012年初以来的涨幅降到了6.60%，缩水了2.83个百分点，但笔者的浮动盈利却逆市涨到18.21%，反而上升了0.42个百分点，"一降一升"两者差3.25个百分点。

之所以能在前三个多月指数小涨的情况下让市值多涨点，在随后四周指数大跌的情况下让市值不跌反涨，既有效回避了大盘和个股下跌带来的系统性风险，又达到了总值稳中有升的目的，一定程度上正是得益于正确的"波段操作"。为揭示其中的交易奥秘，笔者对"波段操作"的方法和技巧作了梳理，归结为"三大纪律八项注意"，现介绍如下：

1. 三大纪律

第一，务必要用余钱投资。能否取得好的"波段操作"效果往往与资金来源和投资心态密不可分。股市受政治、经济以及参与主体心理、预期等综合因素影响，始终充满着极大的变数和不确定性。如果不是用余钱投资，操作起来压力就会很大，并时常出现实际操作与事先计划、原本预期不一致的情况。反之，如果投入的是余钱，没有使用时间和盈利比例压力，操作起来就会非常轻松，进而有助于操作的成功，所进行的"波段操作"和最终结果一般情况下都能与事先计划和心中预期保持一致。

提示：即使投入的是余钱，也要在"波段操作"中处理好存量资金（已经投入股市的资金）和增量资金（准备投入股市的资金）的关系。原则上，"波段操作"使用的余钱，只能限于存量资金；增量资金不适合一般意义上的"波段操作"，只适合越跌越买交易，即只有当指数或个股跌破某一位置（可事先设定）时，才可动用增量资金开仓买股。

第二，务必要用闲心操作。一方面，尽量不要以股为业；另一方面，即使专职炒股，也无须过于专注。在多数情况下，有没有时间盯盘以及盯盘的专注程度与"波段操作"的最终结果往往没有必然的联系。在处理好方方面面关系的同时，利用闲心操作，反而有助于"波段操作"的成功，带来意想不到的收益。

提示：闲心操作不等于随心所欲。"波段操作"前一定要有计划，计划制订后一定要严格执行，计划执行后一定要认真总结。以上三点是闲心操作必不可少的组成部分，也是成功进行"波段操作"的要素之一。

第三，务必要有两手准备。多数投资者在操作中大多遇到过这样的情形：事先并不看好、没有及时买入的股票经常出现大涨，而对其充满信心并重仓买入持有的股票却不涨反跌。这说明，个股的涨跌不会以投资者的意志为转移。因此，在"波段操作"中，做好两手准备显得尤为重要。

提示："两手准备"既体现在对操作后股价的运行方向上——上涨还是下跌，也包括股市投资的最终结果——盈利还是亏损。对于前者，重点应做好涨跌准备，一般情况下可事先做好涨时卖出、跌时补仓的策略准备；对于后者，重点应做好盈亏准备，重点体现在心理层面上——若能盈利就当是劳动所得，万一亏了则可视作交了学费。

2. 八项注意

以上"三大纪律"实际上是在"波段操作"前须做好的三项准备工作。在此基础

上，即可进行"波段操作"，应注意的问题包括八个方面：

一要学会逃顶抄底。"波段操作"最难的是逃顶和抄底。其中，成功逃顶的关键是要善于在多数人贪婪、不愿卖股的时候卖出股票；成功抄底的关键则是要敢于在多数人恐惧、不敢买股的时候买入股票。要达到这样的操作水平，重在排除一切干扰，学会独立分析。譬如，2012年3月初，大盘接近2500点位置时，一直重仓的笔者思忖最多的就是准备减仓，把仓位降下来，并在实际操作中付诸实施。如果总是习惯于听信他人意见，没有自己的主见，就很难成为成功的逃顶、抄底者。反之，才有可能成功逃顶、抄上大底。

二要学会控制仓位。"波段操作"的核心在于对仓位的成功驾驭，做到顶部轻仓、底部重仓。一方面，要在平时养成控制仓位的习惯，尽量不要采取满仓或空仓这种极端式的持仓方式；另一方面，在大盘和个股处于不同点位时，应及时调整持股比例，做到越涨仓位越轻、越跌仓位越重。另外，还要正确理解控制仓位的要义，务必做到在大盘和个股大涨后控制仓位，目的是回避可能出现的下跌风险，便于在下跌后及时低吸、增加仓位，而不是在大跌后才想到控制仓位。

三要学会精选股票。能否取得"波段操作"的成功与品种选择正确与否有很大关联。应该说，几乎所有挂牌交易的股票都没有绝对的好坏之分，不同品种之间唯一的区别在于，在不同时期、不同阶段各自表现有所不同罢了，有的此时涨、彼时跌，有的此时跌、彼时涨。交易品种的这一特点决定了"波段操作"的成功之道在于针对不同股票的性格特点采取不同的交易策略——大涨后将其卖出，低迷时及时买回。尤其是要做到：多买熟悉股，做到不熟不买；多买低估股，做到不低不买；多买超跌股，做到不跌不买。

四要学会分散搭配。"波段操作"看似简单实则不易，因此，不能以赌一把的心态满仓一只股票参与"波段操作"，而是应尽量做到分散搭配、组合投资，包括不同板块、不同品种之间的组合搭配。即使是同一品种，也要尽量区分不同批次，进行分批交易。资金量不大的中小散户一般可采取"三三制"方式进行搭配交易：选择三只股票各买入1/3；每只股票再分三个批次分三次建仓，每次买卖其中的一个批次，做到越跌越买、越涨越卖即可。

五要学会把握时机。一方面，要及时抓住个股盘中急涨时出现的高抛机会，快速卖出待卖股票，再在随后的回调中逢低买回；另一方面，要果断利用个股盘中急跌时出现的低吸机会，迅速买入待买股票，再在随后的反弹中逢高卖出。需注意的问题有两个：一是不要买入补跌的股票，包括之前大跌时赶上停牌、复牌后补跌的股票，其

他股票跳水时表现强势、逆市上涨之后出现补跌的股票，以及在前期较长时间里涨幅巨大、后因获利回吐出现补跌的股票等；二是不要卖出补涨的股票。

六要学会交易技法。"波段操作"的委托方式主要有两种：一是在设好心理价位的基础上提前委托。主要依据 K 线图形，事先进行分析研究，确定买卖价格，提前委托下单。只要在设定价位时不是太贪，委托后成交的可能性较大。二是根据盘面走势进行即时委托。当确定进行交易时，只要在委托买入时委价比时价高一两个价位，卖出时委价比时价低一两个价位，实际成交的概率同样较高。另外，还须保持足够耐心，无论是低买还是高卖，都要在委托过程中学会等待，千万不可操之过急。

七要学会适度交易。一般情况下，几乎每天都会出现适合进行"波段操作"的交易性机会，尽管不同品种之间波动幅度会有区别。因此，在"波段操作"中把握分寸、保持适度十分重要。一方面，要在交易前做好布局准备，买入或卖出股票的名称、分几个批次、每批买卖多少数量等，都要在交易前布局妥当；另一方面，在完成布局准备工作的基础上，还要学会发现并抓住机会，当出现较多交易性机会（交易后即可获利）时可多交易，当暂时缺乏交易性机会（只要交易就出现亏损）时就暂停交易，确保随着交易频率的加快收益也能随之增加。

八要学会稳定获利。多回转、少换股是增加"波段操作"胜算的一大利器。通过回转交易，最终若能达到筹码不变但资金增加，或资金不变但筹码增加的目的，都属于正确的回转交易。在没有较大把握性的前提下，尽量不用或少用换股方法进行操作。值得一提的是，不要以为当卖出的股票接不回来时，只要换股即可接回。实际上，这是"波段操作"的一大误区。因为，当卖出的筹码接不回来时如果强行接回就会出现反差、导致得不偿失，但换买其他股票后，既有可能上涨，也有可能跌得更多。所以，正确的"波段操作"是回转交易（买入原卖出的股票），而不是喜新厌旧、盲目换股。

第十一节　炒股不能功利短视

功利短视，不仅在日常生活中要不得，同时也是股市投资的大忌。

在股市投资，筹了资金、费了心思、花了工夫，目的只有一个，那就是获利。如能在短时间里，获取利润的最大化，当然更好。然而，有句古话，叫作欲速则不达。炒股也一样，不能功利短视，因为"心急吃不了热粥"。期望"短线赚快钱"往往落

空，"有颗平常心"却常常带来惊喜。力争做一名淡泊功利、目光远大的投资者，应该是市场参加者共同追求的目标和境界。下面就以笔者投资中国联通和林海股份为例，谈谈怎样才能做到不功利短视。

一是要耐得住寂寞。炒股的人都希望自己能够骑上"黑马"，最好是匹大"黑马"，越"黑"越好。事实证明，绝大多数投资人也骑过这样的"黑马"，只不过品种、数量不一、"黑"的程度不同而已。但骑上"黑马"后，真正能够骑到底的却不多，多数人在"黑马"尚未启动，或刚刚开始奔跑的时候，就早早地被赶了下来，最终与"黑"无缘。究其原因，主要是耐不住寂寞，无法忍受"黑马"启动前的震荡、调整，甚至大幅洗盘。殊不知，这是多数"黑马"在奔跑前必须经历的"阵痛期"。记得在2007年"5·30"前后，笔者以5.62元的价格买入中国联通8700股。买入后，许多牛股一飞冲天，但中国联通就是不涨，始终在一个小的区间内窄幅波动。两个月后的7月25日，当时上证综指4320多点，想将持有的联通以6.27元的价格获利卖出，三个月后，又想以50.62元的价格换入中国铝业。当时，也是犹豫再三，心里没底。但最后，还是理智战胜了冲动，没有轻举妄动，因而也就没有被联通这匹大"黑马"赶下来。

二是要顶得住诱惑。一些投资者之所以会被潜在的"黑马"赶下来，还有一个重要的原因，就是经不起"黑马"狂奔的诱惑。在"沪深两市"1000多家上市公司里，时常会有涨停的品种出现在涨幅榜上，有的甚至接连几个涨停，强烈地刺激着股民的眼球。与此同时，自己手里拿的股票却老是作"原地踏步"，甚至逆市下跌。每当此时，一些投资者往往经不起诱惑，很容易情绪失控，抛掉日后的大"黑马"，追入当时的"强势股"，结果做反。还是以中国联通和林海股份为例。当时，除了中国铝业，还有两种方案可供自己选择，其一，"弃弱择强"，卖出当时的"弱势股"中国联通（时价6.27元），去换入笔者自己长期跟踪、非常看好、当时还逆市大涨的"强势股"林海股份（时价8.86元）。按照时价，除去交易成本，8700股中国联通当时可换6095股林海股份。其二，"守弱弃强"，顶住诱惑，继续持有中国联通，对林海股份继续观察。后来，还是采取了防守策略，以静制动，选择了"不操作"，终于顶住了林海的诱惑，否则，"后果"不堪设想。

三是要经得起考验。在耐得住寂寞、顶得住诱惑的同时，还要经得起考验。这种考验，来自大盘、个股、心理、政策等多方面的压力。比如，大盘涨、你不涨，别人赚、你没赚，涨了踏空、跌了套牢，等等。每当碰到这样的压力时，尤其要提醒自己，要沉住气，不为所动，耐得住寂寞，经得起考验。鉴于这样的考虑，笔者所持有的中国联通，既没有去换中国铝业，也没有去调林海股份，而是选择了坚守，选择了持有。

在随后的 9 个月时间里，风光一时的中国铝业疾速下挫，牛气冲天的林海股份也大幅下跌，而默默无闻的中国联通却大放光彩，逆市大涨，成了两市少有的明星股票之一。2007 年 4 月 17 日，见中国联通和林海股份都已到达自己理想的卖、买价位，终于如愿地进行了换股操作，先以 8.26 元的价格将 8700 股中国联通全部卖出，再以 5.70 元的价格换入林海股份 12481 股（实际买入 12500 股）。

用同样数量的中国联通去换林海股份，选择不同的时机操作，竟有如此大的差异：9 个月前只能换 6095 股，9 个月后就能换 12481 股，增加了 6386 股，增幅达到 105%，翻了一倍还多。奥秘何在？表面看是因为换股的时机不同，实际则反映了投资理念和心态上的差异，即不追涨，不杀跌，始终提醒自己做一名淡泊功利、目光远大的投资者，以此为股市投资的"座右铭"，在漠视功利短视的同时，尽可能地达到投资收获的最大化。

第十一章 基本操作技法：怎样炒股更给力

第一节 "高卖低买"：简易而不简单

投资者都知道"高卖低买"这一炒股法则，即通过低价买入、高价卖出，达到获利目的。然而，这种看似简易的操作不仅新股民常为之纠结，而且入市多年的老股民也时常觉得并不好做。

1. 神奇的"高卖低买"

2012 年元旦至 1 月 13 日，股市进行了两周、8 天的交易。在此期间，上证指数由 2199.42 点涨至 2244.58 点，涨幅 2.05%；笔者 A 账户总值由 550501 元升至 584379 元，涨幅 6.15%，跑赢指数 4.10 个百分点。这其中，除了由于满仓持股，使账户市值在指数上涨中"水涨船高"外，还与"高卖低买"操作密不可分。

以下是笔者 1 月 4~13 日的全部交易清单（详见表 11-1）。1 月 4 日：卖出大唐发电 2000 股（5.32 元），买入中铁二局 3100 股（4.86 元），买入中科英华 4200 股（3.85元）；1 月 6 日：卖出东方航空 4000 股（3.64 元），买入中科英华 4000 股（3.63 元）；1 月 11 日：卖出中铁二局 3100 股（5.22 元），买入大唐发电 2000 股（5.26 元），卖出新疆城建 4200 股（6.05 元），买入新疆城建 4200 股（5.83 元）；1 月 12 日：卖出新疆城建 4200 股（5.85 元），买入新疆城建 4200 股（5.75 元）。

在上述操作中，除 1 月 4 日买入的 4200 股中科英华，1 月 6 日卖出的 4000 股东方航空，以及买入的 4000 股中科英华未回转交易外，其余操作都进行了反向交易，结果都符合"高卖低买"要求，最终在筹码不变情况下多出资金 2390 元，虽然这一收益与账户总值相比显得微不足道，但也为跑赢指数做出了实际"贡献"。

表 11–1　2012 年 1 月 4~13 日交易清单

日期	方向	名称	价格（元）	数量（股）	收益（元）
1 月 4 日	卖出	大唐发电	5.32	2000	—
	买入	中铁二局	4.86	3100	
	买入	中科英华	3.85	4200	未卖出
1 月 6 日	卖出	东方航空	3.64	4000	未回转
	买入	中科英华	3.63	4000	
1 月 11 日	卖出	中铁二局	5.22	3100	1171
	买入	大唐发电	5.26	2000	
	卖出	新疆城建	6.05	4200	860
	买入	新疆城建	5.83	4200	
1 月 12 日	卖出	新疆城建	5.85	4200	359
	买入	新疆城建	5.75	4200	
合计					2390

注：表内收益项已扣除买卖双向交易费用（按 0.25% 计算）。

2. 看似简易的交易

在确保市值水涨船高的同时，让资金账户多出 2390 元余额，这一操作对于短线高手来说可能算不了什么，但就普通投资者而言，也是个来之不易的收益。在"高卖低买"这种看似简易的交易中，起关键作用的操作主要有三个方面：

一是大涨后卖、大跌后买。当持有的股票阶段涨幅较大，跑赢指数或超越其他个股时就将它卖出，当关注的股票阶段跌幅较大，跑输指数或其他个股时就及时买入。不少投资者在操作中往往"事中眼不开，事后常后悔"，对于涨幅较大的品种以为还会再涨所以不想卖，跌幅较大的股票以为还要跌所以也不想买。但一段时间后，发现错过了卖、买点，才后悔当初该卖不卖、该买不买。笔者 1 月 4 日卖出大唐发电、买入中铁二局，以及 1 月 11 日进行的反向操作，都属于"大涨后卖、大跌后买"的交易。

做好"大涨后卖、大跌后买"操作的关键在于想清楚三个问题：首先是怎样进行"高卖低买"？在 1 月 4 日操作前一个月里——2011 年 12 月 5 日至 30 日，大唐发电走势强劲，区间涨幅高达 17%，但日均成交量只有 0.1% 左右，明显不支持继续大涨。与此同时，待买的中铁二局大跌 9.38%，存在"跌过头"的嫌疑，双方出现了较好的"高卖低买"机会。于是，笔者于 1 月 4 日毫不犹豫地卖出持有的 2000 股大唐发电，并在中铁二局回调过程中按计划买入 3100 股。其次是如何进行反向交易？一般来说，当卖

出的股票出现下跌、买入的股票出现上涨即可进行反向操作，1月11日的回转交易便较好地体现了这一点。最后是做不到"最好操作"怎么办？所谓的大涨和大跌是个相对概念，并非意味着要卖在最高点、买在最低点，衡量操作对错的标准是"动"与"不动"相比资金账户的增减情况，如果资金增加了即是正确的操作，无须后悔卖后再涨或买后再跌，反之则是错误的操作。

二是急涨时卖、急跌时买。"大涨后卖、大跌后买"主要表现在时间上——短线涨跌不大但在跨度较长的时间段里涨跌较多，而"急涨时卖、急跌时买"则主要体现在空间上——时间跨度不长但空间落差较大。所谓"急涨"，既包括数个交易日连续大涨，也包括单一交易日里以涨停方式"急涨"。如1月11日卖出的新疆城建，在卖出前三个交易日，该股先后经历了探明底部、温和反弹、放量涨停三个阶段，"急涨"特征十分明显。对于这种短线急涨尤其是突然涨停的股票，下一交易日开盘价往往是较好的卖点，所以笔者按计划在新疆城建涨停之后的下一交易日——1月11日以开盘价（6.05元）将持有的一部分筹码（4200股）卖出。所谓"急跌"，则是指数个交易日连续大跌，或单一交易日跌幅较大甚至以跌停方式"急跌"，笔者当天回补的新疆城建（价5.83元）便属于急跌时买入的品种。

三是上涨时卖、下跌时买。在初次"高卖低买"基础上，如果买入的股票出现了上涨，或卖出的股票出现了下跌，都可称为正向运行，所进行的二次（反向）操作则称为正差操作。如1月12日针对前一交易日买入新疆城建所进行的等量卖出，虽然差价不大，只有0.02元，扣除交易成本后所剩收益更少，但属于正差操作；5.85元卖出后，当天又以5.75元价格买回，同样属于正差接回。操作中须注意的问题是，在扣除交易成本后仍能获得正向收益的操作才是真正的"高卖低买"，如果剔除交易成本前是正差但剔除之后却出现了反差，这种操作表面上看是"高卖低买"实际上却相反。

值得一提的是：在交易品种方面，既可以是单一品种自身，也可以在具有可比性的不同品种之间进行"高卖低买"，如1月6日卖出东方航空4000股（3.64元），买入中科英华4000股（3.63元）；在交易时机方面，既可在较长的时间段里进行"高卖低买"，如半年、一年甚至更长，也可在较短的时间里进行，如几个交易日、当天，甚至单日之内在有底仓情况下反复操作；在交易结果方面，要求只有一条，即正向操作、正差收益，流畅时多交易，梗阻时宜观望，切不可心态失衡、追涨杀跌。

3. 实不简单的操作

炒股，大体可分为三种投资者：一是踏准节奏、低买高卖，这是股市里最大的赢

家，但难度极大，普通投资者很难做到，弄不好会适得其反，成为亏得最惨的投资者；二是耐心持有、从一而终，虽不能确保短线收益的最大化，但却能有效回避各种意外风险，能避免成为亏得最惨的投资者；三是在采取后者方式操作的同时，再辅以"高卖低买"操作，就会在"有限亏损"的同时进一步放大盈利，但须处理好三个关系：

第一，"高卖低买"与控制仓位的关系。笔者上述所进行的"高卖低买"操作是在满仓持股的基础上进行的，也就是说在整体确保大盘上涨带来市值增加的基础上，再通过"高卖低买"操作获得额外收益。如果采取的是轻仓甚至空仓，结果就会"捡了芝麻丢了西瓜"。因此，处理好"高卖低买"与控制仓位的关系非常重要，一般来说，当大盘处于相对高位时应轻仓甚至空仓，反之则应重仓甚至满仓。"高卖低买"操作必须建立在良好的仓位控制基础上，否则极有可能本末倒置、得不偿失。

第二，"高卖低买"与控制数量的关系。笔者进行的新疆城建操作数量都是 4200 股，两次"高卖低买"的收益分别为 860 元和 359 元。实际上，账户里可供交易的新疆城建有 21500 股，如果全部进行"高卖低买"，相应的收益就高达 4405 元和 1836 元。为何眼看着 6241 元大钱不赚，偏偏只赚 1219 元小钱？这其中就包含着"高卖低买"的操作理念——处理好"高卖低买"与控制数量的关系。实际上，之所以能在上述操作中做到：用良好的心态、进行良好的交易、换来良好的收益，正是得益于良好的仓位控制。

第三，"高卖低买"与控制总量的关系。"高卖低买"后一般有两种可能：一是与预期一致，即卖出的股票下跌、买入的股票上涨。此时，只要进行反向交易即可获得正差收益。二是与预期相反，即卖出的股票上涨、买入的股票下跌。此时，如果进行反向交易，不仅得不到正差收益，而且资金余额会越做越少。在这种情况下，操作方式也有两种：一是"不操作"，耐心等待正向交易机会的来临；二是"补操作"，继续卖出高卖过的股票，买入低买过的股票，但须防止在"补操作"过程中因反复高卖导致"踏空"，因反复低买造成"超载"，突破单一品种的建仓上限。方法是：当反复高卖后出现"踏空"迹象时留好底仓、不再卖出，当反复低买后出现"超载"迹象时设好上限，不再买入。只有这样，才能在"高卖低买"操作中，既不会踏空也无须承受因"踩雷"而导致的突发风险。

第二节　"补操作"在实际交易中的妙用

炒股，没有人不希望"赶上大牛市、骑上大黑马"。若能如此，只要满仓买入强势股并一路持有，即可赚得盆满钵满。

但随着股市的不断扩容，整个市场的流通盘越来越大，同时投资者日趋成熟，都想高抛低吸、成为赢家。在这种情况下，股市出现持续井喷或单边暴跌的概率相对较小，多数时间里则表现出起落交错、涨跌互现这种典型的"折腾市"走法。

比起"井喷市"或"暴跌市"，在"折腾市"里炒股，要想踏准节奏、持续获利难度更大、要求更高，对投资者的操作技法也提出了更高要求。通过交易实践，笔者总结出了一种应对"折腾市"的操作技法——"补操作"操作法，非常适合普通投资者在"折腾市"里采用，现介绍如下：

1."补操作"的实例和效果

所谓"补操作"，指的是在一定的价位首次买入（卖出）某股票后，当股价出现一定程度的下跌（上涨）后再次"补买"（"补卖"）该股票的操作方法。

这种不是"补买"就是"补卖"的简单操作法究竟有多大效果，在实际交易中能否行得通？2012 年 5 月下旬，笔者通过实盘交易对此法进行了实际运用。

先来看操作。5 月 21 日：先"首买"新疆城建 4700 股（6.34 元，数量的确定主要考虑与之前的交易配对，下同），再在下跌过程中"补买"4200 股（6.20 元），再跌时再"补买"4200 股（6.10 元）。5 月 22 日：新疆城建出现了反弹，于是先"首卖"4200 股（6.30 元），再在上涨过程中"补卖"4200 股（6.40 元），再涨时再"补卖"4700 股（6.50 元）。三次卖出对应前一天的三次买入分别获利 774 元、773 元和 676 元（已按双向交易共 0.25% 比例扣除交易成本，下同）。其中，6.40 元卖出的 4200 股新疆城建当天又以 6.30 元的价格"补"了回来，其余两批未能接回。5 月 23 日：卖出新疆城建 4200 股（6.66 元），对应前一天的买入获利 1442 元，随后又在该股回调中以 6.57 元的价格再次"补"回。5 月 24 日：卖出新疆城建 4200 股（7.00 元），对应前一天的买入获利 1733 元，但随后以 6.91 元所作的买入委托未能成交。至此，对新疆城建的"补操作"暂时告一段落。

上述操作有一特点，除了全部符合"补操作"的要求——下跌时分批"补买"、上涨时分批"补卖"外，还体现了"补操作"的基本原则——在交易数量保持不变的前提下确保做到获利卖出、正差接回，有机会就操作、无机会就放弃。

再来看结果。同样操作新疆城建股票，如果不进行"补操作"，即 6.34 元"首买"后不再"补买"，6.30 元卖出后也就没有可供"补卖"的筹码，操作结果亏 262 元；由于进行了"补操作"，不仅操作的三批筹码全部获利，而且买价一次比一次低，卖价一次比一次高，同时还为日后滚动操作、反复获利奠定了基础，最终使 81458 元起始资金在一周时间里取得了 5398 元的收益，周涨 6.63%，跑赢指数 7.10 个百分点（同期上证指数跌 0.47%）。

2. "补操作"的方法和技巧

上述收益的取得，既有偶然性——第二次"补买"的价格 6.10 元正好是该股当天的最低价，捡了个大便宜，而且买后该股连拉 4 阳，此买入价又成了全周最低价；也有必然性——正确的技法和良好的心态。在技法方面，"补操作"的方法和技巧主要有以下三种：

一是单一式，即"补操作"的交易对象为单一品种（如 A）自身。操作方法如下：投资者买入 A 股票后，若 A 出现下跌则再次买入相同数量。譬如，"首买" A 股票 10000 股，价格 10 元，当 A 跌至 9 元时再"补买" 10000 股，此时买入的成本比之前节省了 10000 元，以此类推。同样，卖出 A 股票后，若 A 上涨则再次卖出。譬如，"首卖" A 股票 10000 股，价格 11 元，当 A 涨至 12 元时再"补卖" 10000 股，此时卖出的盈利额比之前又多出了 10000 元，以此类推。

二是组合式，即"补操作"的交易对象为两个品种（如 A、B）。操作方法为：先卖出 A、买入 B，当之后出现更好的交易机会时再进行"补操作"，即再卖 A 买 B。具体分为三种情况：一是卖 A 买 B 后 A 涨 B 跌，即可进行"补操作"（再卖 A 买 B）；二是卖 A 买 B 后 A 涨 B 也涨，但 A 涨幅大于 B 涨幅，也可进行"补操作"；三是卖 A 买 B 后 A 跌 B 也跌，但 A 跌幅小于 B 跌幅，同样可进行"补操作"。这三种情形的共同特点是，与初次配对交易相比，"补操作"后能在筹码不变的情况下多出一定数额的资金，所以有必要进行"补操作"。卖 A 买 B 后不适合"补操作"的情形也有三种（与上述相反），由于在筹码不变的前提下"补操作"后的资金不增反减，所以不适合进行"补操作"。

三是连环式，即"补操作"的交易对象为三个（含）以上品种（如 A、B、C、D

等)。操作方法为：当卖出 A、买入 B 并出现"补操作"机会后，原本可以再卖 A 买 B，但与再卖 A 比卖 C 优势更加明显，与再买 B 比买 D 结果更加有效，此时即可由原本的卖 A 买 B 改为卖 C 买 D。显然，以此方式操作，品种价差更大、隐性收益更高。所以，只要出现这样的"补操作"机会，即可进行连环式"补操作"。

3. "补操作"的问题和对策

在心态方面，"补操作"过程中存在的问题和对策主要体现在三个方面：

一是在品种选择上，重在通过精挑细选解决提心吊胆问题。"补操作"交易方法的前提条件是"越跌越买"，当首次买入的股票下跌后能否大胆、及时地"补买"，主要取决于投资者对该股票的熟悉性和放心度，如果买入的股票是熟悉的，买入的时机和价格是合适的，再跌时才不会提心吊胆，才会放心大胆地"补买"。因此，在选择"补操作"的对象时一定要慎之又慎。通过精挑细选，选择合适的时机、买入放心的品种，对于增加"补操作"的底气，取得"补操作"的成功显得非常关键。

二是在交易计划上，重在通过精心准备解决追涨杀跌问题。"补操作"的操作原则与追涨杀跌正好相反，急涨时不是"追"而是卖出，急跌时不是"杀"而是买入。能否达到这样的理性操作状态，与准备工作的周密程度密切相关，包括资金准备、计划准备和技术准备。只有通过周密细致的资金准备，做到既有筹码又有资金，才能在"补操作"过程中有钱可补、有股可卖；只有通过周密细致的计划准备，对待买、待卖的品种、数量、价格做到一清二楚，才能在实际交易中敢于"补操作"；只有通过周密细致的技术准备，做到方法正确、操作得法，才能在"补操作"过程中补得了、补得好。

三是在操作预期上，重在通过平常心态解决贪婪恐惧问题。"补操作"是一种相对的操作。相对初次操作，"补操作"显然是一种较好的操作方式，因为可以买得更低、卖得更高；但相对"补操作"，初次操作又不是好的操作方法，因为操作得太早，买得不够低、卖得不够高。由此可见，"补操作"的最大敌人实际上就是贪婪和恐惧，因为贪婪和恐惧才会导致对之前的首次操作感到后悔，对之后的"补操作"患得患失，最终导致跌时不敢"补买"、涨时不敢"补卖"。解决贪婪、恐惧问题的重要"法宝"在于平常心态，一方面，要平静面对首次操作，不要有任何不切实际的幻想；另一方面，要果断进行"补操作"。当初次操作之后出现更好的操作机会时，应及时抓住难得的"补操作"机会，做到跌时敢于"补买"，涨时敢于"补卖"。

投资实践表明，能否巧妙运用"补操作"的操作方法，与投资者的交易心态密不可分。"补操作"操作法实际上是一种越跌越买、越涨越卖，看似笨拙实则高超的交易

方法。有些投资者之所以在"折腾市"里做不好"补操作",欠缺的也正是这种平常之心。

第三节　回转交易："简单"的制胜法宝

炒股,不少人总是觉得操作很难、缺乏办法。实际上,要是在坚定投资"大方向"的同时能巧妙地运用一些适合自身实际的操作"小方法",不仅不会在强势市里踏空,而且能获得超出指数和个股涨幅的额外收益,进而成为为数不多的幸运者,这就是回转交易——"简单"的制胜法宝带来的投资效果。

1."神奇"的回转交易

先来看操作。2011 年 8 月 2 日,笔者曾卖出新疆城建 4200 股,价格 9.12 元,同时用腾出来的资金以 5.24 元的时价买入中国北车 7400 股(账户内原有少量余资)。10 月 24 日,按计划进行了回转交易:将买入的 7400 股中国北车全部卖出(4.91 元),再将之前卖出的新疆城建在回调过程中如数买回(4200 股,7.12 元)。

再来看回转交易结果。"先卖后买"新疆城建,多出资金 8400 元(不含交易成本,下同);"先买后卖"中国北车,出现亏损 2442 元,正负相抵在筹码不变的情况下,多出资金 5958 元,相当于刚刚买入的新疆城建市值 29904 元的 19.92%。

从前后两次交易的最终结果看,原先持有的新疆城建,不仅没有因为卖出的资金在其他股票上的追涨杀跌导致筹码丢失,反而由于正确的回转交易,在全数接回原有股票的基础上多出资金 5958 元,使在前期指数大幅下跌的情况下,总体市值缩水幅度牢牢控制在单一品种下跌幅度之内,而且回转交易产生的资金收益使市值实际缩水幅度远小于个股跌幅。这一结果,虽不及区间涨幅最大的少数牛股,但对于既无资金优势又无消息来源的普通散户来说,无疑是较为理想的操作结果。

2."简单"的制胜法宝

上述回转交易之所以能在不长的时间里取得理想结果,看似有些眼花缭乱,实际上道理非常简单,投资者只要想清楚了交易中的"三个为什么",其中谜团也就迎刃而解了。

一是为什么会在当时选择"弃强择弱"这样的操作而不是相反？综观前后两次交易不难看出，能成功回转的一大关键在于2011年8月2日的这次换股——卖出新疆城建、买入中国北车。用现在的眼光看当时进行这样的操作的确很有必要，但在当时，却是个"痛苦"的抉择。8月之前，正是新疆城建走势十分坚挺之时。4月28日至8月2日，上证指数大跌7.20%，但新疆城建不仅没有下跌反而微涨0.33%，跑赢同期指数7.53个百分点，在当时属于走势较强的股票之一。但中国北车不仅前期大跌，而且此时继续大幅下挫，区间跌幅达25.74%，跑输指数18.54个百分点（详见表11-2），市场无人看好、众人纷纷抛售。

表11-2　2011年4月28日~8月2日上证指数及相关品种区间涨跌

区分	4月28日（元）	8月2日（元）	区间涨跌幅（%）
上证指数	2887.04	2679.26	-7.20
新疆城建	9.11	9.14	0.33
中国北车	7.11	5.28	-25.74

按照通行的选股原则，多数投资者会在此时选择像新疆城建这样处于上升通道、阶段走势较强、快速获利概率较大的股票买入，同时卖出如中国北车那样处于下降通道、区间走势较弱、获利希望渺茫的股票。但当时笔者感到，新疆城建虽然走势很强，但获利已丰，应见好就收；中国北车虽然走势不佳，依然在下降通道运行，但基本面良好、股价遭错杀的可能性很大，属于买入后可以放心持有的品种。于是，便毫不犹豫地按照一贯的操作原则——"弃强择弱"卖出强势股新疆城建，买入弱势股中国北车。

二是为什么在换股后的两个多月时间里选择持股不动？回转交易之所以能成功，还有一大关键在于能"守得住"。"弃强择弱"、换股操作之后，卖出的新疆城建经历了从先跌后涨到持续下挫的过程，而买入的中国北车则出现了标准的圆弧底走势。之所以一直没有交易，一是鉴于大市不好，操作难度较大，为稳妥起见一直没有交易；二是在两市涨幅榜和表现活跃的股票面前保持淡定，绝不眼红强势股进行追涨操作，所以在两个多月时间里，在看不准方向的情况下一直采取以静制动、保持观望的投资策略。

三是为什么在两个多月之后的"此时"进行回转交易，不怕做反吗？这是进行成功的回转交易需要解决的又一难题。当时，已经几乎有两个月没有交易的笔者对"休眠账户"和之前的交易情况进行了查看，发现8月2日的这笔换股操作出现了较好的回转交易机会，于是决定在即将开始的下周交易中实施回转交易。但任何交易都不可能确保百分之百正确，本次回转交易也存在对、错两种可能。对此，笔者想法非常简

单：回转交易针对的是之前的操作，比的是"假如当时不操作"，只要能让筹码增加（资金不变）或资金增加（筹码不变），无论回转之后涨还是跌，都是"正确的操作"，不应有任何的遗憾感，因为比的是之前——已经获利了 5958 元，而不是将来。

3. 必备的三门"功课"

回转交易操作得好事半功倍、的确神奇，但若方法不当，也会弄巧成拙、适得其反，或造成筹码丢失，或导致越套越深。就过程本身而言，看似有些复杂，实则非常"简单"，只需具备以下"三功"：

一是周密计划，切忌盲动。与任何操作一样，回转交易也少不了事先的周密计划。原先进行过什么样的操作，当时鉴于什么样的考虑，还有买卖品种、数量、价格等交易情况必须做到一清二楚。在此基础上，再制订相应的回转交易计划，哪些品种之间存在回转交易的机会，何时采取何种方法进行交易，心理价位是多少，事先都要想清楚。换言之，所有操作都必须在计划之内进行，而不是看着盘面随机应变、临时起意、盲目回转。

譬如，笔者在上述回转交易前，特意制定了《8 月 2 日~10 月 21 日上证指数及相关品种区间涨跌一览表》（详见表 11-3），并计算出中国北车的心理卖出价——4.91 元，新疆城建的计划买入价——7.15 元，以及回转交易完成后资金账户的预期盈利额——5832 元。

表 11-3 　2011 年 8 月 2 日~10 月 21 日上证指数及相关品种区间涨跌

8 月 2 日交易情况				10 月 21 日收盘（元）	区间涨跌幅（%）	回转交易盈亏（元）
交易方向	交易名称	成交价格（元）	成交数量（股）			
	上证指数	2679.26		2317.27	−13.51	
卖出	新疆城建	9.12	4200	7.15	−21.60	8274
买入	中国北车	5.24	7400	4.91	−6.30	−2442
合计						5832

二是只有更好，没有最好。计划制订好后，在实际回转交易操作中可以有些微调，但前提是要确保交易的成功，否则极有可能贪小失大、前功尽弃。在此基础上，再择机进行交易。卖出时，先要尽可能按照计划价快速成交，以便腾出资金为买入做好准备，上例中卖出的中国北车正是按计划价 4.91 元成交；买入时，则可根据待买股票的盘口情况，在确保股价不超越底价（待买价）的情况下，尽可能地低吸，上例中买入

的新疆城建实际成交价（7.12 元）比计划价（7.15 元）便宜了 0.03 元，使实际多出的资金 5958 元比计划多出的资金 5832 元还要多。虽然相差不多，但也符合回转交易"只有更好，没有最好"的基本要求。须注意的是，不要奢望卖得最高、买得最低，因为这种不切实际的想法对回转交易来说没有任何益处。

三是克服贪恐，力戒追杀。贪婪和恐惧、追涨和杀跌既是平时操作的大忌，也是回转交易的致命伤。解决这一问题行之有效的方法是学会自我"宽心"：回转交易时，无需考虑交易之后的涨跌，只需和之前的操作比，只要回转交易能做到有利可图即可。实际上，在当天和随后的几个交易日里，回转交易涉及的两个品种恰恰出现过与期望值相反的走势——卖出的中国北车放量大涨，买入的新疆城建快速杀跌。此时，"宽心法"往往能有效缓解"相反"走势给操作带来的心理压力。

在自我"宽心"基础上，若能做好交易后的两手准备则更周全，既包括"正确"的准备——当卖出的股票下跌、买入的股票上涨时，可于日后进行反方向操作，即"二次回转"；也包括"错误"的准备——当卖出的股票上涨、买入的股票下跌时，若账户里还有股票可卖，此时即可进行同方向再回转，继续卖出首次回转中卖出过的股票（此时卖价更高），买入首次回转时买入过的股票（此时买价更低），即后一次回转交易的效果要好于前一次。

接下来，还有个严格执行计划的问题。回转交易后，当相关股票出现了计划中预料到的走势时，应严格按计划进行操作。2011 年 10 月 24 日，按计划 7.12 元买入新疆城建几分钟后该股就出现了快速下跌，于是，就在该股跌至 6.99 元时迅速抢进部分筹码；4.91 元卖出的中国北车，两天后更是放量暴涨、盘中触及涨停，于是便在该股上冲过程中以 5.39 元价格再次卖出部分筹码。显然，后来的操作与首次回转时相比，卖得更高、买得更低，收益更大、效果更好。

从某种意义上讲，投资者既是账户的管理者，也是筹码的调度者，同时也是回转交易的总指挥。只有做到心态良好、方法正确、计划周密、操作得当，才有望成为一名称职乃至优秀的指挥官，进而达到回转交易所希望达到的目的。

第四节　嵌套交易如何实现逆市盈利

波段操作、高抛低吸，是不少投资者时常采取的操作方法，但在高抛低吸的同时，通过"嵌套交易",取得超额收益的交易方法却时常被多数投资者所忽略。实际上，"嵌套交易"恰恰是在 A 股处于方向不明或震荡市里，普通散户获得"逆市收益"的重要技法之一。

1. 嵌套交易为何如此神奇

所谓"嵌套交易"，是指投资者在对某一品种进行波段操作中，利用腾出的资金或持有的筹码，通过穿插对同一品种自身或其他品种的短线交易，在取得一定额度的正向收益后，再对原筹码进行回转交易并使其恢复到原来状态的操作方法。

这种"嵌套交易"效果如何、是否可行？来看具体的操作。2012 年 12 月 5 日，笔者卖出中国北车 9300 股（价 4.39 元），2013 年 3 月 13 日以正差方式将卖出的中国北车接了回来，数量还是 9300 股（价 4.35 元）。波段操作的结果，筹码不变，市值减亏372 元——本应受股价下跌随之缩水的市值因波段操作得以避免（为便于计算，暂不考虑交易成本，下同）。

在此期间，通过分别买入华东数控 4600 股（价 5.98 元）、大唐发电 6800 股（价3.83 元）进行"嵌套交易"，同时穿插短线交易，在取得 8 次正向操作收益、累计获利12232 元之后，原数接回中国北车（9300 股，价 4.35 元），使账户总值由交易前的63689 元（其中股票市值 40827 元、资金余额 22862 元），增加到了交易后的 75735 元（其中股票市值 75735 元、资金余额 0 元），净增 12046 元（已扣除中国北车买入后股价下跌引起的市值缩减 186 元），涨幅达到 18.91%（详见表 11-4）。

表 11-4　2012 年 12 月 5 日~2013 年 3 月 13 日"嵌套交易"清单

序号	日期	方向	名称	价格（元）	数量（股）	收益（元）
A	12 月 5 日	卖出	中国北车	4.39	9300	
B	12 月 6 日	买入	华东数控	5.98	4600	
C	12 月 7 日	买入	大唐发电	3.83	6800	
D	12 月 10 日	卖出	华东数控	6.39	4600	506
D1	12 月 10 日	买入	华东数控	6.28	4600	
E	1 月 4 日	卖出	华东数控	6.98	4600	368
E1	1 月 4 日	买入	华东数控	6.90	4600	
F	1 月 10 日	卖出	大唐发电	4.08	6800	136
F1	1 月 11 日	买入	大唐发电	4.06	6800	
C1	1 月 25 日	卖出	大唐发电	4.08	6800	1700

续表

序号	日期	方向	名称	价格（元）	数量（股）	收益（元）
G	3月4日	卖出	华东数控	8.56	4600	828
G1	3月5日	买入	华东数控	8.38	4600	
H	3月5日	底仓卖出	华东数控	8.44	4600	368
H1	3月6日	买入	华东数控	8.36	4600	
I	3月6日	卖出	华东数控	8.48	4600	368
I1	3月6日	买入	华东数控	8.40	4600	
B1	3月13日	持仓	华东数控	7.71	4600	7958
A1	3月13日	买入	中国北车	4.35	9300	减亏372
合计						12232

不难看出，若未进行"嵌套交易"，即使进行了中国北车的波段操作，以3月13日的回补价（4.35元）计，也只减亏372元，实际上，至当天收盘（中国北车买入后下跌0.02元）不仅未能获利，而且又浮亏186元，对应原值跌0.29%。

但通过"嵌套交易"，结果就大不一样，不仅有效回避了因中国北车股价下跌引起的市值损失，而且逆市获利12046元，对应原值收益率高达18.91%，"动"与"不动"比，收益增加了19.20个百分点，这就是"嵌套交易"的神奇之处。

2. 怎样确定对象方法时机

在股市形形色色的交易方式中，"嵌套交易"是一种相对复杂、要求较高，集波段操作、高抛低吸、回转交易、长短结合等多种技法于一体的综合性交易技法，其中的制胜秘籍在于做到"三个确定"：

首先是交易对象的确定。"嵌套交易"涉及的对象主要包含两大部分：一是"母体股"，二是"嵌体股"。在先卖后买式"嵌套交易"中，"母体股"就是先行卖出的股票，"嵌体股"则是在"母体股"卖出后首先买入的股票。

能否取得"嵌套交易"的成功，达到"嵌套交易"的目的，主要取决于这两大对象的选择是否正确。行之有效的"对象确定"方式是：选择股价已经大涨、可能出现滞涨、下跌概率较大的股票作为"母体股"，以此作为卖出的对象；同时选择股价已经大跌、可能出现止跌、上涨概率较大的股票作为"嵌体股"，并作为买入的对象，及时予以买入。

在上例中，"嵌套交易"前笔者发现，在所有持仓的品种里，中国北车的阶段性表现非常突出，强势特征非常明显——在 2012 年 9 月 6 日至 12 月 5 日短短三个月时间里，在上证指数下跌 0.28% 的情况下，阶段涨幅高达 32.25%，位居持仓的 8 只"自选股"涨幅榜第一名，便将其列为"母体股"准备先行卖出；同时选择区间跌幅分列第二、第三的华东数控和大唐发电（分别下跌 18.28%、12.42%）作为"嵌体股"首先买入。"嵌套交易"开始后，便按计划卖出中国北车，随后立即买入华东数控和大唐发电。

须注意的是，交易对象的筛选必须限定在熟悉而又放心的品种范围内，在此基础上再根据阶段涨跌幅选择拟卖的"母体股"和拟买的"嵌体股"。否则，容易出现越卖越涨、越买越跌的窘境，导致操作失误。

其次是交易方法的确定。"嵌套交易"的总方法是：一旦"母体股"和"嵌体股"正式确定，"嵌套交易"正式开始，就应本着控制总量、配对交易、越涨越卖、越跌越买的原则进行换股、高抛低吸，在交易到一定程度、基本达到预期目的后，即可进行回转交易——高抛买入的"嵌体股"，同时将卖出的"母体股"买回来，从而结束一轮完整的"嵌套交易"。

"嵌套交易"的方法看似简单，实则不易。以阶段涨跌幅度统计为例，统计本身难度不大，利用交易系统软件即可轻松搞定，其中的难点在于首选交易对象时计算阶段涨跌幅时的"区间确定"。笔者的体会是，可选重要的时间节点作为阶段区间。以中国北车为例，2012 年 9 月 5 日股价创出 3.36 元历史新低后至 12 月 5 日（大盘跌至1949.46 低点翌日），大盘屡创新低（反弹后依然下跌 0.28%），但中国北车不仅未再创新低，而且逆市大涨 32.25%。因此，将 2012 年 9 月 6 日至 12 月 5 日确定为涨跌幅计算的区间较为适宜，得出"自选股"涨跌幅（详见表 11-5）。同时，在计算其他品种阶段涨跌幅时也要参考该区间，使之具有横向上的可比性。

表 11-5　2012 年 9 月 6 日~12 月 5 日"自选股"区间涨跌幅

证券名称	12 月 5 日收盘（元）	区间涨跌幅（%）
上证指数	2031.91	−0.28
中国北车	4.47	32.25
中海集运	2.21	9.95
南方航空	3.46	2.06
新疆城建	5.35	−2.73
东方航空	3.08	−6.38
大唐发电	3.88	−12.42
华东数控	6.08	−18.28
泰山石油	4.44	−20.00

结果表明，以此区间计算的涨跌幅，并据这一涨跌幅确定的"母体股"和"嵌体股"准确性较高。在随后三个多月时间里，卖出的"母体股"中国北车在上证指数大涨 11.42% 的情况下表现最差，成了 8 只"自选股"中唯一下跌的股票，而买入的两只"嵌体股"后来居上，分别大涨 26.81% 和 14.69%，成了 8 只"自选股"中阶段涨幅最大的股票（详见表 11–6）。

表 11–6　2012 年 12 月 6 日~2013 年 3 月 13 日"自选股"区间涨跌幅

证券名称	3 月 13 日收盘（元）	区间涨跌幅（%）
上证指数	2263.97	11.42
华东数控	7.71	26.81
大唐发电	4.45	14.69
泰山石油	4.99	12.39
中海集运	2.44	10.41
新疆城建	5.80	8.41
南方航空	3.64	5.20
东方航空	3.22	4.55
中国北车	4.33	–3.13

最后是交易时机的确定。除了交易对象和交易方法的确定，交易时机的确定也很关键。一般情况下，"嵌套交易"的时机与其他操作方法大致相同，原则上应冲高时卖、大涨大卖、越涨越卖，下跌时买、大跌大买、越跌越买。这一点，对"嵌套交易"的成功可以说起着至关重要的作用。

3. 嵌套交易须有三大技法

适合普通散户的"嵌套交易"技法，除了上面提及的"先卖后买"式，还有"先买后卖"式和"嵌中有嵌"式等。下面，对这三大技法分别介绍：

一是先买后卖式"嵌套交易"。譬如，投资者以 10 元的价格买入某股票（此时为"母体股"）10000 股，准备涨至 11 元时卖出。买入后，该股不仅没有上涨，反而下跌至 9 元。此时，即可进行先买后卖式"嵌套交易"——随即再买相同品种、相同数量的该股票（此时为"嵌体股"），唯一不同的是买价，已从"母体股"的 10 元买价降至"嵌体股"的 9 元买价。当"嵌体股"涨至 10 元时将其卖出，每股获利一元。再涨至 11 元时按计划卖出"母体股"，每股获利还是一元。以上操作相当于在"母体股"进行"10 元买、11 元卖"操作之间，嵌套了"9 元买、10 元卖"的"嵌套交易"。显然，

"嵌体股"到价获利的概率远大于"母体股",但须融入必要的交易资金。

二是先卖后买式"嵌套交易"。同例,投资者若以 11 元的价格卖出某股票(此时为"母体股")10000 股,准备跌至 10 元时买回。卖出后,该股不仅没有下跌,反而上涨至 12 元。此时,即可进行先卖后买式"嵌套交易"——随即再卖相同品种、相同数量的该股票(此时为"嵌体股"),区别同样在于价格,已从"母体股"的 11 元卖价升至"嵌体股"的 12 元卖价。当"嵌体股"跌至 11 元时将其买回,每股获差价一元。再跌至 10 元时再按计划买入"母体股",每股差价同样是一元。这一操作相当于在"母体股"进行"11 元卖、10 元买"操作之间,嵌套了"12 元卖、11 元买"的"嵌套交易","嵌体股"到价交易的概率同样大于"母体股",但须有足够的底仓(筹码)供借用。

三是嵌中有嵌式"嵌套交易"。以上介绍的两种方式都存在嵌中有嵌式"嵌套交易"的机会。譬如,在先买后卖式"嵌套交易"中,10 元买入"母体股"、9 元买入"嵌体股"后股价依然不涨反跌,可在跌至 8 元时再买相同品种、相同数量的该股票(此时为"嵌中有嵌股"),待股价涨至 9 元、10 元、11 元时依次获利卖出。这一操作过程相当于在"嵌体股"进行"9 元买、10 元卖"之间,再次嵌套了"8 元买、9 元卖"的嵌中有嵌式"嵌套交易"。在先卖后买式"嵌套交易"中进行嵌中有嵌式"嵌套交易"的操作方法同上,方向相反。嵌中有嵌式"嵌套交易"的前提是,有时需要反复融资,有时则须反复融券。

第五节　简单实用的连环交易操作法

炒股的人,大多有这样的经历:持有的股票(无论是牛股还是熊股),由于一直未"动",错过了不少高抛低吸、获取短差的机会。这种机会的最佳把握方法,实际上就是连环交易操作法。

所谓连环交易操作法,简言之就是对持有的固定筹码,通过连续地进行高抛低吸,不断地获取短差收益,从而使股市投资的收益尽可能达到"最大化"的程度(超过所持股票本身涨幅)的操作方法。

1. 连环交易有何功效

先来通过实盘操作，感受一下连环交易操作法的独特之处。

中海集运是笔者长期跟踪、反复操作的品种之一，在前期大量买入的基础上，最近一次建仓式买入是在 2013 年 4 月 9 日（2.30 元，13400 股）。买入后，先是经过较长时间的震荡盘整，后又受上海自贸板块整体走强的带动，中海集运历史性地出现了连续 5 个涨停的超强势表现，之后又受该板块整体获利回吐影响有所回落。

与此同时，笔者对中海集运作了连环交易操作（以 2013 年 9 月 24 日、25 日两个交易日为例），清单如下：9 月 24 日卖出 13400 股（3.11 元），25 日买入 13400 股（3.02 元），"一出一进"获利 1102 元（已扣除交易成本，下同），当日冲高时再次卖出 13400 股（3.12 元，利用底仓），回落时再次买回 13400 股（3.05 元），"一出一进"再次获利 833 元，"动"与"不动"比累计获利 1935 元。

至 9 月 30 日收盘，笔者参与中海集运操作的收益（以 E 批筹码为例），实际上由两部分组成，除了长线操作（买入 2.30 元，收盘 2.80 元）带来的浮动性收益 21.74% 外，还包括连环交易（"两出两进"累计获利 1935 元）带来的确定性收益 6.28%，合计 28.02%，其中 6.28 个百分点，正是由连环交易操作后所获得（详见表 11-7）。

表 11-7　中海集运"原交易"与"现交易"（2013 年 9 月 24~25 日）

原交易	现交易一	现交易二	现交易三	现交易四
A ↙3.14 × 10000				
B ↙3.12 × 10000				
C ↙3.07 × 10000				
D ↙2.78 × 10000				
E ↙2.30 × 13400	E1 ↗3.11 × 13400	E2 ↙3.02 × 13400	E3 ↗3.12 × 13400	E4 ↗3.05 × 13400

2. 连环交易何以神奇

一轮完整的连环交易，通常情况下都会经历越跌越买、筹码被套、触底反弹和高抛低吸四个阶段，只不过在不同阶段，投资者需针对各阶段走势特点分别加以把握和应对：

一是越跌越买期。此阶段要做的工作只有一项，就是按计划、分批次买入股票。需把握的重点环节主要有四个：其一，单批交易数量的确定。譬如，投资者确定的总持仓股票数量为 3 只，每个品种分 3 批建仓，则单批交易数量一般为总投入额的 1/9。

其二，首次交易价格的确定。可以在选定目标后的第一时间以即时价作为首次交易的价格，也可以此价为基准价将下跌 10%、20% 或 30% 后的价格作为首次交易的价格。其三，批次之间价差的确定。一般在首次交易价基础上下跌 10%（或 20%）再买第二批筹码，以此类推。其四，交易截止时间的确定。一般在达到总量控制额度（如计划分 3 批买入的资金已全部用完）后不再买入，只需等待股价反弹即可，无需进行其他任何操作。

二是筹码被套期。多数情况下，连环交易对象的股价走势都不以投资者的意志为转移（买入后立即上涨），而是呈现出十分复杂的走势情形，较为典型的就有以下三种情况：其一，建仓任务未完成股价就触底反弹。应对方法：停止建仓，转入第四阶段进行高抛低吸即可。其二，建仓任务完成后股价才触底反弹，显然，这是最理想化的走势状态。应对方法同上，转入第四阶段进行高抛低吸即可。其三，建仓任务完成后股价仍阴跌不止甚至连续大跌，这是最常见也是最揪心的走势形态。应对方法：耐心持股，等待被套筹码跌透后返身向上，这是此阶段唯一能做的操作。

三是触底反弹期。此阶段的特点是，股价在长期下跌后开始出现反弹，具体视投资者的建仓成本高低又可分为两种情况：一种是股价在反弹过程中始终位于投资者的买入成本以下，即被套状态。操作方法是原则上应持股不动，既不卖出，也不买入，静观其变即可。另一种是股价在经过一段时间的反弹后，越过了投资者的买入成本，即由原来的被套变成了解套。操作方法是转入第四阶段，进行高抛低吸。

四是高抛低吸期。这是整个连环交易操作法的核心阶段，总的操作方法是：当买入的筹码，在有利可图的情况下，选择股价急涨时先予卖出；在股价回落、出现正差的情况下，选择急跌时再快速买回，再涨再卖，再跌再买，以此类推，反复操作，通过连环交易达到持续盈利目的。

3. 连环交易重在操作

整个连环交易操作法的核心在于第四阶段——高抛低吸期的操作，乍一看似乎非常简单，无非就是高抛低吸、低买高卖罢了，实际上，真要做好并非易事。现将连环交易中须引起注意的几个问题介绍如下，供投资者参考：

第一，利用"梯次法"确定交易顺序。从理论上讲，股价一旦由被套变成解套，即可视作出现了连环交易机会，通过先卖后买进行连环交易，但在实际操作中，还有交易批次和顺序确定问题，具体方法如下：当只有最后一批买入的筹码（如表 11-7 E 批筹码）出现解套机会时，唯一能卖的就是此批筹码，只要对此批筹码进行高抛低吸、

连环交易即可（也可视情况待更多批次筹码解套后再进行连环交易）。

当有两批或两批以上筹码（如 11-7 E~A 批筹码）集体解套时，若进行连环交易，原则上应采取"梯次法"进行卖买交易，顺序为：先卖成本最低者（E 批筹码），卖出后，若股价下跌，及时将该批筹码接回，上涨后再卖出，以此类推连环交易。

卖出后，若股价继续上涨，则再卖成本次低者（D 批筹码），卖出后，股价出现下跌或上涨时的应对方法同上，直至 A 批筹码卖出后（此时实际上已卖空全部筹码）股价继续上涨，无法正差接回时止。否则，只需继续进行后续操作即可。

第二，利用"极端法"确定交易时机。一般情况下，首次卖出是以买入的筹码解套甚至获利为前提，但这并不意味着只要筹码一解套就要卖出，而是应尽量选择"极端时"作为首卖时机进行卖出操作，主要包括：短线涨幅已大（超过 50%），大幅跑赢指数（超过 50 个百分点），连续涨停（超过 3 次）后放量打开等。在利用"极端法"确定首卖时机基础上，再进行越涨越卖操作，胜算就会更大。

卖出后，首次买入应以"有正差、能接回"为前提，同样不意味着只要"有正差、能接回"即可买入，同样应选择"极端时"进行买入操作。与此同时，在利用"极端法"确定买入时机基础上，再进行越跌越买操作，胜算同样会更大。与卖出不同的是，在进行买入操作时，要确保能接回，防止筹码丢失。否则，连环交易的前提就不复存在，将无法进行"继续交易"。

第三，利用"配对法"确定交易数量。在连环交易中，投资者还将面临交易数量上的难题。因为交易数量一直以来是把"双刃剑"，投资者在操作正确的情况下，交易数量自然是越多越好（利润越大），但一旦做"错"，交易数量又变得越少越好（损失越小）。解决这一难题的有效办法是"折中"——既不"满出满进"，也不"一味不动"，而应尽量做到适量适度、配对交易，即每次交易时只固定卖出（或买入）其中某一批次的固定筹码（不多也不少）。这样操作既有利于连环交易时操作节奏的把握和盈亏金额的计算，又有利于保持良好心态，确保交易成功。

第四，利用"双融法"争取交易机会。有时在完成建仓后，会出现股价大跌、筹码深套的情况，即使短线出现反弹也往往离解套价较远，无法进行连环交易。在这种情况下，若账户有多余资金，便可少量"融资"，通过"先买后卖"参与连环交易。相反，当筹码卖出后，出现股价大涨，离正差接回价越来越远时，若有固定存量筹码可供借用，也可少量"融券"，通过"先卖后买"参与连环交易。

第五，顺便提一下关于连环交易的"操作工具"。由于连环交易的操作机会并非所有持股都会经常出现，不少股票时间一长，之前的操作就会忘得一干二净，这样就不

利于进行连环交易。解决办法就是制作一套专门的操作工具——《连环交易操作工具表》，表格设计（表头部分）其实非常简单，主要包括：原交易、现交易等，分别填写交易时的价格和数量等（日后若出现分红送配等情况还须折算成除权价），使用时只要依次填入操作清单即可。此表不仅简单，而且非常实用，对做好连环交易可谓功不可没，投资者不妨一试（详见表 11-8）。

表 11-8　连环交易操作工具表

原交易	现交易一	现交易二	现交易三	现交易四

第十二章　特殊操作技法之一：牛市逃顶术

第一节　牛市"起涨阶段"的投资策略

如果说在熊市炒股亏钱情有可原的话，那么在牛市依然亏钱就有些说不过去。那么，在牛市该怎么做才能不亏钱，才能取得好的收益？下面，就逐一介绍牛市炒股的具体操作方法。今天，先来介绍牛市"起涨阶段"的投资策略。

股市运行的规律表明，无论是国外还是国内股市，每隔几年，长则三五年、短则一两年，总会有一波较大级别的牛市行情出现。及时抓住牛市"起涨阶段"的投资机会，选准股票、踏准节奏、重仓出击，不仅有利于增加投资收益，而且有助于抵御市场风险，牢牢把握股市投资的主动权。

1. "起涨阶段"的市场特征

所谓牛市"起涨阶段"实际上就是一轮大牛市的第一波行情，把握"起涨阶段"的投资机会，首先要熟悉"起涨"前和"起涨"时的市场特征。

先来看"起涨"前的市场特征，一般表现在三个方面：一是指数已大幅下跌且持续较长时间。无论是下跌的绝对点数、相对幅度还是持续时间，都呈现出明显的"跌透"特征。一般来说，大盘从高点以来下跌的"绝对点数"达1000~2000点，对应的"相对幅度"达到下跌30%~50%，"持续时间"至少在半年至一年，市场"跌透"的可能性较大。二是股价已大幅缩水且同时伴随着新股破发现象不断蔓延。一方面，一些之前上市的"老股"股价从高点下来已近夭折，有的甚至只剩了个零头；另一方面，一些新股、次新股不断地逼近或跌破发行价，有的新股甚至在上市当天就告破发，而且这种破发股票的家数不断增多，破发的程度越来越深，这种情况的出现一般是市场

"跌透"的信号。三是投资者持有的筹码处于深套之中，账面浮亏严重。"起涨"前的市场如同黎明前的黑暗，投资者大多看不到希望，甚至对股市投资出现绝望情绪，不仅不敢买入股票而且不时涌出大量抛盘。从仓位来看，多数投资者持股比例较低，大跌后担心大盘和个股仍将下跌，因而恐惧和所谓的"谨慎"心态占了上风。

再来看"起涨"时的市场特征，同样表现在三个方面：一是人气极度低迷，成交屡创新低。不仅中小盘股成交笔数不多、每笔股数稀少，有时在长达数分钟的时间里竟没有一笔成交，而且一些大盘股交投也不活跃，有时要想买卖一两万股股票都非常困难，要有多笔成交且持续较长时间才能完成交易。二是涨不易跌也难。无论是大盘还是个股，某一时间似乎都处于"麻木"状态，虽然涨起来很费劲但跌起来同样不容易，即使因外力出现上涨或下跌幅度也非常有限，而且持续时间很短，不少个股很快又收复"失地"或跌回原地。三是触底反弹时往往指数涨得不多但个股涨幅较大，不同板块和个股之间在整个"起涨阶段"则呈现出明显的先普涨、再轮涨、后补涨的市场格局。

2."起涨阶段"的操作要点

了解和把握"起涨阶段"市场特征的目的在于指导操作，只有在实际买卖中根据"起涨阶段"的市场特征，采取针对性的操作策略，才能跑赢"起涨阶段"的指数和个股涨幅。"起涨阶段"的操作要点重在把握仓位、品种和心态三个方面。

首先是仓位。可以说，决定投资者牛市"起涨阶段"操作成败的关键在于仓位，只有拥有足够的仓位才有可能跑赢大盘，否则将是"无米之炊"，跑赢指数和个股也就无从谈起。"起涨阶段"的仓位原则上越重越好，具体持仓比例需因人而异。对于有后续资金跟上的投资者应尽量满仓，每次遇大盘和个股下跌还可补充资金、买入股票；对于没有后续资金供应的投资者仓位控制在七至八成为宜，原则上不应低于五成。

其次是品种。持有什么样的品种直接关系到"起涨阶段"的投资收益乃至心态。在确保仓位比例的同时，还须把握两点：一要注意搭配，既不要满仓一只股票也不要天女散花、过于分散，中小投资者一般以持有 3~5 只股票为宜；二要突出重点，从不同阶段板块之间相互轮动的特点出发，合理配置持仓品种，"起涨阶段"初期应重点买入股价超跌、估值偏低、盘子较小、股性活跃、最有可能率先上涨的股票，中期应重点配置涨幅落后大盘和其他个股、轮涨或补涨可能性较大的股票，后期应重点从防御性和安全边际出发，适当配置一些大盘蓝筹股，一旦大盘见顶回落，这类股票跌幅往往非常有限，能帮投资者有效规避下跌风险。

最后是心态。牛市"起涨阶段"大盘和绝大多数个股的总体运行方向向上无疑，只要踏准节奏、尽早介入，绝大多数投资者都能获利，但假如选时不当、追涨杀跌，也会只赚指数不赚钱甚至在大盘和个股上涨的情况下出现亏损。

"起涨阶段"大盘和个股的运行方式往往不会一帆风顺，而是经常表现出多样性和复杂性，有时连续逼空，有时大涨小回（不排除期间会有快速杀跌出现）。即使是连续逼空式上涨，盘中也会有波动，不可能只上不下。因此，良好的心态和正确的方法尤为关键。具体介入时，一方面要做到早介入，除了早以外要尽可能在回调、下跌时买股，投资者可以通过观察盘口，当个股出现调整到位、跌不下去、涨幅落后以及具备攻击形态四种情形之一时择机低吸，千万不要在已经大涨的情况下追入，只有把持仓成本降下来，才能降低风险、提高收益；另一方面买入股票后，在指数没有见顶的情况下应一路持有，不做或少做差价，只有那些有过硬的短线操作能力、有较大把握的投资者才可在确保筹码不丢的情况下穿插一些短线操作，去争取超额收益，当指数涨到一定程度，出现上涨乏力、见顶征兆时，再分批减仓，巩固上涨成果，为备战下一波行情积蓄"子弹"。

3. "起涨阶段"的注意事项

谈及"起涨阶段"的操作策略，有的投资者恐会发出这样的疑问：什么是"起涨阶段"，"起涨阶段"的具体点位是多少，把握"起涨阶段"投资机会为什么总是说起来容易做起来难？其实，投资者只要做到以下三点，再难的操作也会变得简单起来：

第一，不要犹豫不决，错失投资良机。炒股谁都希望能洞察行情的涨跌起落，第一时间知道"起涨阶段"的确切时间和具体点位，以便果断出击、重仓介入，但底在哪里往往当时无从知晓，事后才会真相大白。对此，唯一有效的做法是确立自己"心中的底"，当大盘下跌几天、跌到多少点位，认为已经"够低"了，如2700点、2600点等，即可认为"心中的底"已经出现。此时，应果断加仓，并按预定计划越跌越买，直至达到仓位上限时止。

需注意的是，在确定"心中底"时要做到理性、务实，不要高估自己，不要指望买得最低。在2011年伊始这波反弹中踏空的投资者多数都是因为过于自信看空大盘且没有一个明确的"心中底""跌了还盼再跌，低了还想更低"所致。没有具体"心中底"或在确定"心中底"时不够理性和务实的直接后果是：要么操作起来犹豫不决、错失良机，要么大涨之后反向追高、得不偿失。

第二，不要弃熟择生，导致两头落空。行情"起涨阶段"尽管大盘指数涨得不多，

但个股机会层出不穷，涨停板股票明显增多，投资者的实际感觉往往是：指数涨得多但市值涨得少，持有的股票涨得少但未持有的股票涨得多，买入的股票不涨但卖出的股票大涨，等等。在这种现象下，投资者一方面很容易眼馋大涨股票，后悔下手太晚，另一方面看不上未涨股票，不愿买短线呈弱势的股票，表现在操作上很容易冲动——卖出未涨的股票去追已经大涨的品种，结果是左右不讨好、两头都落空：曾经持有的股票不卖不涨、一卖就大涨，未买的股票不买继续涨、一买即下跌，不仅卖出的股票赚不到钱，而且买入的股票同样难以获利。

实际上，在行情"起涨阶段"，几乎所有的股票都有上涨机会，只不过上涨的幅度大小和起始早晚、时间长短不同而已。获利大的往往是在个股未启动时潜伏、大涨时卖出的投资者；而那些在大涨后追入的投资者即使大盘和个股阶段涨幅不小往往也难以获利。因此，在品种选择过程中，当别的股票大涨时既没有必要参与追涨，也没有必要到处找股票，把所有股票的 K 线图翻个"底朝天"，只要在熟悉的品种里尽早选定并及时买入未涨或涨幅相对较小的品种等待补涨即可。

第三，不要自作聪明，造成节奏失调。"起涨阶段"的行情大多不会一蹴而就，往往会持续一段时间，少则几周多则数月。投资者不要指望每次操作都能踏准节奏，做到高抛低吸。多动既有可能带来额外收益也可能导致踏空或套牢，尤其是在行情"起涨阶段"。因此，在实际操作时切不可操之过急——一涨就卖、一跌就买，否则，极有可能因踏空或套牢在日后只能以更高的价格把它接回来或以更低的价格把它卖出去。

第二节 "赶底阶段"如何"防守反击"

与"反弹初期"的走势特点不同，还有一种市场的上涨出现在加速赶底之后，此时成了投资者防守反击快速抢反弹的绝佳时机。在"赶底阶段"炒股，最要紧的是保存实力，在此基础上再去考虑何时出击，怎样进行"防守反击"等。

1."赶底阶段"易犯的几个错

炒股，谁都会犯错，但典型的大错有两种：一是在顶部犯下的"追涨错"；二是在底部所犯的"杀跌错"。"赶底阶段"易犯的错便是后者的典型表现，主要有以下三种：

一是曾经的"错"变成了"错上加错"。指数从高位一路下跌，"伤"得最重的无

疑是重仓甚至满仓的投资者。如果说，这种"伤"主要是由于未在高位减仓这一操作错误所致的话，那么，比这种错误更大的错误在于：从高位一路深套的筹码跌至低谷时杀出，卖了个地板价所带来的"错上加错"，这也是一些投资者在"赶底阶段"易犯的"杀跌错"的常见形式。

二是曾经的"对"变成了"等于不对"。与重仓或满仓被套者相比，有的投资者由于在高位及时减仓、见好就收，在大盘下跌中规避了风险，保存了实力，现在看来，这些投资者当时的减仓操作无疑是正确的。但这种"对"也是相对的"对"。相比以前，今天看来当时的操作是对的，但若在一定低位未能及时回补筹码，不敢逢低买入，等行情涨到一定程度再想到买股，再回过头来看今天，就会发现曾经的"对"后来又变成了"等于不对"。

三是眼馋强势个股去追高。有些投资者在指数跌至一定低位时利用余资也进行了补仓操作，但在品种选择中不是逢低吸纳价值低估、遭受错杀的潜力股票，而是眼馋强势个股，进行了追高买入，此举同样是在"赶底阶段"炒股时易犯的错误之一。

就拿笔者长期跟踪的两只股票新疆城建和华东数控为例。在 2011 年 1 月 25 日至 8 月 3 日半年多的时间里，上证指数区间涨幅仅为 0.04%，几乎打了个平手；新疆城建从 8.53 元（复权价）涨至 9.25 元，涨幅为 8.44%，跑赢指数 8.40 个百分点；同期华东数控却从 24.83 元跌至 14.65 元，跌幅高达 41.00%。假如，投资者半年前持有新疆城建和华东数控各 10 万元，折股分别为 11723 股和 4027 股，7 月 28 日市值分别变成了 108438 元和 58996 元。

此时，摆在该投资者面前的换股方法有二：一是"以弱换强"——卖出华东数控 4027 股，去换新疆城建（可换 6378 股，暂不考虑交易费用，下同），换股后共持有新疆城建 18101 股，这些股份若在半年前买入只需 154402 元，相当于 20 万元资金突然蒸发了 45598 元，这就是眼馋强势个股去追高所带来的"隐性损失"；二是"以强换弱"——卖出新疆城建 11723 股，去换华东数控（可换 7402 股），换股后共持有华东数控 11429 股，这些股份若在半年前买入共须 283782 元，相当于 20 万元资金突然多出了 83782 元，这就是没有眼馋强势个股去追高所带来的"额外收益"。追不追高操作导致"一多一少"结果，两者竟差 129380 元，相当于 64.69 个百分点。

2. "防守反击"该做的几件事

"赶底阶段"炒股，须做的工作很多，重中之重是在保存实力、精心谋划的基础上，随时准备"防守反击"。"防守反击"操作最难的是仓位控制，即用多少资金参与

"防守",多少资金参与"反击",分寸较难拿捏。因为,如果仓位过重,万一再度大跌,就会造成重大损失,假如仓位过轻,一旦反转向上,又会错失抄底良机。那么,究竟该如何把握"防守反击"的分寸呢?关键有三:

一是确定投资策略。"防守"与"反击"是一对矛盾,协调两者矛盾最有效的法宝正是在于良好的仓位控制。一方面,做到既要有资金又要有股票,以便在行情处于"加速赶底"时能有一定的资金留作机动,随时参与"反击";当市场进入"全面反攻"时,又能有足够的股票参与反弹,并可随时进行获利了结,从而使整个操作变得非常主动。另一方面,根据对指数的预期把握进出节奏。炒股有分歧其实并不可怕,真正可怕的是自相矛盾——一会儿追涨、一会儿杀跌。解决这一问题的有效方法是:根据对指数的预期把握进出节奏,做到越跌越买,越涨越卖,指数点位越低、仓位越重,点位越高、仓位越轻,高抛低吸、游刃有余。

二是做好换股准备。除了仓位,品种选择是否恰当也是决定"防守反击"能否成功的一大关键。"赶底阶段"投资者的状况大致可分为三类:其一,满仓的投资者,考虑最多的是要不要换股;其二,空仓的投资者,考虑最多的是该买什么股票,何时买入;其三,既有股票又有资金的投资者,既要考虑要不要换股,又要考虑该不该加仓。但无论哪种情况,都离不开买入和卖出,即适度的换股操作。

具体方法是:首先,检查账户,清点股票,看看持有哪些股票。在此基础上,通过计算阶段涨跌幅度,确定待卖股票(一般是阶段涨幅最大者)。其次,确定买入对象。一旦卖出股票腾出一定资金后就要有相应的待买股票作为备选。选择待买品种的方法与确定待卖股票一样,都需要计算相关股票的阶段涨跌幅,只不过标准截然不同,首先选的是跌幅大者。最后,做好交易准备。将确定的待卖、待买品种"放入"用户板块设置的"自选股"里,一般按先待卖、后待买的顺序自上而下依次排列。

三是择机进行交易。一切准备就绪后,即可择机进行"防守反击"操作。一般在策略上分为两步实施:先按上述计算结果在第一时间操作一定比例(一般为1/2)的仓位,"首次换股"时要求做到果断买卖、不贪不惧;在此基础上,再按价格优先原则,尽力确保卖得更高、买得更低,顺利完成"二次换股"工作。

还是以新疆城建和华东数控为例。假如投资者能在上述分析的基础上,以平和心态及时果断地进行"以强换弱"操作:卖出新疆城建,换入华东数控,不仅能顺利地将 64.69 个百分点的"筹码收益"轻松地收于囊中,而且能在随后两个交易日指数和强势股的大幅调整中再次取得良好的投资收益。2011 年 8 月 4 日、5 日两天,在指数下跌 1.94% 的情况下,强势股新疆城建大跌 6.81%,跑输指数 4.87 个百分点,而弱势股

华东数控却逆市大涨 2.80%，跑赢指数 4.74 个百分点，"一来一回"收益相差 9.61 个百分点，这就是敢不敢于在低位进行"防守反击"所带来的"收益差"。

3."高抛低吸"须防的几种险

炒股风险无时不有、无处不在，只不过在不同阶段，面对不同品种，操作时的风险大小不同而已。高位追涨是一种风险，低位杀跌同样是一种风险。在行情处于"赶底阶段"，投资者进行"防守反击"尤其是"高抛低吸"时须重点防范的风险主要有：

一是"避险"的风险。本想控制风险，由于错误地判断了大盘的点位，误把底部当成了半山腰，结果仓位很轻，导致踏空，之后不得不在更高的位置把低位卖出的筹码买回来。

二是"好动"的风险。在"赶底阶段"进行的"防守反击"操作，投资者原则上只要买入筹码后持股不动即可，但一些投资者为了争取投资收益的最大化，希望抓住盘中的每一次波动机会，做到"高抛低吸"。实际上，这种"好动"的操作风险很大，"赶底阶段"极有可能因"动"而丢失筹码。

三是"恐惧"的风险。与高位不愿卖股一样，"赶底阶段"不愿买股的投资者大有人在，原因之一是"恐惧"心理占了上风，担心大盘和个股跌了还跌，因此不敢买股。事实多次表明，在每次大的行情面前，最佳建仓时机不是在上涨过程中抢筹，而是在"赶底阶段"分批逢低吸纳。

第三节　主升浪交易技法揭秘

即使在一轮大的牛市里，行情也不会一帆风顺、只涨不跌。相比之下，牛市里最吸引投资者眼球、最具有赚钱效应的区间是其中的"主升浪"。

所谓"主升浪"，通常指大盘或个股从低点起涨开始，到阶段高点见顶时止，持续时间较长、上涨幅度较大的主要上升阶段。及时洞察、果断参与、正确把握"主升浪"的投资机会，对于取得股市投资的成功将起到事半功倍的作用。

1. 股价上涨有哪些动力来源

在把握"主升浪"难得的投资机会前，先要弄清楚出现"主升浪"的背后成因，

也就是在股市基本面和技术面没有出现大的变化情况下，行情的运行为什么会出现"主升浪"现象？要回答这一问题，得先从股价上涨的动力来源说起。

经多年观察笔者发现，股价涨跌主要受供求关系的变化而变化——当供大于求时股价将下跌，反之，当供不应求时股价就会上涨。当供求关系出现"一边倒"时，体现在股价上的变动就是连续下跌或连续上涨，这便是一些个股出现"主跌段"或"主升浪"的直接成因。

在个股处于"主升浪"阶段，促使股价上涨的动力来源主要体现在五个方面。一是大盘上涨引发的"羊群效应"——尤其是在牛市初期，一旦指数启动，绝大多数个股都会跟着上涨，这是股价上涨最基本的动力来源；二是板块热点引发的联动效应——当某一板块受到多数投资者青睐，与该板块相关联的个股就会一起上涨，对股价形成正向刺激作用；三是自身利好引发的井喷效应——由于个股基本面出现突发性利好，从而打破了原有的股价平衡，在多数投资者预期发生改变，出现了向好预期占上风的情况下，对股价形成上涨推动力；四是持续超跌引发的弹簧效应——股市有个现象，再"好"的股票涨多了也会下跌，再"差"的股票跌多了也会上涨，这也是物极必反原理在股价涨跌中的具体体现；五是市场追捧引发的追逐效应——股价上涨不需要理由，只要有追随者，有成交量，就足以支撑股价上行。

正是这五大动力的"集体推动"，才使一些个股持续走牛，进而演变成一个完整的"主升浪"现象。

2. 进场交易有哪些具体技法

在"主升浪"期间，不同品种之间股价上涨的运行方式并不相同，较为典型的运行方式有三种：

一是"碎步小阳"式。在大盘和其他个股大幅上涨时，此类股票非常有"耐心"，总是在一个窄小的区间内持续震荡，上下落差非常小。但需要引起注意的是，虽然在其他股票大涨的同时此类股票不会随之大涨，但在其他股票快速跳水时此类股票往往拒绝调整，这种股票日后出现快速大涨的概率很大。

二是"进二退一"式。相比"碎步小阳"式品种，此类股票的股性比较活跃，但盘中波动幅度较大，单一交易日里的上下起伏往往超过 5 个百分点，但总体上看，股价趋势向上、涨多跌多并呈现出"渐进式"上涨的特点非常明显。

三是"连续井喷"式。股价上涨的持续时间较短但上涨幅度较大，有的以连续涨停甚至连续"一字涨停"方式走完阶段性上涨行情。

研究分析"主升浪"期间股价上涨的动力来源及运行方式的目的在于参与操作，进场交易。但不同的动力来源及运行方式，需要有不同的交易技法包括进场方式。现将常见的三种进场交易技法介绍如下。

第一种："抢先进场"法。适合对象："碎步小阳"式股票。由于"碎步小阳"式股票涨上去后很难再跌下来，投资者卖出的筹码也很难再正差买回来。所以，在参与此类股票的进场交易时，强调的是两个字：一是"先"——在时间上越早越好，一旦触底反弹，尽量选择在第一时间买入；二是"抢"——当出现因大盘或其他原因而导致盘中快速跳水时，更应毫不犹豫快速抢进。需要提醒的是，面对"碎步小阳"式股票，在利用"抢先进场"法交易时需要有良好的心态，能耐得住寂寞。

第二种："回调低吸"法。适合对象："进二退一"式股票。由于"进二退一"式股票盘中波动幅度大，所以交易日内存在较多的短线机会，但操作难度较大。对于选择此类品种交易的投资者来说，进场的时点选择十分重要。除了总体而言要尽量选择在"主升浪"初期买入（越早越好）外，还须在参与交易的当日选择一个合适的时机和价格（越低越好）买入。一般来说，合适的时机是在"退一"时买入，尽量不要在"进二"时追抢。就"前市"和"后市"而言，个股的"退一"多数出现在"前市"，且持续时间短暂，需及时把握。须注意的问题是，事先要有计划，否则极有可能出现"退一"时犹豫，"进二"时追抢。

第三种："少量追涨"法。适合对象："连续井喷"式股票。由于此类股票运作的主力实力强劲，表现在盘面上就会出现成交量快速放大的异常情况，而且由于短线涨幅巨大，赚钱效应十分明显，所以追抢的投资者很多。此类股票还有个特点，筹码一旦丢失，投资者需要以更高的价格才能买回来。交易时经常出现的情况是：要么买不进，要么买进但行情已到头，参与者出现"一买即被套"的概率很大。所以，对于"连续井喷"式股票，参与操作的投资者只能"少量追涨"，控制好仓位，切不可用"赌一把"的心态参与此类股票的交易。与此同时，还要做好充分的思想准备，要有强烈的风控意识。

3. 处理好"芝麻"和"西瓜"的关系

在"主升浪"里操作，进场后的应对方式主要有三种：一是长线投资——买入股票后持有不动，直至上行趋势发生逆转时止，采取的总策略以做足行情，赚取大钱为主；二是短线操作——只把握某一股票其中的某一阶段行情，获取其中的局部利润，采取的操作策略则以局部获利、见好就收为主；三是长短结合——在通过长线投资获

取巨额收益的同时，通过穿插短线操作扩大收益，达到好上加好的操作效果，但此法操作有可能如愿以偿，也有可能适得其反，所以并不适合多数投资者采用。

如果单纯地采取长线投资或短线操作，由于方法单一，所以实际操作起来并不复杂，比较适合多数投资者采取。相比之下，难度较大的是后者——长短结合操作法，既要做到筹码不丢，又要确保高抛低吸。此法操作的核心在于处理好"芝麻"和"西瓜"的关系，具体须面对的问题主要有三个：

首先，急涨时卖不卖？"主升浪"期间持有的股票多数情况下表现得相对温和，但有时也会出现"意外大涨"甚至短线急涨的情况。急涨之后，有的继续大涨，有的则缓缓回落。操作后的结果则时常会出现不如意情况：若在急涨时快速卖出，结果往往越涨越高，事后发现卖在了低位，想接回却始终接不回来；若急涨时没有卖出，结果往往逐波回落，失去了一次难得的高抛机会。应对方法：既然采取长短结合操作法，所以对于"急涨股"原则上要在急涨时及时卖出，并做好两手准备。卖出之后，无论股价上涨还是下跌，都要做到理性面对，不怨不悔，严格按计划交易。

其次，不同操作方法可能带来的风险如何应对？面对"主升浪"行情，最纠结的操作方法有两种：一是当股价大跌后，如果采取"先卖后买"法交易，很可能因正差"接不回"造成踏空；二是当股价大涨后，如果采取"先买后卖"法操作，极有可能因正差"卖不出"导致被套。对此，可采取以下方法应对：对于"大跌股"，原则上应采取"先买后卖"法交易，在筹码没有买入情况下不要卖出，只有在确保已经低吸的情况下，才可将低吸的股票逢高卖出，如此操作就不会踏空。对于"大涨股"，原则上应采取"先卖后买"法交易，在筹码没有卖出情况下不要买入，只有在确保已经高抛的情况下，才可将高抛的筹码逢低买回，如此操作就不会被套。

最后，在"极端点"能否进行"极端式"操作？"主升浪"的两个"极端点"分别位于底部和顶部。底部操作的大忌是不断减仓，失去分享"主升浪"的获利机会，顶部操作的大忌是不断增仓，增加"主升浪"的埋单可能。应对方法非常简单：在"主升浪"的"极端点"选择"极端式"方式操作，即在判断"主升浪"大的波段趋势基础上，当相关股票运行至相对的底部区域时，采取增仓法操作，在保持原持仓比例基础上不断增加仓位。当运行至顶部区域时，采取减仓法操作，在保持原持仓比例基础上逐渐减轻仓位。在"主升浪"的其他区域，可选择"折中法"操作——保持仓位不变，只做高抛低吸。此法操作，一般能较好地处理"主升浪"期间"芝麻"和"西瓜"的关系，既能捡到"芝麻"，又能抱住"西瓜"。

第四节　"逼空市"炒股离不开精细化

在"主升浪"进入一定阶段之后，随着投资者情绪的变化，无论多空双方想法如何变化，集中到一点就是预期的高度一致，即认为行情还会上涨，都是害怕错过机会，纷纷加入追涨抢筹者的行列，"逼空市"由此而生。

多数投资者以为，在"震荡市"里操作难度较大，需要技法、讲究精细，但在"逼空市"里操作似乎就非常简单——只要满仓买入热门板块里的强势品种，然后一路持有即可。实际上并非如此，"逼空市"炒股与"震荡市"一样，离不开"精细化"操作。

1. 盲动蛮干导致收益滑坡

股市走势从极端运行方式看，一般可分为"逼空市""震荡市"和"暴跌市"三种。在"逼空市"里，指数要么连续大涨，要么涨多跌少；个股则是遍地开花、全面活跃，呈现出先普涨、后轮涨的特点，而且冲击涨停板的股票数量不断增多。

随着行情转暖，投资者的操作热情随之升温、全面激发，股票账户新开率迅速增加，投资品种换手率持续上升，多空双方的较量结果明显对多头有利。此时，持股者大多想找更高的价位卖出股票，持币者则不得不以较高的价位买入股票。即使是单一投资者自身面对同一股票，也是高抛、惜售的心态占了上方，卖股甚至杀跌的意愿明显下降。

就投入精力和操作结果看，两者之间没有必然的联系。虽然"逼空市"里的大盘和个股总体保持上升趋势，但也不是只涨不跌，多数时间里依然会在一窄小区间里上下波动甚至出现快速跳水。投资者若死盯盘面，不少个股不温不火甚至"反走"，往往难有好的交易机会；有时稍不留神，又会出现惊喜，或买入的股票突然大涨，或卖出的品种突然大跌，反而给投资者提供了理想的交易机会。操作结果投入精力大的投资者不一定收益高，投入精力小的投资者不一定收益低。

"逼空市"的这些特点表明，盲动蛮干不仅会导致收益滑坡、利润缩水，而且极有可能不盈反亏、适得其反，错失"逼空市"难得的赚钱良机。由此可见，要想在"逼空市"里抓住良机、跑赢指数，不仅需要有好的心态和技法，而且要精心谋划、精益

求精，逐步达到"精细化"的程度。

2. 多措并举应对逼空走势

在"逼空市"里操作，唯有"精细化"才能稳定获利、成为赢家。表现在操作策略上，总体应保持较重仓位，但也应做到分寸得当，既不空仓也不满仓，一般保持在七成左右仓位较为适宜。只有这样，才能做到进出自如、游刃有余，既无须担心大盘和个股上涨造成踏空，也无须担心大盘和个股下跌造成被套，涨时可以找更高点位卖出所持筹码，跌时可以在更低价位买入待买股票。

在操作方式上，一是要反向操作。保持较重仓位并不意味着可以不看指数位置随意买入股票，而是要尽可能地买得早、买得低。要达到这种程度，必须反向思维——当大盘跌跌不休、众人不敢买入时大胆买入股票。二是要不受干扰。以 2012 年 4 月头三周为例。截至 20 日收盘，上证指数已涨 6.37%，有近七成个股跑赢指数。最佳进场时机是月初，但当时的舆论氛围——"本周必大跌""年内无牛市"、2132 点本月必破等信息随处可见，明显不利于投资者建仓。此时，只有不受干扰的投资者才会大胆从容地买入股票，最终取得丰厚回报。三是要调整策略。如果一开始在行情性质不明的情况下采取的是控制仓位策略，那么当市场出现明显的"逼空市"迹象后，就应及时调整操作策略，变"既买又卖"为"多买少卖"。

在操作节奏上，既不要追涨杀跌，追涨杀跌很容易导致巨亏且搞坏心态；也不要一味死守。虽然在"逼空市"里操作，不操作往往是最好的操作，但不操作并非指一味死守，尤其要防止大涨后不愿卖股，大跌后不愿买股。"逼空市"里正确的做法是高卖低买、踏准节奏。这样操作，既可摊低成本、扩大收益，又可增加交易灵感，使操作流畅起来。在操作节奏的具体把握上，一般有三种情况：一是即时交易——买卖股票同时进行；二是错时交易——分段分批买入和卖出股票；三是择时交易——或先卖后买，或先买后卖等。

在操作技法上，须针对"逼空市"所处的不同阶段采取不同的交易方法。譬如，在大盘和个股急涨时，卖出要快，确定委托价时不要太贪，宁愿少卖几分钱也要确保成交。有正差收益时，要及时接回，此时想法不要太多，只要有微利、能接回、不踏空即可。再如，在大盘和个股震荡时，保持淡定，耐心等待个股补涨，尽量不要割肉。因为股市里的交易机会不是时时都在、处处都有。机会多的时候，一天之内可以进出多次；机会少的时候，可能几天都没有交易机会，对此要能正确对待且有充分的思想准备。又如，在大盘和个股急跌时，要及时抢进，不要犹豫，以免错失低吸机会。

3. 精细操作才能稳中有进

要想在"逼空市"里的操作中达到"精细化"的程度，第一，离不开正确的计划。"逼空市"里的计划一定要缜密，考虑问题要周到。操作计划一般分为周计划和日计划两种。与此同时，还要根据政策形势变化和实际操作情况对计划进行及时的调整。"精细化"的交易计划主要体现在"三性"上：一是确定性——确保交易时所进行的操作是正确的；二是灵活性——交易之后，无论相关品种是上涨还是下跌，都要有相应的对策，充分体现"灵活性"的特点；三是主动性——在整个"逼空市"尤其是大幅震荡中，主动权要始终掌握在自己手里，既不被行情牵着鼻子，也不被主力随意忽悠。

第二，离不开严格的执行。交易计划一经确定，就要在实际交易中严格执行。执行后可能会出现两方面问题：一是判断反了怎么办？原本认为大盘反弹到某一点位后应该会有调整，所以作了减仓操作，结果大盘依然选择上行，实际走势与当初判断正好相反；二是不慎踏空怎么办？卖出的股票本想在低位接回，结果一路上涨，要么接不回，要么只能以更高的价格买回，导致得不偿失。上述两个问题的共同对策是：能等则等——耐心等待计划价到达后再交易；适当纠偏——在确定性较大的情况下反差买入踏空的股票。

第三，离不开良好的心态。实际上，无论是踏空还是套牢，都是炒股的正常现象，"逼空市"也不例外。一些投资者之所以未能正确对待这一现象，且在事后采取错误的操作策略，主要原因是事先估计不足。对此，投资者在卖出股票时就要有踏空的心理预期，买入股票时则要有被套的思想准备。只有在"逼空市"里的操作中，保持良好心态、做好两手准备，才能逐渐达到"精细化"的程度，进而取得良好收益，确保市值稳中有升。

第五节　普涨之后的操作技巧

在牛市，当指数几近翻倍、个股普涨之后，投资者该怎么操作？是继续重仓持股，还是轻仓回避风险？该短线出击强势板块，还是逢低吸纳潜力品种？对买入的股票，是继续守仓，还是高抛低吸？所有这些都是投资者必须面对，也是最为关心的问题。总的原则是，大盘和个股普涨之后，既要逐利，更要风控。操作时重点要把握好三个

方面：

一是控制仓位。在股市投资，没有一个人不希望买在最低点，卖在最高点，但没有一个人能做到这一点。正因为如此，无论是熊市，还是牛市，在大的趋势没有改变之前，最好的策略是顺势而为，不要小聪明。正如 2008 年的熊市，在没有完全见底之前，每次买入都是错误的，牛市也一样，每次卖出也都会留下一些遗憾。从 1664 点开始反弹，大盘和个股每上一个台阶，总会有人担心调整、下跌。事实证明，每次担心都是不必要的，十分错误的。普涨之后，买还是卖，仓位如何控制才算科学合理，总体来看，要因人而异、区别对待，但大体离不开以下两种情况：

对于建仓较早、成本较低的投资者来说，可以选择落袋为安，等"跌透"后再逢低买回，但假如一路上涨，就不能再追高，对此，一定要事先想清楚后再来操作。假如达不到这种境界，做不到这一点，则只能选择继续持仓，直到趋势发生改变时再清仓。到那时，在任何点位、以任何价格卖出都是正确的。

对于建仓较晚、成本较高，甚至一路踏空至今的投资者来说，以现在这种点位和价格再来重仓甚至满仓，无异于玩火。特别是对于在 2000 点以下看空、做空的投资者来说，在 3000 点上方反手做多，显然属于典型的追涨杀跌者。如果这部分投资者实在"忍不住"，一定要参与，可以少量买入，但要快进快出、见好就收。

二是选好股票。在控制好仓位的基础上，如果想建仓，同样要注意技巧。在大盘和个股普涨后选股，首先要考虑股票的涨幅和主力的获利空间，在数只股票条件相仿、具有可比性的情况下，要尽可能选择涨幅小、安全边际高的品种。实际上，介入这样的品种，不仅风险较小，而且获利的胜算也比较大。在标的品种相互比对时，一定要注意可比性，如都是自己长期跟踪的"自选股"，所属板块、盘子大小、题材股性等也有许多相似之处。在此基础上最终确定品种时，要优先选择涨幅小的股票。

三是沉着应对。可比性强、涨幅小的品种，虽然安全边际较高，潜在价值早晚会被发现，但在短时间内往往股性会比较呆板，有时甚至会与大盘和其他个股的大幅上涨形成鲜明的反差。事实上，按照这样的标准建仓的股票，也特别考验投资者的耐心，特别是采取"左侧交易"、仍在下跌的股票，买入后往往还有最后一跌。普涨之后应对波动，最好、最有效的策略就是无论发生什么事情，都能做到沉着坚定、心态稳定、持股不动。

普涨之后，如能做到以上三点，往往能达到有效风控的目的。老股民都知道，炒股票最难的是预测未来。"明天"大盘涨还是跌，谁将成为下一阶段领涨板块和个股？说实话，要猜对测准很难！能够做到这一点，且提前布局、屡战屡胜的投资者恐怕没

有几个。既然无法预测未来，又不想错过机会，那么，在大盘和个股已经普涨之后，最好的操作技法就是不预测大盘，只做自己的操作计划，并按计划控制仓位、选好股票、守仓到底。

第六节　牛市炒股的"制胜宝典"

每当岁末临近，多数股民都要打开账户、盘点得失。牛市也一样，股民都在思考同样的问题：牛市炒股的"制胜宝典"是什么，怎样才能在牛市操作中成功胜出。实际上，牛市炒股的这份"宝典"就在投资者自己的手里，它的名字不叫别的，就叫"反常"。

第一，"热门"不如"冷门"。熊市炒股，一抛了之即可。但在牛市，要想获利，先要"选股"。为获取短线暴利，许多股民都希望赶上热点、"骑"上"黑马"。然而，并非所有的股民都能把握热点、驾驭"黑马"，尤其是处于相对弱势的普通散户，把握起来就更为困难。作为普通散户，难以把握热点、驾驭不了"黑马"，不一定成不了赢家。与风靡一时的"热门股"相比，"冷门股"其实也是座难得的"金矿"。只要把握得当，操作"冷门股"的收益不一定比"热门股"差，关键是方法要对路、心态要摆正。在多数仓位保持不变的同时，对于其中少量仓位，专捡自己熟悉的"冷门股"进行波段操作，也能积少成多，取得较为理想的投资效果。

操作"冷门股"，一是要注意品种选择、总量控制。一般情况下，要选择那些基本面较好，调整幅度较大，未被市场爆炒过，自己长期跟踪、对其股性较为熟悉的股票。操作时，采取逢低分批方式买入，边跌边买、越跌越买。当买入数量达到或超过一定比例（通常在持仓量的1/5至1/3）时，就不再加仓，以防一旦出现个股风险而使自己被动。二是要注意快进快出、见好就收。由于买入的"冷门股"，操作策略定位的是短线，目的是赚差价，因此要特别注意防止"由短变长"、造成被动，要尽量少坐电梯、做足差价。三是要防止患得患失、追涨杀跌，切忌涨时怕再涨——不敢卖，跌时怕还跌——不敢买，心一软、手一慢，出手的好时机一而再、再而三地错失。与此同时，要防止追涨杀跌。对于卖出的股票，能跌最好，不跌也罢，但绝不追高买入，相反，要越涨越卖。对于买入的股票，能涨最好，不涨也罢，但绝不低位杀出，相反要越跌越买，直至达到仓位控制比例时为止。

第二，"应时"不如"反季"。精明的消费者大多知道"反季节"消费的益处。同样的商品，如果"反季节"购买，就能以相同的钱数买入更多的商品，或能以更少的钱数买入同样多的商品。股票也一样，不同的品种都有自己的"旺销期"和"滞销期"，此股受冷落的时候，彼股却受到广大投资者的追捧，进入了销售的"旺季"，股价也一路上扬。一段时间后，彼股开始了漫长的"冬眠"，而此股却渐渐"复苏"，甚至出现了被人争抢的销售"旺季"，股价随之出现大幅上涨。投资者若能做到"反季节"炒股——"滞销期"买入，"旺销期"卖出，往往能胜人一筹。

"反季节"炒股与"随大溜"、赶时髦正好相反。实际投资中，投资者一是在理念上要确立与众不同的投资思想，进行"逆向思维"，敢于"人弃我要"；二是在操作中要学做"另类""我行我素"，不去凑"应时"热闹，不去赶"应时"时髦。有些股票投资者虽然非常看好，但在多数情况下"反季买入"要比"应时买入"强许多，即使要买，也不应在"应时"，而要等"反季"到来时。当然，投资中的"反季节"也有个前提，这就是股票的质地要好，估值要合理，还有就是要采取长线价值投资的策略。如果是股票质地有问题，或采取的是短线操作，那就需另当别论了。

第三，"利好"不如"利空"。个股利好发布后，普通散户一激动，忍不住追杀进去以后被套或亏损出局的事例在投资实践中不胜枚举，第一时间买入后后悔的投资者也不在少数。赶上个股利好却不赚反亏的事，想必许多人都或多或少经历过，究其原因，重要的一条是，面对个股利好，不知道该怎么办。普通投资者看到公告后的第一反应大多是"该股后市有戏，应该在第一时间跟庄买入"。但实际上，相关股票在利好公布后高开低走、冲高回落，甚至尾盘杀跌、最终收阴的情况屡见不鲜。对于个股利好出来后第一时间买入的投资者而言，等待他们的，往往是被套的苦楚。相反，一些低位盘整了较长时间的股票"利空"出来后股价被顺势打压时，往往是十分难得的好买点。

操作中，投资者需注意三点：一是具体个股要具体分析。对突然出来的个股利好要去伪存真、仔细鉴别，弄清楚是形式利好还是实质利好，是短期利好还是长期利好。只有那些具备实质利好、长期利好的"优质"品种才具有投资价值，才能进入投资者的"待买视线"。二是介入良机往往不在"众星捧月"之时，而是在被众人"淡忘"之机。许多股票在利好出来时往往会引人注目，被人"哄抢"，但"时过境迁"之后，却又被许多投资者遗忘、抛弃。炒股最忌"冲动"，投资须有记性，与其追涨买入，不如逢低吸纳。三是要讲究节奏和技巧。当个股利好出来遭众人"哄抢"时，不妨做个冷静的旁观者，将质地优良、有实质利好、打算建仓的个股，暂且"丢"之一边，保持一定距离，等到"时过境迁"、被众人遗忘、跌到自己期望的价位之后，再分批逢低大

胆买入。

第四，"极端"不如"对冲"。2009年12月上证指数从高点6124点一路狂跌最低至1664点，跌去了4400多点，跌幅高达72%，满仓者损失惨重；紧接着，又从1664点单边上涨到了3478点，涨了一倍还多，空仓者错失良机。无论在这轮堪称股灾式的暴跌面前，还是在牛气冲天的市道里，做得好的投资者既不会大伤元气，也不会欣喜若狂，不讨巧的投资者则熊市损失惨重，牛市错失良机，其重要原因之一便是选择了"极端"的操作方法。投资者若想降低炒股风险、减轻投资压力，快乐、轻松地买卖股票，不妨摒弃"极端"做法，进行"对冲"炒股。

"对冲"的具体方法多种多样，主要有：一是股票与资金"对冲"。一般情况下，什么时候都不满仓、空仓，什么时候都既有股票又有资金，均不宜采取"满进满出"法操作。二是不同股票间"对冲"。某一点位、多少仓位确定后，在具体品种选择时也不宜采取"单兵作战"的方法，而应有多只股票可供选择。三是同一股票里"对冲"，即仓位里可以区分为固定筹码和流动筹码，用这两类不同的筹码来"对冲"。比如将仓位里的部分筹码作为固定品种，其余部分作为流动筹码，当该股上涨一段时间后，就将流动部分"出掉"，如再涨，则将固定部分也"出掉"。当下跌一段时间后，再将固定部分"捡回"，如再跌，将流动部分也"捡回"。四是家庭成员间"对冲"。比如夫妻、父子、母女、兄妹、姐弟等，你做多、我做空，你买入、我卖出，你重仓、我轻仓，你买这股、我买那股等。

第五，"多动"不如"少动"。岁末，投资者不妨翻看一下年初时自己持仓的品种和数量。多数投资者可能不看不知道，一看吓一跳：假如一直持仓至今，不做任何操作，收益会比频繁操作高出许多。假如对年初以来的操作再作一次选择，许多人会毫不犹豫地选择持股不动。正反事例都在不断告诫投资者：在一轮大牛市里，长线投资才是在牛市里始终立于不败之地、适合多数人，又能做到轻松自如的制胜法宝之一。

与短线投资有窍门一样，长线投资也不是没有讲究，更不是随便买入一家上市公司的股票放起来即可，而是"长"有"长"的门道：一要精挑细选。在两市一千多家上市公司里，要选好品种，进行长期跟踪，掌握"变化规律"，熟悉"性格脾气"，以便看准时机，见机"下手"。二要大小结合。做到有大有小，大小结合。这里的"大"，指的是"大象"、权重、盘子大、市值大的股票；"小"指的是盘子小、股价低、市值轻、题材多的股票。三要分散投资。做到大有大的"组合"，小有小的"伙伴"，最大限度地避免由个股的不确定性而导致的系统性风险。四要早买低买。长线投资的大忌是犹豫不决、患得患失，错过买入的好时机。早买低买的关键在时机要早、越早越好，

价格要低、越低越好。五要沉着应对。只要认准方向，看清大势，无论大盘和个股怎样"折腾"，始终做到"闲庭信步"。六要闲钱闲心。"闲钱"就是投入的资金必须是自有资金，自己可以任意支配的资金，没有时间限制、没有盈利要求，没有任何压力，"闲心"就是专心做好自己该做的事。在很多时候，不看行情比"死盯"要管用得多。这也是广大股民在 2009 年股市投资中用真金白银换来的重要感悟。

第七节　"踏空"后的操作技巧

股市投资最纠结的问题无非两个：一是买入的股票被套，二是卖出股票后踏空。与被套后善于寻找对策、有效化解危局的技能一样，踏空后迅速采取措施、改变被动局面，同样是股市投资必备的基本功之一。

1. 买不买，买多少

踏空后，投资者最担心的莫过于没买时一路踏空，越是不买大盘和个股越是猛涨；一旦买入又担心掉头下跌，因此总是买也不是，不买也不是。下面，以投入本金 10 万元、全部处于踏空的投资者为例，介绍踏空后的操作方法。具体分三种情况：

一是投入的是自有资金、没有使用时间限制、又有后续资金可以补仓的投资者。踏空后，原则上应立即采取"纠偏"行动，第一时间全仓（10 万元）买入股票，以免大盘和个股再涨时再踏空，造成更加被动；如果买入后出现下跌，则可追加资金，再等额（10 万元）买入股票。

二是投入的是自有资金、没有使用时间限制、但无后续资金"跟上"的投资者。踏空后，可采取"折中"办法，于第一时间先买半仓（5 万元）股票。买后若上涨，此时有一半仓位参与上涨，不至于全部踏空，造成更大被动；若下跌，也还有一半资金可再度补仓。

三是投入的不是自有资金，或虽是自有资金但有使用时间限制的投资者。相比前两种情形，这部分投资者炒股的风险最大，因此，原则上宁可踏空也应避免因盲目买入而导致被套。对于其中风险承受能力较低的投资者来说，应第一时间退出；对于具有一定风险承受能力的投资者而言，买股时应把握三个原则：一是设好止损位；二是在目标股票长期下跌、调整到位时买入，或急跌时抢进；三是控制好仓位（譬如买半

仓），以争取操作主动。

上述三类踏空者都有个首批筹码买入后再度补仓的问题。余下资金补仓的方法主要有二：一是看指数——跌时补仓。可因人而异，如下跌100点、200点或300点时进行补仓，一旦到"点"即可买入。二是看股价——跌时补仓。买入时机不受指数涨跌影响，只取决于个股价位，如待买股票下跌10%、20%或30%时进行补仓，一旦到"价"即可买入。无论是"看指数"还是"看股价"，余下资金补仓时尤其要抓住大盘和个股遭打压洗盘带来的低吸良机。

2. 买什么，怎么买

当踏空后"确定"买入股票，或首批买入后又到了补仓的点位（指数）或价位（股票）时，又有个品种选择问题，而且品种选择正确与否又直接关系到操作的优劣乃至成败。下面，介绍几种常见的踏空后建仓品种的选择方法：

一是选择比价优势明显的股票买入。重点选"两头"，一头是起涨前阶段跌幅大的股票；另一头是起涨以来区间涨幅较小甚至逆市下跌、惨遭错杀的股票。这种股票的优势在于机会很大但风险较小：虽然从指数看，起涨以来踏空的投资者似乎是踏空了，但从个股涨幅看，相比这些股票起涨以来不涨反跌来说实际上并没有踏空，甚至此时建仓踏空的投资者比之前高位买入看似没有踏空的投资者操作起来优势还要明显得多。适合对象：稳妥、长线且踏空的投资者。

二是选择短线机会较大的股票买入。虽然与之前介入的投资者相比，此时买入此类股票似乎有些踏空，但由于这类股票强势特征明显，短线继续上行概率较大，值得踏空后一搏。但操作中有两个前提需加以把握：一方面，待买股票累计涨幅不能太大，一般宜控制在20%以内，机会特别大的股票涨幅原则上也不宜超过50%，否则获利回吐的风险太大；另一方面，短线消耗的能量不能过大，连续涨停的股票原则上不要碰。相比之下，一波上涨后回调到位的品种，在下杀时抢进胜算较大。另外，还要注意快进快出。适合对象：激进、短线且踏空的投资者。

操作风格如果介于稳妥和激进、长线和短线之间的投资者，可在上述两种方法之间加以"折中"，灵活操作，但在品种选择时都须做到熟悉和放心：要么是平时关注、非常熟悉的自选股，要么虽属陌生股但事先已做了仔细研究，买入后同样能放心持有的股票。至于买股方法，一般采取组合搭配（数个品种同时买入）和分批买入的方法进行操作即可。

3. 卖不卖，何时卖

就多数投资者而言，踏空后买入股票的目的是获利，只有少数投资者以长线持有为目的并不在乎短线波动和一时盈亏，因此买入后的操作策略同样十分重要：

对于长线投资者来说，买入后的操作策略非常简单，不管涨还是跌，一路持有即可。只有当持有的股票完成了长线投资使命，或区间涨幅过大需要暂时退出时，才考虑部分卖出、清仓离场或换股操作。

对于短线投资者来说，买入后的操作策略一般按短线方式对待，即当买入的股票到达目标位或短线大涨后及时卖出，再换买别的潜力股票。其中，当操作显得较为流畅时，可加快节奏、提高频率，在资金不变的同时让股票多起来，或在股票不变的同时让资金多起来，总之让总值不断增加；当操作显得不够流畅甚至做反时，应停止操作，待出现转机——或买入的股票解套，或卖出的股票出现了正差回补机会时再寻找机会、伺机出击。

需要提醒的是，踏空后的操作在多数情况下欲速则不达，越想让股票上涨它越是不涨，越是没有指望股票会涨越是会出现意外大涨，所以，操作前也要事先制订好计划，操作时保持良好心态，有机会时按计划交易，没有机会时暂停操作。

4. 纠结时，怎么办

与其他时机炒股一样，踏空后的操作也免不了会有为难和纠结之时，对此，首先应明白，踏空后的操作是一种"不定"的操作。买入股票分为两个批次入场，首批买入一般没有问题，只要下定决心、不要太贪，大多能顺利买入，但第二批买入有明确的计划（点位或价位），当计划的点位或价位出现时也能买入，只要不是犹豫不决，一般也不会错过这样的买入机会，但当计划的点位或价位未能出现时，既然定了计划，未到"点"（或"价"）时就只能选择放弃，"不定"的这一特性决定了踏空后操作的"不确定性"，对此要有充分的思想准备。

其次，还应明白，踏空后的操作是一种"相对"的操作。相比抄到大底的投资者来说，大涨、踏空后再进场的投资者无疑失去了最好的买点，但相比以后大盘和个股涨到更高位置后再买入的投资者，此时又是难得的低吸良机。由此可见，踏空后的操作无所谓对错、好坏之分，只要觉得某一时段买点（或买价）够低，心理上产生了踏空的恐惧感——害怕踏空，就应及时分批买入；反之，如果感到点位（价位）不低，补仓后又担心被套，同样产生恐惧感——担心被套，在这种情况下就只能选择放弃。

只有当"不买怕踏空""买后不怕套"时才适合进行踏空后的补仓操作。

最后，还须明白，踏空后的操作是一种"绝对"的操作。无论出于什么考虑，买入股票的投资者都有个卖出的问题。股票卖出后，"对"是相对的，但"错"是绝对的——既包括卖出后股票大涨导致"再踏空"，也包括下跌回补后继续大跌被套"而做反"。实际上，这种情况在股市出现的概率非常大，踏空后的操作也一样，不可奢望总会出现买后不被套、卖后不踏空这样的好事。所以，树立正确的投资理念，做好必要的应对准备显得十分重要。只有这样，才不会在踏空后的操作中因为踏空或被套感到纠结。

第八节　巧借主力洗盘回补低位筹码

投资者账户里的资产一般情况下可分为两类：一是股票类资产，包括股票、基金、债券等（以下简称股票）；二是资金类资产。前者随大盘和个股的波动而波动，后者则不受波动影响，始终保持固定额度。

在熊市，投资者不仅对账户里的资金很少有买入欲望，而且对已经持有的股票也想择机卖出。牛市则相反，不仅不想卖股变现，而且剩余的资金也有强烈的回补冲动，希望通过及时、正确的回补操作，让投资收益达到最大化的程度。

1. 为啥要借洗盘进行低位回补

按个股盘面表现分，挂牌交易的股票大致可分为强势股和弱势股两类。就某一股票某一时点而言，同样有这种特征——不是表现为强势就是显得弱势。持有资金准备回补筹码的投资者此时有两种选择：一是在股价上涨、表现强势甚至处于高位时追涨；二是在股价下跌、表现弱势甚至处于低位时吸纳。

对于前者——高位追涨者而言，虽不排除股价继续上涨甚至短线暴涨的可能，但其中的风险不言而喻。对于后者——低位吸纳者来说，虽不排除相关品种继续下跌甚至短线暴跌的可能，但其中的机会明显大于存在的风险。就多数投资者来说，笔者认为不宜高位参与，应尽量借主力洗盘之机进行低位回补。这是因为，从股市有涨有跌的简单规律看，下跌后处于低位的股票上涨概率较大，相反，上涨后处于高位的股票下跌概率大大增加，所以要尽量利用主力洗盘之机逢低吸纳。

不但如此，从涨跌比例不对称原理出发也有必要选择低位回补。在日常交易中，有个现象时常被投资者所忽略，这就是涨跌比例不对称原理，即以同一价格买入同一股票下跌 10% 后要想解套须上涨的比例，与上涨 10% 后要想不亏可下跌的比例是不同的。计算后笔者发现，跌 10% 后，要想解套须上涨的比例高达 11.11%，涨 10% 后要想不亏可下跌的比例只有 9.09%，两者相差 2.02 个百分点，这就是涨跌比例不对称原理。

涨跌比例不对称原理说明，上涨后买入不仅极易亏损，而且相对较少的下跌比例就会导致较大幅度的亏损；反之，下跌后买入不仅容易获利，而且相对较少的上涨幅度就会带来较大比例的收益，这便是为何要借大盘和个股洗盘之机进行低位回补的奥秘所在。

2. 如何利用洗盘进行低位回补

借主力洗盘之机进行低位回补的最佳状态是选在最低点进行一次性回补，但取得这种操作结果的可能性极低，并非普通投资者所能达到的操作。适合多数投资者实际的回补方式主要有以下三种：

一是定点定价分批回补法。所谓定点，是指在大盘调整具体点位不明情况下，事先假设好大盘的调整点位，如 2400 点、2300 点、2200 点等，一旦大盘真的跌至此点位，立即按计划进行回补操作；所谓定价，是指在个股下跌具体价位不明情况下事先假设好个股的下跌目标，如 10 元、9 元、8 元等，一旦个股真的跌至此价位，立即按计划买入股票的操作；所谓分批，即在大盘到点、个股到价、按计划回补时，不是采取一次性方法全额回补，而是分若干批次，如分二批每批 1/2、分三批每批 1/3、分四批每批 1/4 等进行回补。

二是高抛低吸正差回补法。如果说定点定价分批回补法是一种相对比较原则的回补方法的话，那么高抛低吸正差回补法则是投资者在回补筹码时必须遵守的操作纪律，即如果回补的品种是之前曾经卖出的股票，则要求回补价必须在原卖出价之下，体现高抛低吸正差回补的原则。值得注意的是，不仅回补价必须在原卖出价之下，而且要把握两点：第一，要考虑交易成本因素，要在剔除交易成本后依然能够确保获利，做到正差交易时进行回补；第二，要考虑分红送配因素，先查看当初卖出时至如今拟买期间，相关品种有无实施过分红送配，如果没有实施过分红送配即可忽略此问题，若在此期间实施过分红送配，则应对股价进行除权处理（既可进行前除权处理，也可进行后除权处理，交易系统内部均有此功能）。总之，在高抛低吸正差回补时不要被"当前价"的假象所迷惑。

　　三是动静结合少量回补法。无论是采取定点定价分批法回补，还是高抛低吸正差法回补，均应控制好回补操作的仓位，总的原则是要进行少量回补，不要满进满出。少量回补的前提是动静结合、少量卖出，只有确保当初的卖出是少量的才能在回补操作时也做到少量回补。

3. 低位回补筹码重在灵活应对

　　能否借主力洗盘之机及时进行有效的低位回补，既对投资者的操作胆识是种考验，同时也对投资者的操作技法要求较高。譬如，回补后股价涨了怎么办？一般来说，回补后股价一旦出现上涨，即可进行获利卖出，待跌至一定低位后再进行回补；再如，回补后股价跌了怎么办？操作方式基本相同，方向相反，即回补后股价如果继续下跌，即可进行二次回补，再跌再补，以此类推，直至完成全部回补操作时止。只有当回补（买入）的品种出现上涨、获利时才可分批卖出。

　　除了要解决回补操作中时常遇到的"回补后股价上涨怎么办""股价下跌怎么办"这些常见问题外，还要对可能出现的各种特殊问题有充分的思想准备，并进行灵活正确的应对。回补中出现的特殊情况主要有：

　　第一，久不成交怎么办？无论是采取定点定价分批法回补，还是高抛低吸正差法回补，事先设定并实盘委托的单子都有两种可能：成交和不成交。对于顺利成交的单子，只要按事先设定的计划操作即可。对于委托后始终未能成交的单子，一般情况下要在下个交易日继续委托，直至成交时止（股价远离委托价的除外）。

　　第二，部分成交怎么办？实盘委托的单子，除了成交和不成交这两种可能外，还有一种特殊情况，就是部分成交。这种情况遇到后，往往让人比较纠结（为便于说明问题，以笔者的实际操作为例）：某日，笔者以 4.04 元的价格卖出某股票 10000 股，拟以 3.98 元的价格回补同等数量该股票，准备待该股涨至 4.04 元时再次卖出。结果，当天该股最低价正好为 3.98 元，但只成交了两笔共计 3300 股（分别为 1200 股和 2100 股）。

　　出现部分成交情况后，可用以下方法解决此问题——翌日同时进行两笔委托：一是以 3.98 元的价格回补 6700 股（10000-3300=6700），即将原来未买入的部分再进行委托买入（一旦成交，视作当初顺利回补）；二是将已买入的 3300 股以 4.04 元的价格委托卖出，即将已买入的部分委托卖出（一旦成交，视作当初未能回补）。

　　委托后可能出现的情况有三种：一是两笔委托后全日均未成交，可予下个交易日继续委托；二是若委买的 6700 股（3.98 元）先成交，此时相当于委买的 10000 股已全部成交，可在原委卖 3300 股（4.04 元）的基础上，再立即委卖 6700 股，价格同样为

4.04元；三是若委卖的3300股（4.04元）先成交，此时相当于委买的10000股未成交，可在原委买6700股（3.98元）的基础上，再立即委买3300股，价格同样为3.98元。一般情况下，部分成交后同时进行的两笔委托只有出现上述三种情况的可能，两笔委托同时成交的概率很低。此时，投资者在低位回补时出现的部分成交这一纠结问题不仅已得到及时解决，而且部分筹码实际上已作了一次漂亮的高抛低吸。

第九节　散户"逃顶"三秘诀

7月29日，沪深股市下起了2009年的第一场"大雪"。当天，上证指数在创出3454点反弹新高后，欲涨乏力，逐波下行。至下午1时40分，跌幅已达近百点。2时前后，市场更是"杀"声四起、抛盘如潮，在短短20分钟时间里，指数狂泻近200点，全天最大跌幅超过7%。至收盘，两市跌幅虽有所收窄，但均达到或超过5%。跌停的个股达到数十家，跌幅超过8%的股票多达435家，这也是近8个月来单日跌幅最大、股民最为恐慌的一天，用暴跌、狂泻、恐怖来形容当日市况，都不为过。

然而，与以往每次暴跌都在劫难逃不同，这一次，在暴跌前3个交易日（7月24日），笔者已全部清仓，有幸躲过这一劫。投资者可能会问，走得好好的行情，为什么突然蒙上了阴影、下起了"大雪"，暴跌前有无征兆，"逃顶"有没有秘诀？

1. 卖前——给自己"逃顶"的理由

7月24日，一个普普通通的日子。9个月来，一直满仓或重仓，为什么偏选在这一天清仓离场？当时，我给自己"找"了若干理由：

首先是本轮行情涨幅已大。无论是大盘，还是个股，历时9个月的上涨，涨幅之大，时间之长，已出乎许多人的预料。在清仓的前一天（7月23日），笔者还特意算过一笔账，上证指数当天的收盘点位为3328点，正好是本轮行情起涨点1664的两倍。从具体品种看，一些股票涨幅更大，不少品种早已翻了好几倍，有强烈的调整要求；从持仓成本看，许多股票已脱离投资者的买入价格，许多股民账户里的股票多数已"翻红"，堆积了大量的获利筹码，有必要把风控放在首位。

其次是市场人气过于旺盛。2008年10月开始的反弹行情，一直让人因担心下跌而不敢买入。每当行情走到关键点位——千点整数关（2000）、50%涨幅位（2496）、千点

涨幅位（2664）、翻番涨幅位（3328），许多人更是谨慎心态占了上风。然而，当行情一举冲破3328点之后，人气极度高涨，市场一片狂热，情况发生了"质"的变化。有人对这些现象进行了跟踪观察和总结归纳，并从多方面的特征指出此时股市的乐观情绪已经"直逼2007年最高点"。然而，许多人已经十分麻木，对此视而不见，依然我行我素。

最后是行情出现新的特点。行情走到这一步，投资者的心态处于十分矛盾之中，既担心卖出后踏空，错过最后获利良机，又担心大盘下跌利润缩水，表现在盘面上就是震荡幅度明显加大，不少人开始追涨杀跌。但市场有个特点，开始时即使出现跳水，也往往有惊无险。21日，第一次有惊无险——大盘从3279点开始跳水，至当日最低3207点，下跌了70多点，好在第二天迅速收复失地，化险为夷；24日（周五），第二次有惊无险——下午大盘从全日最高点3398点一落千丈到全日最低点3306点，90多点的跌幅，只用了半个小时。所幸的是，临收盘前，指数又被强行拉起，再一次有惊无险。但笔者感到，这种悬崖边的舞蹈不可能持久，有惊无险的"故事"更不可能每次都会重复演绎。

更有意思的是，连一些著名的经济学家也被行情涨得有些坐不住了。一位颇有名气的经济学家，在一个月前的6月26日、大盘2928点时还表现得相对谨慎——《别追高：股市不可能重回6000点》。但在一个月后的7月24日，当指数涨到3372点时，也变得乐观起来——《下半年股市可能再疯一把》。紧接着，连"股神"巴菲特也开始高呼"大家可以放心买入"。于是，普通投资者入市的意愿也随着行情的升温而急剧膨胀。数据显示，2009年7月20~24日一周时间，新增A股开户数、参与交易账户数与持仓A股账户数均创下新高，其中持仓A股账户数首次超过4900万户。

种种迹象表明，沪深股市2009年的第一场"大雪"离投资者越来越近，这些迹象同时也成了笔者选择离场的理由。24日（周五）下午，笔者作出了择机离场的决定，并于当天收盘前全线清仓。

2. 卖后——自己替自己"宽心"

与炒底不可能买在最低点一样，"逃顶"也不可能卖在最高点。24日清仓后，大盘和个股在略作洗盘后又被迅速拉起，当天大盘从低点反弹至收盘，共涨了60多点，不少卖出的股票价格又涨到了卖出价之上；下一交易日（27日），大盘再次惯性冲涨了60多点；28日，虽然涨幅不大，但大盘又创下了反弹新高3439点。

卖出后，大盘和个股的上涨，与买入后的下跌一样，十分考验投资者的定力和耐

心。因为此时所有的股票都在涨，所有股民的收益都在增加，唯有你卖空后成了局外人，成了"另类"。特别是每当收市后一算，因为清仓，市值又少涨了多少，利润又缩水了若干，更让人心悸的是，一看这些卖出的股票的最新价格比自己卖出的价格高出许多，担心日后再也接不回来，心中难免会有些许不安。此时，特别需要自己替自己"宽心"。比如，本轮行情从起涨以来，已有一倍涨幅，自己的收益也水涨船高，该知足了；虽然卖出后收益少了点儿，但与踏空者、局外人相比，自己已是十分幸运；再说，市场永远都不缺机会，留得青山在，还怕没柴烧？无论什么样的理由，只要能够安慰自己、说服自己，都不算错。

3. 关键——把自己"绑"起来

卖出后，光用理由来说服自己还不够，还得来"硬"的，得把自己的手脚"绑"起来，把资金给"锁"住。一方面，通过不看或少看行情来"释压"，分散自己的注意力，避免心态和情绪随行情起落而波动，这等于是把自己的手脚给"绑"了起来。另一方面，把腾出来的资金全部拿去"打新"。28 日，正是神开股份新股上网申购日，明知道这种"打新"命中率很低，但还是把所有资金用在了新股的申购上，等于是把资金"锁"了起来，让自己即使"手痒"想动也动不成。

在大调整到来之前能够成功逃顶，与在大行情启动之初能够及时炒底一样，都是广大投资者共同追求的目标。从自我保护的角度考虑，成功逃顶比及时炒底更有必要，也更难把握，以上"三秘诀"或许能给希望逃顶的投资者以某些启示。

第十三章 特殊操作技法之二：熊市抄底经

第一节 如何搏"连跌"后的"超跌反弹"

熊市炒股，虽有很大风险，但也不缺机会，尤其是"市场连跌"后的"超跌反弹"机会——既包括大盘"超跌反弹"所带来的系统性机会，也包括个股"超跌反弹"时出现的局部性机会。

1. 搏"超跌反弹"的准备工作

股市涨跌本是资本市场的正常现象，但受投资者心理和情绪影响，也时常会出现极端式、非理性的"反常"走势，连续上涨和连续下跌便是这种极端化心理和反常式走势在盘面上的充分体现。

股市涨跌、轮回的简单规律表明，与"市场连涨"后往往是短线高抛的有利时机一样，"市场连跌"后多半情况下都是捡廉价筹码、搏"超跌反弹"的绝佳机会。但在所有搏"超跌反弹"的投资者中，其中的胜者往往是未雨绸缪、有备而来的投资者。成功搏击"市场连跌"后的"超跌反弹"机会须做的准备工作主要有三项：

首先是备足资金。这是搏"超跌反弹"的首要前提。资金来源主要来自两个方面：一方面，在控制仓位过程中事先预留的存量资金。这部分资金多数是通过平时预留、高位减仓等方式获得，不宜在大盘和个股处于相对低位时通过割肉方式取得。否则，若利用低位割肉资金去搏"超跌反弹"，极有可能出现买入的股票下跌、卖出的股票上涨这种尴尬局面。至于存量资金占账户总值的比例须因人而异，一般控制在 1/2 为宜，但须根据大盘点位和个股价位进行调整，点位（价位）越低，仓位就越重，资金就越少，点位（价位）越高，仓位就越轻，资金就越多。另一方面，用多余闲钱追加进去

的增量资金。一般来说，凡从场外调入股市的资金都属增量资金，包括两种情况：一种是在仓位较重、余资不多，手头又有多余闲钱可以支配的情况下往账户注入资金、追加投资；另一种是在仓位较轻、余资较多，但手头又有大量闲钱等待投资的情况下补入的资金，后者一般都把投资作为自己的事业追求且对股市未来始终充满信心。每当行情处于低迷、多数人都极度悲观时，这部分投资者总能抓住难得的"低吸良机"，利用补入的增量资金去搏"超跌反弹"。

其次是捕捉机会。备足资金后不可急于求成、立即全仓买入，而是要寻找机会、伺机出击。衡量市场连跌后是否有反弹可能，是否适合搏"超跌反弹"，须综合分析政治、经济等基本面因素，以及大盘、个股等技术面因素。一般情况下，连跌时间较长、幅度较大，投资者普遍感到赚钱很难、纷纷看空后市甚至对上涨不抱希望时，市场出现"超跌反弹"的概率就会大大增加。如 2012 年 7 月 24 日，笔者在综合分析各方面资讯时发现，大盘和绝大多数个股存在"跌过头"的可能，距离见底的时间应该不远了，在这种情况下应随时做好搏"超跌反弹"的准备。

最后是精选品种。这是搏"超跌反弹"的一大关键。精选品种的核心在于买熟悉股还是陌生股，强势股还是弱势股。笔者的体会是尽量买熟悉的超跌股，并以自己认为市场已"跌过头"之日为基准日，选择"跌过头"的待买品种；选股原则：基本面没有问题，技术面涨幅小、跌幅大；选股范围：以长期跟踪、经常关注的自选股为主，适当兼顾自选股之外的品种。

品种选择的方法一般有两种：一是比较法，通过对区间涨跌幅的比较寻找"跌过头"的品种；二是联想法，通过对某一时段出现在涨幅榜前列的股票进行分析，寻找同类品种中当时尚未上涨但有补涨潜力的股票。如 2012 年 7 月 24 日，笔者按上述方法，选择了 6 只股票作为搏"超跌反弹"时的重点对象，分别是：中国北车、泰山石油、景兴纸业、南钢股份、华东数控和河北钢铁。其中前 5 只品种采用比较法选出，最后 1 只在华菱钢铁早盘涨停的情况下通过联想法选出。

2. 搏"超跌反弹"的操作步骤

在做好以上准备工作的基础上，即可择机搏"市场连跌"后的"超跌反弹"了，操作步骤一般分三个阶段：

一是耐心等待。搏"超跌反弹"的最佳时机一般是在"市场连跌"后再度出现急跌、跳水、恐慌等特征，投资者不计成本、纷纷出逃时。事实上，大盘虽然在 2012 年 7 月 24 日之前已出现连跌走势，但在 7 月 24 日至 31 日，又连收 5 阴线，事先选择的

6 只超跌股也跟随大盘出现"再跌"走势，平均跌幅达 4.25%。显然，在"跌上加跌"后低吸比第一时间买入要好许多。所以，在准备工作就绪后保持耐心，等待"更好买点"的到来就显得尤为重要。否则，如果急于买入，不仅搏"超跌反弹"的成功率不高，而且极易可能使新买入的股票再次成为"被套股"，造成操作上的被动。

二是果断出击。在精选品种、"跌上加跌"后买入虽然仍然存在再跌可能，但从机会、风险两方面综合衡量，此时买入胜算更大、时机更好，应是果断出击的绝佳机会。在对象选择上，应选区间（此区间非彼区间，指的是品种选定后至实际操作时）跌幅大者买入。笔者发现，在备选的 6 只待买股中，此区间跌幅最大的 3 只股票依次是泰山石油、华东数控和景兴纸业，此时买这 3 只股票显得较为稳妥，尤其是跌幅最大的泰山石油，"跌后再跌"的幅度高达 9.16%（收盘价 4.56 元），这样的品种自然应作为搏"超跌反弹"的首选品种。

在数量选择上，普通投资者可分三批、各 1/3 的比例搏"超跌反弹"：先以"首选价"买 1/3（笔者的实际买入价为 4.98 元，10000 股），买后若上涨则不再买入并择机高抛，买后若跌，以"超跌价"再买 1/3（以 31 日的收盘价 4.56 元买入，数量仍为 10000 股）；买后若上涨则不再买入并择机高抛，买后若再跌，则再买 1/3 同等数量的股票，以此类推，直至建仓完毕。

随后走势表明，这种分批逢低吸纳方法对于普通投资者搏"超跌反弹"较为有效。分批买入的泰山石油在随后的大盘反弹中表现抢眼，8 月 3 日更是出现了快速放量、强势涨停的罕见走势。截至 3 日收盘，不仅第二批买入的筹码大涨 10.53%，大幅跑赢指数，而且首批买入的筹码也迅速解套并略有获利，同样取得了跑赢大盘和多数个股的良好收益，通过搏"超跌反弹"最终达到了"双赢"目的。

三是见好就收。当买入的股票在"超跌反弹"中取得预期收益时，即可卖出获利了结。无论卖后相关股票是涨还是跌，最要紧的是把盈利收于囊中，这是搏"超跌反弹"与其他操作方法的重大区别。

3. 搏"超跌反弹"的注意事项

作为股市投资的一项基本功，搏"市场连跌"后的"超跌反弹"对投资者的心态和技法要求较高，其中的"三不原则"更应时刻牢记：

一是"不满进满出"。炒股，包括搏"超跌反弹"，谁都不可能做到买在最低点、卖在最高点，买后再跌、卖后再涨都是再平常不过的事，对此一定要有足够的心理预期和充分的思想准备。因此，始终保持良好心态，确保做到"弹性交易"——"涨可

卖、跌可买"显得尤为重要，特别是要在买入数量的确定上尽可能做到用少量资金去搏"超跌反弹"，宁可少赚些也不可盲目冒风险。

二是"不追涨杀跌"。"急涨时卖、急跌时买"不仅是日常操作的重要纪律，也是在"市场连跌"后搏"超跌反弹"的一大关键。只有确保做到"不追涨杀跌"，才能在搏"超跌反弹"时争取主动，成为赢家。例如，泰山石油 7 月 31 日跌至 4.56 元时，若不是低吸而是杀跌，不仅原买入（4.98 元）的筹码将亏着出局，而且会再次错过低吸良机，与大盘反弹时率先涨停的强势股失之交臂，最终免不了出现"双亏"结局。

三是"不犹豫不决"。搏"市场连跌"后的"超跌反弹"，对于投资者来说，看似在比操作技法，实则在比投资心态。所以，既做到"该等则等"，又做到"该狠则狠"非常要紧。如果在操作中总是犹豫不决、优柔寡断，就很难在"市场连跌"后的"超跌反弹"中取得成功。

第二节　大跌后如何跑赢指数

炒股方法很多。比如，简单的往往就是最好的。但此话只说对了一半，要想在复杂多变的股市里胜人一筹，取得常人难以取得的收益，仅靠简单是不够的，还须有适合自己的"秘密武器"，尤其是在股市大幅下跌之后。

1. 何以"两头害怕"

大盘自 2011 年 4 月 18 日创出阶段性高点 3067.46 点以来，在多重利空合围下连续大幅下挫。至 4 月 29 日，短短 9 个交易日上证指数就跌了近 200 点。一些投资者感到，指数涨时持有的股票涨得不多，但下跌时却"冲锋陷阵"，"伤"得比谁都重。屈指算来，截至 2011 年 4 月 29 日股市已运行了 1/3 时间，许多投资者辛苦忙碌了 4 个月收益却不尽如人意，有的甚至逆"指"下跌。

收益难以如愿，不仅造成心态失衡、动作变形，而且导致进退两难、"两头害怕"：指数"涨时怕跌也怕"，操作"买也怕卖也怕"。投资者之所以会在操作中感到"两头害怕"，与缺乏行之有效的"秘密武器"不无关系。一旦有了适合自己的"秘密武器"，操作起来就会得心应手，无论指数涨还是跌，都能保持沉着、理性面对，无论买入还是卖出都能有条不紊、稳扎稳打，收益也会随着操作频率的加快而节节攀升。

与市场的复杂性一样，炒股的"秘密武器"也有很多。久经沙场的股市老手之所以能及时抓住上涨机会，规避下跌风险，大多拥有一套适合自己的"秘密武器"。下面重点向大家介绍一下大跌后跑赢指数的"秘密武器"。

2. 不再"靠天吃饭"

股市瞬息万变。几天前还苦于找不到合适买点的投资者仅仅过了几天时间，随着指数和个股的下跌看到的便是遍地的廉价筹码。2011 年 4 月 26 日，笔者见两个多月前卖出的新疆城建急跌后出现了正差接回的机会，于是决定卖出持有的中国石油，去换新疆城建。但面临的问题是，"一卖一买"究竟是对还是错一时吃不准，于是笔者就搬出了自己的"秘密武器"操作起来。具体分以下三个步骤：

第一步，确定方案和理由。防止出现"两头害怕"的关键在于操作时要有充分的依据和理由：为什么卖？为什么买？只有做到按理由操作，"两头害怕"问题才会迎刃而解。在确定交易理由时最直接的办法是要确定交易优势对应的量化指标，即待卖品种区间涨幅要大于待买品种区间涨幅。而且，这种涨幅落差越大，交易优势就越明显，越应成为操作的理由，具体方法是要做好"三比"：

一是比年初以来各自涨幅，卖出涨幅大的，买入涨幅小的（最好是不涨反跌）股票。比如，以 2010 年 12 月 31 日收盘价为基准，计算出至操作时最新价（4 月 26 日上午收盘价）之间的涨跌幅。结果发现，在上证指数上涨 4.62% 的同时，中国石油涨幅与大盘基本一致，涨 4.72%，但同期新疆城建反而下跌 1.05%，对应的"交易优势"量化指标为 5.77 个百分点，符合交易的"理由"要求。

二是与待买品种之前的卖出价比。擅长高抛低吸的投资者往往喜欢在一定的低位接回之前高抛的品种，此时，不仅要看待买品种与之前卖出价比跌了多少，还要看待卖品种同期跌幅。计算发现，待买的新疆城建 2 月 9 日卖出（股价 9.69 元）以来下跌 2.37%，而待卖的中国石油同期上涨 2.53%，对应的"交易优势"量化指标为 4.90 个百分点，也符合交易的"理由"要求。

三是与待卖品种之前的卖出价比。有些待卖品种，投资者之前已有过卖出动作，这时还须用之前卖出时"双方"的价格与最新价作一比较，结果为，待卖的中国石油 3 月 21 日卖出（股价 11.77 元）以来微跌 0.17%，而待买的新疆城建同期大跌 10.67%，对应的"交易优势"量化指标高达 10.50 个百分点，同样符合交易的"理由"要求。

通过"三比"，笔者发现三个"交易优势"量化指标全部为正，卖出中国石油、买入新疆城建方案的"理由"成立，结论是可以执行这一方案，实施按计划交易。

第二步，备好资金和工具。

首先，确定交易数量。账户里剩余中国石油 10000 股，整体卖出，不再折分。待买品种新疆城建两个多月前曾分三批卖出，其中最后一批卖出数量为 10700 股，考虑到前一天已买入 1700 股，故再买 9000 股，使两天买入的总数仍为 10700 股，便于计算和比对。

其次，估算所需资金。账户里原有资金余额 627 元，卖出 10000 股中国石油可得 117406 元（已扣除各种交易费用），合计余额 118033 元。买入 9000 股新疆城建所需资金 85353 元（含各种交易费用），尚余 32680 元可用于其他品种投资。

最后，备好交易工具。操作前，先进入行情交易系统"工具"栏，再点击"用户板块设置"进入"待操作"板块，将待卖品种中国石油移至最上方，新疆城建移至第二行，使待卖品种和待买品种形成上下关系，点击"确定"。重新排序后的"待操作"板块实际已成为即时交易工具，投资者可在密切关注"两股"走势的基础上择机交易。

第三步，寻找机会并下单。先要确保卖出。由于中国石油和新疆城建前市收盘价都已到达预设的交易价，此时就应果断卖出待卖的品种中国石油，以防错失卖出良机。开市前，只要以盘口显示的"买一价"委托卖出，若委托数量不大一般都能在开盘后的第一时间确保成交。中国石油当时的"买一价"为 11.75 元，笔者即以这一价格委托卖出，结果一开盘就顺利成交。

在确定卖出委托已成交的同时，还要确保足额买入待买的品种并力求做到买得"更便宜"。方法是：同时关注大盘和待买股票的走势。关注大盘目的是当指数向下时保持耐心，适当等待，出现拐点时再买入，防止踏空。关注待买品种的目的是"买得更低"，可以先以"卖一价"输入委买价格和数量。数据填写完毕后，股价向下时应继续等待，一旦"掉头"立即点击"确定"，十有八九都能成交。为做到万无一失，投资者还可查看"当日委托"或"当日成交"记录，若状态说明栏显示"已成"或成交数量栏显示的数量与委托数量一致，说明委托已成交。

正确使用三步法"秘密武器"的最大好处是能有效避免"炒股看行情脸色，收益由涨跌决定"这种"靠天吃饭"的被动局面，把投资制胜的法宝牢牢地掌握在自己手里。

3. 切莫"功利短视"

不少投资者在操作时总指望立竿见影赚快钱，希望卖出的品种立即下跌甚至大跌，买入的品种马上上涨最好大涨，有的甚至期望涨停的股票"是自己的"，跌停的股票"是别人的"，实际上偶尔遇上一两次倒有可能，要想每次都达到这种理想化的状态只

能是幻想而已，不仅对投资获利毫无帮助，久而久之还会搞坏心态、得不偿失。作为一种既简单又实用的操作方法，大跌后跑赢指数的"秘密武器"在实际使用中还需注意以下问题：

一是在使用"秘密武器"前要结合具体品种和不同时机综合定夺。大跌后卖出品种的选择首先应考虑股性相对呆板且在前期下跌中较为抗跌的股票，因为该类股票此时已"圆满完成"抗下跌风险的任务，要想在接下来的反弹中起领涨作用难度较大，所以应被作为卖出的首选品种；大跌后买入品种的选择正好相反，应尽量选择股性活跃且在前期下跌中领跌的股票，一般情况下这类股票既已大幅下跌，风险也已充分释放，在日后反弹中率先大涨的概率要高于前者，故应作为买入的首选。

二是在使用"秘密武器"时不要迷恋所谓的形态和指标，只需按计划高抛低吸即可。笔者之前卖出新疆城建后，该股没有掉头向下，不仅上升通道保持完好，而且还于3月29日放量创出反弹新高11.89元，若按"技术派"方法操作此时理应第一时间跟进，然而此时恰恰是该股反弹见顶时。4月26日，已经连续大幅下跌的新疆城建从图形看十分难看，运行在标准的下降通道，主力出逃迹象似乎很明显，"技术派"又认为此时不宜介入甚至认为应该止损出局。若以此操作，结果在不到一个月时间里，亏损幅度就超过18%。反之，若按计划操作，结果完全相反，不仅低买高卖获利丰厚，而且中间还多出一个高抛低吸的正向差价，两项加在一起，收益更加可观。

三是在使用"秘密武器"后要做好两手准备。即使再"精明"的投资者在使用"秘密武器"后也难免会有走眼失算的时候——大跌后买入的股票继续大跌，而卖出的抗跌股票继续抗跌。因此，两手准备就显得尤为重要。交易之后，若股价呈正向运行——卖出的下跌、买入的上涨，当天（要有底仓）或日后（无须底仓）即可进行反向操作，以巩固胜利果实；若股价呈反向运行——卖出的上涨、买入的下跌，则应放弃去追卖出后大涨的品种，当买入的股票跌到一定程度时还可再次接回之前卖出的第二批甚至第一批筹码。

如果把大跌后跑赢指数的"秘密武器"反一下，在股市大涨后卖出股性活跃且在前期上涨中领涨的股票，买入股性相对呆板且在前期上涨中涨幅不大的股票，就成了大涨后跑赢指数的"秘密武器"。无论是大跌后还是大涨后跑赢指数的"秘密武器"，归根结底是要通过"秘密武器"的使用来确保所进行的交易达到高抛低吸的要求，取得超过大盘和个股的收益。只要按照高抛低吸要求正确使用"秘密武器"炒股，跑赢指数的概率就会大大增加。

第三节　善于在下跌中实现持续盈利

炒股要想获利，投资者首先想到的是大盘和个股的上涨，没有谁会把盈利与下跌联系在一起。实际上，炒股获利的模式很多，不仅包括当股市上涨时通过先买后卖达到获利目的，也包括当大盘和个股下跌时通过高卖低买实现持续盈利。

1. 股市下跌也能持续盈利

先来看一下实盘操作（详见表 13-1）。笔者的一个小账户 2010 年 11 月 12 日收盘时有资金余额 569 元，持华星化工 1500 股、交通银行 2400 股、大秦铁路 11286 股，计市值 125532 元，合计 126101 元，当天上证指数收于 2985.43 点。

表 13-1　2010 年 11 月 12~25 日小账户全部交易清单

区分	交易日期	卖出			买入			账户资金余额
		名称	价格	数量	名称	价格	数量	
	11 月 12 日							569 元
A	11 月 16 日	大秦铁路	8.69 元	10000 股	中海集运	4.17 元	20800 股	529 元
B	11 月 18 日	中海集运	4.05 元	20800 股	大秦铁路	8.24 元	10000 股	2170 元
C	11 月 19 日	大秦铁路	8.23 元	10000 股	中海集运	3.97 元	20800 股	1699 元
D	11 月 22 日	中海集运	4.05 元	20800 股	大秦铁路	8.26 元	10000 股	3140 元
E	11 月 24 日	大秦铁路	8.15 元	10000 股	中海集运	3.92 元	20800 股	2911 元
F	11 月 25 日	中海集运	4.07 元	20800 股	大秦铁路	8.27 元	10000 股	4667 元

注：交易前账户资金 569 元，持华星化工 1500 股、交通银行 2400 股、大秦铁路 11286 股；交易后账户资金 4667 元，仍持华星化工 1500 股、交通银行 2400 股、大秦铁路 11286 股。

截至 11 月 25 日收盘，上证指数 2898.26 点，9 个交易日共跌 2.92%；小账户资金余额 4667 元，持仓不变仍持华星化工 1500 股、交通银行 2400 股、大秦铁路 11286 股，计市值 120909 元，合计 125576 元，同期下跌 0.42%，跑赢指数 2.50 个百分点。

小账户之所以能在 9 个交易日里跑赢指数，并非由于持有的 3 只股票走势强劲，而是因为账户资金余额发生了变化（多出 4098 元）。假如资金余额没有增加，账户总值只有 121478 元，同期下跌 3.67%，不仅未能跑赢大盘，而且跑输 0.75 个百分点。资金余额增加后，多出来的 4098 元对账户的"贡献"达到了 3.25 个百分点，不仅基本抵

消了市值缩水引起的账户总值下跌，而且为跑赢指数奠定了基础。这多出来的4098元资金正是在大盘下跌、持股不变中实现的持续盈利所得。

看到这里，投资者可能会问：所谓的在下跌中实现持续盈利，只不过是通过一定的短线操作，在股票数量保持不变的前提下使账户里的资金不断增加而已，而且资金和市值加在一起总资产仍是跌的。既然如此，不如在下跌发生前清仓离场，这样账户资产不仅不会缩水，还能进一步跑赢大盘，岂不更好？

实际上，这种想法相当于一些投资者"底部满仓、顶部空仓"的良好愿望，实际投资中不可能达到这种尽善尽美的状态。相比之下，在下跌中实现持续盈利的投资方法有三个明显特点：

一是能在股市上涨时确保市值水涨船高。当股市进入明显的下跌周期时满仓持股的确不是最好的操作方法，但有谁能确保股市不会上涨尤其是不出现"熊去牛来"的转折。实际上，一些投资者之所以屡屡在牛市踏空，也正是鉴于对股市底部的把握缺乏功夫。避免出现踏空风险最直接、最简便也是最有效的方法就是不要小聪明，只做老实人——在对中国股市总体向上判断的基础上一路持有股票，进行长线投资。这种投资方法，虽然当股市下跌时市值也会随之缩水，但却能确保在股市上涨时市值同步增加，从而有效地避免踏空风险。

二是能在股市下跌时避免跌幅超过大盘。投资者都有这样的体会，炒股总是跌易涨难——当股市上涨时市值涨得不多，但下跌时缩水很多。在这种情况下，通过在下跌中实现持续盈利，或在筹码保持不变、持仓市值同步缩水的同时使账户里的资金逆市上涨，或在资金保持不变、持仓股票价格同步下跌的同时使仓位里的股数不断增加达到跌幅小于大盘的目的。

三是能在实际操作中保持足够的激情与活力。长线投资的最大好处是能有效避免一些无谓的操作，保持良好的心态，但最大的问题是久而久之会使投资者失去对盘面的感觉和必要的操作激情。善于并在实际投资中经常采用在下跌中实现持续盈利的投资方法就能有效避免这一问题的出现，使投资者充分体验操盘感觉，不断增强操作活力，大幅提升操盘能力，有效增加投资胜算。

2. 下跌时怎样实现持续盈利

在下跌中实现持续盈利不仅看起来很美，而且做起来可行，是一种具有较强可操作性的投资方法，其中的关键是要做到"三个明确"：

第一，明确持续盈利的终极目标。在下跌中实现持续盈利所追求的终极目标并非

通过捕捉热点、寻找"黑马"等方式使账户资产在短时间里大幅增值，而是在坚持长线投资且不追加新投入的基础上，获得以资金或股票为标的的超额收益。终极目标的表现形式有二：一是在筹码不变的基础上增加资金，让账户余额多起来；二是在资金不变的基础上增加股票，让相同品种的股票数量在没有除权的前提下多起来。无论是增加资金还是增加股票，最终目的都是在跑赢指数的同时使账户总值增加，即使总值不增也能确保跑赢大盘。

第二，明确持续盈利的实现方式。要想在股市下跌中实现持续盈利，不仅需要坚持长线投资，而且需要穿插短线操作，难点和重点也正是在于长线投资中的短线操作，通过买卖、换股，达到盈利目的。实现持续盈利的方式主要有四种：一是买入的股票上涨，卖出的股票不涨——走平或下跌（参见表 13-1 内 D 项对应 C 项）；二是卖出的股票下跌，买入的股票不跌——走平或上涨（参见表 13-1 内 C 项对应 B 项）；三是买入和卖出的股票同时上涨，但买入股票的涨幅大于卖出的股票（参见表 13-1 内 F 项对应 E 项）；四是买入和卖出的股票同时下跌，但卖出股票的跌幅大于买入的股票（参见表 13-1 内 E 项对应 D 项）。

第三，明确持续盈利的衡量标准。能否实现持续盈利，关键要看操作结果：最佳状态是买入和卖出的股票都能在日后操作中产生正差收益，即卖出的股票下跌，买入的股票上涨，反向操作后都能取得正收益；理想状态是买入和卖出的股票在日后操作中虽然一方为正差收益，另一方为反差亏损，但正差收益大于反差亏损，正反相抵后结果仍能取得正差收益——多出资金或股票。失误情形有两种：一是买入和卖出的股票都在日后操作中出现反差亏损，即买入的股票下跌，卖出的股票上涨，反向换股后结果都亏损；二是买入和卖出的股票在日后操作中虽然一方为正差收益，另一方为反差亏损，但反差亏损大于正差收益，正反相抵后结果仍为反差亏损——资金缩水或股票减少。当结果达到上述最佳状态或理想状态时，便是正确的操作；反之，当出现失误情形时，便是错误的操作。

3. 实现持续盈利需处理好的关系

在运用在下跌中实现持续盈利这种操作方法时，投资者还需处理好"三个关系"：

一是处理好预期和结果的关系。观察表 13-1 投资者可能会觉得在下跌中实现持续盈利非常简单——无非就是在两个品种之间来回倒腾、买进卖出。实际上并非如此：为什么会在此时而非彼时，会以此价而非彼价进行交易、换股，其中关键在于妥善处理好了预期和结果的关系。一方面，操作前要先设定一个买卖心理价位，同时计算出

操作后所能获得的正向收益，以此作为操作的底线；另一方面，一旦相关品种达到或者超过操作的底线，即可进行换股操作。其中底线之外的盈利当属意外之喜。

二是处理好抠门和果断的关系。与其他投资方法不同，在下跌中实现持续盈利不是建立在对未来行情的判断上，而是鉴于对已经所作操作的正确把握基础上，因此，处理好抠门与果断的关系显得十分重要。投资者既要学会抠门，能高卖（低买）一分是一分，又要做到果断，只要因为之前的操作而使现在的操作能够取得正向盈利即可再行反向换股，无论是操作后失去了更大的盈利空间还是抓住了高抛低吸的良机，都不应留有任何遗憾或者庆幸之感，确保成交、做到该果断时则果断比什么都重要。

三是处理好品种和时机的关系。能否在下跌中达到持续盈利的目的，在一定程度上取决于投资者对品种和时机的选择。在品种选择方面要记住，股票没有绝对的好坏之分，炒股也用不着左顾右盼，能够操作好手中的股票，即使股性呆一些，照样赚大钱，假如操作不当，即便骑上了"大黑马"，也会不赚反亏。因此，在选择品种时既不要挑三拣四，更不宜四处出击，选择1~2组熟悉又放心，跌起来不怕的品种即可。

在时机确定方面，当股市处于"大牛""大熊"阶段应尽量少动，最适宜的出击时机是震荡阶段。在大起大落的市道里，当大盘和个股呈现出明显的"规律"时也可适量出击。在品种和时机关系的处理方面还要注意操作的流畅性，当一段时间里操作显得较为流畅时可适当加快操作频率，增加操作次数，提高操作仓位。反之，则应放慢操作频率，减少操作次数，降低操作仓位，必要时还应停止操作。

在下跌中实现持续盈利是一种难度较大、要求极高的操作方法。投资者若能在实际操作中做到心态平和、目标明确、想好计划、耐心等待、时机一到果断出击，再复杂的操作方法也会变得简单起来。

第四节 "寻底市"怎样掘金

现在，大盘和个股依然在标准的下降通道上反复"寻底"，等待"市场底"的真正出现。

熊市炒股难度较大，盈利的概率相对较低，在"寻底市"里操作更是如此。关注盘面的投资者时常会发现这样的场景："寻底市"里有时指数跌幅并不大，但个股的杀伤力特别大，经常出现个股大面积暴跌甚至跌停的景象，持股的投资者损失很大。所

以，"寻底市"也是投资者感觉最差、最难熬的市场阶段。

借股市反复"寻底"之机，笔者和大家一起，对不同参与主体的投资类型、仓位、品种和策略等作一番必要的"梳理"。通过"梳理"，进一步认识"寻底市"的特点和规律，逐渐找到"寻底市"里的掘金"线路"。

1. 梳理好自己的"投资类型"

类型梳理：牛市炒股，由于存在较多的获利机会，投资者大多处于较为亢奋的状态之中。但在熊市特别是"寻底市"里，由于赚钱难度越来越大，结果往往盈少亏多，投资者的情绪多数比较低落，有的看空后市，有的销户离场。在这种情况下，就有必要对自己的投资类型作一番适当的梳理。

依操作周期长短划分，可将投资者分为两类：一是长线投资者，即将股市作为长期投资的场所，投资周期较长，大盘和个股的短线波动对自己的操作影响不大的投资者；二是短线投资者，即投资周期较短，主要通过快进快出、短线操作的方法在股市博一把，既有盈利打算、又有亏钱准备的投资者。

依投入资金来源划分，也可将投资者分为两类：一是余钱投资者，投入的是自由资金，无须支付成本，没有时间限制，压力相对较小；二是借钱炒股者，投入股市的资金通过借贷等方式取得，既要支付成本，又有时间限制，操作的压力相对较大。

掘金线路：无论在"牛市""震荡市"还是"寻底市"里炒股，都要坚守余钱投资、长线操作的投资理念，切不可孤注一掷、借钱炒股，急于求成、追涨杀跌。若能如此，不仅在"牛市""震荡市"里大多能取得较好收益，即使是在"寻底市"里操作，多数投资者也能经受暴跌考验、承受亏损风险。反之，不仅在"寻底市"里难以经受大盘和个股持续下跌的考验，即使在"牛市""震荡市"里同样会出现只赚指数不赚钱的尴尬局面。

2. 梳理好自己的"投资仓位"

仓位梳理：在坚守余钱投资、长线操作理念的同时，还须对自己在"寻底市"的投资仓位作一番必要的梳理。按照极端的方式划分，"寻底市"里投资者的持仓大致可分为三种情况：一是重仓者，在过去的持续下跌中损失较大，但在日后的反弹中也会有可观的收益；二是半仓者，无论下跌还是上涨、亏损还是盈利，风险、机会都各占一半，是一种折中的仓位控制方式；三是轻仓者，在市场下跌中损失较小，能有效回避风险，但在市场反弹中盈利不大，也有可能失去机会。

掘金线路：在市场处于反复"寻底阶段"，坚定股市投资的信心，确保足够的持仓比例显得更加重要。具体而言，对于重仓特别是满仓者，在大盘和个股既已大幅下跌的情况下，正确的应对方式是原有的仓位保持不动，在有较大把握的前提下适度换股，在有余资可供支配的情况下追加投资，通过低位补仓、降低成本，为日后获利备足廉价筹码；对于半仓者，继续保持良好的仓位控制和操作心态，做到既有股票又有资金，涨卖跌买高抛低吸；对于轻仓特别是空仓者，要充分发挥仓位轻、损失小的优势，在大盘大幅下跌、个股面目全非的情况下，分批、大胆、果断地按计划捡拾优质、廉价筹码。

3. 梳理好自己的"投资品种"

品种梳理：在控制好"投资仓位"的基础上，还须梳理好具体的"投资品种"。股市在反复"寻底"过程中，不同品种往往会有不同的表现（指涨跌幅度），有的随大盘下跌甚至领跌，有的逆市上涨甚至大涨。对于不同的股票，在随后的反弹中也会有不同的表现：随大盘下跌的股票，既有可能继续下跌，也有可能大幅补涨；逆市上涨的股票，既有可能继续上涨，也有可能大幅补跌，一切都充满着变数。所以，在市场反复"寻底"后，投资者首先要对所持有的股票和准备买入的品种在基本面和技术面特别是涨跌幅等方面作一番及时、正确的梳理。

掘金线路：反复"寻底"后，在持仓品种的选择上有两条主线可供把握。一是持股不动，无论是在"寻底"阶段随大盘下跌的股票，还是逆市上涨的股票。但须做好两手准备特别是反向运行、两极分化的思想准备。二是换股操作，主要方法有四种，包括"弃强择弱法"——卖出在"寻底"过程中逆市上涨甚至大涨的股票，换入随大盘下跌甚至领跌的品种；"弃弱择强法"——与"弃强择弱法"正好相反，卖出在"寻底"过程中随大盘下跌甚至领跌的品种，换入逆市上涨甚至大涨的股票；"以强换强法"——在"寻底"过程中逆市上涨甚至大涨的股票之间进行换股操作；"以弱换弱法"——在"寻底"过程中随大盘下跌甚至领跌的品种之间进行换股操作。投资者可从各自操作风格和备选品种实际出发，确定适合自己的换股方法。

4. 梳理好自己的"投资策略"

策略梳理：在梳理好投资类型、仓位、品种的基础上，还须对后续操作策略进行必要的梳理和谋划。反复"寻底"后的操作相对追涨操作而言风险要小得多，但不意味着能买在最低点甚至买入后立即大涨，所以操作后的两手准备必不可少，既包括上

涨的思想准备，也包括下跌的应对之策。特别是在品种的分散搭配、批次数量的确定等方面，都要制定出具体、细化、切实可行的投资策略。

掘金线路："寻底市"操作后的投资策略包括三个方面。一是精心制订操作计划并严格执行。不仅在"寻底"后的操作中要有计划，而且在操作后的操作中也要有具体明确的操作打算。与此同时，要在实际交易中严格按计划执行，不管市场在"寻底"过程中发生什么情况，都要坚守之前的计划不动摇，按计划的品种、数量和事先设定的价格进行交易。二是坚守操作定律绝不追涨杀跌。普通投资者在"寻底市"的操作中缺少的往往是坚守操作定律的意识和能力，一些价廉物美的优质筹码时常因缺乏操作定律而被主力、机构和庄家"洗出去"。要想在"寻底市"里不被对方赶下马，正确的做法就是坚守操作定律绝不追涨杀跌，尽力在操作中买得更低、卖得更高，不高买低卖、不追涨杀跌。三是善于独立思考做到不"随大溜"。在"寻底市"各种资讯鱼龙混杂，投资者各种心态相互交织，操作中多空双方相互捕杀中，保持淡定、独立思考、不"随大溜"至关重要。

身处"寻底市"的投资者往往感觉不出"寻底"时机的难得和底部筹码的珍贵。随着行情转暖、市势轮回，投资者或会惊奇地发现，原来的"寻底市"正是建仓的难得良机，原来的底部筹码正是珍贵的筹码。股市永远是少数人获利的场所，而获利的少数人往往是那些在"寻底市"里做足"梳理文章"，找到"掘金线路"的投资者。

第五节　加速赶底阶段如何减亏

在市场运行的不同阶段，最考验投资者心态和技法的无疑是"下跌市"尤其是"加速赶底"阶段。因为在"上涨市"里，无论个股的基本面和技术面如何，多数个股都会跟着大盘一起上涨，区别无非是涨幅大小不同而已。

但在"加速赶底"阶段，绝大多数个股都会随大盘一起下跌，参与操作的绝大多数投资者都会出现不同程度的亏损。因此，在"加速赶底"阶段操作的重点，不是争取盈利的最大化，而是在控制好系统性风险的同时，尽可能地减少亏损、保存实力。

1. 加速赶底阶段有何特征

所谓"加速赶底"阶段，通常指大盘或个股在上行受阻、进入下跌周期后，持续

时间较长、下跌幅度较大的"主跌阶段"。若按下跌速率细分，"加速赶底"阶段又由起跌、加速和见底三个部分组成，其市场特征通常为：

在起跌期，一般情况下，下跌股票的家数不多、占比不高，而且跌幅不大。与此同时，个股行情依然火爆，赚钱效应十分明显。因此，多数投资者在此期间都比较惜售，且警惕性不高，相应的风控意识和思想准备不足，但此时恰恰是逢高减仓的最好时期。

在加速期，下跌股票的家数开始增多、占比逐渐提高，跌幅也开始扩大。与此同时，个股行情逐渐降温，赚钱效应明显下降。参与者亏损面不断扩大，股票的下跌对市值的杀伤力明显加大，随着恐慌情绪的蔓延，越来越多的投资者加入不计成本杀跌出逃者的行列，及早、逢高减仓依然是正确的选择。

在见底期，多数品种大跌后开始出现新一轮"无量空跌"甚至"最后杀跌"现象，多空双方争夺结果明显对空方有利。与此同时，参与者账户市值严重缩水，操作者的心理、资金等各方面压力明显增大。此时杀跌已非明智选择，反而是准备充分、心态良好的投资者捡拾便宜筹码的最佳时期。

2. 加速赶底阶段如何减亏

在"加速赶底"阶段操作，若能成为为数不多的幸运者，取得逆市收益，自然是最理想化的状态，但难度极大。对于普通投资者来说，切合实际、较为现实的选择是摒弃幻想、控制风险、减少亏损、保存实力，尤其是在"加速赶底"阶段的起跌期和加速期。简单实用的减亏技法主要有以下四种：

一是控制仓位减亏法。众所周知，在个股跌幅不变情况下，仓位越轻，亏损越少。反之，仓位越重，亏损就越多。譬如，在大盘下跌10%，所持股票也跌10%情况下，若股票仓位为100%，此时账户市值的亏损比例也为10%，与大盘相同。但若仓位控制在50%，账户市值的缩水比例就由10%下降为5%，控制仓位的直接功效就是减少了账户的亏损比例。减亏方法：在"加速赶底"阶段，满仓操作不可取，空仓操作同样是大忌，通常情况下以半仓持股为宜。与此同时，随着大盘和个股的反弹逐步减轻仓位，随着大盘和个股的下跌逐步增加仓位。

二是弃强择弱减亏法。在"上涨市"，一些强势股往往表现为"强者恒强"，若轻易放弃，就会与牛股失之交臂，留下遗憾。但在"下跌市"，特别是处于"加速赶底"阶段，强势股"补跌"的概率明显增多。弱势股则正好相反，"少跌"甚至"补涨"的可能性大大增加。所以，防强势股的"补跌"应成为此阶段减亏的首要任务。譬如，

在大盘下跌 10%，股票仓位为 50%情况下，如果所持弱势股只跌 5%，此时账户市值的亏损比例为 2.5%，只有大盘跌幅的 1/4。反之，同样在大盘下跌 10%，股票仓位为 50%情况下，如果所持强势股大跌 20%，此时账户市值的亏损比例则由 2.5%增加到了 10%。减亏方法：卖出阶段涨幅巨大、主力获利丰厚的强势股，买入阶段跌幅较大、主力深套其中的弱势股。

三是以静制动减亏法。即使在"加速赶底"阶段，在挂牌交易的 2000 多只 A 股中依然有一些逆市飘红甚至强势大涨的股票吸引投资者的眼球。此时，若不参与这些股票的操作，可能会错过一些短线获利机会，但不会导致"操作性亏损"。一旦参与操作，盈利的可能性不大，但亏损的概率很高。细心的投资者日后都能发现，在"加速赶底"阶段，以静制动"不操作"是减亏最直接、最有效的方法。减亏方法：当大盘和个股运行在"加速赶底"阶段，尤其是个股跌势不止、操作把握不大情况下，应暂停交易，在控制好仓位、选择好股票的前提下，既不买入、也不卖出。必要时，可关闭电脑、手机等一切交易工具，既不参与交易，也不浏览行情，以此方法绑住手脚，确保以静制动。

四是以小博大减亏法。在对相关股票的业绩和股性比较熟悉，加之短线操作的成功概率较大的情况下，对其中的大部分仓位"以静制动"，对另外小部分仓位进行短线操作，通过高抛低吸、赚取差价，达到摊低成本、减少亏损的目的。譬如，在大盘下跌 10%，个股下跌 5%，仓位控制在 50%情况下，账户市值原本亏损比例为 2.5%，如果通过小分部仓位的高抛低吸，取得了账户总值 1%的收益，此时账户市值的亏损比例则由 2.5%下降至 1.5%。值得注意的是，以小博大减亏法具有两面性，操作得好，能减少亏损，但若操作不好，会增加亏损，适得其反。减亏方法：所有交易必须符合高抛低吸要求，即每次卖出都必须与当初买入数量相同，成交价在买入价之上；每次买入都必须与当初卖出数量相同，成交价在卖出价以下，通过低买高卖、配对交易，达到以小博大减亏目的。

3. 加速赶底阶段怎样应对

控制风险、减少亏损，是"加速赶底"阶段的第一要务，但不是唯一要做的工作。除了风控减亏，投资者在"加速赶底"阶段还应做好抄底逐利的准备，包括精选品种、定好计划、择机抄底、见好就收等方面，尤其是在大盘和个股处于"加速赶底"阶段的见底期。

第一，精挑细选，备好品种。这是能否成功抄底的关键。因为，做任何事情包括

炒股，成功的大门总是向着有准备的人。一些投资者为什么时常错过抄底机会，未能及时买入优质廉价筹码，重要的原因就是准备不充分，面对"大底"，要么不敢买入，要么不知道买什么，要么想买但苦于无钱可买。所以，在"加速赶底"阶段，尤其是在见底期，当多数投资者被深套其中，感到极度恐慌之时，就应着手抄底前的准备工作，做好抄底品种的选择。品种选择的重点，一般是寻找基本面良好但被错杀的股票，主力驻守其中但被深套的股票，以及技术面出现转势、极有可能在反弹中领涨的股票。

第二，制订计划，做好准备。在选定品种基础上，还要做好具体抄底准备工作，包括何时抄底、怎么抄底等。在抄底时机方面，最理想的状态是买在最低点，但绝大多数投资者不可能做到这一点，所以较现实的做法是事先设立抄底点位（大盘）或价位（个股），当大盘或个股跌至该点位或价位时及时抄底。在抄底技法方面，一般单独或同时采用分批买入、分散搭配、配对交易、回转交易等方法。所有这些，都需要在抄底前制订出具体详细的操作计划。

第三，把握机会，及时抄底。正确的抄底不仅需要有计划，而且离不开计划的执行。当大盘和个股在"加速赶底"过程中跌至事先设定的点位或价位时，原则上应把握机会，按照计划，及时抄底。实际抄底过程中，特别需要防范的操作风险主要有三个方面：一是止损风险——由于大盘和个股大幅下跌引起情绪失控而突然进行的反向操作（止损操作）所带来的底部割肉风险；二是换股风险——由于眼红一些强势股的强势表现突然进行的追涨杀跌式换股所带来的操作风险；三是反差风险——由于未能严格按照计划操作、临时起意带来的反差风险。

第四，摒弃幻想，见好就收。在及时抄底基础上，要善于把握所买股票的高抛机会，防止由于各种幻想错失获利良机。一方面，可参照指数的反弹获利了结——当大盘指数触底反弹至一定点位时卖出所持股票，此时须注意的问题是，即使个股涨得不多、未达预期卖出的心理价位，也应获利了结；另一方面，可参照个股的上涨获利了结——当个股价格涨至一定价位时卖出所持股票，此时须注意的问题是，不管大盘涨跌如何、有无达到预期卖出的心理点位，都应获利了结。通过摒弃幻想、见好就收，巩固反弹成果，确保抄底不亏。

总之，在"加速赶底"阶段，正确的减亏技法实际上包含两个方面：一是控制风险、减少亏损的能力；二是把握机会、抄底逐利的本领。从某种意义上讲，抄底逐利的本领甚至比减少亏损的能力还要重要。多年的股市投资经验教训表明，只有在"加速赶底"阶段，采取正确的减亏技法，一手抓风控减亏，一手抓抄底逐利，才能在多数投资者出现亏损的情况下成功胜出、成为赢家。

第六节　如何操作"政策底"

老股民大多关注过这样一个现象：每当大盘逼近一定点位，就会有政策出手进行干预。笔者印象较深的就有两次：一次是 2011 年 10 月 10 日，另一次是 2011 年 11 月 30 日，这两次都是在上证指数 2300 点岌岌可危的情况下，汇金公司和中国人民银行（以下简称央行）分别采取了增持四大行股票及下调存款准备金率等"救市举措"。

尤其是 2011 年 11 月 30 日下调存款准备金率。当天晚间，正当股市以大跌收盘，投资者感到极度恐慌之际，央行突然决定，从 2011 年 12 月 5 日起，下调存款准备金率 0.5 个百分点。由于与之前调整存准率不同，本次调整是在时隔近三年之后首次下调存准率，加上恰逢股市深跌，因而更被不少市场人士理解为这是政策救市的信号，此时的大盘点位也被广泛解读为"政策底"。

暂且不考虑这种对于"政策救市"的解读是否正确，2300 点这一"政策底"的判断是否准确，投资者最关心的其实是"政策底"与"市场底"之间的关联性究竟如何；面对"政策底"的若隐若现，在实际投资中该采取怎样的策略，买不买、何时买、买什么；在具体交易中，有哪些需要注意的地方……

1. 买不买、怎么买？

核心提示："政策底"复"政策底"，"底"越多离底越近。

仰望"政策底"，该如何操作？要回答这一问题，不妨先来看看上证指数 K 线轨迹：

综观上证指数市场走势不难发现，涨幅最大的一波行情无疑是始于 2005 年 6 月 6 日的低点 998.23 点，终点为 2007 年 10 月 16 日的高点 6124.04 点，历时两年多、涨幅超过 5 倍的"世纪大牛市"。跌幅最深的则是从这一高点，到 2008 年 10 月 28 日的低点 1664.93 点这一历时一年、跌幅高达 72.81% 的"2008 大熊市"。

老股民都知道，每当股市深幅调整之后，市场总会出现若干个"政策底"，最终又会在不知不觉中将"市场底"呈现在投资者面前。下面，就让我们循着 2008 年"熊的脚步"，一起看看"政策底"与"市场底"之间究竟存在怎样的关联性。

实际上，在"2008 大熊市"里出现过多次因政策救市而被市场人士称为"政策底"的特殊阶段。其中，多数人公认的"政策底"至少有两次：

第一次——3278.33点。

2008年4月20日，上证指数从高点下来已近夭折，当天再度暴跌3.97%，收于3094.67点。其间，中国证监会紧急公布了《上市公司解除限售存量股份转让指导意见》，对当时给市场造成极大冲击的"大小非"减持行为进行了规范，希望以此举措减轻市场压力，缓解对市场引起的冲击，恢复市场的信心和人气。然而，市场并不认同，投资者更不领情。面对重大利好，次日股市以6.80%的幅度高开后便一路下行，收市时只微涨0.72%。

时隔3天，即23日晚间（当时大盘收于3278.33点），股市再出利好：经国务院批准，财政部、国家税务总局决定，从2008年4月24日起，调整证券（股票）交易印花税率，由3‰调整为1‰。受利好刺激，24日大盘大幅高开7.98%，收盘大涨9.29%。但股市强势仅仅维持了6天，在短暂触及3786.02点（相对24日开盘涨幅为6.95%）后便一路下行。

第二次——1895.84点。

时隔5个月，大盘在失手2000点整数关之后，9月18日再跌1.72%，当天收于1895.84点。晚间，股市再出重大利好，财政部、国资委以及汇金公司相继行动：证券交易印花税由双边征收改为单边征收；国资委支持央企控股上市公司回购股份；汇金公司将购入中国工商银行、中国银行、中国建设银行三行股票，希望以此举措维护市场稳定。但与以往一样，次日股市在大幅高开8.03%后仅仅"坚持"了4天便再次掉头向下，并直奔1664.93点而去。

两次政策救市都未能换来真正的底部，反而在第二次救市一个多月后，即10月28日，市场自己跌出了一个重要"底部"——1664.93点，并由此开始出现了一波历时9个多月、幅度超过1倍的中级反弹行情。

操作策略：股市有自己的运行规律，"政策底"与"市场底"之间既没有必然的联系，又有着一定的关联，即"政策底"每出现一次，就会离"市场底"近一步。投资者操作时，可在"政策底"出现后适量买入，以免踏空，但不宜采取极端式、一次性买入法，而是应在控制风险、两手准备的基础上，随着"政策底"出现次数的不断增多逐渐加大建仓力度。

2. 何时买、买多少？

核心提示：不要在"弹起"时抢，而应在"下压"时捡。

无论是"政策底"还是"市场底"，每两个"底"之间不仅跌幅不同，而且对个股

的杀伤力也不尽相同——离"市场底"越近,这种杀伤力往往也越大。

先来看几个重要的"底部阶段"(详见表 13-2)。

表 13-2 2007 年 10 月 16 日~2008 年 10 月 27 日几个重要"底部"之间指数涨跌及个股表现情况

区分		政策底(一)	政策底(二)	市场底
区间		2007 年 10 月 16 日(高点日)收盘至 2008 年 4 月 23 日(救市日)收盘	2008 年 4 月 23 日(救市日)收盘至 2008 年 9 月 18 日(救市日)收盘	2008 年 9 月 18 日(救市日)收盘至 2008 年 10 月 27 日(市场底前)收盘
指数涨跌	起点	6092.06	3278.33	1895.84
	终点	3278.33	1895.84	1723.35
	区间涨跌(%)	−46.19	−42.17	−9.10
个股表现	可比股票家数	1476	1530	1518
	跑赢指数家数	1171	642	387
	占比(%)	79.34	41.96	25.49
	跑输指数家数	305	888	1131
	占比(%)	20.66	58.04	74.51

第一阶段:从"高点日"到第一次政策救市(2007 年 10 月 16 日~2008 年 4 月 23 日)。在此期间,上证指数跌 46.19%。同期可比股票有 1476 只,其中跑赢指数的有 1171 只,占比高达 79.34%;跑输指数的只有 305 只,占比仅为 20.66%,说明此阶段对个股的杀伤力较小。

第二阶段:从第一次政策救市到第二次政策救市(2008 年 4 月 23 日~9 月 18 日)。在此期间,上证指数跌 42.17%。同期可比股票为 1530 只,其中跑赢指数的为 642 只,占比明显减少,只有 41.96%;跑输指数的开始增多,为 888 只,占比增加至 58.04%,说明此阶段对个股的杀伤力开始增大。

第三阶段:从第二次政策救市到自发形成"市场底"前一交易日(2008 年 9 月 18 日~10 月 27 日)。在此期间,上证指数只跌 9.10%,但在同期可比的 1518 只股票中,跑赢指数的只有 387 只,占比仅为 25.49%;而跑输指数的股票开始大面积扩散,总数多达 1131 只,占比增加至 74.51%。不难看出,此阶段对个股的杀伤力最大。

值得一提的是,当指数越接近"市场底"时,个股的杀伤力及投资者的恐慌程度越接近极点。2008 年 10 月 27 日——"市场底"前一交易日,上证指数大跌 6.32%,挂牌交易的 1490 只股票,只有 47 只上涨,占比仅为 3.15%;下跌的股票多达 1443 只,96.85% 的股票出现了不同程度的下跌,而且超过七成的股票跌幅超过 6.32%、跑输指数,其中有 500 只左右的股票同时跌停,市场恐慌气氛由此可见一斑。

再来看几个具体的"介入点位"（详见表13-3）。

表 13-3　救市前后不同方式介入上证指数涨跌幅度比较

方式	区分	第一次救市	第二次救市
潜伏	救市前收盘	3278.33	1895.84
	N 日后高点	3786.02	2333.28
	涨跌（%）	15.49	23.07
追入	救市后开盘	3539.87	2067.64
	N 日后高点	3786.02	2333.28
	涨跌（%）	6.95	12.85

注：第二次救市政策出台后，由于首个交易日股票全线涨停而难以买进，若以下一交易日开盘价买入，对应的上证指数为 2241.72 点，至 N 日后高点 2333.28 点涨幅仅为 4.08%。

第一次救市：救市前事先潜伏的投资者自救市前一日收盘起至救市后 N 日最大收益（对应的指数）达 15.49%，机会大、风险小；若以救市后开盘价追入，至救市后 N 日最大收益（对应的指数）仅为 6.95%，机会小、风险大。

第二次救市：情况也相类似，事先潜伏的投资者最大收益达 23.07%，同样是机会大、风险小；开盘价追入的投资者最大收益只有 12.85%，也是机会小、风险大。而且，第二次救市政策出台后，由于首个交易日股票全线涨停而难以买进，若再以下一交易日开盘价买入，最大收益就只有 4.08%，机会更小、风险更大。

操作策略：随着救市次数的不断增多、指数的不断调整及个股杀伤力的不断加大，投资风险反而得到了更充分的释放。越是在多数人感到恐慌的时候买入股票，实际上越是安全。在操作时机和数量的选择上，重点须注意三点，即一是要按照 N 次"政策底"出现的先后顺序，分批买入、先少后多；二是在具体介入时点上，应尽量做到事先潜伏、"下压"时捡，力避事后追入、"弹起"时抢；三是当市场出现极度恐慌，个股大面积跌停时，作为长线投资者更应抓住难得的建仓良机，大胆、重仓买入廉价筹码。

3. 买什么、卖不卖？

核心提示："弃弱择强"非上策，高抛低吸才靠谱。

即使是在经历了多次"政策底"之后，迎来了真正的"市场底"，投资者也已确定了建仓时机和数量，同样还有两个问题需考虑：

一是买什么？不少投资者传统的思维认为应该在"市场底"买入率先启动的最强势品种，似乎只有这样操作才能在日后的反弹中取得最大收益，实际上并非如此，这

里面有两方面问题。一方面，从高位一路保留下来的资金如果在"市场底"去买没有跌过甚至逆市上涨的股票并不能"多买"股票，等于"白等"；另一方面，率先启动的强势品种不一定能在随后的反弹中有出众表现。

以大盘2008年10月28日见底1664点前一日率先涨停的7只股票为例，在自10月28日至2009年8月4日这波反弹行情中，共有1556只可比股票，上述7只股票平均排名只有1096名，若以7股涨幅的平均值115.76%计，对应的排名更靠后，只位居1189名，远远落后于可比股票的"居中"位置。这说明，在"市场底"率先启动的股票不一定是日后反弹中最强势的品种（详见表13-4）。

表13-4　2008年10月27日7只涨停股下一波反弹表现

代码	名称	涨幅（%）	排名
000594	国恒铁路	110.28	1220
600199	金种子酒	117.03	1179
600263	路桥建设	104.13	1264
002180	万力达	202.52	500
000629	攀钢钒钛	−5.46	1548
000159	国际实业	163.33	795
600106	重庆路桥	118.46	1169
平均		115.76	1096

注：2008年10月27日（1664点前一日）7只涨停股在下一波反弹（2008年10月28日至2009年8月4日）中涨幅排名平均数列可比的1556只股票第1096名，平均涨幅115.76%对应的排名为第1189名。

二是卖不卖？买入股票后，长线投资者只要一路持有买入的股票即可，短线投资者可适度进行高抛低吸做差价操作。

操作策略：股市多年来的走势一再表明，N个"政策底"之后必将迎来"市场底"，每个"市场底"又都是千载难逢的低吸良机。在具体操作上，一是要逢低买入熟悉品种，二是要及时做好组合搭配，三是要正确把握轮动节奏，四是要始终保持良好心态。只要在"政策底"来临时，做到早作计划、精心准备、不怕折腾、不贪不惧，"政策底"乃至"市场底"的受益者就会非你莫属。

第七节 熊市解套"路线图"

熊市炒股，不幸被套，十分正常，从不被套，反而不正常。要想成为炒股的智者和赢家，不仅应尽力减少被套的次数和幅度，而且要通过熟练掌握解套的方法和技巧，变被套为解套甚至获利。

1. 实例：解套要打"组合拳"

这是一起典型的从被套到解套再到获利的操作实例。

2011 年 8 月 22 日，笔者投入 10000 元资金，加上原有余资 1567 元，账户共有可用资金 11567 元。当天，笔者以 4.58 元的收盘价全仓买入正处于持续阴跌的中国北车 2500 股，收盘时上证指数为 2515.86 点。

建仓后，在大盘和相关板块走弱的影响下，中国北车继续下跌，最低跌至 4.40 元，买入的筹码没过几天就被套住。

但在之后的两个月时间里，昔日跌跌不休的中国北车一改之前的"熊样"，顽强经受住了大盘和个股大幅下跌的考验，笔者买入的筹码也同时经历了从被套、解套到最终获利的过程。至 10 月 21 日收盘，上证指数区间跌幅 7.89%，中国北车逆市上涨 7.21%，跑赢指数 15.1 个百分点（详见表 13-5）。

表 13-5 2011 年 8 月 22 日~10 月 21 日上证指数及相关个股区间涨跌

区分	8 月 22 日收盘（元）	10 月 21 日收盘（元）	区间涨跌幅（%）	与指数比（百分点）
上证指数	2515.86	2317.27	−7.89	—
中国北车	4.58	4.91	7.21	15.1
冠昊生物	79.98	46.74	−41.56	−33.67
正和股份	8.36	6.26	−25.12	−17.23
东宝生物	31.17	19.40	−37.76	−29.87

在过去的两个月，上证指数区间跌幅 7.89%，许多个股跌幅更大，一些之前的强势股更是出现了大幅补跌的走势。投资者若能在此期间躲过一劫，保住资金甚至获利无疑是幸运的。揭开中国北车从买入被套到解套获利"路线图"不难发现，之所以能在

指数大跌的情况下不跌反涨、一举解套，打好熊市解套"组合拳"十分关键。

一方面，要选择突发利空、惨遭错杀的股票买入。熊市炒股，千万不能把解套希望都寄托在被套后的解套上。因为，不计后果、随意追涨、导致深套的筹码日后解套的难度很大，心态良好、逢低买入的低成本筹码即使被套也能为日后解套赢得主动。

"7·23"动车事故发生前，中国北车已经从前期高点 9.69 元跌至 7 月 22 日的 6.50元，跌幅高达 32.92%，远超大盘和其他多数股票的同期跌幅，已有超跌嫌疑。事故发生后，受投资者恐慌情绪影响和板块联动因素作用，该股再度暴跌。至 8 月 22 日，短短一个月时间，在上证指数下跌 9.20% 的情况下，中国北车再度暴跌 29.54%，跑输指数 20.34 个百分点，区间跌幅甚至位居两市跌幅榜第 5 名，持股者的恐慌情绪几乎到了极点。从图形看，中国北车也是跌得面目全非，不仅依然运行在标准的下降通道中，毫无止跌迹象，而且不少机构主力也加入了杀跌者的行列。

与此同时，一大批表现坚挺的强势股风头正劲，冠昊生物、正和股份、东宝生物更是以 93.47%、50.36%、48.92% 的巨大涨幅雄踞两市区间涨幅榜前 3 名的位置（停牌后复牌的股票和 ST 股票除外），与跌幅第 5 的中国北车形成了鲜明反差（详见表 13-6）。

表 13-6　2011 年 7 月 22 日~8 月 22 日上证指数及相关个股区间涨跌

区分	7 月 22 日收盘（元）	8 月 22 日收盘（元）	区间涨跌幅（%）	与指数比（百分点）
上证指数	2770.79	2515.86	-9.20	—
中国北车	6.50	4.58	-29.54	-20.34
冠昊生物	41.34	79.98	93.47	102.67
正和股份	5.56	8.36	50.36	59.56
东宝生物	20.93	31.17	48.92	58.12

此时，摆在投资者面前的选择是，要么按照技术派的选股原则，"弃弱择强"追冠昊生物、正和股份、东宝生物等股票，要么相反"弃强择弱"，低吸中国北车。从盘面观察后笔者感到，中国北车明显属于受突发利空影响而惨遭错杀的股票，加之该股是自己长期跟踪、一直看好的股票，事故发生后已先后 4 次作了加仓操作，按照越跌越买的原则和坚定执着的理念，决定在其他投资者不计成本割肉离场的情况下选择继续买入。

"弃强择弱"的结果，不仅顺利解套，而且取得了 7.21% 的收益，还跑赢指数 15.1个百分点。如果当时眼红强势股追涨买入，结果正好相反，不仅解不了套，而且大亏34.81%（三只"强势股"平均跌幅），"一盈一亏"市值相差 42.02 个百分点。

另一方面，要保持良好心态，一路持有被套的股票。8月22日买入中国北车后，如果操作得好，有两次高抛低吸机会，若能踏准节奏高抛低吸收益更高，但对于普通投资者而言显然是可望而不可即；假如操作不好，在中国北车随后的两次调整中盲目止损，同样会后悔莫及。所以，采取持股不动的操作方法，任凭主力怎样折腾打压，始终坚定持股信念，是成功实现从被套、解套到最终获利的又一关键。

2. 方法：解套"路线图"揭秘

以上是笔者在操作中国北车中从被套到解套的操作实例。由于股市情况千变万化，具体解套方法也是多种多样，不同投资者须根据各自实际逐步摸索一套适合自己的解套方法。下面，介绍一种相对简便、适合多数投资者采用的熊市解套"路线图"，供投资者参考。

仍以中国北车为例。假如投资者在"7·23"动车事故发生、股价连跌两天后的7月26日买入中国北车10000股，价格5.60元，结果被套。此时，可采取买跌不买涨的方法尝试解套操作。在"买价"方面，简单实用的做法是采取"等差分批法"（价差相同）买入——自首次5.60元买入起，每跌若干元（如0.60元）补仓一次，即第二次买入价为5.00元（对应的补仓时间为8月9日），第三次4.40元（补仓时间10月10日），以此类推（详见表13-7）；也可采取"等比分批法"（跌幅比例相同）等方法进行补仓。

表13-7　买入批次、价格及解套方法

批次	买入日期	买入价格（元）	买入数量（股）			
			方法一	方法二	方法三	方法四
A	7月26日	5.60	10000	10000	10000	10000
B	8月9日	5.00	0	10000	20000	20000
C	10月10日	4.40	0	10000	30000	40000
解套价格（元）			5.60	5.00	4.80	4.74

在"买量"方面，主要有四种方法。

方法一："持股不动解套法"，即买入股票被套后，采取一路持有直至解套的方法。如7月26日5.60元买入中国北车10000股后持有即可，无须补仓。特点是，操作非常简单、无须追加资金但解套价格较高（5.60元）、时间较长、难度较大。

方法二："等量补仓解套法"，即每次补仓的数量均与首次买入时相同，中间价即为

解套价的解套方法。如首次5.60元买入中国北车10000股后，每次补仓的数量均为10000股。特点是，操作比较简单、买量全部相同但须留有补仓资金，解套价格（5.00元）、时间、难度适中。

方法三："等差补仓解套法"，即补仓的数量一次比一次多，但数量差（增加量）相同，解套价低于中间价的解套方法。如5.60元买入中国北车10000股后，首次补仓的数量增加10000股即补仓20000股，再次补仓的数量再增加10000股即补仓30000股。特点是，解套价格（4.80元）较低、时间较短、容易解套，但操作要求提高、数量逐步增加、要求留有更多补仓资金。

方法四："倍数补仓解套法"，即补仓数量一次比一次多，且成倍增加（倍数相同，如两倍等），解套价最低的解套方法。以"两倍补仓解套法"为例，5.60元买入中国北车10000股后，首次补仓数量为最先买入数量10000股的两倍即补仓20000股，再次补仓数量为上次补仓数量20000股的两倍即补仓40000股。特点是，解套价格（4.74元）最低、时间最短、最容易解套，但操作要求最高、数量增加幅度最大、后续资金的需求量也最大。

3. 技巧：解套其实并不难

第一，审慎选择买入品种。熊市炒股，不幸被套后能否成功解套取决于买入时的品种选择。一般情况下，首次买入应当以"熟悉、价低、超跌"的股票为首选，首次补仓时应本着"沉稳、审慎、坚定"的原则，再次补仓时要做到"大胆、果断、快速"。上例中，如果不依上述原则低吸中国北车这样的"弱势股"，而是追涨冠昊生物、正和股份、东宝生物等当时的"强势股"，就很难解套。

第二，精心做好操作准备。一方面，要备足必要的补仓资金；另一方面，要做好充分的心理准备尤其是承受风险的各种准备（如总量控制等）。虽然，在首次买入前已作了充分调研，买入时大多底气较足，但毕竟市场充满变数，所以做好两手准备必不可少，既要做好补仓计划才刚刚开始实施股价便掉头上涨导致计划落空的思想准备，又要做好补仓计划全部实施完毕后股价依旧下跌甚至大跌，被套甚至深套的打算，养成无论情况怎样变化，都能理性平和面对结果这样的交易心态。

第三，妥善安排卖后事宜。股票解套后卖出的方法很多，应根据各自实际采取相应的方法。例如，"一次性卖出解套法"。只要股价到达事先计算好的解套价便一次性卖出全部股票，进行解套。卖出后，若股价涨了则观望，跌了则买回，赚取差价。再如，"分批式卖出解套法"。具体有两种情形：一是解套一批卖一批，卖出后，若跌至

计划的回补价则按计划买回，若涨至下一批解套价，则再按计划卖出解套，以此类推；二是获利一批卖一批，即当最后一批（C）买入的股票到达解套价时暂时不卖出，等股价涨至上一批（B）买入的筹码也解套时，再卖出此时已经获利的 C 批筹码，继续保留 B 批筹码，以此类推，使每次卖出的股票不仅能解套而且能获利，因此收益更大、效果更好，但难度较大、要求更高。

第八节　存量资金如何在熊市实现"双赢"

老股民炒股一般都有控制仓位的习惯，尤其是在熊市——账户里除了持有一定数量的股票外，还保留着一定比例的存量资金。

保留存量资金的目的一般有两个：一是控制风险、保存实力；二是寻找机会、防守反击。若在大盘和个股持续下跌的熊市里，既能保住本金，又能逆市获利，让存量资金在熊市实现"双赢"，无疑将有助于投资者在充满变数的股市里牢牢把握熊市操作的主动权。

1. 存量资金的"双赢实例"

随着股市大幅调整及操作难度的不断加大，不少投资者随之调整了操作思路和交易节奏。一方面，通过控制仓位，保留一定比例的存量资金来缓解股市下跌的压力；另一方面，通过减少交易数量、降低交易频率，尽力避免由于操作失误带来的投资风险，这也是多数投资者应对熊市经常采用的方法之一。

本着这一原则，笔者 2012 年也在控制好仓位的基础上减少了操作。在 7 月 9 日至 13 日交易周里，只有两个交易日，动用部分存量资金，操作了 3 只股票。交易清单如下：

7 月 10 日，买入中国北车 1300 股（3.68 元），买入新疆城建 4200 股（5.40 元），买入中铁二局 5000 股（6.16 元）。操作前，账户里的存量资金余额为 175310 元。

7 月 11 日，卖出中国北车 1300 股（3.76 元），卖出新疆城建 4200 股（5.42 元），卖出中铁二局 5000 股（6.48 元）。操作后，账户里的存量资金余额为 176947 元。

从表面上看，上述交易似乎并无特别之处，既未追上涨停板，也未获得暴利，交易数量不多，价差收益也不大。但实际上，要是将操作结果与大盘和个股的一周走势

联系起来即可发现，在上证指数周跌 1.69%，超过七成股票下跌，近六成股票跑输指数的情况下，账户里的存量资金不仅分文未少，而且逆市获利 1637 元（对应涨幅 0.93%，跑赢指数 2.62 个百分点），达到了存量资金在熊市实现"双赢"的目的。

2. 存量资金的"双赢路径"

要让存量资金在熊市既保住本金，又逆市获利，最终达到"双赢"的目的，"路径"主要有两条：

一条是"保本路径"。保本是确保存量资金"双赢"的基础，如果连本金都保不住，存量资金的"双赢"也就无从谈起。由于存量资金的功能体现在风控与逐利方面具有明显的两重性——在熊市能有效保护本金，但在牛市也会错失获利机会，所以，存量资金的比例确定一定要适度。在确定存量资金的比例时，既要考虑大盘因素综合而定——一般在指数处于相对高位时要提高存量资金的配置比例，在相对低位可减少配置；也要结合自身实际因人而异——对于投入的是自有资金、又有丰富的操盘经验的投资者，可适当减少存量资金的配置比例，反之则应加大配置比例。

在确保存量资金比例适度的同时，还要掌握存量资金的保护方法，常用的有四种：一是"自控式"保护——严格按照事先制订的操作计划和仓位控制原则进行操作，需要有较强的自控意识和自律能力；二是"模拟式"保护——通过模拟操作、以假代真，体验存量资金的保护过程和结果，适用于既想保护存量资金又想体验实际交易的投资者；三是"迷你式"保护——用占比极低的存量资金进行实际交易，无论盈亏对于存量资金的保护都不会产生大的影响的保护方法，一般只动用不超过总额 1/10 的存量资金进行迷你交易；四是"强制式"保护——通过采取强有力的措施，使预留的存量资金即使想用也用不了，从而达到"强制保护"的目的。例如，从证券账户转出存量资金到银行用于定期存款、购买理财产品等，或依然存放在证券账户内但专门用于"打新"等，只要一"打新"，这部分存量资金就会被"锁上"。但"打新"也有风险，因此，须根据新股的定位和一段时间内新股的市场走势综合而定。相比之下，"强制式保护"是最简便也是最有效的存量资金保护方法。

另一条是"发酵路径"。保本毕竟不是存量资金留用的终极目的，最终目的是通过保本、"发酵"等环节，实现持续盈利，做大账户"蛋糕"。正确的"发酵路径"大体由以下三方面组成：

一是品种和时机的选择。存量资金的"发酵"与其他操作方法一样欲速则不达，体现在品种选择方面，无须在 2000 多只股票里到处寻找，只需在之前关注过、操作过

最好是获利过，且股性较为熟悉的品种里筛选即可；在时机选择方面，既包括个股自身进出时机的选择，一般在相关股票调整时间较长、下跌幅度较大时介入，也包括整个大盘在时机上是否有利于仓位增减。一般情况下，在大盘经历较长时间或较大幅度调整后介入胜算较大，否则即使个股时机再好，也会因大盘不配合而导致操作失败。

二是数量和节奏的控制。在交易数量的确定上，无须追求买得最多，也没有必要非要凑个整数，只需按照传统的交易习惯委托交易即可，如此操作成功的概率反而更大。例如，笔者交易的中国北车 1300 股、新疆城建 4200 股、中铁二局 5000 股等，这些数量的确定都是根据之前卖出时的数量和平时的交易习惯确定的。在交易节奏的控制方面，一般须急跌时买，上冲时卖，有机会就"做"、无机会就"放"。

三是预期和心态的调整。在操作预期上，重在做好两手准备。交易前，就应对操作后的股价涨跌有充分的思想准备。例如，利用存量资金买入股票后，股价若涨了，就按计划卖出。若跌了，则跟之前的卖出比，在筹码不变的同时，账户资金实际上已经多了出来，所以安心持股、耐心等待即可。在操作心态上，要有平常之心。交易后，无论股价涨跌，同样要理性面对。譬如，卖出的股票若股价出现上涨，就跟当时没有买入比，实际上已经获利，取得了"额外收益"。若股价下跌，则视为再次买入的良机，以便进行"二次发酵"。

3. 存量资金的"双赢技巧"

如果说，掌握存量资金的"双赢路径"相对来说比较容易的话，那么对于不同投资者来说，能否真正"实现双赢"的关键取决于投资者的操作手法是否正确，技巧是否娴熟，特别要做到以下三点：

一是要变"从众心理"为"逆向思维"。由于股市投资包括存量资金的操作永远只有少数人获利，因而在多数情况下，赢的一方不会是"从众"者，而是那些善于独立分析、"逆向思维"的人。在利用存量资金买入股票时，尤其要做到"人弃我捡"，即当多数人不敢买股时买入股票，只有这样才能增加胜算、赢多亏少。

二是要从"人弃我捡"到"人抢我给"。如果说买入股票时采取的是"人弃我捡"策略，那么卖出股票时正好相反，须采取"人抢我给"策略，即当某一品种经过一段时间的上涨，出现价涨量增、众人争抢时，要舍得放弃、学会"给予"。简言之就是"人抢我给"。这一点，主要是由存量资金的使用原则决定的。一般情况下，在操作存量资金时，追求的不是赢利额度的多少，而是能否做到每次赢利、保持不败。所以，快进快出、有赚就走显得尤为重要。

三是若要"有所为"先要"有所不为",即要处理好"为"和"不为"的关系。首先要"有所不为"。利用存量资金操作时讲究的是胜算,只有等胜算、把握较大时才适合短线操作,因此,既不可在股价急涨时追入,也不可在股价起跌时买入,否则就会提高持股成本,增加获利难度。只有在相关股票尚未跌透时做到"有所不为",耐心等待股价调整到位后再买入,才是正确的操作。衡量股价是否"跌到位"的标准,一般看股价是否"从哪里来又回到哪里去",若是如此,再分批低吸,这样操作成功的概率相对比较高。接着才能"有所为"。一旦股价调整到位,买入机会来临,此时就应变"心动"为"行动",千万不可犹豫不决。否则,极有可能错失良机、前功尽弃。

第九节　增量资金如何参与熊市抄底

股市交易的资金,多数投资者在多数情况下用的是"存量资金"——账户里已有的可支配资金。但在必要情况下,一些投资者也会通过各种渠道筹集资金追加投入。如在熊市,当大盘和个股持续、大幅下跌后,一些长期、理性的投资者时常会用"增量资金",有计划、分步骤地参与"熊市抄底"。

1. "增量资金"的性质和适投底线

利用"增量资金"参与"熊市抄底"有三条底线必须坚守:

一是资金性质。按资金来源分,参与"熊市抄底"的"增量资金"大体可分为两类。一类是借贷资金,包括有偿和无偿两种,前者需支付利息、有使用成本,后者无须支付利息、没有使用成本,但都须归还且有使用时间限制;另一类是自有资金,即自身可支配的资金,既不用付息,又无须归还。

单就自有资金来说,若再进行细分,又可分为有明确用途的资金和闲置资金。所谓有明确用途的资金,指的是一段时间后需要用于医疗、保险、购房、经营,以及自身养老、子女上学等用途较为明确的资金,既有明确的使用投向,又有一定的使用期限。这里所说的"增量资金",指的是自有资金里闲置的部分,即参与"熊市抄底"的"增量资金",必须是多余的闲钱,任何通过借贷获得的资金,以及自有资金中有明确用途的资金都不适合投资股市,包括参与"熊市抄底"。

二是适投比例。即使追加的是闲置资金,也不宜倾其所有、全额投入,而应控制

比例、适量适度。普通投资者用 1/3 的闲钱参与"熊市抄底"即可，最多不宜超过 1/2，切忌拿出全部闲钱参与"熊市抄底"。当然，不同投资者对于股市的偏好程度和操作技巧不同，在追加资金比例的确定中可有所区别、因人而异、合理确定。

三是抄底时机。资金性质和适投比例定下后，还须明确抄底时机。从 A 股二十余年的历史走势和未来走向看，参与抄底的最佳时机是"熊市"——大盘和个股持续、大幅下跌后，而不是"牛市"——大盘和个股已经大涨的情况下。问题是，这一看似简单的抄底时机，真正把握起来并不容易。因为在"熊市"，投资者普遍亏损，入市意愿大多不强。但在"牛市"，情况正好相反，盈利的投资者明确增加，入市意愿变得非常强烈。所以，应尽可能选择在"熊市"、多数投资者不敢买股时，逢低、分批、大胆追加资金、参与抄底。只有这样，利用"增量资金"参与"熊市抄底"的成功率才会增加。

2."熊市抄底"的品种和策略选择

在明确以上"三大底线"、做好各项准备基础上，能否确保"熊市抄底"的成功，还取决于品种和策略的选择是否正确。以 2008 年 10 月 28 日大盘见底 1664 点时为例，当时参与抄底的投资者在品种确定上就有两种选择，结果也是大相径庭：

一是"弃弱择强"——买入当时阶段涨幅大、技术形态好、趋势向上、带量上攻的"强势股"，包括新上市、被哄抢的新股。实际上，不少当时表现突出的"强势股"在随后的走势中表现不佳，有的还领跌大盘和个股。

为此，笔者对 2008 年 10 月 29 日~2012 年 10 月 26 日的大盘和个股表现进行了专门统计，结果发现，在上证指数涨 16.62%、多数品种跑赢大盘的情况下，同期可比的 2452 家公司中，跌幅超过 70% 的有 25 家（其中跌幅最大的达 79.64%），跌幅超过 60% 的有 102 家，跌幅超过 50% 的有 219 家。这些走势不佳的品种，多数都是在当时看来走势十分强劲的"大牛"股。投资者要是在当时采取"弃弱择强"法进行"抄底"，不仅在随后的大盘反弹中难以取得好的收益，反而会出现大幅亏钱的尴尬局面。

二是"弃强择弱"——卖出当时阶段涨幅大、技术形态好、趋势向上、带量上攻的"强势股"，选择"弱势股"进行反向买入。结果，不仅能有效回避一些股票的大幅下跌，而且极有可能取得超出预期的不俗收益。

中珠控制（原名潜江制药）便是个十分典型的例子。该股 2001 年 5 月 18 日上市当天触及 36.88 元后便一路下行，自上市后翌日（2001 年 5 月 21 日）起至大盘见底 1664 点之日（2008 年 10 月 28 日）止，在上证指数下跌 19.59% 的情况下，该股大跌

90.70%，收于 3.34 元，跑输指数 71.11 个百分点，在同期可比的 1544 家挂牌交易的股票里排名倒数第二位（详见表 13-8），属于典型的"弱势股"。

表 13-8 2001 年 5 月 21 日~2008 年 10 月 28 日中珠控股涨跌幅及与上证指数比对

区分	原收	现收	区间涨跌幅	与上证指数比
上证指数	2203.37	1771.82	−19.59%	—
中珠控股	35.90	3.34	−90.70%	−71.11 个百分点

注：同期可比的挂牌交易股票共有 1544 家，中珠控股列第 1543 名（倒数第二名）。

但投资者要是能在当时反向思维、"弃强择弱"，参与"弱势股"的抄底，买入遭人抛弃的中珠控制并耐心持有，将取得惊人回报。自 2008 年 10 月 29 日起至 2012 年 10 月 26 日止，中珠控股在上证指数涨 16.62% 的情况下大涨 423.95%，跑赢指数 407.33 个百分点，在同期可比的挂牌交易股票中列涨幅榜第 89 名（详见表 13-9），由昔日的"弱势股"变成了日后的"强势股"。

表 13-9 2008 年 10 月 29 日~2012 年 10 月 26 日中珠控股涨跌幅及与上证指数比对

区分	原收	现收	区间涨跌幅	与上证指数比
上证指数	1771.82	2066.21	16.62%	—
中珠控股	3.34	17.50	423.95%	407.33 个百分点

注：同期可比的挂牌交易股票共有 2452 家，中珠控股列第 89 名。

再对做出不同选择的抄底者进行量化分析还可发现，当时买入表现极弱的中珠控制的投资者无疑将成为日后的大赢家。以追加资金 100 万元参与"熊市抄底"的投资者为例，若在当时"弃弱择强"（以极端例子下跌 79.64% 为例），至 10 月 26 日余额只剩下 20.36 万元，不仅之前买入中珠控制的损失难以挽回，而且将再度出现巨亏。反之，若"弃强择弱"（买入中珠控制），市值则涨至 523.95 万元，不仅之前买入中珠控制的损失悉数挽回，而且新投入的抄底资金将取得丰厚回报，不同的品种选择结果相差 25 倍还多。

至于"熊市抄底"的策略，一般可通过"三比三看"予以选择：一是比涨跌幅度，看谁跌幅深。一般应在具有可比性的熟悉品种里选择阶段跌幅大、涨幅小的品种作为"熊市抄底"的首选品种。二是比流通盘子，看谁最适宜。待买股票的流通盘一般在 1 亿股至 3 亿股较为合适，盘子太大或太小都不是"熊市抄底"的最佳品种。三是比区间表现，看谁潜力大。在符合以上条件基础上，若待买品种横盘时间长、主力吸筹足、散户跑得多则更好。通过"三比三看"，一般都能回避看似强势的"风险股"，及时捕

捉看似弱势的"潜力股"。

3."风控逐利"的技巧和注意事项

"熊市抄底"与其他操作方法一样，既存在较大机会，也蕴含一定风险。只有正确处理风控和逐利的关系，才能在"熊市抄底"中把握主动、趋利避险，最终取得"熊市抄底"的成功。处理"风控逐利"关系的具体技巧主要体现在三个方面：

一是在抄底逐利的同时只承担机会大的风险。只要在股市投资，任何时候任何情况下都存在风险，只不过在不同阶段、不同情况下这种风险的大小不同罢了。作为普通投资者，在利用"增量资金"参与"熊市抄底"过程中同样须承担一定的风险，但这种风险必须是在机会大、风险小的情况下去承担。例如，当大盘和个股持续、大幅下跌后，投资者普遍亏损、入市意愿不强的情况下存在的抄底风险看似很强实则不大，这种风险便属于机会大的风险，值得理性的投资者适当承担。

二是在抄底逐利的同时只承担有价值的风险。即便是机会大的风险，也须视具体情况而定，主要看这种风险有没有承担的价值。例如，一些阶段性涨幅巨大的品种，虽然在当时仍存在继续大涨的可能，但同时也存在获利回吐、短线暴跌的可能。追涨买入这样的"暴涨股"所要承担的风险，对于秉承价值投资理念、本着稳妥操作原则的投资者来说，显然属于无价值的风险。因此，作为普通投资者，在"熊市抄底"过程中所应承担的当然是那些有价值的风险，而不是相反。

三是在抄底逐利的同时只承担可承受的风险。对于有些投资者来说，有些风险虽然机会很大、也有价值，但却难以承受，对于这样的风险投资者在抄底时也须引起注意、尽量予以回避。只有在准备买入股票前，就已做好承受风险的准备且有能力承受的情况下，才可在承受相应风险的同时去博取抄底逐利的机会。

在处理"风控逐利"关系时还有两方面问题须引起注意：一方面，要"增存结合"，以"存"为主。在利用"增量资金"参与"熊市抄底"中，不要把全部希望都寄托在"增量资金"上，而是要"增存结合"、同时兼顾，以"存"为主、"增量"为辅，在主要利用"存量资金"抄底的同时适当利用"增量资金"参与抄底。另一方面，要"长短结合"，以"长"为主。任何品种在任何时候都存在一定的短线机会，但不可能所有的投资者始终都能把握这样的机会。因此，在利用"增量资金"参与"熊市抄底"中，还须调整心态、"长短结合"，以"长"为主、短线为辅。有能力参与短线操作且处于较为流畅状态的投资者，可在"熊市抄底"的同时适当多做短线、高抛低吸，对于那些缺乏必要技法，以及操作不够顺畅的投资者来说，还是保持耐心、减少交易为宜。

第十节 "三字经"抄底法

在大盘连跌不休，指数和股价屡创新低的情况下，投资者想得最多的往往是割肉"逃命"、减少损失，很少有人会想到抄底建仓、争取获利，低迷的成交量足以说明问题；但当股市突然出现一根拔地而起的长阳后，不少投资者的想法也随之剧变，有的后悔未在低位买入、错过建仓良机，有的思忖着要不要在指数上涨后再来参与抄底？

1. "察"——洞察底部特征

毋庸置疑，不在指数和股价屡创新低而是在长阳拔起之后参与抄底，从成本角度看，显然不是好的抄底时机。从某种程度上讲，抄底能否成功，关键取决于投资者的进出时机，取决于寻找"底部"的眼力和功夫强不强。所谓"察"，实际上就是要锻炼和培养投资者观察底部的能力和水平——根据以往底部的形成规律，通过洞察"底部"特征来及时发现底部是否来临。一般情况下，指数和个股运行到底部区域后都会呈现出以下"五大特征"（以 2011 年 9 月 21 日指数长阳前的底部为例）：

一是交易活跃程度持续滑坡。表现在交易日内总成交量、总成交额和换手率等方面呈不断缩水趋势。如 9 月 21 日指数大幅反弹前，沪市连续三个交易日成交额均低于 500 亿元，且逐日递减，分别为 495 亿元、486 亿元和 479 亿元。总成交量和换手率也呈同步缩减趋势。

二是投资主体生存出现危机。不仅广大中小投资者亏损累累、怨声载道，而且一些机构、私募、券商也普遍感到日子难过，亏损总额和比率接近甚至超过以往股市最低迷时期如 2008 年熊市。特别是一些券商的亏损程度更是与股市上涨时期——2010 年全行业无一家券商亏损和 2009 年仅两家券商出现亏损形成鲜明反差。

三是开户入市人数大幅下降。与顶部相比，处于底部时期的投资者入市意愿日趋低迷甚至跌至冰点，新增开户数无论是同比还是环比都出现明显下降。如 2011 年 9 月 13~16 日这一交易周，沪深两交易所新增股票开户数只有 13.15 万户，相比前一周减少了 2.7 万户，降幅达 17.03%。

四是媒体舆论随之纷纷看空。2011 年 9 月 21 日大幅反弹前，媒体包括主流媒体的质疑声、看空声不绝于耳，有些平面媒体的财经股市版刊登的文章甚至为清一色的看

空文章。如《中国股市为何跟跌不跟涨》《巨型 IPO "抽血"，股市积重难返》《市场身心俱疲，做多动力不足》《反弹别太惊喜，抄底仍需等待》等，几乎没有媒体认为股市会上涨。

五是产业资本开始进场扫货。随着股市大幅下跌，不少个股出现了战略性建仓机会。就在普通投资者感到麻木、不抱希望、不计成本、恐慌抛股之时，一些敏锐的上市公司高管却以各种方式从二级市场大量购入公司股份。继中国北车 2011 年 9 月 5 日公告公司高管以个人自有资金从二级市场购入公司股份 69 万余股之后，多家上市公司仅 9 月就发生了超过 1000 笔的股东增持交易，累计进场资金达 100 多亿元。

虽然不同时期的底部特征会有所区别，但概括起来大多离不开"市场最恐慌、交易最低迷、股价最低廉"等共同特点。当这些特点部分或全部出现时，大盘和个股"见底"并出现报复性反击的可能性就会大大增加，此时，投资者即可着手抄底前的谋划和准备工作，并择机进行抄底操作了。

2. "精"——精通抄底技巧

与逃顶时一些投资者希望卖在最高点，结果痛失逃顶机会一样，当市场出现底部特征，为投资者提供抄底机会时，不少投资者也会因希望抄在最低点而错过抄底机会，主要原因在于不知道怎样抄底——心态随市场波动而波动，操作受情绪影响而影响。

比如，2011 年 9 月 20 日（周二）大盘创调整新低 2426.70 点时，市场一片恐慌，投资者若跟着恐慌连忙清仓；21 日（周三），大幅反弹后以 2512.96 收盘，单日上涨 65 点，在不少人普遍看多时赶紧进场；接着周四又是暴跌 70 点，若再次杀跌，仅三天时间，即使不考虑交易成本和个股因素也将造成较大损失。因此，成功抄底不仅要洞察底部特征，而且要精通操作技巧。在操作层面须重点把握好的环节主要有三个：

一是要有"心中底"。抄底最难的莫过于进场时机的把握——在多少点位开始抄底。如果用"以后"来看"过去"，谁都知道应在多少点位抄底，但在当时却很难保持清醒头脑。解决办法有二：一方面，要有"心中底"，做到"点数清"，明确自己所期望的抄底点位，如 2600 点、2500 点、2400 点等，只要目标明确，多少点数都无所谓；另一方面，"不急也不等"，若"心中底"未到，就采取"不急法"，即就地卧倒不抄底，若"心中底"已到，就采取"不等法"，即不贪不惧、及时抄底。仍以上述三天指数大幅波动为例，投资者若心态良好，按照计划，高抛低吸，损失就会非常有限。

二是体现"优势性"。在选好进场时机、明确"心中底"基础上，还要确定具体的抄底品种，一般可通过观察目标股票是否具有"四性"来加以筛选：熟悉性——平时

经常关注、长期跟踪、跌起来不怕的自选股；超跌性——与指数和其他同类股票比，由于受突发事件影响，跌幅较大、涨幅较小的品种；错杀性——目标股票在下跌过程中出现了集中性、非理性的被抛售现象，导致股价被错杀，且有跌过头的可能；增持性——由于股价被投资者错杀，一些高管不惜重金通过二级市场大量购入股份。

例如，2011 年 8 月 22 日，笔者有一笔资金需要抄底，当时选择的品种是中国北车，抄底买入价 4.58 元。当时选择此股正是鉴于该股具备了以上"四性"这一考虑。抄底时，上证指数为 2515.86 点，从 2011 年高点下来，跌幅为 17.98%，而中国北车同期大跌 52.73%，远超指数和其他个股跌幅。结果，抄底后至 23 日收盘，在上证指数下跌 3.29% 的情况下，中国北车逆市上涨 1.31%，跑赢指数 4.6 个百分点，达到了预期的抄底目的。此举表明，投资者只要按照"四性"要求选择股票、进行抄底，成功概率就会大大提高。

三是强调"执行力"。既包括良好的仓位控制——在明确进场时机、抄底品种的基础上，还要确定抄底数量，原则上不要采取一次性"抄底"法，而是应该分若干次参与抄底，以便越跌越买；又包括适度的搭配组合——规定好单一品种的买入上限，如 1/3、1/4 等，具体比例应视资金量大小而定。抄底时无论待买股票多么诱人，都不应突破事先设定的上限。若能正确把握上述三个环节，实际上相当于抓住了抄底的"牛鼻子"。

3."防"——防范抄底风险

炒股，没有百发百中的操作方式；抄底，也没有绝对的操作好坏之分。只要参与抄底，就既存在机会又蕴含风险，关键是要在抄底时尽力做到放大机会，降低风险。"抄底"的风控方法主要体现在三个方面。

第一，"摊低"成本、把握主动。在抄底下单时原则上要做到"跌时捡拾"，切忌"涨时追抢"。特别是要注意选择在大盘和个股处于"冰冻期"（成交低迷）、急跌时加仓，此时建仓的成本往往会非常低。

第二，余钱抄底、不借不贷。既不要通过民间或银行借贷等方式筹集资金、用于抄底，也不可动起融资融券等高风险脑筋参与抄底，更不能倾其所有、用"赌一把"的心态参与抄底，任何不理性的思维及操作方式都是抄底的大忌。

第三，调整心态、保持淡定。抄底时做到简单些、淡定些，往往比复杂、急进式抄底效果要好。无论是宏观政策变化，技术指标演变，还是专家投资建议，都只能作为抄底时的参考，具体要靠自己决策。当方向难辨时，适当地采取一些包括"麻木术"

在内的心态和方法未必就是坏事，不问或少问股市跌得是否有理，不猜或少猜是否已是最后一跌，不想或少想自己的抄底能否胜人一筹。

总之，只要事先制订好严密的抄底计划，保持良好的抄底心态，严格按计划做到低买高卖；抄底之后，也无论结果如何，是涨是跌，被套与否，收益大小，都能做到涨不喜、跌不悲，就属于正确的抄底。而且，本着这种心态抄底，抄到大底的概率就会随之增加。

第十一节 散户"抄底"全解码

都说炒股最难的是"逃顶"，其实这只说对了一半。单就波段操作而言，除了"逃顶"，炒股还有一难，这就是"抄底"。股市持续下跌后，何时止跌、哪里是底，"抄底"有哪些技巧，该注意哪些问题，都颇费思量、颇为讲究。

1. 屡抄屡亏的背后玄机

每当大底来临，投资者都希望能成功"抄底"。然不同的投资者结果往往大不相同：嗅觉灵敏、胆大心细的，总能抄到大底、硕果累累；反应迟钝、左顾右盼的，往往与底无缘、错失良机。更有甚者，本想通过"抄底"捡些便宜筹码，结果不得要领、屡抄屡亏。究其原因大致有四：

一是该慎不慎。"抄底"的前提是"逃顶"——高位减仓。当指数运行至一定高位时，投资者应采取谨慎策略，分批逢高减仓，巩固胜利果实，以便为日后"抄底"备足资金、奠定基础。但不少投资者该慎不慎、反向操作，随着指数的不断上涨，风险的不断累积，仓位不减反增，指数越高、仓位越重，不仅错过了"逃顶"机会，且给日后"抄底"带来被动。

二是该了不了。高位满仓、重仓的投资者持有的股票多数都是涨幅巨大但获利不多的股票。当指数出现调整，这类股票往往跌幅居前，充当领跌角色，重仓持有、该了不了的投资者损失惨重。暴跌后，由于所持股票处于深套之中，手头又无多余资金，"卖"不忍心、"买"无资金，与"抄底"机会失之交臂。

三是该等不等。与高位重仓、未能脱身的投资者相比，有的投资者相对幸运，在指数处于高位时已抛出了股票、降低了仓位。但在指数调整过程中缺乏耐心、该等不

等、仓促补仓、抄错了底。等真正底部来临，手头已无资金，有底也抄不了。

四是该狠不狠。与"逃顶"一样，"抄底"机会并非时时都有、人人能遇。但一旦机会来临，就要及时抓住，做到该狠则狠。一般而言，当大盘从高位开始下跌，调整的时间和幅度达到一定程度，许多股票跌得面目全非，多数股民亏得惨不忍睹时，离市场底部就不远了。此时，一些投资者反而犹豫不决、该狠不狠，继续轻仓、减仓甚至空仓，最终导致步步踏空、心态失衡，进而追涨杀跌、铸成大错。

2. 别把抄底的好经"念歪"

大底一旦来临，没有投资者不希望在指数最低点满仓买入最强势的股票，从而获得超额回报。但实际上，绝大多数投资者难以达到这种理想化的状态，做反的倒大有人在。因此，作为普通投资者，没有必要刻意地去追求这种不切实际的理想化状态，行之有效的"抄底"方法是做到"三个保持"：

一是保持足够的仓位。无论是高位重仓、满仓，跟着大盘一路下跌的投资者，还是高位减仓后空仓、轻仓的投资者，当底部出现时都需要保持足够的仓位。投资者可以抓不住最强势品种，但不能让资金闲着。一方面，要树立防踏空的意识。如果说，在"牛末熊初"，持股不动是一件很愚蠢的事情，那么，在暴跌已经发生、极有可能"熊去牛来"的情况下，割肉轻仓才是更愚蠢的事情。所以，当指数处于底部区域时，一定要确立强烈的仓位意识，牢记"仓位也是硬道理"这一投资真谛。另一方面，要采取防踏空的行动。当指数跌至自己设定的点位时，就要大胆、坚决、分批、有计划地买入股票、增加仓位，原则上要确保"底部仓位"高于"顶部仓位"。仓位一旦确定，就要减少操作，即使要"动"，也要在确保筹码能正差接回的前提下"动"。为此，在考虑卖股票时，投资者就应做好后续买入的准备，如果没有明确的买入计划（包括多少价位、买入什么品种等），不妨冷静观望、暂缓卖出，以免一不小心造成筹码丢失。

二是保持足够的激情。这种激情主要体现在对现有仓位的利用和市场机会的把握上。仓位和品种确定后，如果所持筹码跌幅已大、处于深套之中，一时又无合适的建仓品种，原则上应保持耐心、减少操作。不少投资者，尤其是新入市的投资者特别喜欢多动，实际上，频繁换股、动来动去，不一定能取得好收益。只有当补入的筹码出现了盈利，操作也由僵持变得流畅起来，且短线又有合适的品种待买时，方可加大操作激情，进行短线操作，博取短差收益，但前提是要有充分的理由和明确的计划。

激情操作，原则上要具备以下三个条件之一：确保在新买入的股票获利卖出后，能保本接回原卖出的筹码；确保在新买入的股票保本卖出后，能在获利的基础上接回

原卖出的筹码；激情操作后，虽然原卖出的股票和新买入的股票都出现了下跌（或上涨），但均能确保原数接回后仍有利可图。这是保持激情操作的重要前提。如无把握满足以上三个条件中的任意一个，则应慎用激情操作法，改为持股待涨、以静制动。

三是保持足够的定律。底部操作，既要在保持足够仓位的基础上，又须有一定的激情，同时还要遵守操作定律。一般须坚持：冲高时卖出，做到胆大而不贪，卖后不后悔；下跌时买入，做到心细不恐慌，买后也无怨。选择操作品种的方法主要有：比照法，选择在大盘和其他个股连涨数日的情况下莫名未涨的股票（限于具有可比性的股票）；联想法，选择与某一时期涨势较好的板块或个股相关联但涨幅落后、有可能出现补涨的潜力股票。

3.“抄底”须理性些悠着点

能否正确“抄底”，对整个投资的成败将起到举足轻重的作用。“底”抄得好，会使整体操作变得十分流畅，有助于增加投资收益；抄不好，不仅投资收益难以确保，还会影响投资心态和操作水平。因此，“抄底”时做到理性些、悠着点，显得尤为必要：

一是谨防牛股盛极而衰。这是“抄底”时首先需要注意的地方。随着大盘从高位一路下跌，多数个股跌幅较大，但少数逆市上涨的牛股却表现坚挺。控盘这些牛股的主力多数都在考虑筹码变现，希望通过制造赚钱效应，吸引散户跟风，以便达到顺利出货的目的。经验表明，逆市上涨的牛股一旦“变脸”，调整起来十分凶狠，一般投资者难以招架。面对不同股票，投资者须明白：以前大涨的股票以后不一定还会大涨，以前大跌的股票以后也不一定还会大跌。“抄底”的第一要务不是“向后转”，而是要“向前看”，尤其是要力避成为牛股盛极而衰的“牺牲品”。

二是不妨吃吃“回头草”。笔者发现，不少投资者在“抄底”时有一个习惯——喜新厌旧、弃熟择生，即买一只、抛一只，扔一只、换一只。频繁“开新仓”危害极大，不仅会失去身边的牛股，而且“触雷”的概率成倍增加。与其提心吊胆去追陌生的股票，不如放心踏实地拿着熟悉的股票，因为在许多情况下，“咬定青山不放松”要比“频繁换股开新仓”强许多。因此，对于曾经高抛的股票，不妨吃吃“回头草”，善于抓住逢低吸纳的机会，在适当低位再把它们买回来。

三是积跬步以至千里。“抄底”时，还有这样一种投资者：“大牛股”抓不住，“普通股”眼不开。整天研究个股，不停进行委托，委了又撤、撤了又委，拿着资金、捏捏放放。一转眼，指数涨了一两百点，手头资金颗粒无收。实际上，在底部炒股，与其好高骛远，不如脚踏实地。面对别的股票上涨，最有效的方法不是挑三拣四、追涨

杀跌，而是采取"积跬步以至千里"战术，选好潜力股票，逢低买入持有，保持乐观心态，做到泰然处之。这种看似不起眼、收益也不大的"积跬步以至千里"战术，正是一些成熟理性的投资者能在每一个大底中顽强坚守、赖以生存，并在新一轮牛市里取得投资收益"爆发式"增长的奥秘所在。

第十二节 "保险坑"的趋利避险功效

炒股的人都希望自己是成功的趋利避险者，能最大限度地把握股市上涨机会，尽可能地回避下跌风险。简言之，就是在确保资金不受损失的前提下，去博取投资收益的最大化。

那么，股市投资究竟有没有趋利避险这样的好事，普通投资者能否达到趋利避险这样的操作效果，尤其是在连跌不休的熊市里？答案是肯定的。

1."一跌一涨"——这样神奇！

先看操作。2012 年 11 月 12 日，满仓持股的笔者既想趋利又想避险，于是做了如下操作：卖出中国北车 6000 股，价格 4.23 元；卖出中国北车 7400 股，价格 4.24 元；买入华东数控 4600 股，价格 7.21 元；买入大唐发电 10600 股，价格 4.13 元。

再看结果。两天后——截至 14 日收盘，上证指数跌 1.15%，卖出的中国北车（以12 日成交价作为初始价，下同）分别下跌 2.60%、下跌 2.83%，平均下跌 2.72%；买入的华东数控涨 3.05%，买入的大唐发电涨 1.21%，平均上涨 2.13%。"一跌一涨"，显性和隐性"收益"合计达 4.85%（详见表 13-10）。

表 13-10　2012 年 11 月 13~14 日上证指数及部分股票涨跌幅度

交易方向	交易品种	交易数量	交易价格	14 日收盘	涨跌幅度
	上证指数		2079.27	2055.42	−1.15
卖出	中国北车	6000	4.23	4.12	−2.60
卖出	中国北车	7400	4.24	4.12	−2.83
买入	华东数控	4600	7.21	7.43	3.05
买入	大唐发电	10600	4.13	4.18	1.21

注：上证指数系 13 日、14 日两天涨跌幅；表内股票系 12 日交易价至 14 日收盘价的涨跌幅；为便于计算，暂不考虑交易成本。

操作后仅两个交易日，就在上证指数跌 1.15% 的情况下取得了跑赢指数 6 个百分点的"神奇"收益。这一收益的取得，正是得益于趋利避险操作法的正确使用——通过构筑熊市"保险坑"，让风险降下来，让收益提上去。

2. "一盈一亏"——这样选股！

趋利避险是投资者在熊市炒股的共同追求，好处不言而喻，但难点也是显而易见，特别是避险品种的选择和趋利品种的寻找。

首先是避险品种的选择。所谓避险品种，指的是重仓甚至满仓的投资者所持有的品种里已经盈利，存在滞涨、下跌甚至大跌可能，无论是长线投资还是短线操作都需要回避，应该卖出的股票。

判断是否属于避险品种的标准主要有二：一是看基本面。原先消息面相对平稳、某日突发实质性利空的股票，或者虽然未见实质性利空但存在利空征兆的股票，累计涨幅巨大、股价已充分反映企业业绩的股票，以及一段时间里表现强势存在补跌可能的股票，都属于与企业基本面不符、有必要避险的品种。二是看技术面。阶段涨幅巨大——在大盘上涨中明显领涨大盘和其他个股的大牛股，以及阶段跌幅较小——在大盘下跌中跌幅明显小于大盘和其他个股甚至逆市上涨的强势股，都属于从技术层面考虑需要重点避险的品种。

避险品种的选择方法主要有三种：一是模糊法。在一段时间的操作中，感觉某一股票涨幅较大，存在调整可能时将这一股票列入避险品种的选择方法。二是看图法。主要通过察看分时图和 K 线图（包括日 K 线图、周 K 线图）来发现某一已经大涨的股票接近前期高点，或者上涨乏力、可能出现补跌的选择方法。三是比较法。利用行情交易系统，补齐数据后对自选品种进行阶段涨跌幅度排名统计，以此确定避险品种的选择方法。注意在比较的时候，要既与指数比，又与同类个股比，不要顾此失彼、左右失控。

在上述三种选择避险品种的方法中，比较精确、可靠的是第三种，即比较法。但在"比较"过程中，一定要注意选择具有可比性的区间，如"买卖区间"——将某一股票买入和卖出的时间段作为区间进行"比较"。例如，2012 年 11 月 5 日，笔者有一操作：卖出中国北车 6700 股，价格 4.10 元。操作后，笔者想趋利避险，且同时利用"买卖区间"法选择趋利和避险的品种。具体方法如下：先将平时关注、反复操作的熟悉品种作一粗选，再将这些粗选后的品种加入行情交易系统内的"自选板块"，利用"阶段涨幅"功能进行自动计算，并以中国北车当时买入时间（7 月 3 日）和之后卖出

时间（11 月 5 日）作为"区间"进行计算（详见表 13-11）。最后，将区间涨幅较大者作为避险品种即可（见表 13-11 中带"△"者），依次为中国铁建、中国北车等。上例中，随后卖出的中国北车便是这样选出来的避险品种。

表 13-11　2012 年 11 月 5 日收盘后避险品种选择

股票名称	7 月 3 日收盘	11 月 5 日收盘	区间涨跌幅	备注
上证指数	2229.19	2114.03	-5.17	
中兴通讯	13.80	8.59	-37.75	☆
森马服饰	26.85	20.07	-25.25	☆
大唐发电	5.55	4.19	-24.50	☆
华东数控	9.16	7.37	-19.54	☆
南方航空	4.50	3.72	-17.33	
东方航空	4.22	3.54	-16.11	
中海集运	2.59	2.36	-8.88	
泰山石油	5.73	5.23	-8.73	
新疆城建	5.79	5.59	-3.45	
中铁二局	6.60	6.45	-2.27	
中国北车	3.92	4.12	5.10	△
中国铁建	4.41	5.26	19.27	△

注：带"△"号表示需暂时避险的品种；带"☆"号表示可短线买入的品种。

除"买卖区间"外，选择避险品种的方法中还有"高低区间"——重要的高点和低点形成的区间，"政策区间"——重要的政策出台前后形成的区间，以及"时间区间"——重要的时间节点形成的区间等。对于避险品种，只要账户里持有这样的避险股票，原则上应按先后顺序（涨幅大小）予以避险——择机卖出。

其次是趋利品种的寻找。所谓趋利品种，指的是留有资金、等待买入的投资者平时关注的熟悉品种里跌幅较大，存在止跌、上涨甚至大涨可能，无论是长线投资还是短线操作都值得买入，应该建仓的股票。

趋利品种的判断标准和选择方法与避险品种方法相同，方向相反。如上例中，通过"买卖区间"比较法计算后，将区间跌幅较大者作为趋利品种即可（见表 13-11 中带"☆"者），依次为中兴通讯、森马服饰、大唐发电和华东数控等。上例中，随后买入的华东数控和大唐发电便是这样选出来的趋利品种。对于趋利品种，只要账户里留有资金、操作时准备建仓，原则上应按先后顺序（跌幅大小）予以趋利——择机买入。

在买入趋利品种时，当发现可供买入的品种较多时，可在剔除之前已经买过（如

中兴通讯)、新股上市不久（如森马服饰）等股票基础上，将剩余品种依次作为待买品种。此外，还须注意：这些待买股票也就是跌幅较大者是否属于"四跌股票"——刚开始进入下跌通道的"起跌股"，长期进行下跌调整的"阴跌股"，前期大涨或表现强势的"补跌股"，基本面出现突变的"该跌股"。如果属于"四跌股票"，也应回避、不可买入。上例中，随后买入的华东数控和大唐发电便是这样选出来的趋利品种。

总之，避险和趋利的品种选择就是在阶段涨跌分析、买卖盈亏比较基础上进行的品种取舍，即只要选择"盈利"的股票作为避险品种，选择"亏损"的股票作为趋利品种即可，方法就这么简单，普通投资者无须想得过于复杂。

3. "一出一进"——这样操作！

避险和趋利品种选好后，即可择机操作。

首先，制订计划，寻找机会。避险和趋利品种确定后，先要制订出具体的操作计划，交易品种、方向、数量、价格等主要要素都要事先记载在卡片或纸头上，并对照行情实时变化，仔细进行观察跟踪。在此基础上，再来寻找更好的交易机会择机下单，一般情况下，要求委托下单的卖出价比计划卖出价更高，买入价比计划买入价更低。

其次，涨时卖出，跌时买入。当准备卖出的品种时价比计划卖出价高时，即可选择股价冲高时（最好是急冲）进行卖出。此时，千万不要受周围看多情绪影响，束手束脚、不敢卖出。当准备买入的品种时价比计划买入价低时，即可选择股价回落时（最好是急跌）进行买入。此时，务必不要受周围恐慌因素影响，犹豫不决、不敢买入。具体委托的方式，既可采取即时式，也可采取埋伏式——事先想好心理价格，提前进行委托下单。

再次，控制数量，分批交易。所谓控制数量，指的是单一品种的建仓总量，一般情况下应动用其中的一部分资金而不是全部资金进行买入，其中的一部分股票而不是全部股票进行卖出，切忌满进满出。所谓分批交易，指的是分若干批次进行交易，不要一次性买入或卖出。而且，在分批交易时，要尽力做到越涨越卖、越跌越买，只要确保品种不变，数量固定即可。此外，还要保持适度的交易频率，做到流畅时多交易，梗塞时少操作。

最后，见好就收，不可恋战。当交易后相关股票的走势与预期一致时，可择机回转，不要患得患失，因为趋利避险的操作不同于普通操作，趋利和避险两大目的一旦达到，原则上就要及时回转，此时比的是不操作，而不是利润最大化。当交易后相关股票的走势与预期相反时，一方面要坚持当时的判断是"正确"的，另一方面可择机

进行"补操作"——继续卖出原卖出过的股票，买入原买入过的品种，此时的趋利避险操作显然要比原先的趋利避险操作在成交价格的优势上显得更加明显。

在股市持续下跌，未来走势并不明朗的前提下，若能同时做好避险和趋利两种操作，相当于给自己在熊市的操作中构筑了一道坚实的"保险坑"，不仅能有效防范下跌风险，而且能及时把握上涨机会，有助于达到趋利避险的投资效果。

第十四章 特殊操作技法之三：猴市制胜法

第一节 "震荡市"如何不坐"过山车"

至 2012 年 3 月 23 日收盘，2012 年股市已运行了 11 周，出现了首周小幅下探、接着连涨 6 周、后又下跌 3 周走势。从大的趋势看，近期股市依然未能摆脱"震荡市"的特点。

在"震荡市"操作，极端的情况有两种：一是踏准节奏、高抛低吸，因此成为市场里的大赢家，但普通投资者很难做到；二是心态浮躁、追涨杀跌，虽不是投资者所愿，但实际交易中大有人在。占比较高的投资者群体采取的是长线投资、持股不动策略，虽未能享受高抛低吸的喜悦，却也能有效避免追涨杀跌的损失，问题是，不知不觉中坐起了"震荡市"里的"过山车"。

高抛低吸做不到，追涨杀跌不愿意，持股不动又不想坐"过山车"，怎么办？不妨试试"震荡市"里不坐"过山车"的操作方法。

1. "震荡市"可以不坐"过山车"

2012 年 3 月 19~23 日，上证指数周跌 2.36%。几乎满仓的笔者如果持股不动，市值将缩水 12830 元，跌幅 1.28%，比上证指数少跌 1.08 个百分点。在此期间，由于在长线持股的同时对部分仓位进行了短线交易（共 33 笔、涉及 4 只股票），结果在筹码不变的情况下多出资金 2972 元，增值 0.30%。由于这一操作，使一周账户缩水额由 12830 元降至 9858 元，跌幅也由 1.28%降至 0.98%。

乍一看，2972 元的增资额及对应的 0.30%涨幅对整个账户的"贡献"微乎其微，但若将这种不起眼的操作及取得的微利积攒起来，放在一个季度、一个年度甚至更长

时间里就会发现，良好的投资收益正是得益于许许多多这样的"不起眼"式交易。在过去的11周里，除了主体仓位选择持股，市值因此随大盘起落外，由于几乎每周都有适量的短线交易，让资金账户不断增大，取得了较为理想收益。截至23日收盘，在2012年上证指数涨6.24%情况下，账户总值涨12.46%，跑赢指数6.22个百分点。

通过对操作结果作进一步细分即可发现，12.46%的收益实际上由两部分构成：一是"动态性"涨跌，即"过山车"部分，涨幅为6.24%。这部分收益往往随大盘波动，投资者若想获得大盘上涨带来的收益就很难避免大盘下跌带来的损失。同样，如想避免大盘下跌带来的损失也很难获得大盘上涨带来的收益。因此，这种收益的主动权往往不在投资者手里。二是"固定性"盈亏，即"确定性"部分，涨幅为6.22%。如果没有这一收益，账户也就跑不赢大盘。另外，这部分收益由于是在筹码不变的情况下，通过短线操作多出来的资金，实际上收益已经固定，不会再随大盘波动而发生改变，等于把收益装进了自己的口袋。这一收益表明，普通投资者只要方法正确、操作得当，"震荡市"里也可不坐"过山车"。

2."震荡市"如何不坐"过山车"

上述操作表明，"震荡市"可以不坐"过山车"，但并非指账户里的全部筹码总能做到低点进、高点出，而是指在主体仓位保持不变的前提下，通过及时有效的短线交易，一方面能确保持仓筹码不丢，另一方面可不断做大"资金蛋糕"，在指数波动、起落的同时让账户总值保持稳中有升，从而达到少坐甚至不坐"过山车"的目的。操作方法如下：

第一，精心确定交易品种。在交易对象方面，没有必要把交易范围扩大至全部2000余只股票上，只需选择平时经常关注、股性较为熟悉、操作起来把握性相对较大的股票即可；也无须在意这些品种的热门程度、题材多少、股价高低。不仅2012年以来的操作，而且在过去几乎所有的交易中笔者选择的目标基本上都是一些非常熟悉的"老股票"，如中国北车、新疆城建、中铁二局、东方航空等，很少去触碰上市不久、定位不稳的"新股票"。在数量方面，不宜遍地开花、四处出击，在账户里选择3~5只股票即可。操作结果多次表明：获利多少与交易品种的数量没有必然的联系。

第二，精心做好交易准备。主要包括资金准备和计划准备。在资金方面，由于在操作过程中经常采取换股交易，交易数量又相对固定，因此经常会碰到不同品种所需资金不同的情况。如果资金账户总是所剩无几，很有可能在买入股票时出现资金不够的情况，那就要在资金账户里留有足够的备用金，只有"留多用少"才能确保买入既

定的数量。在计划方面，要养成事先计划和事后记录的习惯，尤其是后者，应将交易情况登记下来，最好填入表内，经常观察过去的交易存在哪些回转机会，在此基础上制订出翌日交易计划，便于操作时有的放矢。

第三，精心选择交易时机。从 2012 年 3 月大盘和不少个股日内走势看，行情的持续性往往较差，因此在交易中须从这一特点出发把握交易时机。具体分为三种情形：一是在"冲顶阶段"要学会高抛。许多个股在盘中瞬间进行"1"字上冲时创下的高点往往是全天的最高点，因此要善于抓住"1"字上冲机会，及时卖出待卖股票。至于上冲的原因，是由于个股利好还是大盘上涨带来的个股普涨都可忽略，只要在"冲顶"中及时高抛即可。二是在"下杀阶段"要学会低吸。一方面，当卖出的股票出现正差接回机会时要及时买入、不要犹豫；另一方面，当相关股票因突发事件出现非正常"杀跌"时也要抓住机会、及时抢进。三是在"盘整阶段"要学会等待。高抛低吸机会不是天天都有，当机会来临时当然要及时抓住，但当机会未出现时切不可心浮气躁、追涨杀跌，不要钱未赚到反而赔了税费或替他人埋单，导致得不偿失。

3. 不坐"过山车"需要有"技法"

在指数不停波动的"震荡市"里，让筹码保持不变、让资金持续增加，从而达到总值不坐"过山车"的目的，应成为操作的一大重点。就"技法"来说，虽不是特别难，但也颇有讲究，主要体现在两个方面：

首先，要胆大心细。对交易期间盘中出现的各种信息及主力动向要独立思考、审慎行事。譬如，主力为达到某种目的，经常在五档盘口制造假象，一会儿大单托盘、一会儿大单压盘。对此，普通散户要学会反其道而行之，既不要被巨量托盘所迷惑、高位追涨，也不要被大量抛盘所吓着、低位割肉。

其次，要坚守定律。总体而言，只要做到急涨时卖、急跌时买，相对追涨杀跌来说机会更大、风险更小，但毕竟是在充满变数的股市，再好的交易也时常会出现相反走势——卖后上涨、买后下跌。此时，一定要守住定律、暂缓交易，等股价回过头来、出现正向交易机会时再择机换股。

第二节　解好方程式，巧对"挣扎市"

2010 年 8 月看盘，特别郁闷：想高抛但涨不上去；欲低吸又跌不下来。原来，不知不觉中，市场已悄然进入到了新的阶段——"挣扎市"。

1."挣扎市"行情特点

一是指数上有压力，下有支撑。与暴涨、暴跌相比，"挣扎市"下的指数涨跌不多、波澜不惊，稍有上涨便出现回调，略有下跌又出现反弹。以 2010 年 8 月 27 日大盘为例，上证指数最高为 2613.49 点，最低为 2588.64 点，两者只差 24.85 点，震幅不到 1%；深证成指也相类似，最高为 11052.93 点，最低为 10926.17 点，震幅也只有 1.15%，两市指数呈现出越来越明显的"挣扎市"特征。

二是成交持续低迷，人气不济。不仅袖珍、小盘股成交低迷，而且超级大盘股也交投清淡。27 日，位居两市成交量前三名的农业银行、京东方 A、中联重科，换手率分别只有 1.49%、2.12%、2.82%。全日成交量少于 100 万股的股票多达 277 只，其中成交量后三名 SST 中纺、罗莱家纺、积成电子全日只分别成交了 17 万股、18 万股、21 万股。

三是个股严重分化，趋向极端。牛的更牛，熊的更熊；高价股屡创新高，低价股屡创新低。27 日，两市高价股前 20 名全线飘红、无一下跌，其中 4 只涨停，占两市全部涨停股票（10 只）的 40%；低价股前 20 名涨少跌多，只有 3 只品种分别微涨了 1 分钱，其余 17 只个股全部下跌或持平。

四是投资理念扭曲，是非不分。绩差、垃圾股鸡犬升天，不少个股不仅创出了 6124 点的历史新高，而且没有任何止住的迹象；绩优、蓝筹股萎靡不振，许多个股依然停留在历史底部区域，已经或即将创出历史新低。已公布半年报的最赚钱公司前三名工商银行、建设银行和中国石油，不仅净利润雄踞前三位，而且同比增长都在两成以上，但二级市场的股价却一直徘徊在历史底部附近，以至于权威媒体也不得不发出"银行股好业绩为何难见好股价"这样的感叹。

2."挣扎市"原因探究

第一，整个市场的"流通盘"越来越大，但资金面捉襟见肘。一方面，筹码供给有增无减，既包括限售股解禁带来的流通股，也包括新股发行上市出现的新筹码；另一方面，资金供应难以为继，从存量资金看，总量十分有限，加之印花税、佣金等"内耗"因素，存量资金越来越难以承接源源不断的筹码供应，从增量资金看，由于市场缺乏赚钱效应，场外资金迟迟不愿流入股市。

第二，机构想吃散户，散户想啃机构。无论是信息、资金占优的机构，还是始终处于劣势地位的散户，都在想方设法寻找机会、战胜对手。交锋结果，直接导致"挣扎市"现象的出现。

第三，老股民越发精明，新股民日趋小心。除了部分涨停板"敢死队"继续在场内维系人气外，多数投资者变得更加理性：不涨不卖、不跌不买。无论是久经考验的老股民，还是入市不久的新股民，都更趋精明和小心，在高抛低吸、稳定获利等投资理念指引下，"挣扎市"现象悄然出现。

第四，技术面机会、风险并存，政策面"挺上""促下"不明。"挣扎市"现象的出现，除股市本身存在的机会与风险起到了一定的促成作用外，政策导向也在一定程度上左右着投资者的心态和操作。在当时政策面对于股市究竟是"挺上"还是"促下"都不明朗的情况下，投资者大多多看少动，"挣扎市"也就在所难免。

3."挣扎市"方程解法

在一轮大的牛市里，投资者只要买入股票后一路持有即可，熊市里则以轻仓观望为主。但在"挣扎市"里，操作的难度就相对较大。即便"方程式"再难解，只要肯动脑筋，办法总比困难多。"挣扎市"下操作需注意的问题主要有：

第一，与主力比耐心，多看少动。"挣扎市"是股市上有阻力、下有支撑时出现的特殊市场现象，这种现象不可能永远持续下去，早晚会被突破。投资者在操作中须有足够的耐心。机构与散户孰赢孰输，在一定程度上取决于心态，比的是耐心。

第二，积小胜为大胜，不急不躁。在"挣扎市"下，由于成交低迷、个股波澜不惊，涨不易、跌亦难。投资者可采取有长有短、长短结合的操作方式，在多数仓位保持不变的前提下，腾出部分仓位高抛低吸做差价，达到积小胜为大胜的目的。

第三，踏准板块节奏，切莫做反。无论是长线投资，还是短线操作，最忌讳的是做反——买入后下跌被套，卖出后大涨踏空。因此，踏准板块和个股的涨跌节奏显得

尤为关键。一般情况下，当板块和个股连涨数日，可先解套或获利出局，等调整到位后再接回来；连跌数日后，不宜再杀跌，反而可以利用原先高抛后的资金适量补仓、摊低成本。

第四，保持良好心态，调整策略。虽然不排除"挣扎市"下出现的一些扭曲现象存在继续蔓延的可能性，但"绩差牛股"不可能永远坚挺，"绩优熊股"也不会永无翻身之日。尤其是一些业绩优良、估值偏低、主力深套的股票，随时都有出现恢复性上涨的可能，缺少的不是股票本身的基本面支撑，而是时间和机会。需注意的是，"挣扎市"下买入股票不宜采取第一时间跟进术，而应以逢低适量吸纳为主。因为在"挣扎市"下，多数板块和个股启动后持续性相对较差，不像牛市或熊市，要么连续大涨，要么持续调整。投资者若在第一时间追涨跟进，十有八九会被套住。

第三节 "僵持阶段"怎样操作

在多数时间段里，股市行情有一个特点便是波澜不惊、不温不火，既没有那样连续单边大幅下跌，也没有大牛市里那样屡创新高的火爆，而是在出乎意料偶尔冒出一根长阳或长阴之后，又恢复平静，大盘和个股进入了那种"涨不易、跌也难"的特殊的"僵持阶段"！

行情为什么会如此低迷、乏味，僵持不断？只要稍微分析一下投资者的心理便可得知：那些高位深套和低位回补的投资者，都希望能够找个相对高点出局，以便减少损失或增加盈利，因而导致"涨不易"；那些被套已久的投资者，一路下来都没有减仓，跌到今天已没有多少杀跌的愿望，加之部分投资者高抛后想低吸，从而导致"跌也难"。

"僵持阶段"怎样操作？是消极等待、一味死守，还是见机行事、主动出击？要因人而异，区别对待，做得好就"做"，做不好就"等"，千万别做反，"好心"办"坏事"：

1. 控制仓位，争取主动

"僵持阶段"，大盘和个股同样有涨、跌两种可能，操作也一样有买、卖两种选择。在此情况下，投资者特别需要防止出现两种极端，即要么因看多而满仓，要么因看空而离场。其实，这两种做法，都是非常错误、极其危险的。对于因看空而离场的投资

者来说，有可能因为大盘和个股出现上涨而踏空，从而坏了心态；对于因看多而满仓的投资者来说，有可能因为大盘和个股出现二次探底而越套越深，再陷被动。因此，在相对低迷的"僵持阶段"，采取既不满仓也不空仓的折中方法，保持一半或2/3的仓位作为长线，其余资金用于短线出击，会显得比较主动。

2. 动静结合，摊低成本

在控制好仓位的前提下，还要学会灵活机动、见机行事。如果对于持有的仓位，死守不动，或是对于手里的资金，一概不用，都将难以取得理想的投资效果，要想在短时间里"翻身"更是不大可能。笔者的体会是，在"僵持阶段"，沉着应战、追跌杀涨，是不错的选择。对于持有的股票，先找相对的高点出局、再找相对的低点补回同样的数量；对于手里的资金，先找相对的低点买入、再找相对的高点卖出，以此博取差价。只有让股票动起来、资金多起来，才能积小胜为大胜。

当然，这里涉及一个何时买卖、买卖什么、买卖多少的问题。依我之见，在跌时买、涨时卖，尤其是在跌了若干天之后再买、涨了若干天以后再卖更佳；在品种选择上，买入的最好是跌幅大、涨幅小的品种，卖出的最好是涨幅大、跌幅小的品种，尤其不能在目前的点位去买入在本轮大调整中十分抗跌、表现强势的品种，卖出跌幅已大、表现弱势的股票；至于数量的控制，总的原则是越跌越买、随着下跌的增加，仓位也随之增加，越涨越卖、随着上涨的加速，仓位也随之减轻。

3. 严格纪律，不贪不惧

操作时，特别需要提醒自己的是，既然是做差价，就不要忘记高抛后的回补和买入后的卖出。有的投资者可能会担心回补后万一又跌了怎么办？卖出后一旦又涨了该如何是好？其实，这些都是贪婪、恐惧、患得患失的表现。需要明白的是，"差价"就是"差价"，是相对于"不动"而言的，只要在股份数量不变的情况下，能够多出资金，即使回补后又跌、卖出后又涨，都不算是错，"不动"才是错！操作后，经常发生也最为"担心"的事情是，买入后再跌、卖出后再涨，但必须承认，这是谁也不可避免的事情。对此，一定要有铁一样的纪律观念、充分的思想准备和正确的操作态度，否则，往往会因一时犹豫、患得患失而错失操作的良机。

还有几点值得注意的事项：一是要有计划，并严格执行。"明天"在什么情况下买或卖，买、卖什么品种、多少数量、期望的价位，买、卖后接下去怎么操作，都要在事先订好计划，并在操作时严格按计划行事，切忌随心所欲，操作时举棋不定，被行

情的涨跌"牵着鼻子走"。二是要买熟悉股，不见异思迁。不要"这山望着那山高""股票也是人家的好"。要敢于买入自己曾经在高位敢买、如今已大幅缩水、被众人抛弃的熟悉的股票，敢于卖出涨幅已大、获利已丰、哪怕舆论一片看好的品种。三是要踏准节奏，不乱阵脚。对于卖出的品种，在下跌过程中要大胆买入，对于买入的品种，在上涨过程中，要敢于卖出。至于持仓的时间，可长可短，以获利为原则。操作方法，既可以采取"T+0"（仓位里已有"存货"、当天买卖），也可以采取"T+X"（持有 X 天后卖出）。此外，如果行情出现了与自己的预期相反的走势，或买入后下跌，或卖出后上涨，此时更要沉着应战，不急不躁。如买入后下跌，可耐心等待，卖出后上涨，要坚决放弃——"不是你的就别再勉强"！

第四节 "整固"阶段的投资策略

一位入市多年的朋友告诉笔者：一直满仓的他因指数大跌，加之操作不当，造成较大损失，由于心里忐忑不安日前干脆清仓离场。但空仓之后还是很不踏实，特别是随着股市反弹，感到非常纠结。类似的投资者在我们身边并不少见，共同特点是：在行情"整固"阶段不知道该怎么操作。

1. "整固"阶段仓位怎样控制

炒股能否成功，在一定程度上取决于仓位控制是否恰当，正确的做法是高位轻仓、低位重仓，错误的做法正好相反。"整固"阶段的仓位控制应坚持以下原则：

长线投资者即使是对整个经济和资本市场始终看多的投资者，在指数处于相对高位时也应轻仓，做到指数越涨仓位越轻；在指数处于相对低位时则应加重仓位，做到指数越跌仓位越重，尤其是在大盘和个股处于"整固"阶段的末期。短线投资者则另当别论。

对于使用自有资金炒股，没有时间限制，且随时都有后续资金补充的投资者来说，在"整固"阶段应不断加大仓位、直到满仓，再跌再补充资金买入股票。若投入的不是自有资金，这样的投资者任何时间减仓、离开市场都是正确的选择；若投入的资金虽是自有资金但却有使用时间上的限制，应逢高择机卖出，每次反弹都应视作难得的卖出良机。对于没有后续资金补充的投资者来说，即使使用的是自有资金，也没有时

间限制，原则上也应控制仓位、留有资金，以便在股市大幅调整之后出现更好的买点时能有资金在低位补仓。

对于已在前期高位成功减仓的投资者来说，在"整固"阶段应分段加仓；如未在高位减仓，一路被套，这样的投资者在"整固"阶段原则上只能继续持股，不宜在低位选择割肉。

具体在多少点位应保持多少仓位没有统一标准，不能一概而论。投资者可结合各自实际，在"整固"阶段选择某一点位（如 2700 点）作为基准来控制仓位。在此基础上，采取每跌若干点（如 100 点）加若干仓位（如 10%）的策略，来控制"整固"阶段的仓位，以此类推。

2. "整固"阶段品种如何选择

炒股取胜，不仅取决于良好的仓位控制，而且取决于正确的品种选择。如果在指数处于高位、个股普遍大涨之后，选择大盘、滞涨等品种来控制风险是正确选择的话，那么在指数既已大幅下跌、个股已经普遍夭折的情况下，品种选择的策略也需作相应调整。"整固"阶段选择品种的原则是：

一要买入超跌股。投资者可在长期跟踪的熟悉品种里，选择曾经想买、现已大幅下跌，经横向比较后，跌幅最大者，作为首选品种。如备选品种同时伴随估值严重偏低、主力深套其中、流通盘小、股性活跃、处于无量空跌末期等特征，更应将其作为"整固"之后首先考虑的买入对象。

二要控制好上限。在满足上述条件的前提下，还要控制好单一品种占全部仓位的比例。投资者有时会出现这样的情况：有的股票价格大跌后一路补仓，一段时间后发现某一品种仓位过重，感到压力颇大。所以，在低位补仓时不仅要观察价格，还要查看仓位——有没有突破自己的建仓极限。一般情况下，方法如下：资金量较大的投资者可适当增加持仓品种个数（如 5~10 个），降低单一品种持有比例（对应比例为 20%~10%）；资金量不大的投资者可适当减少品种个数（如 2~5 个），增加单一品种持有比例（对应比例在 50%~20%）。

3. "整固"阶段操作策略怎么把握

"整固"阶段理想化的操作状态是，在底部尚未探明之前，一直采取空仓等待的策略，等股票跌透，风险完全释放后再择机介入，以便把损失降低到最低限度，让收益达到最大化。但问题是：何时、在什么点位才能见底反弹谁都不知道，等投资者发现

底部已经探明、标准的上升通道正式确立时，往往最佳的买点已经过去，此时介入多半已晚、风险已大。因此，在"整固"阶段操作实际上只有相对的好坏没有绝对的对错。

一是制订操作计划。事先制订严密的操作计划并严格执行，实际上就是"整固"阶段最重要的操作策略。因为，在"整固"阶段末端，大盘随时都有可能出现变盘，对此一定要有充分的思想准备。一旦变盘，怎样筹资、品种如何选择、数量怎么确定等都要事先定好计划。简单的方法是：通过计算比对，卖出涨幅最大者，买入跌幅最大者。投资者可以某一阶段高点为参照计算出区间涨跌幅，也可以某一操作时点为准，计算出区间涨跌幅。通过制订计划，做好买、卖准备，做到有的放矢。

二是第一时间跟进。计划制订之后，原则上要分阶段、按计划操作。在阶段划分上，投资者可根据大盘指数不同点位区分为试探性、确定性和抢筹性三个阶段，按照1:2:3 的仓位比例分阶段完成建仓动作。譬如，当大盘处于小幅阴跌阶段，先进行试探性建仓，买入"1 份"（相当于 1/6）股票；当大盘处于快速下跌阶段，再进行确定性建仓，买入"2 份"（相当于 1/3）股票；当大盘处于加速急跌阶段，再进行抢筹性建仓，买入"3 份"（相当于 1/2）股票。

但如果发现盘面出现转势迹象、见底的概率大增时，也可不受上述计划限制，利用账户余资第一时间抢进股票，一次性完成加仓动作。

三是长阳之后卖出。对于没有余资加仓的投资者来说，可通过换股方式解决资金问题，即先卖出前期抗跌或逆市上涨的股票，再利用腾出来的资金买入超跌品种，卖出时机原则上要在待卖品种拉出长阳时出货，因为在行情启动之初，热点大多比较凌乱，所有品种都有上涨机会，拉长阳卖出能最大限度地提高盈利概率。

建仓之后，大盘有可能正好按照投资者预先设定的三个阶段运行，此时，投资者只要按计划操作，分步建仓即可。但假如大盘只运行其中 1~2 个阶段便改变方向，则只能按计划完成其中 1~2 个阶段所对应的操作步骤，未建仓部分的计划只能选择暂时放弃，切不可一时兴起、盲目追涨。一定要买入的投资者也应等调整到位时再择机低吸。还有一种可能，就是三步建仓完成后，大盘和个股继续大跌。在此情况下，投资者只能耐心持股、等待反弹，不宜采取低位止损术，有后续资金跟进的投资者反而可在更低的位置按照越跌越买原则筹资买入股票。

四是切忌追涨杀跌。如果卖出后股票不跌反涨，一般情况下应选择放弃，假如买入后股票再度出现下跌，则应持股不动，原则上应做到不在卖出价以上的价格买入股票，不在买入价以下的价位上卖出股票，否则就成了追涨杀跌，这是操作的大忌。

在行情"整固"阶段炒股，投资者只要坚守初衷、严格纪律，保持足够仓位、做到高卖低买，一旦大盘和个股转入全面反攻、由下行转入上涨，收益将十分可观。

第五节　"敏感点位"的投资策略

大盘从6124点一泻千里猛跌到了1664点，又一鼓作气连涨到了3478点，接着又连跌不休下探至2481点。这种"直上直下"的电梯式行情，不仅广大投资者难以适应，而且一些分析师也被搞得晕头转向：大盘一涨，立马有分析师说股市大底已经筑成，一些投资者迫不及待追涨买入；大盘一跌，又有分析师说股市可能二次探底，这些投资者又急忙杀跌卖出。几番操作下来，投资者亏钱不说，还把自己折腾得筋疲力尽、不知所措。

2010年5月，在指数处于2655点（28日收盘）这一敏感点位之时，一些投资者之所以随波逐流、没了主见，原因之一是缺乏相应的投资策略和必要的操作定律，盘前没有计划，盘中未能执行，盘后缺乏总结。在指数处于上有阻力、下有支撑的敏感点位之时，投资者应采取怎样的操作策略？概括起来，主要有三个方面：

1. 把握行情趋势

投资炒股，不可能没有风险，更不可能有百分之百的胜算。投资者可以对大盘或个股有自己的思考和不同的判断，但必须看清大势，而且要从具体的盘面和某一实际点位中跳出来，从宏观和长远角度去洞察和把握未来行情的发展趋势。笔者认为，从长期来看，中国经济发展、政治稳定、社会和谐，这些因素足以支撑对整个资本市场总体趋势向上的判断；从中期来看，根据以往行情运行特点和周边市场起伏变化规律，中国股市的波动会比较剧烈，免不了会在一定阶段出现大起大落的"过山车"行情；从短期来看，行情的发展将主要取决于政策导向、扩容节奏、资金供应和投资者的心态，因此将充满变数。在把握行情长、中、短期趋势的同时，再对板块和个股的走向做出大致的判断。总体而言，除部分时间段将会出现齐涨普跌格局外，多数时间里板块和个股将继续分化，强者恒强、弱者更弱的现象将会愈演愈烈。对此，投资者一定要有充分的思想准备。

2. 选择投资策略

具体到操作层面，投资者要想清楚三个问题：一是确定额度。老股民应以存量资金和现有市值为基数，在上述点位一般不提倡追加或抽离资金，新入市的股民应投入拟投总资金的 1/2 作为首批投入的资金。无论是老股民还是新股民，都要在所确定的基数基础上根据指数波动调整投资额度：每当指数下一个台阶，投资额度就相应增加一个比率，直至满额。相反，指数每上一个台阶，投资额度就相应减少一个比率，直至归零。二是控制仓位。在确定的投资额度里，以现有指数点位为基数，控制好一定的仓位（如 1/2）：指数每下一个台阶，仓位就增加一个比率，直至满仓。相反，指数每上一个台阶，仓位就减少一个比率，直至空仓。三是选择策略。在确定额度和控制仓位的基础上，再选择长、中、短线投资策略，分别进行操作。比如 1/3 进行长线投资，1/3 中线，1/3 短线等，并根据不同点位作出适当调整。当指数下跌时，降低长线投资比重、增加短线投资额度。如指数上涨时，就增加长线投资比重、减少短线投资额度等。

3. 调整选股思路

在品种选择上，须重点做到三点：一是不熟不买。待买的品种一定要在自己长期跟踪、十分熟悉的品种范围内选择，做到不喜新厌旧，专买放心踏实的熟悉股票。二是不低不买。对于那些虽然熟悉但经过长期爆炒股价已高的品种，原则上不要再碰。相反，对于那些基本面不错，由于盘子较大股价长期在低位徘徊，甚至主力长期被套的绩优白马股要坚守到底、并逢低加仓。三是不危不买。无论是选股还是选时，老股民都深有"最危险往往就是最安全"这样的体会：个股消息面突然冒出利空、技术面突然出现破位，或上市不久的新股突然破发等情况出现时，往往是投资者进场扫货的好时机。

除了以上三点，敏感点位的投资之策，还包括以下注意事项：

一是闲钱闲心。所谓闲钱，就是在敏感点位投入股市的资金必须是可以自由支配，没有盈利压力，没有时限要求，除了工作、学习和生活所需支出多余的资金；所谓闲心，指的是不以炒股为业，在不影响正常工作、生活的基础上，利用闲暇时间和多余的精力，并以投资的心态买入股票。闲钱闲心的最大特点是把炒股当作生活的调味品，好处是可以轻松悠闲地炒股。多年的投资实践表明，越是把炒股当作生活的全部，带着压力炒股，结果越不理想。相反，利用闲钱闲心炒股，不经意间往往会出现意外惊

喜，进而取得意想不到的超额收益。

二是亦静亦动。在做到闲钱闲心的同时，做到既静又动、动静结合。亦静亦动的关键是要处理好长线投资和短线操作的关系。首先需要做到的是，长中有短、能动则动。在一轮单边上涨的牛市行情里，长线投资往往比较有效，此时应持股不动。但在敏感点位，如果一味死守就会浪费许多宝贵的机会，此时，利用手中筹码适当进行短线操作显得很有必要。其次需注意的是，动作要自然，越流畅越好。当短线操作较为顺利时可以多动，加快操作节奏、提高操作频率；一旦出现失误则要保持沉着和耐心，此时宁可不动、先予观望，也不要擅自出击、盲目乱动，等条件和时机成熟时再动也不迟。

三是越跌越买。在进出时机的选择上，总的原则是涨时不追、跌时不杀，在此基础上，越涨越卖、越跌越买，尤其不要向"墙头草"学习——风往哪边吹，就往哪边倒。有能力的投资者还可学打"太极拳"——根据大盘和个股的运行特点和规律，看准方向、把握节奏、高抛低吸。需要防止的两个极端是：涨不卖、跌不买。持有的股票，如果在某一点位打算不卖，就要在低于这一位置时大胆低吸。同样道理，如果在某一点位打算不买，就要在高于这一位置时敢于高抛。越跌越买，看起来非常简单，实际上要求很高，这不仅体现在操作的手法和细节上，而且对投资者的智慧和胆略也是一种考验。

下篇　秘籍篇

如果说，技巧篇解决的问题通常是投资者在操作中碰到的具体交易难题，那么秘籍篇需要解决的问题范围更广、层次更深，对驾驭市场，持续起着更加重要的作用。

第十五章 面对信息消息：摒弃幻想相信自己

第一节 "利好云集"怎么操作

股市情况错综复杂，各种资讯层出不穷。单就政策对股市的影响来说，有时利空不断，个股连跌不休，投资者纷纷割肉离场；有时"利好云集"，个股红红火火，投资者纷纷进场交易。

以 2012 年清明节小长假为例。正当节前 A 股连续 4 周收阴、处于岌岌可危之时，节后首个交易日出现了放量大涨走势。究其原因，除了市场本身具有超跌反弹动能外，还与政策面的"利好云集"密不可分——先是 4 月 1 日晚，证监会拉开了新一轮新股发行体制改革序幕；时隔两天（3 日晚间），证监会又宣布扩大合格境外投资者的额度规模等。

"利好云集"之下，节后首周（两个交易日）大盘和个股出现了不同程度的上涨：上证指数和深证成指分别上涨 1.93%、3.99%，两大股指平均涨 2.96%；个股也呈现出大面积普涨格局。在可比的 2289 只股票中，跑赢指数（涨幅超过 2.96%）的多达 1469 家，占 64.18%，跑输指数（涨幅小于 2.96%）的仅有 820 家，占 35.82%。与此同时，投资者的账面收益出现了明显分化，有的大幅跑赢指数，有的勉强持平，有的则逆市下跌。

同样面对"利好云集"的股市，不同投资者出现不同结果的原因，除了操作方法存在差异外，还与操盘策略和技巧截然不同有关。一般情况下，"利好云集"下正确的操盘策略和技巧包括三个方面：

1. 正确把握"利好云集"下的大盘规律

大盘规律：总体来讲，"利好云集"下的大盘走法没有一成不变的规律。相对而言，较有代表性的运行方式主要有三种。一是高开，具体表现为高开高走和高开低走两种；二是低开，又可分为低开高走和低开低走两种；三是震荡，包括震荡上行和震荡下行两种。

实际运行中采取何种方式开盘，接着怎样运行，很大程度上取决于"利好云集"时的股市环境，主要包括指数点位的高低和周边市场的走势。在指数点位方面，如"利好云集"的同时指数处于相对高位，多数情况下都会被主力视作出货的契机，所以出现高开低走的可能性较大。反之，如"利好云集"的同时指数点位相对较低，则高开后选择继续上行的概率相对较大。

在周边市场方面，如"利好云集"的同时，周边市场纷纷大涨，则会起到"好上加好"作用，导致股市大幅高开；如周边市场走势不佳，则会制约"利好"作用的发挥，两者"正负相抵"后股市高开的程度也会受到拖累。例如，2012 年清明节后首周，受节日期间 A 股"利好云集"以及周边股市大跌的综合影响，市场选择了相对温和的开盘方式——上证指数小幅低开（跌 0.21%），深证成指几乎平开（涨 0.01%）。

操盘策略：如"利好云集"后股市大幅高开，原则上不再加仓，宜适量减持，若再涨则再减仓，待盘中或日后回落时再买回，以便赚取差价收益；如大幅低开，一般情况下不要卖出，且适量增持，若再跌则再加仓，待盘中或日后冲高时再卖出，扩大短线收益；如平开或开盘时涨跌幅不大，则可采取折中方式——不进也不出，耐心等待盘中或日后大盘和个股的方向选择。

操盘技巧：一要学会潜伏。多数情况下，"利好云集"后股市会大幅高开，很少有低吸机会，所以事先潜伏就显得越发重要。另外，从收益角度看，比较可观的收益往往是"从低位买入到利好高开"这一区间涨幅。因此，平时操作中，就要养成低吸习惯。只有做到事先潜伏、吃足廉价筹码，才能在"利好云集"时取得理想收益。二要制订计划。对于"利好云集"后大盘和个股可能出现的开盘方式和运行方向，盘前先假设多种可能，制订相应方案，盘中严格按计划执行，只有这样操作起来才会有条不紊。三要做到适度。无论"利好云集"后高开还是低开，无论操作中选择买入还是卖出，都既不要"大进大出"，更不宜"满进满出"，一般拿出 1/3 或 1/4 仓位进行短线操作即可，因为能做好这部分仓位的操作已经不易，不要指望在"全进全出"的前提下总能使操作达到高抛低吸、进出自如的程度。

2. 正确把握"利好云集"下的板块特点

板块特点：体现在板块方面，"利好云集"下的市场多数情况下都会呈现出先普涨后分化的走势。在普涨阶段，无论什么板块一般都会上涨。但在分化阶段，不同板块的命运就会截然不同，呈现出涨跌互现、幅度不同的特点。如2012年清明节后首周，在两大股指平均涨2.96%的情况下，位居"所有指数"涨幅榜前三名的分别是380电信（6.47%）、食品饮料（6.10%）和金融指数（5.92%），均大幅跑赢指数；居于后三位的300银行（–0.32%）、内地银行（–0.32%）和国债指数（0.05%）均大幅跑输指数，两天时间最大相差6.79个百分点。

操盘策略：对于有一定观察能力的投资者来说，若能事先看准"利好云集"后可能走强的板块，只需在"利好云集"前及时逢低买入"准强势板"品种即可；但就绝大多数普通投资者而言，逢低买入超跌或滞涨板块里的个股并耐心持有才是上策。如2012年清明节后首周大幅跑赢指数的三大板块正是上一年度走势较弱的板块：380电信在上一年度全部448个指数品种中表现最差（列倒数第1名），金融指数列倒数第26名（食品饮料数据暂缺）。投资者若能以良好心态在上一年度走势较差的板块中选择超跌个股买入并耐心持有，就能在"利好云集"的节后取得不俗收益。

操盘技巧：一是要"弃强择弱"，尽量不要买入并持有已经强势大涨的板块品种，以免替人埋单；二是要坚守定律，尽量不要在板块大涨后机构或媒体一致看好时追高买入，应多在大跌后遭机构或媒体冷落时逢低吸纳，这样操作不仅风险较小而且机会较大。

3. 正确把握"利好云集"下的个股机会

个股机会：除了少数个股在"利好云集"下呈单边上行或下跌走势外，多数股票或箱体震荡，或相互轮动。一方面，单一品种自身呈箱体震荡，且箱顶和箱底都较为清晰，把握起来相对比较容易；另一方面，几个品种之间相互轮动，此股涨、彼股跌，一段时间后，再轮回涨跌。轮回周期有长有短，长的数月甚至几年，短则三五天或一两个月等。

操盘策略：一是做好单一品种自身的高抛低吸。下跌时分段买入，再在反弹中分批了结；上涨时分段卖出，再在回调中分批买回。二是踏准几个品种之间的涨跌节奏，卖出大涨的品种同时买入大跌股票。交易之后，当出现回转机会时，立即进行回转交易。若回转机会一直未能出现，则需耐心等待，切忌操之过急。只要有足够耐心，一

般情况下日后都会出现正向回转机会。

操盘技巧：把握"利好云集"下的个股机会，既要对机构或媒体推荐的板块和个股保持谨慎观望，不买已经大涨的股票，也不意味着对持有的股票死守不动，而是应多进行高抛低吸操作。当个股突然拉起时可先高抛，有正差收益时再及时接回。普通投资者不要小看这种"蝇头小利"，因为这是建立在正确把握大势、板块和个股规律基础上所进行的"多余操作"，产生的微小利润也是属于额外收益。而且，从实盘交易看，这种看似简单的交易手法，也是普通投资者应对"利好云集"的股市法宝。

第二节 把握"利空股"的投资机会

随着一年一度年报披露工作的开始，反映上市公司经营状况的"年报成绩单"将陆续与投资者见面。按照往年规律，在一些上市公司"利好"消息闪亮登场的同时，另外一些上市公司的"利空"消息也将接踵而至。获悉"利空"消息后，一些投资者特别是新股民的第一反应是："利空"消息将对相关公司的股价走势带来不利影响，因此，持有"利空股"的投资者首先考虑的是要不要"割肉逃命"，原本想买的投资者考虑的则是要不要放弃建仓，有的甚至思忖着要不要把"利空股"从自选股中彻底删除。总之，投资者能跑则跑、能避则避的心态占了上风。

然而，一段时间后，投资者若再回过头来看这些"利空股"或许就能发现，不少"利空股"在"利空"公布后反而走得更强，其中为数不少的个股还跑赢了指数，有了甚至成了红极一时的"热门股"，受到投资者的热烈追捧。每当此时，一些当时离"利空股"而去的投资者又开始后悔当时的操作，有的甚者又重新考虑起要不要追涨买入等问题。

1. 理性看待"利空股"

无论何时，资本市场总会有一些"利好"或"利空"消息出现在投资者面前，这已成为规律，谁都无法回避。投资者若能提前获悉潜在的"利好"或"利空"消息，并在多数投资者尚不知情的情况下赶在"利好"公布前逢低买入，"利空"消息发布前逢高离场显然是明智的选择。但假如没这个本事，待"利好"公布后再追涨、"利空"出来后再杀跌往往为时已晚。正确的做法是，既不兴奋也不紧张；既不贪婪也不恐惧，

而是对"利好""利空"消息进行具体分析，结合个股实际，采取相应对策。对于突如其来的"利空"消息，投资者重点要关注这么几个方面：

一是看"利空"性质。上市公司发布的"利空"消息五花八门，既有确定性的"利空"，如长期以来生产、经营存在严重问题，导致企业业绩持续下滑等，也有突发性的"利空"，如因灾害等原因导致企业出现重大损失等；既有对企业今后的发展带来致命打击的大"利空"，也有对企业今后发展影响不大的小"利空"；既有包含实质性内容的真"利空"，也有只是看上去十分吓人的假"利空"。对此，投资者一定要保持清醒头脑，在对"利空"性质分析清楚后再定夺。

二是看股价走势。一般来说，凡是"利空"消息都会对上市公司的股价产生不同程度的影响，只不过这种影响有的提前有的滞后。因此，投资者在遇到"利空"消息后重点要看"利空"公布前股价有没有提前做出反应。如"利空"公布前，在大盘和其他股票走势相对平稳的情况下，"利空股"已经出现了一定程度的跌幅，已经提前反映了"利空"对股价的影响，对于在这种情况下公布的"利空"消息，投资者没有必要过于担心。如在"利空"公布前，"利空股"一切"正常"，尚未出现"非正常"下跌，一般来说会在"利空"公布后有一个滞后反应过程，将会在日后对股价形成一定的冲击，遇到这种情况时投资者就需引起警觉。

三是看主力成本。如果"利空"公布前后股价处于相对底部，尚未脱离主力成本，一般来说，投资者无须过于担心，遇到主力刻意打压时更无必要惊慌；如果股价处于相对高位但主力尚无脱身迹象，有一定实力的主力也不会放任股价大幅下跌，想离场的投资者只要不是特别"贪心"大多会有较好的出局机会。投资者重点需要注意的是那些"利空"消息出来时股价已处相对高位且主力已全身而退的"利空股"，对这样的股票，投资者应尽力回避，越早越好，即使亏些成本或割肉卖出也不应存有任何侥幸心理。

四是看活动迹象。重点观察"利空"消息公布后，盘口显示的信息有无主力活动迹象。如果股价处于低位、主力活动迹象明显，且时不时出现有规则的大单吸货现象，极有可能是主力在"捡便宜"；如果股价处于高位、主力活动频繁、成交明显放量，则多半是主力在倒仓或出货，目的是诱散户跟风、接盘。检验某一股票有无主力在活动的方法之一是试盘，资金量较大或持股数较多的投资者可选某一时间买入、卖出同一品种、同一数量的股票，通过查看账户"当日成交"栏内显示的成交笔数和每笔股数即可看出主力和散户谁在进、谁在出。一般来说，在成交总量固定的情况下，成交笔数多、每笔股数少的系散户所为，反之则是主力所为，这种试盘的次数越多、数量越

大，结果就越准确。

以上"四看"的目的是通过分析，观察"利空股"有无短线投资机会。若没有机会，就选择卖出或放弃建仓，若有机会，就一路持有或适量买入。从以往一些上市公司"利空"消息公布后的市场走势看，除少数股票随"利空"大势已去外，多数"利空股"在日后均有良好表现。

2. 怎样操作"利空股"

对于存在交易性机会的"利空股"，投资者应善于把握、及时抓住。简言之，已经持有的投资者继续持有，有资金的还可适量补仓，即使想卖出的也应在日后该股冲高过程中逢高卖出；正在关注、计划买入的则应大胆买入，具体操作方法如下：

准备买入的投资者，可在以下两个时间里任选一个择机买入。一个时间是"利空"消息公布当日。具体时机有三：低开时买入。一般情况下，个股突发"利空"消息后多数情况下都会大幅低开，此时买入虽有惯性下跌的风险，但比低开后又被迅速拉起时再买要便宜得多。下跌时买入。"利空股"低开后有的很快被买盘托起，有的则继续探底，在探底时买入是在低开时买入之后又一个较好的买点。转向时买入，既不在低开时建仓也不在探底时"接棒"，而是专等"利空股"完成低开和探底动作后出现向上转向时快速买入，相比前两个时机买入，转向时买入显得较为稳妥，问题是转向的时点一般投资者很难把握。另一个时间是"利空"消息公布后的某日。有些股票"利空"公布后既不是"大势已去"，也不是立即大涨，而是先跌几天，待恐慌性抛盘全部涌出后再返身向上。对于这种"利空股"，投资者的最佳介入时机是下跌数日（一般为 3~5天）后。具体介入方法是：股价下跌时分段买入，掉头向上时完成建仓。以紫金矿业为例，该股首次公布"渗漏环保事故公告"这一"利空"消息的日期是 2010 年 7 月 13日，当日股价下跌 3.68%；时隔一天，该股第二次公布"利空"消息，股价先探底后回升，收盘时不涨也不跌；7 月 15 日，该股再次发布关于专项核查的"利空"消息，当日和下一交易日股价分别大跌 4.17% 和 5.43%。直至 7 月 19 日该股关于"事故进展情况"公告发布，股价瞬间下探至 4.97 元后才止跌回升。所以，像紫金矿业这种"利空"消息公布后连跌数日的"利空股"在消息公布之后任意一个交易日买入的成本都要比首日买入低得多。

准备卖出的投资者，可在股票"利空"出尽、股价探底回升、反弹数日之后再择机高抛。紫金矿业第四次公布"利空"消息之日同时也是"阶段股价"的最低日，此时卖出实不明智，在以后反弹过程中的任意一天卖出都比之前卖出要好许多。自 7 月

19 日阶段低点 4.97 元至 10 月 15 日阶段高点 10.82 元不到 3 个月，紫金矿业就大涨117.71%，跑赢指数 93.51 个百分点（同期上证指数最大涨幅 24.20%），为准备卖出的投资者提供了极好的卖出机会。即使以 2011 年 1 月 10 日为截止日，2010 年 7 月 19 日以来紫金矿业也大涨了 49.33%，大幅跑赢指数 36.55 个百分点（同期上证指数涨12.78%）。

在把握"利空股"投资机会时还需注意以下四点：

一是珍惜机会。只要"利空股"累计涨幅不大、绝对价位不高、主力获利不多，原则上应抓住难得的低吸机会（可与之前买入的成本作一比较）。

二是定好计划。在"利空"公布后的第一时间投资者就要制订出明确的操作计划，对买卖时机、价格、数量等做到心中有数，以免到时候手忙脚乱、追涨杀跌。

三是适时交易。一方面要严格按照制订的计划进行交易，另一方面，当交易之后出现了更好的买卖点时可在原操作的基础上进行操作后的"再操作"——买得更低、卖得更高。

四是注意技巧。无论是买入还是卖出，一旦到价就应委托，但在实际下单、点击"确定"时可视盘口情况进行"延时"处理：准备买入时如果股价直线下跌，或者打算卖出时股价出现抢筹，均可在不改变委托价格和数量的情况下稍等一下，但须密切关注，待上述现象消除、股价出现转折时再点击"确定"。此时下单，由于委托价与市场价还有一段"空间"，一般都能确保"优先成交"（因委托价格优于其他委托者），而且实际成交价往往比计划价（委托价）买得更低、卖得更高，达到既能确保按计划交易又可提高投资收益的目的。

第三节　三招应对"地雷股"

炒股，一年四季，谁都希望能够骑上"黑马"，不希望踩到"地雷"，在中报集中披露的时期也不例外。但股市就是这样，"期待的"往往落空，"担心的"倒是常常发生。

截至 2011 年 7 月 29 日，沪深股市已有 229 家上市公司发布了 2011 年半年报。其中，140 家公司净利润实现同比正增长，8 家公司扭亏为盈，两项合计占 64.63%。显然，持有这些公司股票的投资者无疑是幸运的。与此同时，也有不少上市公司净利润出现负增长或亏损，其中，净利润降幅超过 100% 的公司就有 7 家。不难看出，持有这

些"报忧不报喜"公司的投资者，尽管都非常不愿意但最终还是成了不幸的"踩雷者"。

1. 理性看待"地雷股"

中报净利润首次预亏的威华股份，无疑是近期股市引爆的"地雷股"之一。早在 4 月 18 日公布一季报的同时就发布上半年预亏公告的威华股份在其公布的一季报中显示，该股除了当期亏损 2634 万元外，还预计上半年亏损 3800 万~4300 万元，具体原因是 2010 年底增值税退税政策已到期所致。

A 股 20 多年来的走势表明，与报喜公司不一定都会如人们预期的那样走出单边大牛市一样，这种突然引爆的"地雷股"也不一定都会如投资者所担心的那样走出单边下跌市。综观以往走势不难发现，多数"地雷股"爆炸前后的走势都呈现出以下三个明显特点：

"爆炸"前，大多已作深幅调整。2008 年上市的威华股份首日交易以 21.21 元开盘后，短暂冲高至 22.00 元，这一全日最高价同时也成为之后三年的历史最高价。上市三年来，该股总体上呈现出单边下跌态势，虽然中间略有反弹，但无奈涨少跌多。2008 年 10 月 18 日见底 4.95 元之后，该股虽随大盘出现过一定幅度的反弹，但始终未能突破前期高点，参与该股投资的人们大多成了被套者。

"爆炸"后，或会出现最后一跌。2011 年 4 月 18 日中报预亏后，威华股份又随大盘出现了历时两个多月的下跌。至 6 月 20 日大盘见 2610.99 点阶段性低点止，在上证指数只下跌 14.60% 的情况下，威华股份大幅下挫至 6.34 元的调整低点，阶段跌幅高达 28.12%，跑输指数 13.52 个百分点，"最后一跌"特征表露无遗。

再后来，依然能够触底反弹。"最后一跌"之后，威华股份无惧预亏影响，在随后一个多月时间里，走势明显强于大盘。截至 2011 年 7 月 29 日，该股以 27.22% 的涨幅远超同期大盘（3.07%），跑赢指数 24.15 个百分点。尤其是 7 月 21 日，在大盘下跌 1.01%、多数个股深幅调整的情况下，逆市大涨 6.73%，盘中一度接近涨停（只差 0.01 元），7 月 27 日再度放量涨停。

通过对"地雷股"预亏公告发布前后走势的进一步分析不难看出，多数"地雷股"下跌最迅猛的时期往往是在"爆炸"之前和"爆炸"之后的一段时间。"地雷"引爆之后，虽然仍有可能继续下跌但此时离阶段性底部已为时不远。此时，多数"地雷股"不仅不会出现一些投资者所担心的继续大跌走势，反而为捡拾廉价筹码的投资者提供了难得的低吸机会。

2. 操作讲究"法技策"

弄清了"地雷股"的性格脾气后，投资者就可在实际操作中针对"地雷股"的这些特点采取相应的方法、技巧和策略了。

"防雷"方法——"无事"莫胆大。炒股风险一般可分为系统性风险和局部性风险两类。所谓系统性风险是指因指数下跌而引起的个股普跌风险，这种风险往往防不胜防；局部性风险则是指由于个股选择不当而导致的投资损失，这种风险虽然从理论上讲同样难以避免，但实际上是有迹可循、事先可防的。譬如，威华股份中报预告称，由于 2010 年 12 月 31 日增值税退税政策已到期，报告期内公司增值税退税收入预计同比大幅度减少；随着劳动力成本的不断提高，公司管理费用职工薪酬预计同比增加；银行借款总额的增加以及受不断加息的影响，公司财务费用预计同比大幅提高。从表面上看，这些导致 2011 年上半年业绩预亏的理由来得很突然，实际上，投资者只要在平时多关注公司动态，联系经济、政治、社会生活中的各种动向，稍作观察、分析和思考，做到"无事"莫胆大，"地雷股"大多可以做到早发现、早预防。

"排雷"技巧——"有事"莫胆小。"地雷股"大致可分为"必然型"和"偶然型"两种。不仅偶然的"地雷股"难以防范，即使是必然的"地雷股"也同样有一不小心而踩到的时候。从某种意义上讲，"踩雷"不可怕，真正可怕的是一旦"踩雷"不知道如何排除。实际上，"排雷"亦非难事：对于仓位较重的投资者来说，重在"保命"——卖出股票、保存资金。一方面，在预亏公告出来的第一时间无论股价高低先卖出部分筹码，以便控制好所持有的"地雷股"的仓位，确保做到不满仓；另一方面，在已作部分减仓的同时，可逢"地雷股"反弹冲高进行二次卖出。二次减仓的目的只有一个：留足资金，以备后用。对于仓位较轻的投资者来说，操作起来就主动得多，既可适时高抛，也可持股不动。但无论是高抛还是持股，都需要在"地雷股"跌至相对低位时及时逢低补仓。这样，不仅有助于原有筹码的解套，而且有利于新建仓位的获利。

"雷后"策略——"补牢"最要紧。面对同样的"地雷股"，不同投资者"受伤"的程度往往不尽相同，不仅"局外人"和"局内人"影响程度不同，即使同是"局内人"，不同的投资者影响程度也不一样，主要区别在于仓位不同。如重仓甚至满仓持有"地雷股"，无疑将带来重大打击，但如果事先能够控制仓位，结果必是风险可控。因此，通过一次"踩雷"，吸取教训，在今后的操作中始终不忘仓位控制，才是投资者在"亡羊"后应及时做好的"补牢"工作之一。

3. 做到"三看"不吃亏

与正常交易相比，操作"地雷股"难度大、要求高，不仅对投资者的炒股技法是一次考验，而且对心理承受能力也是一种考验。投资者要想应对自如，重在做到"三看"：

一看有无机构驻扎。一不小心踩到"地雷股"的投资者最担心的事莫过于该股主力已出逃、日后恐无人"照管"。事实上，有无机构驻扎对"地雷股"日后走势的确有较大影响。威华股份就是这样一只由华夏系基金驻扎的股票，华夏旗下 4 只基金一季度携手进驻后合计持股比例达到了 4.81%，特别是王亚伟执掌的华夏大盘和华夏策略双双首次现身，持股数达到 180 万股。这一信息清晰地显示在该股 2011 年的一季报"十大流通股东"表内，投资者只要在浏览行情时依次点击交易系统软件的"资讯""基本资料""十大流通股东"，即可查看到此信息。查看结果，如果发现相关"地雷股"有机构驻扎，一般情况下投资者无须过于担忧。

二看阶段涨跌幅度。通过查看"地雷股"K 线图，计算出该股某一阶段的涨跌幅。如果发现该股"爆炸"前符合"地雷股"的一般特征——之前已作深幅调整，投资者原则上无须担惊受怕。假如该股在"爆炸"前的调整过程中跌幅超过大盘和其他个股，而且驻扎其中的机构也处于被套甚至深套（可用机构建仓期的平均股价与最新股价的比较而得出）之中，则不仅无须害怕反而可在一定低位再适量补仓，使持有"地雷股"的成本低于机构，进一步掌握解套甚至获利的主动权。

三看主力操作思路。经过比较和分析，即使发现"地雷股"有机构驻扎，从最新股价看机构也已悉数被套，而且在操作上已做到该持有的仍然持有、该补仓的已经补仓，但也不能掉以轻心、不闻不问，而是要密切关注机构交易的一举一动，并研判出主力的操作思路。对于在交易信息中出现了机构专用席位，尤其是涉及机构卖出的品种，投资者应多长个心眼，多问几个为什么。如果发现"地雷股"大涨的同时主力在不断地卖出，就应"一起卖出"；反之，如果发现"地雷股"大跌的同时，主力却在买进，就应"一起买入"。通过与庄共舞、进出自如的操作，达到高抛低吸、稳定获利的目的。

第四节 面对股评须一分为二

随着牛市不断向纵深发展，特别是一些新股民的蜂拥而入，各种各样的股评也大行其道，日趋红火。一些电视、报纸、电台、网络等媒体，大多开设了内容丰富、形式多样的证券投资栏目（节目），对于丰富媒体内容、满足股民需求，起到了十分重要的作用。有些栏目（节目）甚至已成为广大股民证券投资中的参谋和帮手，收看、收听这些栏目（节目），也已成为广大股民投资生活中不可缺少的重要组成部分。

但实事求是地看，这些栏目（节目）也还存在不少问题。特别是各种各样的股评，鱼龙混杂、良莠不齐的问题比较突出。

有的人云亦云。没有自己独到的见解，不能做出及时、科学、准确的分析判断，情绪化、极端化的内容占了一定比例。表现在"大盘一涨就看多，大盘一跌就看空"，使听看股评的投资者往往无所适从。此类股评存在的问题，还算是善意的、属于能力、水平方面的问题。

有的急功近利。有些股评为了追求短期的轰动效应，专门推荐一些所谓的强势股。时机大多选在个股涨停后再推荐，推荐后这些股票第二天也大多能高开，个别甚至还能再强势地表现几天，但随后大多会再次转入漫漫的"熊"途，让听信股评的投资者"套"个够。

有的恶意串通。个别股评甚至与庄家、机构联手。这类股评推荐的股票，选择的时机既不是庄家吸货阶段，也不会是个股刚启动之初，大多选在庄家获利已丰、准备出逃之时。此类股评不是为广大散户服务，而是千方百计地吸引散户来接这"最后一棒"，使散户成为这些股票站岗放哨的"牺牲品"。此时，往往还有众多的利好消息来加以配合，以便于庄家达到顺利出货的目的（类似的例子以前和最近都出现过）。

面对良莠不齐的股评，作为普通者，该怎么办？以笔者之见，关键是要做到：面对股评"既不能一概拒之，也不能信以为真。"

一是不能一概拒之。不要把自己与这些栏目（节目）对立起来，隔离开来。平时，有空时，可以经常看（听）一些报纸、电视、广播和网络里有关财政证券类的栏目（节目），包括股评。要经常及时地了解一些机构、专业人士对市场的分析，但仅仅是看看、听听而已，不要太当回事儿，更不要太当真。充其量只能是当作一种参考，不

作为投资决策的依据。这样做的好处是既可以使自己能随时做到耳聪目明，又能使众多的信息为我所用。

二是不能信以为真，对股评，要看（听），但不等于要信以为真，更不是说要完全照搬照做。对不同的媒体、不同的栏目（节目），要注意辨别，要学会筛选。经过一段时间，摸熟其性格脾气后，最后选择一两家媒体作为自己投资时的参考，供自己看（听）；对于不同的机构、专家，也要加以辨别，有选择地看（听）；对股评提供的内容，尤其要保持几分清醒，不要盲目跟风，我的体会是"切勿信以为真，参考参考就行了"。

三是不看（听）股评，只信自己。所谓不看（听）股评，不是要绝对地不看（听）；只信自己，则是最高的境界。对大盘的运行方向，要有自己的判断；对股票的取舍，要有自己的主见。要做到这一点，就要求在平时加强学习，对宏观经济层面要有自己独立的分析和判断，并以此做出对大盘今后运行的方向性选择。对个股要有重点地进行长期、动态的跟踪，了解其基本面，掌握其新动向，并加入到自选股里面保存和追踪，选择在合适的时机和价位再行介入。一段时间里，当个股涨幅已大，股评非常集中，专家纷纷推荐时，不仅要保持清醒的头脑，不可以轻易再入，反而在多数情况下应落袋为安、选择离场。

第五节　最值得信赖的人是你自己

随着经济、社会的不断发展和人们投资理财意识的不断增强，证券资产逐渐进入了寻常百姓人家。与此同时，有关证券投资的技术介绍五花八门，大小报刊琳琅满目，各种股评不绝于耳……面对几近爆炸的证券信息，投资者越来越感到无所适从：究竟谁的话更可信？到底该听谁的？

在证券市场投资，与机构、庄家相比，无论是资金实力，还是信息资源，普通散户都无法与之相比。但这并不等于普通散户一定处于弱势，更不意味着可以不加强学习、研究。相反，应该花费更多的时间和精力进行自我"充电"。比如，经常花些时间学学技术指标，看看书报杂志，听听专家股评等。

然而，学习、"充电"需要讲究方法，尤其是在变幻莫测、充满风险的证券市场，想要生存和发展，更要多一份"心眼"，多提防着点儿。

1. 要学技术，但技术指标不能全依

进入股市，绝大多数投资者都经历过从不懂K线到慢慢懂得，从不会技术分析到逐渐也会分析这样的过程。之后，为了获取理想的投资收益，不少人依据学过的技术分析方法进行操作决策。比如，平时我们经常听到的"买涨不买跌"；选择"上升通道"的股票一路持有；"一旦跌破"5日线（或10日线、月线、半年线、年线）就毫不犹豫止损出局，"一旦突破"5日线（或10日线、月线、半年线、年线）就在第一时间迅速跟进，等等。

然而，结果如何呢？对于极少数短线高手而言，这一招可能有些效果；但对于绝大多数普通投资者来说，这样的技术分析方法不见得人人都有效。对此，大家应该都有体会。整天忙忙碌碌、提心吊胆、追涨杀跌的结果，往往无功而返，甚至亏损出局。由此可见，对于技术指标，也不能过于迷信和依赖。有时，"反其道而行之"，在图形"做"得非常漂亮、技术指标非常"优异"、累计涨幅已大的时候，选择离场，见好就收；相反，在图形变得非常难看、技术指标完全走坏的时候，选择进场，逢低吸纳，把复杂的问题简单化，反倒会取得意想不到的收获。

2. 要看报刊，但报刊之言不能全信

做任何事情都离不开学习，投资、炒股也一样，也需要经常不断地加以学习。通过有关报刊获取相关资料，掌握动态信息，是重要途径之一。无论是平时，还是周末，选择几份报刊，作为自己的投资向导、投资参谋，都是有益的和必要的。通过看报阅刊，及时地了解宏观政策信息，掌握股市投资动态，获取个股基本资料，应该成为每位股民的必修课。

接下来的问题是看什么，怎么看，并为"我"所用，尤其是如何有效地防止报刊误导。这里也有个方法和技巧的问题。一是报刊的选择。一般情况下，普通投资者只要选择一两种官方、权威的报刊即可，不需要订阅大量的报刊，以免造成时间和资金的浪费。二是必要的跟踪。对报刊开设的栏目、推出的"实盘"，要进行一段时间的追踪，摸准其性格特点和可信度，以便及时准确地加以参考，为"我"所用。三是适度的期望。对报刊内容不能寄予过高的期望，更不能完全照办。实在忍不住，感到有道理，可以先模拟一下，看看成功概率有多少。时间往往是最好的老师，当时"不照办"也许会在日后证明你当时的决策是正确的。

3. 要听股评，但专家的话不能全听

随着视听类媒体的不断发展，电视、广播、网络等媒体开设的股评节目越来越引起广大投资者的关注。"闲来无事"，适当看看、听听，应该无妨。但若过于较真，太当回事，甚至以此操作，往往会吃亏。

大凡经常收看、收听各种股评节目的投资者，都有这样的体会：不少专家对后市大盘的看法往往是涨了看涨，跌了看跌；对个股的研判，也是牛股看牛，熊股看熊。假如，投资者听了这些专家的意见，在行情大涨以后，买入当时的强势股，十有八九会成为最终埋单的人。有时，即使感到专家所言的确不无道理，对选定的目标品种，也不要在推荐当天匆匆买入，而要再"等"上一段时间，观察几日以后再定夺，说不定到时会有更低的价格在等你，也说不定到时候你又有了新的更好的投资品种。

4. 要勤思考，相信自己不会有错

技术指标不能全依，报刊之言不能全信，专家的话也不能全听。面对这么多"不能"，投资者可能会感到无所适从：究竟谁的话更可信？到底该听谁的？

答案是：听自己的！因为，自己不会骗自己，自己不会害自己，相信自己心里踏实，相信自己不会有错！

诚然，"听自己的！"说起来容易，做起来难。比如，行情开始下跌的时候，手头的股票哪些该留，哪些该出？当行情开始上涨的时候，面对 1000 多家上市公司，该选择哪些品种建仓？所有这些，常常令普通投资者手忙脚乱，不知所措。为什么？因为在平时缺少学习，缺乏研究，心里没底，一旦要出手就没了方向感。

比如，2008 年 4 月行情大跌之时，许多投资者非常害怕，整天提心吊胆，但却忽略了必要的学习和"临阵擦枪"。表现之一，对大盘的研判，人云我云，跌到 3000 看 2000，跌到 2000 看 1000，越跌越卖，而不是更多地看到下跌其实是风险的释放，该为新的行情启动作些准备了；表现之二，平时盯盘很积极，但盘后研究却不够。当需要建仓的时候，没有目标，人家推荐什么就买什么。买入以后，又特别紧张，因为心里没底，害怕下跌。

假如备选的品种、买入的股票，都是自己精心选择的，有充分的买入理由，结果就会大不一样。如果所选的品种是基本面良好，业绩稳定增长，大小非减持压力不大，没有港股直通车的担忧，累计涨幅不大，主力获利空间较小，又有基金、机构驻扎，

甚至被套，再加上自己用的是闲钱和闲心，采取的是分散投资的策略，又有足够的时间与庄家比耐心，对于这样的投资，还有什么可以担心和害怕的?!

　　所以，要真正做到"听自己的"，关键在平时，功夫在课外。有句名言叫作"养兵千日，用兵一时"，说的就是这个道理。

第十六章　面对逐利诱惑：始终坚守风控底线

第一节　做好危机管理　确保风险可控

所谓危机管理，通常指企业为应对各种危机情境所进行的规划决策、动态调整、化解处理及员工培训等活动过程，其目的在于消除或降低危机所带来的威胁和损失。

危机管理不仅在企业的生产经营中有着广泛的应用，而且在证券投资中同样起着举足轻重的作用。

1. 风险控制为何需要危机管理

与国债、存款等固定收益类产品相比，证券投资的最大特点在于它的高收益性和高风险性并存。所以，投资者在争取高收益的同时，努力做好风险防控工作，让可能引发的各种风险降至最低限度，应成为股市投资的头等大事。

股市投资中的风控方式很多，无论采取哪种方式进行风控都离不开危机管理——通过全面、系统、有效的危机管理化解投资中的各种风险。

以"趋势性"交易方式为例。入市多年的老股民大多有"趋势交易"的习惯，喜欢买"上升通道"的股票，不喜欢买"下行股"。参与"趋势性"交易有个好处，一旦选对了品种，踏准了节奏，就能取得超过大盘和多数个股的良好收益。以创业板股票为例，由于2012年底以来创业板股票出现了集体暴涨行情，所以参与此类股票操作的绝大多数投资者收益颇丰。

但实际上，"趋势性"交易也有其不足之处。仍以参与创业板牛市行情操作的投资者为例，参与相关品种操作的投资者并非全都是"大赢家"，操作结果与介入时点和交易手法有着密切关联。选对品种、早期潜伏、逢低买入、长线持有的投资者无疑将取得丰厚回报，技法娴熟、快进快出的投资者也能将各种风险控制在可承受范围之内，但后知后觉、追涨杀跌的投资者就没那么幸运了，结果不盈反亏、事与愿违的投资者大有人在。

在创业板指数整体涨幅翻倍、个股牛气冲天的情况下，为什么依然会有投资者参与高位追涨，依然会有投资者造成重大损失？一个重要原因是缺乏风险控制和危机管理的意识和能力，在博取股市机会的同时没有把风险控制和危机管理放在应有位置，才导致创业板指数和个股大涨、参与者却依然有人大亏这种窘境的出现。

2. 实际交易怎样进行危机管理

股市投资中的危机管理是门"大学问"，涉及内容十分宽泛，对投资者的综合素质要求较高。譬如，在品种选择方面，总的原则是要选择基本面良好、股性熟悉、股价偏低，操作起来能够放心的股票作为待买对象。从风控角度考虑，可重点建仓两类品种：一类是"超跌股"——之前曾经买过，如今股价超跌，基本面没有变化，主力也没有出货的股票。反之，对于股价已经大涨、主力获利丰厚的股票原则上应"多卖少买"。还有一类是"利空股"——在相关股票利空出台、股价错杀、众人出逃之际积极抢进廉价筹码。买"利空股"时重点应关心的，不是看待品种买后会不会大涨，而是应重点观察买后一旦大盘大跌，所买股票会不会同步大跌，下跌空间有多大，如果同步大跌的可能性不大，下跌空间基本被封杀，即可作为拟买品种择机买入。反之，对于"利好股"原则上不予买入，这是投资者在进行危机管理操作时与其他操作方式最明显的区别。

就普通散户而言，做好证券投资中的危机管理体现在实际操作中主要有以下三方面组成：

一是在买入方面，重在把好"三关"。"成本关"——买入时的价格有没有做到"一次比一次低"。此价指的是首次建仓（新增筹码）的价格，如果是对存量筹码进行高抛低吸操作则应另当别论，无须"一次比一次低"，只要确保"低进高出"即可。"总量关"——买入时的数量有没有突破单一品种建仓上限。譬如，事先设定的单一品种买入上限为总量的1/3、1/5等，如在操作时接近或达到了这一上限，就要停止买入，哪怕价格再低也不可"突破上限"，无限制地买入，以防个股"突发性"风险。"操作关"——买入时机有没有选在大盘和个股回调甚至急跌时，防止由于追高买入、增加建仓成本，导致胜算降低。

二是在卖出方面，重在用好"三术"。品种买入后，何时卖出、怎么卖出同样很有讲究，主要技法有三："高抛术"——确保做到卖出的价格"一次比一次高"。此价指的是卖出存量筹码（底仓部分）的价格，如果是对流动筹码进行高抛低吸操作则无须"一次比一次高"，只要确保每次交易都能达到"正差"要求即可。"杀涨术"——卖出时机要选在大盘和个股上涨最好是急涨时，争取以更高的卖出价成交，同时要防止由于卖出导致踏空，所以应适当地保留底仓，谨防由于踏空影响操作心态。"止损术"——若在买入操作时一不小心买入了涨幅巨大的"风险股"，无论什么价格买入，结果盈利还是亏损，原则上都应止损卖出，果断了结。

三是在后续策略方面，重在做好"三看"。筹码卖出后，哪些须接回，哪些该放弃？一般应区分三种情况分别应对：首先，"看机会"。卖出后，有机会正差接回（高抛后在扣除成本基础上能低吸回来）的可接回，若不能正差接回的则应放弃。其次，"看涨幅"。短线涨幅大于大盘和个股平均值，但超过幅度不大的股票可接回，若涨幅远超大盘和多数个股的，即使能正差接回也应放弃。最后，"看消息"。对于利好出尽、题材兑现的股票不再接回。一定要接回的，也要待一段时间后，在股价调整到位的基础上再逢低分批接回。

只要妥善处理好了买入、卖出和后续策略三者之间的关系，整个危机管理的"重头戏"实际上就抓住了。

3. 危机管理需要注意哪些问题

做好证券投资中危机管理的目的主要是防范操作风险，确保风险可控。实际操作中特别是在委托交易中须注意的问题主要有三个方面：

一是要确保委托的"正确性"。任何交易，无论是谁，都没有百分之百的把握，结果都充满变数，需要投资者两手准备、正确对待。但有一点是必须"确保"的，这就是每次委托的"正确性"。譬如，为什么进行这样的委托要有充分的理由，如"正差性"委托、"补仓性"委托、"长线性"委托等都属于"正确"的委托，只有确保委托的"正确性"，才能确保交易的"正确性"，确保一经委托并成交后无论涨跌都是"正确"的。

二是要确保委托方式的"正确性"。委托方式一般有"一次性"委托和"分批式"委托两种，前者"一次性"委托方式问题不大，多数投资者都能正确委托后者——"分批式"委托则有诸多讲究，尤其需要注意的是一定要做到配对委托，即在股价上涨时进行委卖且越涨越卖，但委卖的数量必须针对之前低买的部分（不多也不少），此时的

配对交易能有效防止操作时的踏空；委买操作也一样（方向相反），须在股价下跌时进行委买且越跌越买，但委买的数量同样须针对之前的高抛部分（不多也不少），这样的配对交易结果导致被套的可能性非常小。

三是要抓住高开时的委卖机会和低开时的委买机会。高开股（大幅高开的股票）有继续高走、封住涨停甚至连续涨停成为日后大牛股的可能，低开股同样有继续低走、封住跌停甚至连续跌停成为日后大熊股的可能，但这种极端式走势的品种毕竟只有少数，多数品种将昙花一现。所以，对于多数品种而言，投资者应抓住难得的高开时的委卖机会和低开时的委买机会，及时委托。一旦顺利成交，即可在高开股股价回档中接回（或低开股反抽中卖出），通过回转交易赚取短线差价。这种交易后筹码保持不变但能多出资金的操作方法，既是积少成多、持续获利的需要，也是股市投资中进行危机管理，确保风险可控的奥秘所在。

第二节 筑牢六道防线 严控投资风险

股市投资的成败得失，一般取决于两个方面：一是逐利的能力，二是风控的水平。只有妥善处理两者之间的关系，做到在逐利的同时不忘风控，在风控的同时努力逐利，才能在复杂多变的股市里经受住各种风浪的考验，站稳脚跟，持续盈利。

在风控方面，无论是初入股市的新股民，还是久经考验的投资者，都须筑牢适合自身实际的风控防线。有了稳固的风控防线，才能为持续盈利提供前提和保障。

1. 股市投资为何风险多多

众所周知，股市投资是一种风险投资。既然是一种风险投资，就会有各种各样的风险，常见的股市风险主要有以下三类：

首先是系统性风险。所谓系统性风险，指的是由于对股市大势判断失误而导致的整体性、系统性风险，包括"做多"风险和"做空"风险。前者一般指在经济形势不佳，整个大盘走势不稳甚至持续调整的情况下，由于重仓"做多"而引发的投资风险；后者则是指在经济形势明显好转之后，大盘指数已经企稳甚至持续上涨的情况下，由于轻仓"做空"而引发的投资风险。系统性风险本身不是风险，在判断和操作正确的情况下甚至还是机遇，只有在判断失误、操作相反的情况下才成为风险。

其次是局部性风险。此类风险并不是由于对大势判断失误而导致的整体性、系统性风险，而是由于局部性市场、板块或个股走势不佳所导致，主要有三种情形：一是局部性市场风险，指的是在多数市场上涨、少数市场不涨甚至下跌，投资者参与操作的市场正好是后者的情况下所带来的风险，如 A 股市场近年来连续出现的与周边市场相背离的走势；二是局部性板块风险，指的是在多数板块上涨、少数板块不涨甚至下跌，投资者参与操作的板块正好是后者的情况下所带来的风险，如大盘股板块 2013 年 5 月出现的与创业板股票相背离的走势；三是局部性品种风险，指的是在同一板块内部多数个股上涨、少数个股不涨甚至下跌，投资者参与操作的品种正好是后者的情况下所带来的风险。

最后是可操作性风险。既非系统性风险、也非局部性风险，而是在市场、板块和个股均上涨的情况下，由于操作不当而导致的与市场、板块和个股走势相背离，账户市值出现逆市下跌的风险。譬如，在牛市买入的正好是牛股，但由于操作不当、追涨杀跌，最终出现的不涨反跌的结果。

由此可见，股市风险无所不在，表现形式也是五花八门。投资者要想在股市取得好的收益，达到预期目的，前提是要做到风险防控工作，把投资风险牢牢控制在可承受范围内。

2. 控制投资风险有何技法

在了解股市风险的种类和特点基础上，即可实施具体的风控工作。风控工作的重点在于做好事先防范，关键在于筑牢风控防线。只有筑牢风控防线，才能确保风险可控。普通投资者应筑牢的风控防线主要有以下六个方面：

一是不用压力资金。所谓压力资金，一般有两种情况：一种情况是指投入股市的资金是通过借贷特别是高利贷等方式筹集，须支付高额利息，有较大还贷压力的资金；另一种情况是指投入股市的资金虽然是可以自由支配的资金，但有明确的用途和时限，如供子女入学的学费、准备支付房贷的按揭款、须定期交纳的养老保险金等，这部分资金虽然属自己可支配的资金，但必须在规定的时间里支取并投入使用，所以严格意义上讲也属于压力资金。用压力钱炒股，最大的特点是只能盈利不能亏损，所以操作起来会感到压力特别大。而带着压力的操作往往会事与愿违，盈利的概率反而更低。所以，笔者的体会是，投入股市的资金不能有任何压力，必须是多余的闲钱，既没有还贷压力，又没有时限要求。

二是不全投入股市。即使是闲钱——既无还贷压力，又无时限要求，也不能把全

部闲钱投入股市。如果把全部闲钱都投入股市，等于把所有希望都寄托在了股市里，无形之中也会增加投资压力，不利于理性操作。正确的做法是，严格控制闲钱投入股市的比例，具体可视各自实际确定合理的投资比例。通常情况下，风控意识和能力较强的投资者，闲钱进入股市的比例可适当提高，一般确定为七成左右比较合适；风控意识和能力较弱的投资者，闲钱进入股市的比例应随之调低，一般可定为三成左右；介于两者之间的投资者，可"折中"闲钱进入股市的比例，确定在五成左右较为妥当。

三是不做杠杆交易。以为只要做到了以上两条，进入股市的钱便可以随意使用那就错了，如杠杆交易。所谓杠杆交易，指的是利用较小的资金来进行数倍于本金的投资，以期望获得相对投资标的物波动的数倍收益率。实际上，杠杆交易在可能带来巨额收益的同时，也存在巨额亏损的风险，所以风险很高。目前市场上可以从事杠杆交易的品种和方式很多，如股指期货等。除了传统的杠杆交易方式外，"双融"（融资融券）交易的本质实际上也是放大本金的交易，具有明显的杠杆交易性质，投资者在使用此类具有杠杆交易性质的产品时宜保持谨慎。

四是不做极端操作。在做好资金风控的同时，还须在操作层面具体落实各项风控措施。一方面，要选好品种，不买或少买问题股（如ST股等）、涨幅大的热门股，以及主力完全控盘的老庄股，通过精选品种做好源头把关，同时做好不同品种之间的相互搭配工作，切忌用"赌一把"的心态满仓买入单一品种；另一方面，要定好策略，不做或少做一次性交易。通常情况下，应将可用的资金分为若干部分，事先制订好操作计划，交易的时候严格按计划分批操作，确保做到涨可卖、跌可买。

五是不做赔本买卖。炒股的人主要是通过高抛低吸、低买高卖赚取差价而获利。但在实际操作中，由于种种原因，最终产生的结果恰恰相反——追涨杀跌、不盈反亏。究其原因，这些投资者并不是不想获利，而是缺乏交易技法和操作原则，其中包括不做赔本买卖原则。要达到"只盈不亏"的操作要求，一方面，在买入下单时应保持谨慎。换言之，在选择买入品种时必须是那种可以放心买入、可以越跌越买、能确保低买高卖的品种。另一方面，在确定卖出品种时，必须是那种大胆卖出，而且越涨越卖、最终能确保高抛低吸的品种。只有这样，才不会做赔本买卖。

六是做到长短结合。由股市的特性尤其是A股的特殊性所决定，单纯采取长线或短线的做法都将不利于风控。正确的策略是有长有短、长短结合，该长则长、该短则短。对于有短线操作能力的投资者来说，尤其应灵活运用长短结合操作法。所谓长线，指的是在牛市应重仓持股，熊市则轻仓观望；所谓短线，则是指在确保牛市重仓、熊市轻仓的基础上，利用少量资金或仓位穿插进行短线交易，但须注意交易数量和进出

时机的把握。在交易数量方面，原则上要进行配对交易。在进出时机方面，一般要求急拉时卖出、急跌时买回，震荡时观望。对于缺乏短线操作经验的投资者来说，原则上只做长线投资不做短线交易，即无论大盘和个股涨还是跌，在趋势尚未改变前原则上不做交易——持股或持币即可。

以上"六道风控防线"中的前三项，主要是从资金源头上去构筑相应的风控防线，后三项则是从操作本身出发，去努力做好股市投资的风险防控工作。一般情况下，投资者只要筑牢了上述风控防线，股市投资的各种风险（包括前述三类风险）基本上都会在自己的可控范围内，只要预期不是太高，贪心不是太重，最终大多能取得良好回报。

3. 正确处理风控三个关系

要想在风控的同时追逐利润的最大化，需要独到的选股眼光、精湛的操作技法和良好的投资心态，涉及参与者素质的方方面面。在风控的操作层面，制胜的秘诀主要有三个：

一是冷静分析、独立思考。虽然"六道防线"为投资者风控起到了一定程度的"把关作用"，但若在对指数走势的把握上人云亦云、随波逐流，依然很难达到风控的预期目的，所以，面对指数涨跌，一定要做到冷静分析、独立思考。当指数一涨、众人看多、情绪高昂时，须多一份冷静，敢于高抛、获利了结，这是风控的一大关键。风控的另一关键是，该逐利时就逐利，因为，从一定意义上讲，单纯、机械、消极的风控不是好的风控，学会逐利才是最好的风控。所以，当指数一跌、众人看空、情绪低落时，一定要反向思维、充满信心，敢于低吸、吃足筹码。

二是既要急进、又要稳妥。在不同的市场运行阶段，要有不同的品种选择方法。在牛市初期，讲究的是急进，可适当冒险，在重仓持股的同时，多选择盘小、量大、易涨的"袖珍股"交易，以此提高牛市操作的收益率；在市场运行至行情的中后期时，需要的是稳妥，应防御为主，在快进快出基础上，尽可能把操作重点放在盘大、量小、尚未上涨但极有可能补涨的"大盘股"上，以此突出风控在此时的操作分量。

三是区别情况、灵活应对。此环节的重点在于处理好三个关系：利多和利空的关系——个股出利多时不等于就是进场的好时机，结果不一定能获利，利空消息出来时也不意味着应该离场，操作结果也不一定会亏损，所以，抓住一些个股的利空机会、择机低吸，善于利用个股的利好敢于高抛，是成功风控的一大法宝；量大和量小的关系——成交量固然是支持股价上涨的基础，但不同品种在不同阶段须不同看待，在起涨阶段，利用一些股票温和放量、主力入驻机会，快速跟进往往会有好的收益，但在

大涨之后，再去参与一些放大量的股票操作，就会有很大的风险，所以宜谨慎；强势和弱势的关系——任何事物都是相互转化的，证券投资亦不例外，如强势股经过一段时间的强势表现往往会成为弱势股，弱势股也不可能永远是弱势股，所以学会在强势时卖出、弱势时买入，只要有足够耐心，大多会有好的回报。

在股市，须处理好的关系远不止这些，须注意的问题也还有很多，由于风控是一门综合性很强的艺术，需要投资者在长期的交易实践中不断摸索、总结和积累。但可以肯定的是，风控这根"弦"任何时候都要"绷"得紧紧的，只有确保做到在风控的同时逐利，妥善处理逐利和风控的关系，才能在股市长久立足，为实现"股市梦"奠定基础。

第三节　把紧操作"安全阀"

炒股能否取得预期收益，不仅取决于大盘表现，而且取决于投资者的操作水平。计划缜密、心态稳定、操作得法的投资者，即使指数波澜不惊，也常能取得良好的收益；反之，缺乏计划、心态浮躁、胡乱操作的投资者，即使指数涨得再好，也难以取得理想的收益。操作的好坏关键在于有无"安全阀"，以及"安全阀"把持得紧不紧。

1. 从低吸高抛到反差追涨

Q 是个入市不久的新股民。多数新股民存在的问题，Q 也程度不同地存在着，且时常会在操作中表现出来。

2010 年 3 月，Q 见 ST 板块走得不错，尤其是 *ST 百科在长达半年多时间里一直运行在标准的上升通道里，与不温不火的指数形成了鲜明的反差，于是在 3 月中旬，以12.70 元的价格买入 *ST 百科 500 股，20 天后获利卖出（价格 13.18 元）。"正差"操作成功的 Q 喜出望外。

卖出后，Q 见 *ST 百科依然保持独立行情，没有调头下跌的迹象，两周后又以13.85 元买入 1000 股。这一次，Q 买入的 *ST 百科不仅价格比卖出价高了 5 个百分点，而且数量增加了 1 倍。

从低吸高抛到反差追涨，Q 的操作由原来的"正确"变成了后来的"错误"，体现在两个方面：一是高位追涨。Q 的操作，表面看是错在第二次买入时的追涨上，实际

则是错在第一次卖出上——缺乏卖出后的计划。既然当时以 13.18 元卖出了 *ST 百科，就不应在事后以更高的价格（13.85 元）再次追入；既然事后会在 13.85 元价位上选择买入，就不应在当时以 13.18 元卖出；二是加倍买入。首次买入不够果敢，股价上涨过程中越涨越买、越买越多，是导致风险不断积聚、最终不盈反亏的又一原因。

卖出时缺乏计划，买入时不够冷静，使操作"安全阀"出现松动，让本来已到手的利润变成了上钩前的诱饵。

2. 从高位追入到越跌越买

13.85 元买入后，*ST 百科随即出现了回调，但 Q 对该股仍深信不疑、继续看多，并于当天在 13.68 元的价位上再次买入 1000 股。然两次建仓后，*ST 百科出现了时间更长、幅度更大的下跌，Q"越跌越买"，*ST 百科"越买越跌"。6 月 9 日，Q 数次补仓的 *ST 百科跌到了 8.50 元，Q 的账面市值出现了 2010 年以来最严重的缩水。

越跌越买，作为理性的投资者普遍采用的操作方法为何在 Q 身上失灵？原来，Q 不知越跌越买也需"因股而宜"，针对不同股票，灵活运用、区别对待：

先看基本面。越跌越买的操作方法并非适用所有的股票，一般情况下，这一操作方法只对质地优良、估值偏低、跌起来不怕的上市公司有效，对于质地不佳、估值偏高，甚至濒临摘牌（如 *ST 类股票）、跌起来害怕的上市公司，补仓时就需格外小心。Q 越跌越买 *ST 百科，从开始时的自信到最后的恐惧，就是在品种选择环节"安全阀"出现了松动。

再看技术面，是否涨幅已大、已被爆炒？如果涨幅已大、曾被爆炒，无论质地优劣、估值高低，都应回避；相反，如果涨幅不大、未遭爆炒，再加上质地优良、估值偏低，则可采取越跌越买的方法操作。*ST 百科自 2009 年 9 月 1 日触底 6.02 元起，至 2010 年 4 月 2 日创下反弹新高 14.28 元，半年多时间涨幅高达 137.21%，超过大盘同期涨幅（17.67%）119.54 个百分点，明显属于涨幅已大的品种，故不属越跌越买之列。事后的走势也说明，*ST 百科之前累积的巨大涨幅，实际上已为日后的深幅调整埋下了潜在的隐患。

是否适用越跌越买的操作方法，还要看时机——大盘是否配合。如果公司质地优良、估值偏低，加之涨幅不大、未爆炒过，虽然从理论上讲具备了越跌越买的条件，但在实际操作中，仍需结合大盘点位和运行趋势加以综合分析、定夺。如大盘处于相对高位，正运行于下降通道的起点或上升通道的末端，就要慎用越跌越买方法。只有当大盘点位不高，且运行于下降通道的末端或上升通道的起点时，才可放心使用越跌

越买的投资方法。

基本面、技术面和时机共同组成了第二道操作"安全阀"，投资者须牢牢把紧。

3. 从越跌越买到低位斩仓

即使是适合越跌越买方法操作的股票，也需要在实际操作中严格执行操作的理念、方法和定律。否则，如果操作不当、执行不力，仍有可能功亏一篑。

6月9日，当*ST百科跌到8.50元时，前后6次、越跌越买的Q终于经受不起大盘和个股大幅下跌的考验，最终以时价（8.50元）卖出了之前以13.85元买入的1000股*ST百科。从13.85元买入，到8.50元卖出，前后不到两个月时间，亏损就达38.63%，领跌同期大盘（–17.43%）21.2个百分点。

从越跌越买到低位斩仓，一念之差、操作混乱、铸成大错。Q之所以会出如此大错，看起来似乎是操作不当所致，实际上暴露了操作背后的心态问题：一是急于赚钱心态。由于产生了深套盼浅套、浅套盼翻本甚至获利的想法，才会导致高位追进、低位杀出错误的出现。二是盲目攀比心态。当看到涨幅榜上一排排牛股表现出色而自己持有的股票表现不佳时，往往会产生弃弱择强、换股操作的冲动，这也是导致追涨杀跌的原因之一。三是绝望无奈心态。当股票跌到8.50元时，没有了13.85元买入时对该股票的信心和操作时的激情，剩下的只有对该股票可能跌至更低价位的担心和恐惧。

Q高买低卖*ST百科说明，股市投资的正确与否没有绝对、统一的衡量标准，骑上牛股的投资者不一定能从中获利；所持股票不是牛股的投资者，也不一定赚不了钱。因此，投资炒股尤需入脑入心入手，时时绷紧"风险弦"，紧紧把牢"安全阀"。只有这样，才能达到泰然处之的境界，这也是每一个投资者必须经常操练的一项"基本功"。

第四节 变"潜在机会"为现实盈利

股市里的机会无处不在、无时不有。

2010年春节之前，Q为了风控，很长一段时间都是半仓操作，虽然回避了部分风险，但也错过了不少机会。春节过后，Q打算不再保守，择机加仓。2月22日（节后首个交易日）上班前，Q问："今天行情怎么样，大盘会不会涨？"

笔者说："大盘涨不涨，谁都不知道。炒股最怕的，不是缺少预测行情的本领，而

是缺少计划、心里没底，或虽有计划但不执行。只要作好计划，涨了怎么办、跌了如何，多少点位进场，待买什么品种即可，别的不用管太多。""那好，等大盘跌 50 点时进场，品种你给个建议吧。"Q 说。

"买西飞国际吧！"笔者说："该股大股东两年前有一个减持承诺，自愿将已经解禁的股份再锁定两年，解禁后在二级市场价格低于 60 元/股时，将不予减持，公司因分红、配股、转增等原因导致股份或权益变化时，将按相应比例调整该价格。现价只有 13.46 元，复权价也才 29.61 元，离大股东承诺的减持价还有一倍的'无风险'涨幅。更诱人的是，现在离自锁到期日（2010 年 6 月 27 日）只剩 4 个月时间，属于机会大于风险的品种。"

听笔者这么一说，Q 感到有些道理，但还是放心不下："买后万一跌了怎么办？""涨跌谁敢保证？这样好了，先买 1/3，能涨最好，放着即可；万一跌了，再补点仓，捡些便宜筹码。""好的，就这么办。"说完，Q 出门上班去了。

当天，大盘最低探至 3002 点，只跌 16 点，未达 Q 的建仓点位；23 日，大盘在利空消息打压下，一开盘便恐慌性杀跌，半个钟头跌了 60 多点，最低跌至 2938 点，到了 Q 计划的建仓点位，西飞国际最低价 13.20 元。若按计划执行，Q 应顺利建仓。

"买了没有？"晚上回家，笔者问。"当时也想买，但不敢下手。"Q 答道。从 2 月 23 日至 3 月 2 日，Q 账户里的资金"转进转出"、一直想买，但瞻前顾后、一直未动。6 个交易日，大盘累计涨 4.59%，西飞国际涨 13.86%。因为没有执行预先设定的计划，导致"潜在机会"未能成为"现实盈利"。

"错上加错"的事情发生在随后两天。3 月 3 日，大盘依然稳扎稳打，个股亦是轮番上涨。前市，西飞国际低位盘整，Q 按兵不动。后市，西飞国际快速拉升，Q 急速追涨：委买 700 股、价 15.00 元，但因委后市场价一直高于 Q 的委托价，追涨未成。翌日，Q 不再多想，以 15.06 元买入 2000 股西飞国际。买入后，赶上大盘跳水，西飞国际跟着暴跌，5 日收盘 14.26 元，Q 买入的筹码即被套住。

从计划买入价 13.20 元（大盘跌 50 点时西飞国际的市价）到实际成交价 15.06 元，从原本可以获利 13.86%，到反而浮亏 5.31%，几天之内发生的这一突变，使 Q 与一个多涨停板的"盈利机会"失之交臂。问题的症结在于"执行"环节出现问题：既然 13.20 元不敢买入，那么到了 15.06 元就不应追涨；既然敢在 15.06 元追涨，就不应在 13.20 元放弃。此举说明，投资炒股，缺少的往往不是"机会"，而是"定律"；股市里真正能够赚钱的，不是摇摆不定、追涨杀跌的人，而是那些善于发现"潜在机会"，精心制订操作计划，并严格执行的投资者。

一是做到未雨绸缪，老到的投资者操作前大多会有明确的待买品种和期待的建仓价位，很少在盘中追涨杀跌。选股时大多会对公司质地、估值和成长性进行评估，及时回避业绩下滑、估值偏高、潜力不大的品种。在确定待买计划时，往往非常理性，对该买什么、不该买什么，心里非常清楚。一旦选定待买品种，心里非常踏实，很少朝三暮四、瞻前顾后。对交易期间此起彼伏的所谓热点既不会眼红，更不会心动。

二是拥有平和心态，品种选定后，什么时机、多少点位进场，也颇有讲究。有的投资者喜欢等大盘和个股上升趋势确立后再行介入，采取的是"涨时买入"法。有的则喜欢逢低进场、越跌越买，采用的是"跌时建仓"法，即当大盘跌至某一点位时分批买入备选的股票。"涨时敢追、跌时不敢买"的投资者有一共同特点，当高位追入的品种"调头"时特别紧张，当低位未买、错失良机后又特别后悔。破解这一难题的关键是心态要平和，不要奢望一买就涨，一卖就跌。实际投资中，不可能达到这种境界。只要设定进出时机、买卖点位，认为卖得"够高"、买得"够低"即可。

三是严守操作铁律，平心而论，多数投资者在实际操作中不是没有计划，也不是不想执行，只是执行起来有些犹豫甚至后怕。空仓的投资者，当大盘和个股涨时盼跌，但真的跌起来——大盘蹦蹦蹦跳水、个股绿油油一片，又被吓得没了胆量、不敢建仓。一旦大盘绝地反击，一看错过了这么好的建仓机会，又倍觉可惜。许多人平时常说，××板块不错，××品种可买，××股票今天刚看过（没买），结果又涨停（后悔）。什么原因？未能严守铁律、按计划操作。所以，炒股制胜的关键，不是看你"发现机会"的水平高不高，而是在于"抓住机会"的能力强不强，在于能否变"潜在机会"为"现实盈利"。

第十七章　面对获利之难：自创各种技法招术

第一节　亏钱"路线图"揭秘

投资炒股，难免会有失算亏钱的时候。但若不吸取教训，总是重复相同的错误，就会成为股市的牺牲品。一些投资者之所以熊市亏钱牛市也亏，通常都有一张这样的"路线图"：

1. 自己"宽"自己

炒股赚钱离不开低买高卖，而亏钱则相反，是由于高买低卖所致。事后想想，谁都会觉得高买低卖十分荒唐，但在当时往往理由十足。比如，某投资者重仓持有的中信银行、梅泰诺、*ST百科等股票，无一不是在高位追涨买入，而追涨的理由大多为盘子小、股性活、大资金青睐等。相比之下，低位卖出的理由似乎更加"充分"，如盘子大、股性呆、无资金青睐等。这些看似合理的理由虽然不堪一击，但却成了一些投资者在追涨杀跌操作时用来自我安慰的重要"武器"。

2. 自己"吓"自己

散户亏钱的另一症状是高不抛、低不吸。同样的股票，一些投资者敢于在高位追涨，但跌至低位时却不敢买入，或敢于在低位杀出，但涨至高位时却不敢卖出，究其原因，主要是自己吓自己：担心高位卖出后再涨，所以高不抛，担心低位买入后再跌，所以低不吸，结果一迟疑，就失去了高抛低吸的机会。为数不少的投资者，对高位买入后深套的股票，不敢在低位补仓，一心等着日后解套。给人的感觉是，这些投资者

似乎都是为解套而炒股，忽略了通过低位补仓，在原股票解套的同时，也能让新补入的股票轻松获利。所以，自己吓自己是导致一些投资者高不抛、低不吸的关键原因。

3. 自己"怨"自己

散户亏钱的同时往往伴随着后悔埋怨情绪的表露，典型的表现有：某某股票刚看过但没买，结果很快涨停，失去获利机会；某某股票原本打算卖出，但只一会儿工夫就大幅跳水；当某股票出现大跌时，一些投资者就埋怨自己——要是开盘冲高时卖出就好了，收盘接回来就能获得若干差价；当某股票出现大涨时，同样责怪自己——要是开盘回调时买入就好了，收盘卖出就能多出若干资金。总之，习惯于后悔埋怨的投资者买也不对、卖也不对，大盘和个股跌时紧张、涨也紧张，与另外一些投资者涨也平常、跌也坦荡形成了鲜明的反差。

4. 自己"顶"自己

散户亏钱的另一表现形式是：不能正确看待自己和他人。开始时，这些投资者虽然连自己的账户都管不好，追涨杀跌、跑输大盘，但对别人的操作却指手画脚、左右不是，俨然一副专家、高手的样子。到最后，一看指数跌得不多，自己持有的小盘、活跃、热门股却出现大幅下跌，市值缩水严重，而他人持有的大盘、呆板、冷门股跌幅非常有限甚至逆市大涨，又羡慕起别人来："我被跌死了，你倒好，不跌反涨。"

散户亏钱"路线图"虽然没有统一的版本，但归结起来，大多系自我感觉良好、把自己估计得过高所致。解决亏钱难题的关键是，尽可能把自己看低一些，多学他人长处，弥补自身不足：

看盘——不要紧张要坦然。买卖股票，的确需要看看大盘和个股的走势。但看盘也有讲究：一是不需要时时看盘，并不是看盘越勤、操作越好、收益越高。二是要有目的地看。有的投资者看着盘面操作，反而不知所措——涨也不卖、跌也不买，看不出看盘的目的。三是要用平常心看。无论大盘和个股是涨还是跌，都应做到理性看待、计划行事，做到涨时有股可卖、跌时有钱可买。

操作——不要惊慌要沉着。在认真研究、不断提高看盘技巧的同时，还要积极研究和把握操作的方法。对大盘和个股的研判，一般情况下有两种结果：一是判断失误。比如，投资者判断未来行情有可能出现上涨，但结果出现了下跌；反之，判断未来行情可能要跌，结果大涨，这些都属判断失误，但很正常。二是判断正确。比如，2010年6月当指数位于3000点上方时有投资者猜测股市有可能跌至2500点以下，并打算

等大盘跌至这一点位时按计划加仓。事实上，大盘探底到了 2481 点，说明投资者判断正确。问题是，当指数真的到了预期点位时，不少投资者却未能按计划进行操作，有的患得患失、贪上加贪，跌了还盼跌，有的该买未买、该卖未卖，不知所措。这说明，即使投资者判断正确，如未能严格执行，仍没有实际意义。解决这一问题的关键是：既要适时作出正确判断，又要沉着镇静、严格按计划操作。

持仓——不要赌性要理性。老股民炒股，大量的时间是持股不动。事实反复证明，多动不如少动。若干年后，投资者会发现，真正能在牛市赚钱、熊市生存的，大多是那些充满理性、多看少动的人，而非赌性十足、追涨杀跌者。持股不动的另一好处是，能在"不动"中发现"动"的机会。把握"动"的机会主要有两种方法：一是平时。当指数不温不火、起伏不大时，操作手法要细腻，还要学会抠门、斤斤计较，做到低吸不追涨。二是关键时刻要果断，当大盘和个股出现大顶或大底迹象时，不要想得太多、太复杂，要在第一时间完成建仓操作。大盘见顶时，往往股价已高、风险已大，投资者大多感到无股可买；见底时则相反，往往股价已低、风险较小，投资者感到全是好股票、遍地是黄金，抓住此时"动"的机会尤为重要。

盘后——不要后悔要无憾。股市收盘或操作结束后，投资者要懂得理性思考、善于进行总结，变后悔为无憾。有些投资者在实际操作中，往往在正确操作后不知道正确在哪里，错误操作后又不知道错在哪里，显得莫名其妙，原因之一便是不善于进行总结提高。操作结束后，投资者应正确面对盈亏结果，及时进行盘后思考，做到无怨无悔。这也是一些成功的投资者之所以能在挫折中及时摆脱亏钱困境，最终取得投资成功的重要一环。

第二节　盯"盘面"，寻"真金"

长线投资者买入股票后无须时刻紧盯盘面，但短线投资者特别是职业股民就不能无视盘面动向。因为，在许多情况下，盘面的一举一动传递的是主力动向、资金流向和个股机会等信息。通过观察"盘面"捕捉投资机会的方法主要有：

1. 盘中瞬间：可看涨速榜

从事超短线操作的投资者经常需要在第一时间知道哪些个股在异动，以便及时发

现并抓住短线投资机会。这部分投资者可以在交易期间通过行情交易系统，点击"涨速"栏。这时，两市1900多家上市公司就会根据各自的涨速从快到慢进行排列，位居最上方的便是涨速第一名。涨速榜反映的是某一瞬间所有品种单位时间内的涨速节律。进行超短线操作的投资者可参考涨速榜来评判个股短时间内的走势强弱，并据此选择股票，进行买卖。欲短时间内抓住最强势股票的投资者，只要买入位于涨速榜前列的股票即可。投资者若需进行反方向排序，确定短线走势最弱的股票，只要再次点击"涨速"栏即可。

依据涨速榜确定个股短线强弱、进行买卖决策时需注意两个问题：一是持续性。出现在涨速榜上的短线强势股有的昙花一现，持续性差，投资者一旦追进很可能短线被套。有的持续上涨，甚至最终封于涨停，这种股票如出现在涨速榜时应第一时间跟进，短线收益会比较大，投资者要注意区分。二是联动性。当某一股票出现在涨速榜时，同一板块内的相关股票如能同步跟进、一起上涨，该板块启动的概率就会大大增加。相关板块一旦联动、形成热点，就极有可能出现一波大行情。在这种情况下，投资者买入股票的时间越早越好，品种最好是率先启动的龙头股。

2. 单日之内：可看涨幅榜

如果把观察盘口的时间从某一瞬间延长至某一交易日，此时，确定个股和板块强弱的方法应转为观察涨幅榜，观察方法同上，只需点击"涨幅"即可。如一天之内某一个股率先出现在涨幅榜上并涨停，且封住涨停所需的时间越短、涨停板上的买盘越多，该股未来几日继续大涨的概率就越大。但这种情况如出现在尾市，特别是收市前一瞬间，投资者需防止主力刻意拉抬股价，诱散户跟风，操作时需特别谨慎。假如这种情况出现在早盘，准确率会更高。尤其是开盘价、最高价、最低价和最新价"四价合一""一字涨停"，盘口显示只有买盘，没有卖盘的股票，强势特征更为明显。

3. 连续数日：可看区间榜

有些投资者操作风格偏向保守，不喜欢追涨龙头，但手法细腻，善于联想。这种投资者可充分利用区间涨跌榜进行观察、分析和决策。如2010年8月23日，两市共有16只股票涨停，其中包括区间涨幅较大的多只电子设备制造业股票。此时，投资者若不敢也不想追涨，可事先埋伏相关板块内具有可比性、已横盘多日、尚未大涨的股票（如证通电子），等待补涨。结果，证通电子在横盘一周后于8月31日果然放量涨停。一般情况下，当板块内多只相关个股区间涨幅较大，但个别股票却依然停滞不前

又毫无理由，此时，投资者需保持耐心，该股日后受"区间榜"作用，刺激和拉抬股价的可能性非常大。

4. 是否变盘：可看跌幅榜

无论是上涨还是下行，大盘和个股都不可能永远沿着一个方向无止境地涨跌下去，上涨或下跌一段时间后大多会出现拐点、掉头向下或朝上。这一拐点出现前后一般被称为变盘。投资者若能在变盘的首个交易日果断了结或跟进，显然是最成功的操作。观察大盘和个股是否变盘方法很多，其中之一便是观察跌幅榜。投资者若发现某一强势板块或个股某一时间突然出现在跌幅榜时就要小心，相关个股若同时跟进更需引起警惕。因为，大盘和个股一旦变盘，大多会持续较长时间，短线投资者需要在第一时间离场或减轻仓位。

投资者在利用上述四种观察"盘面"的方法捕捉投资机会时，还需与具体个股的K线图结合起来分析。这里介绍其中的几种：

一是"V型反转"型。当个股触底反弹后，出现了持续时间长、涨升幅度大、板块效应明显等特征，一般可认为是"V型反转"。对"V型反转"股票，投资者在观察盘口时要记住：每一次回调都是买入良机。对这种股票，既不要轻易地在其出现短暂下跌时卖出，更不要在没有把握的情况下轻易进行"高抛低吸"，以免将筹码弄丢。

二是"平地拔起"型。当长期处于底部进行横盘的股票某一交易日突然放量大涨，瞬间出现在涨幅榜或涨速榜（最好同时出现在涨幅榜和涨速榜上），K线图显示出"平地拔起"形状时，投资者要立即跟进。这种"平地拔起"、放量上涨的股票，一般不会"一日游"，只要在首个交易日快速跟进即可，基本上能取得良好的短线收益。

三是"单针探底"型。当大盘或个股连跌数天后，投资者在观察盘口时如发现个股某一交易日突然出现大跌后力度较大的反弹，K线图形呈明显的"单针探底"状时，原则上要在收盘前完成建仓操作，即使错过了当日最低买入价也不要错过"单针探底"日的建仓良机，要力避翌日高开时再追涨买入。

四是"三V接力"型。在观察盘面时，若发现某个品种K线图出现了连续三个"V"字形——态头尾相连、高点不断刷新、底部不断上移时，往往预示着该股短线机会的降临。在大盘保持相对平稳的前提下，这种股票阶段性涨幅往往十分可观，投资者可在观察盘面时，逢该股回调及时买入。通过观察"盘面"捕捉投资机会的结果，只要快进快出，往往盈多亏少。

第三节　踢好委托下单"临门一脚"

短线难做、操作不易，许多投资者因此选择了长线投资。长线投资的特点是，账户市值随大盘和个股的涨跌而波动。当大盘和个股上涨时，市值随之增加；下跌时，同步减少。问题在于，单纯的长线投资，不利于激发操作热情，提高操作水平，难以使投资收益最大化。

其实，长线投资并非简单地买入股票后持有不动，投资者完全可以在长线投资的同时，利用部分长线仓位进行适度短线操作，以便当指数下跌时减少损失，指数上涨时既确保长线收益"水涨船高"，又获得短线操作"额外收获"。而要稳定取得长线投资中的短线"超额收益"，关键在于踢好委托下单"临门一脚"。

1."临门一脚"怎么准备

踢好委托下单"临门一脚"，须做的准备工作主要有：

一是备好资金。满仓长线持有的投资者在进行短线操作前，先要在已有的仓位里抛出部分筹码，以便获得短线操作所需的流动资金。在所有的持仓品种里，首先选择卖出的一般为涨幅较大、获利较多、短线消耗资金过多、继续上涨难度较大的股票；卖出时机一般选择在大盘和个股上冲时。

二是选好股票。除了备好资金外，投资者还要选好适合短线出击的具体品种，标准主要有二：其一，要有潜质。选择范围原则上限于已有的仓位和熟悉的品种内，不宜四处出击、到处开仓。备选的品种除了基本面无问题外，要求股性相对活跃，单日起伏较大、具备潜在题材。最好还有一定的涨跌规律，投资者又非常熟悉这一规律，并能驾驭自如。如笔者发现，有的股票无论大盘涨跌，该股一般都会在下午交易期间出现一波急拉（此时非常适合短线出仓），之后该股又将恢复震荡或调整走势（便于逢低买回）。其二，要有品相。最好有一定的"群众基础"，有较强的市场影响力和知名度。

三是定好策略。重点是仓位策略——动用多少资金（或股票）进行短线操作。一般情况下，用于短线操作的仓位不宜过重，控制在总仓位的1/3以内较为适宜，资金量大的投资者短线操作的仓位比例需进一步降低，使短线操作做到合理适度，风险可控。

需防止的是，随着短线操作频率的加快，短线操作的仓位越来越重，从而导致原先的长线投资全都成了短线操作，违背了"向长线投资要超额收益"的初衷。

四是画好"版图"。短线操作与长线投资相比最大的区别在于账户里的筹码变动很快，如不做好记录，很容易"找不着北"。解决这一问题的有效办法是事先准备一张"空白版图"。短线操作前，先分栏（横向）一一记清楚短线操作前账户里持有的长线品种（名称和数量）。每次操作后，再在"空白版图"对应栏内（纵向）具体记下操作的日期、方向（卖出或买入）、品种、价格和数量——每个纵向栏内只记录一个品种，且数量保持固定，使"版图"做到直观简洁、一目了然。

2."临门一脚"怎么踢

具体、周到的准备工作，是踢好"临门一脚"的前提。但获得"超额收益"的关键还在于"临门一脚"——委托下单（包括委买和委卖）。其中，力度的确定、节奏的掌控、委托的艺术和下单的技巧等，又是决定能否踢好"临门一脚"的关键中的关键。

第一，力度的确定。衡量"临门一脚"是否成功的唯一标准是在筹码不变的前提下，能否让账户里的资金多出来。为此，投资者在"起脚"时需控制好力度，并做到两点：一是品种不变，始终在几个固定的品种范围内来回滚动操作，做到不换股或少换股。二是数量不变。卖出多少，买入时还是这个数量（尽管随着短线操作获利次数的增加，账户里的可用资金在不断增加，实际可买数也随之增加），让多余资金暂时"闲着"。这样，便于投资者在一轮操作结束后计算在筹码不变的情况下多出来的资金。

第二，节奏的掌控。针对不同品种进行针对性短线操作时，须先将资金或筹码"切块"，将每个品种分成若干"小组"（一般为 2~3 组，如 A1、A2、A3 等），既可分布在不同账户，也可在同一账户内加以区分。具体节奏的掌控分为两种情况：一是当持有的筹码急拉时，先出掉第一批筹码（A1），再涨再卖（A2），越涨越卖（A3），直至全部批次的筹码卖完为止（注意不要贪婪、手软）。筹码出完后，接回的品种，可以是刚卖出的筹码 A。方法是，在有正差的前提下，先接回最后一批卖出的筹码（A3），再跌再买（A2），越跌越买（A1），直至卖出的筹码全部接回为止（注意不要恐惧、想法不要太多），也可以是其他待买品种 B，主要取决于两者的差价谁更大。二是当待买的品种下跌时，操作方法同上，方向相反。短线操作的频率要视操作效果而定，流畅的情况下一天之内可做多次，不顺时连续几天不操作都属正常现象。就品种而言，有的当天就能接回，有的则需要等待较长时间才能正差接回，对此投资者需要有充分的思想准备。

第三，委托的艺术。主要有二：一是心中要有期望的买入（或卖出）价，一旦到价立即进行委托；二是根据盘口显示的买、卖力量对比结果确定是否委托。当买入力量突然大于卖出时，可在第一时间委托买入。反之，当卖出力量突然大于买入时，须在第一时间委托卖出。

第四，下单的技巧。在买卖方向、品种、价格和数量都已填妥在"委托框"（已经输入完毕但未点击"确定"）的情况下，卖出时一般在股价逐级向上时可先等待，当涨至某一价位突然出现滞涨、抛单涌出时，即可在不改变委托价格（此时市价已高于委卖价，可确保第一时间成交）的情况下，点击"确定"，委托就会立即成交；买入时一般在股价逐级向下时可先等待，当跌时某一价位突然出现止跌、买量剧增时，即可在不改变委托价格（此时市价已低于委买价，同样能确保第一时间成交）的情况下，点击"确定"，委托也会立即成交。有些技术派的投资者喜欢等股价走稳，涨势确立后再行介入，或在股价走软，跌势明朗后再离场。这种操作法虽有其自身的优势，但也会失去最佳的进出时机，尤其是对于资金量不大的普通散户而言。

3. 特殊情况怎么处置

"临门一脚"是一种集投资者的智慧、胆识于一体的短线操作方法，实际操作中也会遇到各种意想不到的情况，需要投资者区别对待、灵活处置。

进出品种齐涨共跌怎么办？先要算出"总差价"。进出品种齐涨（原卖出的品种 A和后买入的品种 B 都出现上涨）时，若 B 的涨幅超过 A 的涨幅，且卖出 B 的获利减去买入 A 的反差扣除交易成本后的差额（"总差价"）仍然为正，说明短线操作正确，此时可进行恢复性操作，巩固"临门一脚"成果：卖出 B、买回 A（此时筹码不变、资金增加）；反之（"总差价"为负时），说明短线操作错误，此时应进行纠偏性操作（设法在冲高时卖出 B、回调时买入 A），使错误操作的损失降低到最低限度；进出品种齐跌（原卖出的品种 A 和后买入的品种 B 都出现下跌）时，若 B 的跌幅小于 A 的跌幅，且卖出 B 的反差（亏损）小于买入 A 的正差（盈利），即扣除交易成本后的差额（"总差价"）仍然为正，说明短线操作正确；反之说明错误，操作方法同上。

品种出完后继续大涨或分批买完后连续大跌怎么办？首先，要记住操作的性质和纪律——短线操作、切忌做反；其次，要暂停操作。短线操作的前提是保持操作的流畅，越流畅越可加快操作频率；反之，一旦出现"梗塞"，就要将节奏缓下来甚至暂停操作，静观其变、总结教训，以便日后机会来临时再操作。

是否需要在卖出后及时买入或在买入后及时卖出？总的原则，只要有正差，无论

收益大小都有必要反向操作、恢复筹码，这是由短线操作本身的特性所决定的。但有时为了获取更多的差价，考虑到股票卖出后可能再涨、买入后可能再跌，是否急于操作，需要进行取舍。简单易行的判别方法是：当大盘绝对点位不高、正处上涨途中，品种所属板块又是市场热点，相关个股涨势较好、后市上行概率较大时，就要及时接回，哪怕价格高些，因为此时踏空的风险大于套牢的风险。反之，就要及时卖出，哪怕价格低些，因为此时套牢的概率大于踏空的可能。

"T+0"怎么做？"T+0"（当天完成品种、数量相同，方向相反的操作）是整个"临门一脚"中最紧张刺激的操作方式，有时需先买后卖（要有底仓，因现行规则是"T+1"），有时需先卖后买（无须底仓，因卖出的筹码当天买回不受限制）。好处是，能使资金和筹码的作用得到充分的发挥，达到利润最大化的目的。难点在，究竟是"先买后卖"还是"先卖后买"较难把握，一不小心就会做反，需要投资者在"起脚"前根据对盘面的感觉综合、审慎而定。

第四节 "无招"胜有招

2010 年 1 月，同方股份无疑是 A 股市场最耀眼的"明星"之一。在上证指数周跌 2.48%的同时，同方股份却逆市大涨 8.81%，超过指数 11.29 个百分点。

能够"骑"上同方股份这样的"大黑马"，尤其是从头到尾骑完全程的投资者无疑是幸福的。若问：怎样才能抓住并骑牢同方股份这样的"大黑马"？究竟有何秘诀？答案只有两个字："简单"。

1. "简单"选股：力戒功利和浮躁

选择同方股份，理由非常简单：业绩好、形象佳，跌幅大、涨幅小。

从基本面看，业绩好、形象佳。2009 年半年报显示，同方股份每股收益 0.18 元，2009 年 6 月 30 日收盘价却只有 15.74 元。在笔者的记忆中，同方股份还是为数不多的老牌科技股之一，1997 年上市以来股性一直较为活跃，市场影响力较大，老股民几乎无人不知该股有广泛的"群众基础"。

从技术面看，跌幅大、涨幅小。自 2008 年见顶 53.99 元后，同方股份跟随大盘一路下跌，不到一年时间最低跌至 6.67 元。其间，虽有一次"10 转增 3 派 0.8 元"分红

送配，但复权后跌幅依然较大；而在 2009 年反弹行情中，该股涨幅又明显落后于其他同类股票。

仅凭这两点，同方股份就非常符合稳健投资者的选股标准，理所当然进入了笔者的待买视线。

2009 年 7 月 14 日，受 Q 委托，曾代其买入过 11800 股同方股份（16.88 元），当年 8 月 5 日卖出（17.60 元）。卖出当天，同方股价就回调，出现了较好的"补仓"点。我问 Q，要不要接回？"买这种不温不火的股票没啥意思。"说完，她就追强势股去了。Q 不要笔者要。随即，笔者便用获利的新海股份换入 6100 股同方股份（17.39 元）收藏起来。这一天，正好是大盘见顶 3478 点后的第二天。

从 8 月 5 日开始，大盘和个股出现了连续大幅杀跌，同方股份也跟着跳水。8 月 13 日，见同方股价只有 15.79 元，比 Q 的卖出价 17.60 元便宜了将近两元，再次帮 Q 把卖出的 11800 股接了回来。然而追涨心切的 Q 坚持要求换股，第二天即以 15.87 元的价格保本出局。

抛出同方股份后，Q 不停地选股、买股、卖股，先后在华夏银行、广深铁路、中孚实业、TCL 集团、太龙药业和中信银行等股票上多次进出，标准只有一条：谁涨得快就买谁，一看不行就卖出，结果多数无功而返，有的甚至亏损出局。至 2010 年 1 月 8 日收盘，Q 依然被太龙药业和中信银行这两只昔日的强势股深套和折磨着，而此时同方股份已稳稳地站在了 20 元上方。

功利和浮躁是选股的大忌。以往的强势股不等于以后还会"强"，原先的弱势股，也不等于永远姓"弱"。自觉抵御两市涨幅榜上强势股的诱惑，坚守定律，牢记底线，用平常心看待、选择并逢低买入看中的潜力股票，是投资成功不可缺少的第一步。

2. "简单"持有：要有底气和豪气

许多投资者都有这样的体会，大牛股自己也买过，但就是拿不住。同方股份也一样。建仓后，该股并没有立即大涨，也经历过反复震荡、洗盘甚至大幅杀跌的"阵痛"。之所以能在反复折腾中坚定持有、不为所动，关键做到了两点：

一是不怕折腾。自买入之日起至拉升前一天，同方股份上下来回折腾了 4 个多月。在此期间，若能踏准节奏、高抛低吸，收益自然不菲。但多年投资经验表明，每次都能踏准节奏的投资者没有几个，最终"捡了芝麻丢了西瓜"的倒大有人在。因此决定，在时常关注同方股份涨跌起落的同时，操作上坚决做到不怕折腾、抱住不放。

二是无惧杀跌。同方股份主力洗盘的凶狠程度是多年来所罕见的，要么狂涨，要

么暴跌，4 个半月时间内出现了三次暴涨狂跌，其中两次都是在几个交易日内跌幅超过两成。虽然每次暴跌后都有惊无险，很快收复了失地，但惊心动魄的"过山车"表演着实让包括笔者在内的投资者吓出一身冷汗。

由于十分看好同方股份的未来走势，在它来回折腾期间，不仅保持 6100 股底仓纹丝不动，而且每当它跌至低位时，又动用少量"流资"做短差：2009 年 9 月 7 日 14.48 元买入 1000 股，一周后 15.94 元卖出；同年 9 月 29 日 13.63 元又原数买回，13.93 元当天卖出，数量虽少，体验高抛低吸带来的愉悦倒也乐此不疲。

选股难，持股更难，这是许多投资者共同的感悟。笔者感到，有无底气和豪气，不眼红差价、坚信它能行，是能否坚定持股的一大关键。大凡牛股在启动狂奔之前，都少不了一番折腾乃至杀跌。许多投资者正是因为缺乏应有的底气和豪气，倒在黎明时分，与未来的"大黑马"失之交臂。

3. "简单"应对：学会从容和淡定

还有一种"落马"，既不在股票杀跌时，也不在震荡中，而是在起飞初。与在杀跌、震荡阶段经受考验相比，当个股突出重围、昂然崛起时仍能经受住考验尤为不易。

2019 年 12 月 23 日，当同方股份结束洗盘、开始井喷，当天涨幅超过 8% 时，Q说："走吧，吸取以前的教训，免得老是坐电梯。"的确，谁不想抓住每一次机会高抛低吸，做到涨时卖、跌时买呢？但你怎么知道它以后是涨还是跌，万一卖出后接不回来岂不贪小失大？故没有采纳 Q 的建议，依然坚守自己的初衷——长线守仓，抱住不放。

这一次，同方股份果然像脱缰之马一样狂奔不已，从 2009 年 12 月 23 日以来，除 2010 年 1 月 7 日顺势洗盘下跌外，连拉 8 阳，创出反弹新高。打开 K 线和账户，笔者发现，自 2009 年 8 月 5 日买入之日起至 2010 年 1 月 8 日收盘止，同方股份已累计上涨 17.19%（同期上证指数 -6.78%），跑赢指数 23.97 个百分点。

从容和淡定，是炒股制胜的又一关键，无论是牛市，还是熊市，都离不开这一法宝。投资炒股经常是"勤快"不如"懒惰"，"聪明"不及"老实"。因此，拥有一颗平常心，减少杂念不起贪，始终做到想得通、吃得下、睡得着，显得尤为重要。

投资炒股，只要选好股票，逢低买入，耐心持有即可，就这么"简单"。

第五节　"阵地战"里"打游击"

炒股，有"动""静"之分，"短""长"之别，孰优孰劣，不能一概而论。前者称为短线，好比"游击战"，打一枪换一个地方，目的是想追逐利润的最大化，好处是进退自如、机动灵活，缺点是操作频繁、难以把握，弄不好"不如不弄"，甚至"聪明反被聪明误"。后者叫作长线，好比"阵地战"，只要选好阵地、安下营寨即可，不到万不得已，无须撤离转移。"阵地战"的好处是操作起来悠闲自在，且很少会犯追涨杀跌的错误，最后的效果往往会超过大盘，超过那些整天忙忙碌碌的投资者，问题是常"坐电梯"，特别是当重仓一只股票时，万一选错"阵地"，极有可能跑输大盘，甚至出现与大盘完全背离的走势，让持有它打"阵地战"的投资者"只赚指数不赚钱"。

应该说，无论是"阵地战"，还是"游击战"，都各有利弊，作为投资者，只要适合自己的，就是好的"战法"。但若能"我中有你、你中有我"，喜欢"游击战"的投资者，在频繁"出击"的同时，能够适度借鉴"阵地战"的打法，拿一拿、放一放；擅长"阵地战"的投资者，在坚守"阵地"的同时，能够适度借鉴"游击战"的打法，动一动、打一打，结果就会大不一样。

最近，笔者在长线投资大唐发电中，就尝试了一回"阵地战"里"打游击"。先是在"阵地"内"打游击"。2009 年 2 月 3 日，Q 腾出部分资金委托笔者来操作。当时，考虑到大盘和个股涨幅已高，再追"热门"股，风险很大。为了安全起见，笔者选择了"冷门"品种大唐发电，准备打一场"阵地战"，买入价格 7.15 元，数量 6100 股。与此同时，考虑到当时大盘比较稳定，一些个股表现"抢眼"，比较适合炒作，而大唐发电虽然波幅不大，股性较呆，但也并非没有机会，故采取在"阵地战"的基础上穿插一些"游击战"的打法，做高抛低吸。于是，9 日卖、7.75 元，10 日买、7.71 元，11 日卖、7.91 元（以上数量均为 6100 股），13 日买、7.71 元（4500 股），17 日卖、8.33 元。来来回回、三进三出，虽然忙点，倒也获利不少。

接着是在"阵地"外"打游击"。"阵地"内"打游击"，活动范围较小，相比之下，"阵地"外"打游击"，活动半径大，"出击"时间也长。17 日卖出大唐后，见它短期内恐难有作为，而另一只笔者长期跟踪且跌破发行价的品种——中海集运却有主力活动迹象，感到短线机会较大，便用 4500 股大唐卖出的资金，在第一时间以 3.85 元的价格

买入 9700 股。买入后,中海集运果然表现不俗,而大唐发电却不涨反跌。两个月后——4 月 16 日,见撤回"阵地"时机已到,就在中海集运冲高过程中以 4.72 元的价格果断获利了结,并于当天迅速回到大唐"阵地"——以 7.47 元的价格接回了先前卖出的 4500 股大唐发电。

打开账户一算,与两个月前相比,除了 4500 股大唐还是原来的大唐外,还多出资金 12154 元,比两个月前市值增资 32.46%。事后,笔者还特意将大唐股价与大盘指数在此期间的表现作了比对,结果发现,如果不打这次"游击",上证指数两个月从 2319.44 涨到了 2534.13,涨幅 9.26%,而同期大唐发电却从 7.86 元,跌到了 7.48 元,反而下跌 4.83%,账户内的市值就将跑输大盘 14.09 个百分点。因为有了这次"游击",即使以市值加资金总数计,仍余 45814 元,涨幅也达 22.22%,仍跑盈大盘指数 12.96 个百分点。

"阵地战"里"打游击",不仅让 Q 尝到了市值增加带来的甜头,更重要的是,还得到了两点体会:一是"阵地战"里也能"打游击"。在庞大的股民队伍里,有不少采取的是长线投资操作法,期间不少人在买入股票后,无论大盘和个股是涨还是跌,都采取紧握不放、按兵不动的策略,"阵地战"一打就是数月甚至几年,不知道"阵地战"里也能"打游击"。实践表明,"阵地战"里也充满了"游击"机会,只要投资者摆正心态,操作得当,完全可以在"阵地战"里打出漂亮的"游击战"。二是"阵地战"里"打游击"必须以"阵地"为中心,牢记见好就收、及时"归队"。"阵地战"就是"阵地战",不能打了"游击"忘"阵地"。有的投资者开始也是想在"阵地战"内"打游击",做短差、高抛低吸,或在别的品种上"捞一把"后再回来,但最后由于种种原因,要么不想回"阵地",要么"阵地"已丢失,买入的股票被套,卖出的股票涨了。究其原因,主要是没有处理好"阵地战"和"游击战"的关系,不懂或压根忘了这样的"游击"是"阵地战"里的"游击",必须以"阵地"为中心,没有做到见好就收、及时"归队",结果错失良机、违反了初衷,最后不仅没有打好"阵地战"里的"游击",反而痛失"阵地",把"阵地战"彻底打成了"游击战"。

第六节　逆势操作的机遇与挑战

1. 不走寻常路

在日常炒股中，多数投资者喜欢顺势而为：当大盘处于明显的上升通道运行时，选择持股；当大盘持续下跌时，选择离场。在具体品种方面，大多选择上涨的股票买入，下跌的股票卖出。

一般情况下，采取顺势而为法操作，因为大盘和个股的运行趋势比较明朗，所以短线获利的胜算相对较大。但也有例外。部分投资者一直看好的股票，没买时一直涨，一旦买入立即被套；手里持有的股票，不卖一直跌，一卖它就涨，就是这种"例外"的典型表现。

顺势而为操作，结果不赚反亏的情况大致有这么两种：一是时机方面。介入时机是在大盘涨幅已高或上涨时间已久，或者卖出时机是在大盘跌幅已低或下跌时间较长时，时常出现不赚反亏的结果。二是品种方面。要么介入的是那些区间涨幅已高、众人一致看好、主力正要出货的品种，要么卖出的是那些区间跌幅已低、众人普遍看空、行情即将启动的股票。

这两种情况的共同特点是投资者在进行顺势操作时，大盘和个股已处于趋势的末端、即将转势之时。这也说明，投资者即使选择了顺势而为方法，但如操作不当同样难以获利，甚至出现不赚反亏的尴尬情况。

相反，逆势操作虽然难度比顺势而为要大，但同样存在一定的盈利机会。投资者只要操作得法，做到胆大心细，成功的概率依然较高。

2. 三方面入手

与顺势而为相比，逆势操作难度更大、要求更高。因此，操作起来尤其要谨慎，切不可不管大盘具体点位、个股价位、是否适合个人实际而胡乱操作。在以下三种情况下，投资者可适度尝试逆势法进行操作：

一是大盘物极必反时。大盘触底反弹后，在上涨初期，投资者可适量加仓，但涨到一定程度就不能再随意加仓，而要逆势操作——分批减仓；大盘见顶回落时，在下

跌初期，投资者可适量减仓，回避风险，但跌到一定程度就不能再盲目离场，而要进行逆势操作——逢低加仓。

二是个股否极泰来时。在无突发利好消息下，当某股票区间涨幅突然扩大，与大盘和其他个股的涨幅明显拉开距离时，就要敢于逆势操作——减仓；同样，在无突发利空消息下，当某股票区间跌幅迅速扩大，与大盘和其他个股跌幅相比明显拉开距离时，同样要敢于逆势操作——加仓。

三是市值盛极而衰时。除了参考大盘和个股走势外，投资者还可联系账户内的市值变化、盈亏程度来观察大盘和个股的涨跌幅度，进而决定是否逆势操作。满仓的投资者可以这样观察：当账户内投入的资金获利已丰、红盘股票明显增多、盈利幅度明显加大时，就应选择逆势操作——分批出货；当账户内投入的资金多为绿盘甚至亏损严重时，则应抓住逆势操作的难得机会——分批建仓。

3. 操作待破局

与顺势而为相比，逆势操作既是挑战更是机遇。其中的关键是及时破解其中的难题，主要操作方法如下：

定点法——根据大盘点位确定相应的操作方法。既可用大盘涨跌绝对点数确定相对应的操作方法，也可用涨跌幅度加以确定：当大盘从低点开始上涨后，上涨点数在××点（如 200 点）以内，或上涨幅度在××%（如 10%）以下时，可顺势加仓；当上涨点数在××~××点（如 200~1000 点），或上涨幅度在××%~××%（如 10%~50%）时，应持股不动；当上涨点数在××点（如 1000 点）以上，或上涨幅度在××%（如 50%）以上时，则逆势操作——减仓。当大盘从高点开始下跌后，操作方法同上，方向相反。

定价法——根据股票价格确定相应的操作方法。当某一股票从某一低位开始上涨，上涨金额在××元（如 10 元）以内，或上涨幅度在××%（如 10%）以下时，可顺势加仓；当上涨金额在××~××元（如 10~50 元），或上涨幅度在××%~××%（如 10%~50%）时，应持股不动；当上涨金额在××元（如 50 元）以上，或上涨幅度在××%（如 50%）以上时，则逆势操作——减仓。当某一股票从某一高位开始下跌时，操作方法同上，方向相反。

定向法——根据账户盈亏确定相应的操作方法。举例说明，如投资者先后投入 10 万元买入股票，当盈利小于 1 万元（10%）时，可顺势加仓；当盈利在 1 万~5 万元（10%~50%）时，应持股不动；当盈利在 5 万元（50%）以上时，则逆势操作——减

仓。当买入的股票出现亏损时，操作方法同上，方向相反。

具体指数点位、股票价位和盈亏幅度的确定，需根据投资者的实际灵活掌握，总的原则是：长线投资者可适当加大区间跨度，如1倍、2倍、3倍等；短线投资者可适当缩小相应跨度，如十分位（1/10）、三分位（1/3）、半分位（1/2）等。

4. 需要注意什么

一要有耐心。无论是逆势买入还是逆势卖出，要想抓住"拐点"、踩到"点"上，难度极大。即使偶尔触底（或触顶），也不可能正好赶上趋势逆转，多数股票也还有休整、消化的需要，从而为反向运行积蓄能量。所以，在采用逆势操作法买卖股票时千万不能有一买就涨、一卖就跌这样的短线暴富想法，而是需要有足够的思想准备，能与主力比耐心，能坚持到最后。

二要有恒心。逆势操作的基本方法是越跌越买、越涨越卖，但买入的价格不一定就是最低点，卖出的也不一定就是最高点，倒是时常出现做反的情景：卖出的股票大涨、买入的股票大跌。此时，对投资者来说，尤其需要有"只按计划操作、不管股票涨跌"这样的气度和胸襟，时刻牢记：一旦选择了逆势操作，就只赚属于自己的那份收益。

三要有平常心。在有了卖不到最高点、买不到最低点这样的思想准备后，操作时要严守纪律、力戒浮躁，严格执行当初确定的操作方法，坚决不做追涨杀跌这样的错误操作，坚定不移地做一个成熟理性的投资者。这一点是逆势操作时尤其需要注意的地方。

第七节　追涨不是本事，潜伏才是高手

无论是熊市还是牛市，位居市场涨幅榜前列的涨停板股票始终是股市最耀眼的明星，也是投资者重点追逐的对象。

然而，同样当持有的股票出现涨停，以不同方式买入的投资者感觉和结果却完全不同。逢低吸纳、预先潜伏的投资者股票涨停后获利丰厚、心情舒畅，高位追涨、突击买入的投资者即使股票涨停获利也不会太多，一旦涨停被打开情况就更糟。所以，从风控、逐利两不误的角度看，敢追涨停不是本事，善于潜伏才是高手。

1. 主力散户都在想招

先来举个实例。2010 年，大盘自 7 月 2 日触底 2319 点以来，至 8 月 20 日收盘，涨幅为 13.91%，同期中海集运涨 37.58%，跑赢指数 23.67 个百分点。特别是 8 月 16 日（周一），上证指数涨 2.11%，而笔者前一交易日刚刚买入的中海集运（买入价 3.93 元，数量 12400 股）以涨停价收盘，成了表现抢眼的涨停板股票之一（详见表 17-1）。与中海集运一起涨停的还有五洲交通、中国远洋、中远航运等股票。

表 17-1　2010 年 8 月 16~20 日中海集运涨跌幅与上证指数比对

区分	16 日	17 日	18 日	19 日	20 日	周涨跌
上证指数涨幅（%）	2.11	0.38	−0.21	0.81	−1.70	1.37
中海集运涨幅（%）	9.92	−1.39	0.00	0.94	0.47	9.92
与指数比（百分点）	7.81	−1.77	0.21	0.13	2.17	8.55

涨停板是把"双刃剑"，发现并抓住得早才能取得丰厚的回报，如果慢一拍、迟一步，反而会成为别人的牺牲品。因此，主力和散户都在想招，都希望在股票涨停前介入，涨停后了结。作为信息和资金明显占优的主力总是想方设法在股票涨停前自己买入、让散户卖出，涨停后自己卖出、诱散户买入。观察发现，主力在操作涨停板股票时，大多会采取以下招术来对付普通投资者：

一是隐蔽术。涨停前，为了不让散户发现主力大单买入的蛛丝马迹，以防散户跟风，盘口出现的巨大卖单，一般不会一次性吃掉，而是化整为零、分批消化。如中海集运 8 月 11 日下午 1 时刚过，在"卖一"（3.93 元）价位上有一笔 150 万股的抛盘，主力一方面急于想要这些筹码，另一方面却采取极为隐蔽的分散买入法，以 10 万股为单位，分 10 多次在数分钟时间内完成吸筹，让投资者难以发现主力在大举买入。

二是扫货术。主力建仓涨停板股票初期单笔买入的数量大多有一定的规律，或以 5 万股、10 万股为单位分批买入，或时隔 1 分钟、2 分钟买入一次，或一旦有人卖出就会立即出现新的买盘，需求量大、持续时间长，呈现出来者不拒、照单全收的"扫货"特征。

三是逼空术。在卖盘位置压着的巨大卖单经常被有规则的撤单所"消化"。与此同时，虽然单位时间内股价涨幅不大，经常是 1 分、1 分地慢涨，但多数时间总是只涨不跌，一旦涨上去就很难跌下来，不给卖出的投资者以正差接回的机会，卖出的投资者要么踏空，要么只能以更高的价格才能买回，而股价始终表现得十分坚挺和稳定。

2. 不同阶段应对之策

主力之招再高，也难以蒙住精明散户之眼。投资者只要细心观察、理性分析、冷静应对，完全可以以小博大，战胜主力。

首先，涨停之初。发现主力大量吸货、极有可能涨停的股票后，投资者要及时进行委买。委托时，要留有余地、确保成交。多数情况下，涨停之初的"准涨停股"很少理会大盘的涨跌，都会走出独立上涨行情。体现在成交上，因股价持续上涨，卖盘容易成交，买盘时常落空。所以，在涨停股上涨初期，投资者在委托买入时，为了保险，不要选择卖一的价位委买，而是要根据上涨趋势高打几个价位委买。经验表明，若以卖三、卖四、卖五的价格委买，成交的机会就会大大增加。

其次，涨停之后。如果说涨停之初加仓买入是正确的选择，那么涨停后再加仓买入风险就会大大增加。此时，不应加仓买入，而应短线高抛。8 月 16 日 13 时 18 分，中海集运在 4.30~4.32 元连续出现 4 笔 115 万~546 万股不等的巨量买单，并将股价瞬间推至涨停，分时图显示的单笔成交量达到了 1611 万股。在横盘震荡 40 分钟后，13 时 57 分再次出现 5 笔类似的大买单，最后一笔 1326 万股的委买大单将股价牢牢封住涨停。之后，又恢复单笔 10 万股以下的低成交量。买入涨停板股票时，投资者若在涨停价附近买入，收益就会非常有限。中海集运在涨停后的 4 个交易日里，均维持在 4.20~4.40 元窄幅波动。此举说明，短线投资者在股票涨停后不宜加仓，而应适度减仓。长线投资者除外。

最后，卖出之后。短线卖出不是放弃，而是为了再战。多数涨停股行情不会一蹴而就，一般会持续较长时间，但也不是只涨不跌、直线上升，而是会有反复、呈波段渐进式上涨。因此，就多数股票而言，投资者卖出后完全可以在回调中再把高抛的筹码低吸回来，实现"二次获利"。

3. 如何潜伏涨停股

具有涨停潜力的股票何时涨停，既有其偶然性，也有其必然性。中海集运之所以会在 16 日放量涨停，一定程度上得益于以中国重工为龙头的船舶制造概念股的全线启动。当时，国际海运价格指数已连涨一个多月，涨幅接近 50%，这一业绩对相关股票价格刺激作用的发挥具有一定的偶然性，但相关股票价格的上涨却是大概率事件，因而具有一定的必然性。

还有，中海集运是笔者长线持有的股票，其中 12400 股曾于 8 月 11 日卖出（价格

3.97 元），当时想法是做短线、赚差价。两天后（13 日），见股价出现回落（时价 3.93元），除去来回交易成本还略有盈利，于是便毫不犹豫地把它接了回来。虽然买入后第二个交易日便出现涨停有一定的偶然性，但及时接回，一旦股票涨停就能同步分享涨停股带来的良好收益又具有一定的必然性。

最佳进场时机不是"让你关注"时跟风追涨，而是"无人关照"时预先潜伏。众人或咨询机构开始看好、让你关注时，涨停股最肥的一段"鱼身"往往已经失去。8 月16 日前市收盘后，船舶制造概念股已出现较大涨幅，一些咨询机构借机在网上极力推荐这一板块："船舶制造成为新领涨龙头，可关注船舶类和航运类股票的投资机会。"投资者若在咨询机构推荐后、下午开盘时买入，虽有不少股票收盘时仍封于涨停，但涨幅却十分有限，加之第二天不少股票出现了不同程度的下跌，即使不考虑交易费用，不盈反亏的可能性依然很大。

既要在大盘和个股处于低位时多一分激情，及时抓住潜在的涨停股，又要在处于高位时，多一分理性，防止成为埋单者，还要对手头尚未启动、极有可能涨停的股票做到不抛弃，对红极一时的涨幅榜股票做到不眼红，无论哪些板块启动，不管什么个股疯涨，都始终不动摇对所持准涨停股的信心和决心。要达到这种境界，唯一有效的方法便是潜伏，而不是追涨。

第八节　怎样才能"后发制人"

历时半年多的反弹行情，七成股民跑输了大盘。跑输后，怎么办？追吧，风险太大；再等，又怕踏空。其实，跑输大盘后，股民还有一种简单、实用的应对方法，这就是"后发制人"，把失去的机会补回来。但怎样"后发"，才能"制人"？其中关键，在于事先谋划，有这样几条原则，必须牢牢把握。

头一条，弃高从低。选择的股票，跌幅要大、涨幅要小。何谓跌幅大？从 6124 下来，大盘跌了七成，目标品种跌幅原则上也要在七成以上，越跌多越好。至于那些抗跌的，甚至逆市上涨的，无论题材多么丰富、"包装"多么华丽，一概不在考虑之列，统统予以排除。何谓涨幅小？从 1664 起来，大盘连涨八成，不少个股表现出色，但也有部分个股，涨幅明显落后于大盘，有的甚至只涨了一两成。这类个股只要基本面无大问题，就是理想的建仓品种，如果再有一些所谓的利空"配合"——假利空而不是

真利空，表面利空而不是实际利空，那就更妙。如果目标品种跌幅小、涨幅大，就"一票否决"，不予考虑。这是在跑输大盘后，首先要把握的一条，也是"后发制人"的前提。

除弃高从低外，还要力求做到弃小从大（盘子要大）、弃热从冷（选冷门股）、弃新从旧（选熟悉股），最好是自己曾经操作过、之前曾"高抛"、如今又出现"低吸"机会的品种。以上几条，能同时具备最好。不能同时具备的，能多则多，越多越好。有了这几条，再找出自己的"操作记录"，翻一翻、查一查、比一比，"远在天边"的目标，或许已"近在眼前"。

"谋划"妥当后，即可"布局"。买入时机一般选在大盘和个股回调时，尽量不要追涨。2009 年 4 月 8 日，笔者有一笔资金想建仓，但当时大盘已涨至 2439.18 位置。若再追强势股、热门股、涨幅大的品种，显然风险很大，弄不好极有可能"制人不成反被人制"。按照上述原则，笔者锁定了 5 个备选品种，分别是中国石油、大秦铁路、深圳机场、大唐发电和工商银行。当天，工商银行出现了较好的买点，便以 4.06 元顺利建仓，其余品种没有急于介入。两天后，又建仓中国石油，成本 11.44 元。以后，又相继买入大唐发电和大秦铁路。买入的 4 个品种，共同特点正是在于较好地满足了上述选股条件。

"后发制人"还有一个关键是要经得起折腾和考验。与热门、盘小、处于急涨阶段的品种相比，参与"后发制人"的股票，一般来说风险较小，但短时间内往往也难有大的作为，特别需要投资者有足够的耐心。有些主力还特别喜欢洗盘、折腾。这一点，不仔细看盘，还真的难以发现主力折腾的功夫有多深、洗盘的手段有多凶。以大秦铁路为例。2009 年 6 月 3 日买入大秦，时间是下午 1 时 15 分。1 时 30 分，主力就开始打压，在比时价低 5 分——9.36 元的价位上，瞬间出现了一笔 250 万股的抛单，当场成交 100 万股，尚余 150 万股继续压在"卖一"的位置上。然而，一眨眼工夫，9.36 元价位上的"卖 150 万股"，变成了"买 200 万股"，同一价位买卖力量的对比竟相差了 350 万股。10 分钟后，主力开始大举拉升，大秦的日 K 线也由绿变红，收盘 9.51 元，反涨 0.85%。第二天，主力故伎重演，还是 1 时 30 分，再次借大盘跳水之际顺势打压，在 9.47 元的价位上，用 100 万股的筹码砸盘，此时，对投资者的持股信心又是一次严峻的考验。收盘前，大秦再次大幅拉升，在大盘下跌 0.41% 的情况下，逆市上涨 2.21%。

折腾和考验，不仅来自个股本身的来回拉锯、上下反复，还来自大盘的系统性风险。4 月 22~28 日、5 月 20~25 日，大盘在连续上涨之后，两次出现连续数日的大幅调

整，尤其是盘中接连几次跳水，把许多投资者"急"出了一身"冷汗"：大盘会不会见顶，要不要走一走、避一避。好在建仓的品种，事先都进行了精挑细选，都是属于跌起来不怕的品种，这样一来，心里就踏实了许多，经受折腾和考验的底气也多了几分。

选对了品种，再加上有足够的耐心，"后发制人"就成功了一半。自 4 月 8 日开始建仓工行和石油起，至 7 月 3 日，大盘涨了 26.62%，而工行和石油涨幅达到 34.98% 和 31.91%，分别跑赢指数 8.36 个百分点和 5.29 个百分点，上演了一出"后发制人"的好戏，而在此期间，不少以前曾大涨的个股不是横盘就是下跌。

无论是谋划布局，还是经受考验，"后发制人"的关键其实是投资者的心态。越想赢怕输、追涨杀跌、手忙脚乱，越事与愿违；相反，心态良好、坚定执着、不急不躁，常常能水到渠成，进而达到"后发制人"的目的。这一点，也正是许多成熟、理性的投资者，之所以能够跑赢大盘，抑或在落后的情况下，能够奋起直追、赶超大盘、"后发制人"的关键所在。

第九节　"弯道"炒股如何"超车"

1. "弯道"炒股，能否"超车"

2009 年国庆长假期间，笔者对前 9 个月的操作和"业绩"进行了"盘点"，除了与以往一样，既有成功的经验也有失误的教训外，Q 的"弯道超车"术给笔者留下了深刻印象，让笔者这个有着 10 多年股龄的老股民叹服不已。

2009 年头 7 个月，大盘一直在标准的上升通道运行。但许多股民觉得，即使满仓持股，也很难跑赢指数。Q 也一样。2009 年初至 8 月 4 日（大盘创出反弹新高当天），沪指收盘点位从 1820.81 点"一鼓作气"涨到了 3471.44 点，涨幅高达 90.65%，但同期 Q 账户里的资产总值仅上涨 84.99%，落后大盘 5.66 个百分点。

但在随后近两个月大盘深幅调整——"弯道行驶"期间，Q 却不跌反涨，成功"超车"。大盘因"驶入弯道"，使 2009 年的涨幅（计算至同年 9 月 30 日收盘，下同）由原来的 90.65% 降到 52.65%；Q 则因"弯道超车"，2009 年的收益由原来的 84.99% 上升至 88.03%，超过指数 35.38 个百分点。

不到两个月，Q 就从原来的落后大盘 5.66 个百分点，"后来居上"反超指数 35.38

个百分点，实现了投资收益的"弯道超车"。

2. "弯道"炒股，怎样"超车"

投资者或许会问：从 8 月 4 日到 9 月 30 日——41 个交易日，"弯道超车" 41.04 个百分点的背后，究竟有过怎样的操作？循着"行驶轨迹"，笔者发现，Q 的"弯道超车"大致经历了四个环节：

一是"出仓"。大盘历时近两个月的"弯道行驶"，始于 8 月 4 日的 3478 点。此前一天是个周一，记得当时中证报在头版发表了一篇题为《扎实做好后续工作平稳启动创业板》的社评文章，特别提到"养家糊口的钱不能用来投资股票"。看到文章后，笔者的第一感觉是，创业板的推出已进入了"倒计时"，市场风险正在逐步加大。从文章传递的信息看，有关方面也不希望市场始终在平坦的"高速路上"只进不退，加上大盘从 1664 点开始上涨以来还未出现过像样的调整，控制仓位应成当务之急。

这一想法得到了 Q 的认同。Q 也隐约感到，大盘随时都有可能"驶入弯道"，如果再不"出来"恐怕又会像以前一样错过难得的减仓良机。于是，Q 决定先抛重仓股同方股份，找高点"出来"再说。当天，Q 以 17.68 元的价格作了卖出同方股份的委托，因委托价高出当天最高价 0.02 元没有成交。第二天（8 月 4 日），Q 再次委托，仍没有成交。直到 8 月 5 日，17.60 元的竞价委卖才顺利成交。

时隔两天（8 月 7 日），Q 又将 3900 股百大集团获利了结。至此，除 4500 股中海集运依然留在 Q 的账户外，其余九成仓位均在大盘见顶后的一周之内"出仓"完毕，为 Q 成功实现"弯道超车"奠定了基础。

二是"纠错"。九成仓位"出来"后，现在看来谁都会说"这是对的"，甚至会说"要是全部出来更好"，但在当时，连 Q 自己都不清楚此时的操作"是对还是错"。因此，忐忑不安的 Q 还于 8 月 13 日，再次将先前抛出的同方股份买了回来，仓位又升到了八成。

第二天，风云突变。当天早上，3 条新闻让 Q 深感不安。一是《财政部：防范信贷资金进入股市楼市》；二是《李嘉诚呼吁：不要借钱炒股》；三是《李嘉诚：拒绝现在入市》。Q 感到大事不妙，便在上班前再次采用集合竞价方式，以"保本价"委托卖出头一天刚刚买入的全部同方股份。结果，在同方股份冲高过程中，Q 的委托顺利成交。

收盘后发现，当天"两市"果然双双暴跌。由于出手"既快又狠"，Q 卖出的同方股份的成交价反而比前一天涨了 0.18 元，再一次帮 Q "逃过一劫"，也为 Q 成功实现"弯道超车"发挥了关键作用。

三是"考验"。即使在大盘处于"弯道行驶"阶段，两市仍会有不少涨停的股票出现在涨幅榜上。此时，每当看到别人的股票连冲涨停，而自己的资金却不"下蛋"，许多投资者会坐卧不安，有的常常因激动甚至冲动陷入追涨杀跌的泥潭。面对这种特殊的"考验"，一种简单易行的"转移视线法"——打新股，再次帮 Q 躲过了两次大"劫"。

一次是 8 月 10 日，委托申购光迅科技。资金还未解冻——8 月 12 日，两市再次暴跌，幅度均达 4% 以上，显然，此时的 Q 已经"躲"了起来。另一次是 9 月 25 日，申购创业板新股上海佳豪。同上一次一样，虽然最终结果仍无功而返，但却再一次"躲"过了随后两个交易日大盘和个股的连续大幅下跌。

四是"风控"。在大盘近两个月的"弯道行驶"中，Q 也操作过 3 只股票，分别是百大集团、同方股份和华夏银行。从结果看，既有微利的，也有不赚不亏的，还有平价卖出赔些手续费的。好在没有一只股票被套，最终都能"进得去、出得来"。究其原因，既有运气的成分，又有操作的因素，但关键在于心态——操作时较好地做到了风控第一，获利第二。

3. "弯道超车"，需有技法

"弯道超车"，是赛车运动中的一个常见术语，意思是利用"弯道"超越对方。但懂行的人都知道，"弯道超车"对车手的技法要求极高，因而并非人人都能如愿。炒股也一样，大盘和个股在"弯道行驶"时，虽然给了那些在上涨阶段未能跑赢指数的投资者提供了难得的"超车"机会，但欲顺利"赶超"，同样要求股民有非常高的技法。

一是既要"埋头行驶"，更要"抬头看路"。投资者如果只知道"埋头行驶"，不懂得"抬头看路"，就难以发现"弯道"，更不可能利用"弯道"实现"超车"。还有，卖出决定一旦作出，就要持之以恒，锲而不舍，直至成交。千万不要被一两日的上涨或一时的盘中震荡所诱惑而改变初衷。同方股份"连续三天，不断委卖，最终成交"说明，坚持初衷，"一意孤行"，是实现"弯道超车"的关键之一。

二是见势不妙勿"硬撑"。下跌趋势一旦形成，或突发利空一旦出现，千万不能心存侥幸而"硬撑"，不亏、少亏能"出来"，都是不错的选择。尤其是在一天的早盘反抽时，更是难得的减仓良机，此时"出手"一定要"狠"，切忌患得患失。事实多次证明，等下跌趋势明朗、跌得"面目全非"、大家都想"逃命"时再减仓就为时已晚。这是实现"弯道超车"的又一关键。

三是休养生息换"阵地"。新股"蛋糕"虽然味美，但并非人人都能分享。在大盘

起涨阶段，不宜频繁"打新"去从事那些"无效工"，白白浪费宝贵的赚钱良机。但当大盘处于明显的下跌周期时，"打新"倒是不错的选择。此时"打新""醉翁之意不在酒"——存心让"打新"无功而返，目的在于回避风险。"运气"好时，说不定还能"中"上一"标"，既回避了风险，又带来了惊喜。

四是捂紧"钱袋"是关键。在大盘"弯道行驶"阶段，即使是功力很深、十分沉稳的老股民，也难免会有"手痒"、忍不住"出手"的时候。"弯道超车"特别需要铭记的是，能否赚钱不要紧，关键是要牢牢地捂紧"钱袋子"。

第十节　操作的"四大法宝"

炒股有诸多讲究，其中最关键的是品种的选择眼力要好、操作技法要精。一方面，股票要选好。股票选得好，不仅能跑赢指数，而且在指数下跌中也能逆市获利；选得不好，不仅难以跑赢指数，且往往在指数上涨时也赚不了钱。另一方面，操作要得法。如果方法正确，操作得法，就能获得优质股票持续上涨带来的超预期盈利；如果操作不当，不得要领，就会与牛股失之交臂，使股票选择和整个操作前功尽弃。

所以，单就品种而言，"选择"和"操作"可谓同等重要，两者都是投资成功的决定性因素。这里重点介绍品种选定后可供投资者在操作层面借鉴的几种方法和技巧，归结起来就称为"四大法宝"吧。

1. 法宝一，解决"三大问题"

品种选定后，投资者在正式操作时经常碰到、亟须解决的问题主要有：

一是有钱拿不住。再好的行情、再牛的股票，也免不了出现盘中震荡和前后反复。品种选定后，如果踏不准节奏，本想高抛低吸，结果变成高买低卖，当然就难以获利。不少投资者尤其是入市不久的新股民，往往赚钱心切，有钱拿不住，一有钱就买，而买入的对象大多为上涨中的股票，时机多为个股急冲时，因此，建仓成本较高，买入后常被套住。笔者的体会是，手里有钱，无须急于买入。对于多数品种而言，急冲之后都会有回调出现，等摸清了股票的脾气、性格、特点和规律，股价调整基本到位时再买也不迟。

二是好股守不住。绝大多数投资者都骑过牛股或准牛股，但从头骑到底的不多。

当大盘指数和别的股票大涨时，许多投资者耐不住寂寞、挡不住诱惑，移情别恋，见异思迁，进而用持有的股票（未来的大牛股）去换陌生的股票，结果发现卖出的股票大涨，买入的股票不涨甚至下跌。因此，对于精心挑选、十分看好的股票做到不见异思迁，耐得住寂寞，经得起考验，是投资取胜的又一关键。

三是差价做不好。有些投资者很会选品种，买入时机也很好，股票也拿得住，但就是想做差价却做不好——不是卖出的品种大涨，就是买入的股票大跌。实际上，对于想做差价的投资者来说，只要测算出一个来回所需的交易成本（各种费用的总和，一般在 0.2%~0.3%），摸清个股涨跌规律，在股票急拉时卖出，并换入未启动的股票，再在确保扣除交易成本后仍有获利的前提下，在买入的股票急拉时将其卖出，并逢低接回原卖出的股票即可。

2. 法宝二，把握"三个阶段"

投资者若想解决上述全部问题并非易事，况且操作中遇到的问题也不止这些。投资者若想"操作"好选定的股票，简单、实用的方法在于把握好"三个阶段"：

一是试探性买入阶段。将某一股票列为待买品种后，先不要一次性全仓买入，即使是投资者十分看好的品种。有些投资者虽然对所看好品种的基本面、市场估值等有些大致了解，但由于了解时间不长，尚未实际操作过，因而对其性格、脾气等也不太了解。从稳妥角度考虑，可以在股票回调时逢低、分批、少量、试探性地买入，以便为后两个阶段的买入做些准备、打些基础。

二是确定性买入阶段。经过一段时间"试探"，投资者对该股的股性特点有了大致了解后，即可在该股探明底部时"放心大胆"地按照预定计划进行确定性买入"操作"。确定性买入阶段的时间在试探性买入阶段之后，价格比试探性买入便宜，两个阶段之间的间隔时间不固定，一般视个股的走势而定。通常情况下，在试探性买入之后，再经历阴跌、急跌、反抽、回探等过程后，即可确认为确定性买入时机已到。

三是抢筹性买入阶段。多数股票的市场走势都很怪异，该涨不涨、该跌不跌。股票在确定性买入后继续调整，甚至大幅杀跌，即为抢筹性买入阶段出现的标志。此阶段往往是个股下跌最为惨烈、市值缩水最为严重、投资者感觉最为恐慌的阶段。有时随着割肉盘、斩仓盘的大量涌出，盘口显示抛盘如注，看起来十分吓人，但经验表明，很多股票都是主力人为制造出来的"紧张气氛"，投资者无须害怕，不要轻易地被这种"吓人"的景象所吓退。留有资金的投资者在控制总量的前提下，还应进行抢筹性买入、越跌越买，与主力一起争抢廉价、优质的筹码。

3. 法宝三，牢记"三大事项"

一是买入前认真调研。以上三个阶段的建仓动作，尤其是第三阶段的抢筹前提是对待买股票充分了解和信任，投资者所具有的与众不同的底气和胆略。一般来说，在试探性买入、确定性买入之后敢于抢筹性买入的品种都属基本面优良、估值偏低、股性较活、调整较为充分、投资者非常熟悉的股票。因此，事先对待买品种进行认真调研，确保在三个阶段操作时做到放心、踏实，是投资者"操作"时首先需要注意的问题。

二是买入时坚决果断。无论是试探性买入、确定性买入，还是抢筹性买入，一旦阶段性介入的条件满足、理想的买点出现，投资者就要按事先制订的计划，按预定的价格买入预定的数量。在实际委托中，需防止两个极端：一是当待买股票上涨时，须防止因为低位该买未买出现后悔情结而产生追涨冲动，仓促进行追涨委托；二是一看股票滞涨或下跌，又担心买入后被套，在恐惧心理的作用下面对低廉的筹码反而不敢买入，于是赶紧撤单。一委一撤、优柔寡断，导致高抛低吸良机的多次错失。

三是买入后越跌越抢。由于确定性买入后，第二阶段买入的价格"中轴"已经确定。此时，只要股价跌破"中轴"线，就属第三阶段的理想买点。对于留有资金、正等待第三阶段抢筹的投资者来说，当这种机会来临时，只要觉得价格"够低"，就要抓住机会，及时进行抢筹，无须"计较"一时的价格高低和成本得失，直至达到建仓上限时为止。

4. 法宝四，处理好"三个关系"

一是不同阶段的买量关系。三个不同阶段的具体买入数量不应搞"一刀切"，应以"从少到多"为宜。试探性买入阶段一般控制在总买量的1/3以内，确定性买入阶段控制在1/3左右，抢筹性买入阶段的量最大，一般以总建仓量的1/3以上为宜，原则上越多越好。

二是机会与极限的关系。一方面，要在"确定性"买入之后，抓住"抢筹性"买入机会尽可能地多买入优质廉价筹码；另一方面，要预先设定上限，严格控制买入总量。一般情况下，单一品种的买入量应控制在总仓位的1/5以内，最多不超过1/3，以防个股出现风险时造成被动。只要仓位一触及预先设定的上限，就要立即停止买入"操作"。

三是买入与卖出的关系。一方面，要拿得住。对买入的股票要事先设定目标价位

或操作策略（长线还是短线），做到不达目标绝不罢休，防止好股票"流产"。另一方面，要放得下。一旦买入的股票价格达到或超过事先设定的目标价就要坚决卖出。如果是作为短线操作的品种，就要严格按照选定的策略进行高抛低吸，切忌患得患失。

第十一节　巧打"时间差"，淘金"配售股"

每逢年报发布高峰期，市场总会出现一波高送转股票"炒作浪"，一些潜在的高送转股票因阶段涨幅较大而备受投资者追捧。与此同时，一些配股发行的股票由于阶段涨幅不如前者，加之操作起来有些难度，因而时受冷落，不少投资者选择了敬而远之。

1. 参与配股真没机会吗

先看操作。2012 年 2 月 22 日，中国北车发布了 2012 年度配股发行公告，决定以股权登记日（2 月 24 日）收市后股本总数为基数，按每 10 股配 2.5 股的比例向全体股东配售，配股价 3.42 元/股。当时，笔者账户里的其中一个组合持有新疆城建 4200 股，资金余额 12824 元。

2 月 23 日，卖出新疆城建 4200 股（6.63 元），扣除交易费用后获得资金 27776 元，随即买入中国北车 7400 股（4.62 元），加上交易费用后支出资金 34273 元，卖、买之后至股权登记日收市，组合内持有中国北车 7400 股，资金余额 6327 元。

2 月 27 日（配股缴款首日），按照配股比例全数参与了中国北车配股，数量 1850 股，价格 3.42 元，动用账户资金 6327 元。至此，组合内持有中国北车的股份数量由 7400 股变成了 9250 股，资金余额正好用完。

3 月 6 日（复牌交易首日），以开盘价（4.47 元）卖出该组合持有的全部中国北车 9250 股（其中 1850 股获配股份因未上市而借用其他组合内股票先予卖出），获得资金 41348 元（因 2 月 23 日交易时已考虑本次交易费用故不再重复计算，下同），并立即买回新疆城建 4200 股（6.47 元），支付资金 27174 元。至此，组合内持有新疆城建 4200 股，资金余额 14174 元。

再看结果。只要比较 2 月 23 日操作前和 3 月 6 日操作后组合内的持仓和资金即可发现，参与配股前后，组合内的持股没有发生变化，都是 4200 股新疆城建，变化的是资金，由 12824 元变成了 14174 元，多出 1350 元，对应涨 10.53%。不难看出，这一收

益的取得，正是来自对中国北车的配股操作。

由此可得出这样的结论，高送转股票并非都是"香饽饽"，操作不当同样会"伤人"；配股发行的股票只要操作得法，同样是座难得的"金矿"。因此，在平时投资者没有必要都去"凑"高送转股票的"热闹"，把握配股的良好机会同样应成为日常投资的选项之一。

2. 怎样参与配股操作

上述操作表明，参与配股不缺机会，缺乏的往往是投资者的操作技法。一方面，如不积极把握配股提供的投资机会，组合里的持仓和资金就不会有任何变化；另一方面，如果只是被动参与配股，消极持有股票，优势就不明显，收益也不会高。只有既果断换股、及时参与，又把握规律、踏准节奏，才能取得理想的配股收益。

第一，要选择熟悉的配股品种。并不是所有实施配股发行的股票都适合投资者参与，对于那些相对陌生、股价高、股性不熟的品种，普通投资者还是尽量回避、不要参与为好；只有当配股发行的股票股价不高、涨幅不大、股性较熟时，才有必要参与配股。在确定是否参与配股基础上，再来确定相应的配股策略，主要有：对于确定参与配股的股票，已经持有的股份可继续持有，尚未持有的须在股权登记日收市前买入，否则，将失去配股资格；对于不准备参与配股的股票，不仅尚未买入的不要再买入，而且已经持有的股份也须在股权登记日收市前卖出。

第二，要确定合适的参与数量。如果确定参与配股，接下来还有个配股数量的确定问题。一般情况下可把握两条原则：一是从交易习惯出发"配对参与"。譬如，笔者在参与配股时是通过卖出新疆城建、买入中国北车进行"配对换股"的，在数量确定时也充分考虑到平时的交易习惯，卖出新疆城建的数量是4200股、买入中国北车的数量为7400股等。二是按配股比例规定"全数参与"，确保"能配多少就配多少"。如果在配股期间"该配不配"将会造成市值损失。仍以笔者参与的中国北车为例。如果全额参与配股，虽然配股前的收盘价为4.74元，配股除权后变成了4.48元，表面上看价格跌了0.26元，但全额参与配股的组合总值没有变化，因此不会造成市值损失。但若不参与配股，或者不是全数参与，配股除权后就会造成市值缩水，导致不必要的损失。如持有的7400股中国北车，若放弃配股将导致市值缩水1924元。所以，既然决定参与配股，原则上就应"全数参与"。

第三，要把握恰当的进出时机。取得上述配股收益的一大关键是进出时机的正确把握：踏准节奏、高卖低买。参与配股的中国北车配股前逢低买入，买后赶上了抢筹、

大涨，除权后第一时间逢高卖出，卖后回避了除权、下跌；因筹资需要卖出的新疆城建，由于之前已经大涨因而有休整的必要，所以在冲高时卖出，不仅回避了卖后股价的下跌，而且正好赶上了买入后的急涨。如果相反操作、追涨杀跌，结果不可能取得上述收益。之所以能进行高抛低吸操作，正是由于对进出时机的正确把握。

3. 配股操作的注意事项

淘金配股发行股票的关键，从表象上看似乎是由于正确的高抛低吸操作所致，实际上其中的奥秘在于把握了配股的"时间差"。因为在配股前相关股票的上涨中，多数投资者看到的仅仅是股价上涨的表象，配股除权后看到的同样只是表象上的低廉股价，对实际股价的高低其实并不清楚或不是特别清楚。利用不同投资者对配股股票这种价格认同上的差异，通过把握机会所获得的收益，实际上就是巧打配股"时间差"带来的收益。操作中，还有两点须引起注意：

一是准备要充分、计划要周密。譬如，在资金准备方面就得考虑得周全些。如果账户里有足够的资金，配股时用此资金直接买入配售股份即可。如无资金或资金不足，可通过两种方式解决：一是追加资金，二是换股筹资。在卖出其他股票、买入配售股份时，一般情况下应选择熟悉、放心且确定性较大的股票卖出，以防卖后踏空。卖出股票时，还应综合考虑交易成本因素。所需资金的计算方法是：股权登记日收市后持股总数×配股比例×配股价。只有事先做好了包括配股所需资金在内的各项准备工作，才不会在配股期间耽误配股。

二是操作要细腻、下单要果断。配股操作，除了须做好资金准备，在规定的时间完成配股操作外，还要对回转交易的盈亏情况早作盘算，做到心中有数。最简便的方法是，可在结束配股后、复牌交易前，计算出回转交易的盈亏金额，在此基础上制订出具体的交易计划，包括卖出和买入股票的名称、数量、价格等。复牌交易时，即可根据这一计划进行交易，并在确保计划实施的基础上，尽可能卖得更高、买得更低，进一步扩大配股操作的实际收益率。

譬如，笔者在参与中国北车配股后，制订了按复牌交易首日"昨收价"进行回转交易的操作计划。按此计划，卖出中国北车（昨收价4.48元）9250股可得收益821元，买回新疆城建（昨收价6.53元）4200股可得收益350元，两者合计收益为1171元。实际操作时，通过"两头观察"（既观察卖方也观察买方）发现，中国北车的开盘价为4.47元，比计划卖出价低0.01元，若以此价卖出将少收入92.50元。但此时新疆城建也大幅低开，比计划买入价低0.03元（实际成交价低0.06元），若以此价买入又可多收入 126 元（实际多收入 252 元），"一多一少"之后总体收入不减反增。于是决定，以此价进行交易，最终取得了 1350 元的配股收益（实际收益与计算收益略有差异系配股除权价四舍五入所致）。

第十二节　善于"算计"才能稳操胜券

第十一节介绍了配股操作技法。通过先卖新疆城建、买中国北车，再配股买中国北车，最后卖中国北车、买新疆城建这一"简单"的配股操作，使 12824 元存量资金快速增至 14174 元，增幅达 10.53%。

之所以能在短短 9 个交易日里跑赢指数 9.04 个百分点，除了在规定时间里及时缴款、完成配股外，起关键作用的一是配股前的操作——卖新疆城建、买中国北车，二是配股后的交易——卖中国北车、买新疆城建。而之所以能在当时果断地进行这样的高抛低吸，主要得益于配股前后的一系列"算计"。

1. 是否参与配股：需要"风险算计"

就配股结果而言，参与配股的风险高低、胜算大小往往充满着变数，谁都不能确保在参与某次配股中一定能盈利；但相比之前的操作，通过"风险算计"，配股操作中的这种"不确定"就会逐渐变得"确定"起来。

第十一节所举例子操作中，取得收益的前提是 23 日的操作：卖出新疆城建、买入中国北车。为何敢在登记日前进行这一操作，正是鉴于之前的交易。2011 年 10 月 24 日以来，笔者在数次卖、买中国北车和新疆城建中，先后获得过 311 元、227 元、477 元、285 元等"确定性"收益。换言之，虽然此时参与中国北车配股，日后能否获利存在变数，但相对之前的操作，获利已经"确定"，无论配股之后新疆城建和中国北车涨还是跌，此时参与配股都是正确的。

参与配股是否"正确"的"风险算计"方法是：（卖出股票成交价 × 0.9975–买入时的成交价）× 成交数量。其中，0.9975 已考虑买卖双向交易成本（0.25%），不同投资者由于与证券公司商定的佣金标准不同，交易成本也会有所区别。如是两只股票换股，不仅要计算"先买后卖"股票的盈亏，还须计算"先卖后买"股票的盈亏，方法同上。两者盈亏相加，如结果为正，即为正确，可参与配股。反之，则不正确，不可参与。

2. 配股所需资金：需要"资金算计"

取得配股资格后，还要知道能够获配的股份数和所需资金，这些也需要计算。按照中国北车发布的配股公告，配股比例为每 10 股配 2.5 股，配股价 3.42 元/股。此时，即可根据股权登记日收市后实际持有中国北车的数量计算出能够获配的股份数和所需资金。

方法如下：先计算能够获配的股份数——持股数量×配股比例；再计算所需资金——获配的股份数×配股价。也可将上述计算合二为一，即所需资金=持股数量×配股比例×配股价。如当时持有中国北车 7400 股，按上述方法计算，可配股买入中国北车 1850 股，所需资金 6327 元。

3. 配股操作之后：需要"除权算计"

配股结束后、复牌交易时，股价与停牌前比会有较大差异，原因在于交易所对配股后复牌的股票作了除权处理，显示信息为"昨收价"。虽然交易系统都会在相关股票复牌后自动计算出除权后的"昨收价"，投资者无须进行人工计算，但从周密准备考虑还是应提前计算出除权后的"昨收价"，以便心中有数、早做打算。

值得一提的是，"昨收价"和"开盘价"是两个不同的价格，"昨收价"是在股权登记日收盘价的基础上综合考虑配股比例和配股价格后计算而成，而"开盘价"则是在"昨收价"基础上，受当时的市场环境和供求关系影响后所形成的价格，因此有可能高于"昨收价"也可能低于"昨收价"。

"昨收价"的计算方法是：（股权登记日收盘价×1+ 配股价×配股比例）/（1+配股比例）。如中国北车配股后的"除权价"= $(4.74 \times 1 + 3.42 \times 0.25)/(1 + 0.25) = 4.476$（元），四舍五入后为 4.48 元。

4. 除权前后成本：需要"对比算计"

由于股价除权，投资者在配股前的买卖价格会在除权后引起"失真"，因此在计算"除权价"的同时，还须计算出除权后对应的买卖价格，包括买入价除权后的对应价和卖出价除权后的对应价。其中，买入价除权后对应价的计算方法是：（除权前的买入价×1+配股价×配股比例）/（1+配股比例）。如配股前笔者买入中国北车的成本价是 4.62 元，除权后对应的买入价为：$(4.62 \times 1 + 3.42 \times 0.25)/(1 + 0.25) = 4.38$（元）。不过，以此价计算时，买入数量也由 7400 股变成了 9250 股。

须特别指出的是，投资者在比较配股前的卖出价和除权后的最新价时经常会发现"正差"交易，以为赚了钱，实际不然。如配股前卖出中国北车价格是 4.60 元，除权后的"昨收价"为 4.48 元，投资者以为"赚"了 0.12 元，实际上除权后对应的卖出价已变成 $(4.6 \times 1 + 3.42 \times 0.25)/(1 + 0.25) = 4.364$（元），亏了 0.116 元。因此，对于配股前卖出股票的投资者来说，同样有必要将卖出价进行除权前后比对，将除权前的卖出价换算成除权后对应的卖出价。方法是：（除权前的卖出价 × 1 + 配股价 × 配股比例）/（1 + 配股比例）。

只有通过"对比算计"，才能计算出除权前后的买卖价格，才有利于操作比对。操作前，只要观察并比较除权后的买卖价和最新价，即可知道即将进行的操作是盈利还是亏损，无须再去考虑配股、除权因素，不仅方便了盘中交易，而且有利于投资决策、防止盲动。

5. 配股预期盈亏：需要"盈亏算计"

上例操作中，取得收益的另一关键是 3 月 6 日的操作：卖出中国北车、买入新疆城建。之所以选在复牌交易首日进行这一操作，也是得益于"算计"。

为增强操作的计划性，做到有的放矢，回转交易前须制订相应的交易计划，其中包括"盈亏算计"，既包括卖出股票后再买回的盈亏，也包括买入股票参与配股后再将其卖出所产生的盈亏。笔者在中国北车复牌交易前便做了如下算计：若以中国北车复牌交易日的"昨收价"交易，卖出中国北车能产生 821 元盈利，同时以"昨收价"买回新疆城建可得收益 350 元，两者合计 1171 元。

这一结果意味着，如果当初不换股参与中国北车配股就没有这一收益，因为参与了配股才有了这一收益。正是由于上述算计，加之平常心态，笔者决定在复牌交易首日进行回转交易，将盈利收于囊中。

6. 配股实际盈亏：需要"即时算计"

预期盈亏与实际盈亏不同，前者只是计划中的盈亏，而后者才是交易后到手的盈亏。因此，要知道实际盈亏，还需进行"即时算计"。只要在预期盈亏基础上，加上与实际成交额之间的差额，即可算出实际盈亏额。

如上述操作的计划盈利为 1171 元，实际交易时，中国北车的卖出价比计划卖出价低 0.01 元、少盈利 92.50 元，新疆城建的实际买入价比计划买入价低 0.06 元、多收 252 元，合计产生正差 159 元，所以实际配股盈亏额为 1330 元（计划盈亏额和合计差

额数之和，实际收益 1350 元系在计算配股除权价时四舍五入所致）。其中，因在计算计划盈亏额时已考虑交易费用，故在计算盈亏差额时无须重复计算（虽有少许差异，但可忽略不计）。

配股操作的算计主要包括以上六项，主要可为配股操作前后的高抛低吸提供量化依据和胜算参考。问题是，普通投资者面对这些算计恐会觉得有些繁杂。因此，可从各自实际出发，有重点地确定其中的一项或几项内容进行算计。另外，对于熟悉电脑操作特别是会编写程序的投资者来说，还可通过开发相关软件并与交易系统联机等方式，让系统自动计算，这样可大大节省人工计算时间，减轻人工计算负荷。

炒股，是种细活，需要"算计"。不仅参与配股的各个环节需要进行各种各样的"算计"，而且几乎所有的投资决策，都离不开必要的"算计"。实践表明，"算计"与否对于投资结果将产生重要影响。只有勤于"算计"，养成良好的算计习惯；善于"算计"，让自己成为计算高手，才有可能在股市投资中增加胜算，逐渐达到持续盈利、稳操胜券的水平。

第十三节　差别化红利税实施后怎么省钱

财政部、国家税务总局和证监会三部门联合下发的差别化红利税新政——《关于实施上市公司股息红利差别化个人所得税政策有关问题的通知》，已于 2013 年 1 月 1 日起正式施行。

差别化红利税新政实施后，对二级市场投资交易带来了哪些影响，日常操作中有哪些需要注意的地方，怎样解决新政实施后对短线交易带来的税费增加难题？所有这些，都是投资者尤其是普通散户最关心的问题。

1. 问题起因——出现疑惑

2013 年 3 月下旬，各大财经媒体相继刊发了如下报道：广州的一位投资者张先生投资的股票最近实施了送股分红，账户取得股息收入 4000 元，但隔天交易系统从他的证券账户中扣走近 1 万元的股息红利税。带着疑惑，张先生找到了他开户的华南一家上市券商所属的营业部，但业务人员和理财顾问却都无法解释清楚为什么扣了这么多的税款……

乍一看，似乎觉得不可思议：股息收入总共才 4000 元，但股息红利税却扣缴了近 1 万元。红利税最多只有 20%，怎么会多于股息呢？实际上，张先生取得的股息红利远不止这个数，账户内取得的 4000 元确切地说叫现金股利。除了现金股利，张先生取得的股息红利还包括股票股利。

差别化红利税新政针对的是上市公司派发的股息红利。所谓股息红利，一般包括财产股利、负债股利、现金股利和股票股利四种，通常情况下只采用现金股利和股票股利两种，所以，税务部门在计算股息红利所得时，将现金股利和股票股利的总额全部计入应纳税所得额。

由于上述投资者在取得股息红利时既有现金股利，又有股票股利，且股票股利远多于现金股利，所以就出现了红利锐总额大于现金股利的"特殊情况"。张先生、业务人员和理财顾问之所以都会感到疑惑，无法弄清楚为什么扣了这么多的税款，正是由于对差别化红利税新政包括股息红利的构成了解得不够全面。

2. 实盘操练——两种结果

3 月 27 日是富春环保 2012 年度权益分派（10 派 3 元转增 7 股）的股权登记日。为了弄清差别化红利税征收规定，以及对操作结果带来的影响，笔者专门做了一次试验性实盘交易：

股权登记日前一个交易日——3 月 26 日，买入富春环保 200 股（计划买入价 16.94 元，实际成交价 16.70 元）。其中，100 股不打算参与权益分派，另外 100 股则参与权益分派。

股权登记日——3 月 27 日，按收盘价（16.90 元）卖出不打算参与权益分派的 100 股富春环保，参与权益分派的 100 股则继续持有。

当天，参与权益分派的 100 股富春环保收市后获得："股息入账" 30 元，股息红利扣税–1.50 元，股息实际入账 28.50 元；红股入账 70 股。此时，库存数量为：富春环保 170 股，收盘价 16.90 元。

除权除息日——3 月 28 日，按除权除息价（9.76 元）卖出富春环保 170 股。此时，库存数量变为：富春环保 0 股。

除权除息日的下一个交易日——3 月 29 日，卖出的 170 股富春环保中的前 100 股（按照先进先出的原则计算持股期限）再次进行股息红利扣税–4.50 元。

至此，参与权益分派的 100 股富春环保共得股息入账 30 元，股息红利扣税–6 元，实际股息入账金额为 24 元（见表 17-2）。

表 17-2 2013 年参与富春环保权益分派差别化红利税比较

交易日期	交易方向	交易名称	成交均价（元）	成交数量（股）	成交金额（元）	佣金（元）	印花税（元）	发生金额（元）	库存数量（股）
3 月 26 日	买入	富春环保	16.70	200	3340	5	0	−3345	200
3 月 27 日	卖出	富春环保	16.90	100	1690	5	1.69	1683.31	100
3 月 27 日	股息入账	富春环保						30	100
	股息红利扣税	富春环保						−1.50	
	红股入账	富春环保		70					170
3 月 28 日	卖出	富春环保	9.76	170	1659.20	5	1.66	1652.54	0
3 月 29 日	股息红利扣税	富春环保						−4.50	

通过对参与和不参与富春环保权益分派这两种操作的比较不难发现，即使不考虑股价涨跌因素，单从差别化红利税新政对短线交易的影响看，在股权登记日之前卖出持有的股票，不参与上市公司的权益分派，是较好的操作策略。

在上例中，以同样的价格分别买、卖富春环保各 100 股，不参与权益分派的结果为获利 20 元（为便于计算，暂不考虑交易费用，下同），对应的收益率为 1.20%；而参与权益分派的结果为获利 13.20 元，对应的收益率为 0.79%，两者相差 0.41 个百分点。在成交价格、成交数量不变的情况下，不参与权益分派的获利反而多于权益分派后的获利的原因在于，虽然除权前后的市值总额没有发生变化，但后者多交了 20% 股息红利税，导致实际收益不增反降。

值得一提的是，即使不考虑差别化红利税新政对短线交易带来的影响，单就上市公司派发股息红利前后（除权前后）股价走势特点看，在股权登记日之前卖出持有的股票，不参与上市公司的权益分派，同样是较为明智的选择，原因在于多数上市公司权益分派前后股价走势都有这样的特点：股权登记之前走势较强，但除权除息之后屡屡出现阴跌甚至"见光死"现象。

3. 操作提醒——省钱秘籍

通过实盘操练和结果分析不难得出这样的结论：无论从差别化红利税新政对短线交易的影响看，还是从除权前后多数上市公司股价的实际走向看，作为普通散户尤其是短线交易者，原则上都应赶在股权登记日之前卖出持有的股票。实际操作中，投资者应重点注意两方面问题：

一方面，应密切关注权益分派实施进展。既可以自行关注相关上市公司尤其是所持股票的权益分派信息，可通过相关报刊、交易系统行情软件上的"最新提示"栏等获取上市公司的分派信息和实施进展。一般情况下，上市公司的权益分派实施公告都会提前几天发布，内容包括权益分派方案、股权登记日期和除权除息日期等。一些服务工作做得比较到位的证券公司和投资顾问，还会在公告发布后的第一时间提醒客户，届时投资者可重点留意。

另一方面，应审慎决定是否参与权益分派。在上市公司派发股息红利前，的确有不少股票的股价在短期内有良好表现，但多数已在股权登记日前被提前"透支"。仍以富春环保为例，股权登记之前——该股 2012 年 12 月 4 日（大盘见底日）至 2013 年 3 月 27 日（股权登记日），在上证指数涨 17.43% 的情况下大涨 57.36%，跑赢指数 39.93 个百分点，在可比的 2453 只股票中列涨幅榜第 298 名，走势明显强于其他个股；除权除息之后——3 月 28 日（除权除息日）至 4 月 3 日（最近交易日），在上证指数跌 3.30% 的情况下大跌 6.09%，反而跑输指数 2.79 个百分点，在可比的 2399 只股票中列涨幅榜第 1515 名（倒数第 885 名），走势明显弱于其他个股。

所以，对于发布权益分派实施公告的上市公司，投资者一定要审慎决定是否参与权益分派。首先要明白这样的道理，多数实施权益分派的上市公司在股权登记日前股价已经大涨，除权除息后继续大涨、大幅填权的可能性不大。这样，权益分派和除权除息实际上就成了一种"零和游戏"，加之差别化红利税新政的实施，结果就会得不偿失。知晓这些后，再来审慎确定是否参与权益分派。

一般情况下，对于短线交易者特别是持股期限在 1 个月以内（含 1 个月）的投资者，应在股权登记日之前在股价冲高过程中卖出持有的股票。即使对于长线投资者来说，同样有必要在股权登记日之前卖出持有的股票，然后再在除权除息后股价回调过程中原数买回。这样操作不仅能赚取差价，而且能少缴税款，一举两得。

但在交易中有两个前提需要把握好：一是在交易时机上，务必做到冲高时卖、回调时买；二是在交易价格上，务必守住"同价底线"，即使做不到高抛低吸，也要确保"同价交易"。如股权登记日以收盘价卖出的筹码若要接回，一定要确保除权除息后的买回价不高于除权价（股权登记日收盘价对应的价格，既可自行计算，也可查阅行情交易系统）。

要想在差别化红利税新政实施后正确应对、节省税费，还有三个操作方面的问题需要注意：一是注意"转增股"和"送红股"的区别。由于差别化红利税征收的对象为派发的股息红利，除了现金股利外，还包括股票股利，即"送红股"，但不包括用公

司的资本公积金按权益折成的股份转增，即"转增股"（如富春环保在权益分派中的"转增 7 股"），所以在考虑差别化红利税对操作带来的影响，并据此确定是否参与权益分派时应剔除转增股。二是注意"原持股"和"送红股"的区别。差别化红利税在实际征收时投资者分两次缴纳：先是在上市公司派发股息红利时统一按股息红利的 5% 缴纳，再在卖出股票时根据持股期限缴纳其余应缴部分——应纳税额中超过已扣缴税款的部分。特别需要注意的是，其中的"卖出股票"是指"原持股"，不是指"送红股"，这在征税新规里有过具体明确，即"个人转让股票时，按照先进先出的原则计算持股期限，即证券账户中先取得的股票视为先转让"。三是注意不同持股期限纳税比例的区别。对差别化红利税新政对不同持股期限纳税比例的规定，有些投资者理解起来有一定难度："持股期限在 1 个月以内（含 1 个月）的，其股息红利所得全额计入应纳税所得额；持股期限在 1 个月以上至 1 年（含 1 年）的，暂减按 50% 计入应纳税所得额；持股期限超过 1 年的，暂减按 25% 计入应纳税所得额。上述所得统一适用 20% 的税率计征个人所得税。"实际上只要记住：持股期限在 1 个月以内（含 1 个月）的股息红利税为 20%，持股期限在 1 个月以上至 1 年（含 1 年）的股息红利税为 10%，持股期限超过 1 年的股息红利税为 5% 即可。

第十八章　面对各路高手：用笨办法搭"顺风车"

第一节　巧搭主力自救"顺风车"

炒股，没有投资者不希望抄到"大底"、买得最低；同样，没有投资者不希望买入的股票立即大涨，跑赢指数。

以前，笔者还真"碰"到过这样的巧事。2011 年 10 月 12 日、24 日，笔者两次买入中国铁建，价格分别为 4.43 元、4.32 元（综合持股成本 4.40 元），不仅抄到了中国铁建上市三年半以来的历史"大底"（最低价 4.26 元），而且取得了较好收益。自 10 月 24 日低点起，至 11 月 11 日收盘，在 15 个交易日里，买入的中国铁建大涨 11.89%，跑赢指数 4.35 个百分点（同期上证指数涨 7.54%）。

与以往抄到"大底"、跑赢指数不同的是，这一次，搭的是主力自救"顺风车"。

1."顺风车"就在身边

炒股，谁都想搭"顺风车"，但前提是要有"车"可搭。实际上，在股市 2000 多只股票里，无时不有这样的主力自救"顺风车"，就看投资者能否及时发现、趁机搭乘。发现"顺风车"的方法，笔者的体会是"四看"。

一是通过报表看有无主力。这是股票成为主力自救"顺风车"的前提。发现股票有无主力入驻最靠谱的方法是看报表：每年的中报、年报和两次季报，重点关注报表上记载的"十大流通股东"持股数、占流通股比例等情况，特别是增减情况和股东性质。如果披露的"十大流通股东"出现了"新增"大量筹码的大股东，"性质"又是证券公司、社保基金、投资基金、保险理财、券商理财等实力机构，说明主力在增持，

机构进场了。

以中国铁建为例。笔者在研读报表时发现，该股出现了大股东大量增持股份的情况，单是2011年以来就有不少机构大量增持该股股份，不仅在一季报前10大流通股东中有8家进行了增持，而且在三季报中又有7家机构进行了不同程度的增持。一般情况下，这种前"十大流通股东"大量增持的股票，日后成为主力自救"顺风车"的可能性较大，且增持股数越多、占流通股比例越高，说明主力入驻的程度越深，越有可能率先启动。

此外，在察看"十大流通股东"增持情况的同时，还要观察"退出"情况。若"新增"大于"退出"，说明主力在进驻；反之则说明主力在"退出"，所以两者要结合起来、一起观察，防止顾此失彼。

二是通过图形看被套与否。在确定主力入驻的同时，还要关注其持仓成本，进而判断其是否被套，方法是查看K线图，将主力建仓期的最高价、最低价换算成平均价（可估算），再与最新价进行比较，如果最新价低于平均价，说明主力被套；反之，说明已经获利。对于主力获利的股票，投资者宜远离。只有当主力被套时，该股才有可能成为主力自救的"顺风车"，投资者才有必要加以重点关注。如笔者两次买入中国铁建时不仅其最新价远低于平均价，而且连续创出上市三年半以来的新低，说明主力严重被套，此股成为主力自救"顺风车"的可能性大大增加。

三是通过数据看是否错杀。除了观察主力有否入驻、是否被套外，还要看被套的原因——是错杀（非正常下跌）还是估值回归（基本面变坏而导致的正常下跌）。若属于前者，可重点关注，否则应予以放弃。如中国铁建三季报显示，基本每股收益为0.40元，加权平均净资产收益率达8.37%，归属于上市公司股东的每股净资产更是高达5.01元。基本数据如此优异的股票出现如此大幅下跌，显然存在因错杀而成为主力自救"顺风车"的可能性。

四是通过资讯看会否自救。一般情况下，只要凭以上"三看"即可判断出相关股票有否成为"顺风车"的可能，如果再加上大量最新的资讯"配合"，如利空不断时投资者一片恐慌、纷纷割肉，利多频发时投资者视而不见、极度麻木等，"确定性"就会更大。如通过分析全部上市公司三季报不难发现，中国铁建已成为"券商三季度增持数量最多的10只个股"之一，而且利好资讯接踵而至：合作开发湛江东海岛、"涉水"组建港航局、接连收到中标通知书等。所以笔者感到，这种利好不断却备受冷落的股票极有可能率先成为主力自救的"顺风车"。

总之，通过以上"四看"，若发现关注的股票同时具有主力入驻、筹码被套、属于

错杀、资讯密集等特点，则极有可能成为主力自救“顺风车”，一旦行情启动，往往会因主力自救而率先启动，投资者可密切关注、择机搭乘。

2.“顺风车”并不难搭

有了“顺风车”，还得会搭乘。一方面，要敢于搭，否则，即使“顺风车”再多、再好，也毫无意义；另一方面，要善于搭，只有方法正确、科学搭乘，才会搭出效益、达到目的。笔者10月12日买入中国铁建（4.43元，4500股）这一操作，正是在判断该股极有可能成为主力自救“顺风车”的基础上采取的搭乘行动，具体方法如下：

一是要有搭的理由——为什么买此股，不买彼股？笔者搭乘中国铁建“顺风车”的理由主要是对低成本的考虑：2008年前该股最高价13.03元，搭“顺风车”时只有4.43元，股价只有当时最高价的1/3，此时买入意味着2008~2011年建仓者中持股成本是最低的，也就是搭乘的“起点”最早、“票价”最低，故毫不犹豫地选择了买入。

二是寻找搭的时机——为什么此时买，彼时不买？笔者买入中国铁建时，该股不仅正好筑了个漂亮的双底图形，两次触及4.28元的底价，而且在12日上午股市大涨后，在笔者关注的中国北车、中海集运和中国铁建这三个待买品种中，涨幅也是三股中最小的——中国北车涨5.15%、中海集运涨4.08%，而中国铁建涨幅只有2.78%，按照弃高择低原则，此时买入中国铁建较为合适。

三是分析搭的优势——为什么选择买入，不是卖出？记得在笔者之前，投资者B曾于2011年3月8日以7.08元的价格买入中国铁建3600股。如今，时间过去了半年多，股票的基本面没变但股价却发生了大变样，花不到20000元钱就能买4500股。换言之，同样是4500股中国铁建，若在2011年3月买须花费31860元，2011年10月买只需19935元，节省支出11925元，这些省下来的钱相当于2011年10月持股成本的59.82%，“隐性收益”十分丰厚。

四是讲究搭的方法——为什么能及时搭乘，没有踏空？买中国铁建时笔者有个心理价——4.40元，但上午收盘后盘口显示的卖一价是4.43元，量3013手；买一价是4.42元，量1158手，看似卖盘大于买盘，前景不容乐观，但实际上卖压并不重，要确保成交必须临时调整计划，故以4.43元作了买入委托。尽管买入价比计划价要高，但与市场平均持股成本及日后可能带来的盈利相比，这0.03元的“超支”实际上是值得的。

另外，在10月12日以4.43元买入中国铁建4500股的基础上，当该股继续下跌，出现了更好买点、手头又有余资（回转交易多出来的资金）时，于10月24日再次买

入中国铁建 1600 股，价格 4.32 元。

3."顺风车"重在巧搭

同样的"顺风车"出现在投资者面前，有人搭得好，总是事半功倍、收获多多；有人却搭不好，要么犹豫不决、错失机会，要么不得要领、适得其反。实际上，巧搭"顺风车"，无须高招，拥有"三招"即可。

一是有记性，才有魄力。搭"顺风车"需要有记性，有记性才会有魄力、敢搭乘。从两次买入中国铁建可以看出，之所以能在成交低迷、众人恐慌时搭这班"顺风车"，正是记性帮了大忙。但有时记性又是把"双刃剑"，笔者曾买入中国铁建，买后不久就被套，之后又多次补仓、多次被套。从买入到被套，回过头来看过去，似乎买得早了、高了，且这一切也都是记性惹的祸。但晚点买，既可能买得更低，也可能错失机会，所以，该买则买且做好付出代价的准备也是搭"顺风车"时的一大要诀。此举说明，没有好记性不行，但仅有好记性而不打算付出代价，同样难有魄力，难以搭上主力自救的"顺风车"。

二是有未来，才有底气。上述操作之所以能取得预期收益的另一关键在于：买入中国铁建后能够拿得住，既包括买入后被套的股票，也包括抄到"大底"后获利的筹码。事实上，从首次买入起到最后一次抄到"大底"，期间出现了一定程度的下跌，如果拿不住，不仅前期买入的股票难以解套，而且日后也抄不到"大底"。之所以有拿得住的底气，关键是对买入的股票充满信心。表面看，大家都认为该股运行在下降通道、利空不断，该股不会有什么起色。实际上，该股基本面并没有发生变化，国家的产业政策及对该股影响也没有实质性改变，笔者甚至亲眼看见所在城市该公司的施工现场一切正常，种种迹象表明没有理由不对该股未来充满信心。

三是有目标，才有方向。不少投资者也有过搭"顺风车"的经历，买入的是好股票，买入价也够低，但总是来来回回"坐电梯"，因而收获不大，一大原因是没有目标、没有方向，涨了还看涨所以没有及时"下车"，跌了还看跌所以没有及时"搭上"，浪费了不少机会。如果有明确的目标，并按计划执行，起点上"车"、到"站"就下，就能有效避免上述问题的出现。

简言之，巧搭主力自救"顺风车"，需要有记性、有未来、有目标，这既是笔者操作中国铁建的实际感受，同时也是充满变数的资本市场给予投资者的重要提醒。

第二节　巧用跟进法把握营利性机会

在股市投资中，不同投资者有不同的操作技法。除了积极寻找适合自己的操作方法外，善于利用他人之长，通过"借力"为我所用，也是在股市取得好收益的一大秘籍，"跟进法"便是其中既简单又有效，且适合多数投资者的"借力"方法之一。

不过，利用"跟进法"跟着"牛人"足迹炒股的结果，并非"只会盈利、不会亏损"，而是带有明显的"两面性"——既有盈利的可能，也有亏钱的风险，至于最终结果是盈还是亏就全看投资者"跟什么""何时跟""怎么跟"了。

1. 跟进操作须做哪些功课

在复杂多变的股市，无论行情处于什么阶段，总会有一批"牛人"因"战绩"显赫吸引着众多投资者的目光，有的在捕捉"牛股"上独具慧眼，有的在把握时机上技法过人。一些投资者免不了会有这样的想法：与其挖空心思，想尽一切办法，去冒操作风险，不如跟着这些"牛人"操作一把，这样既方便省事，又收益可观。

实际上，采取"跟进法"操作与其他任何操作法一样，既充满机会，又存在风险，而且在实际操作中也有许多讲究，其中须首先面对的，就是采用"跟进法"操作时的品种选择，即什么样的品种适合投资者进行"跟进操作"？这其中，重点在于做好"三门功课"。

功课一：从进场时机推测建仓成本。真正的高手在买入潜力品种时都显得比较低调，是不愿意也不会告诉普通投资者的，更不喜欢普通投资者来"凑热闹"，一起参与潜力股的操作，达到共同获利的目的。在这种情况下，投资者主要通过财务报表（年报、中报、季报等）载明的"十大流通股东"变动情况来获得相关信息，并算出主力持股成本。

主要分三种情况：一是新进筹码的建仓成本——此法比较简单，之前财报上没有出现某主力买入并持有该公司流通筹码的信息，最新财报才出现某主力买入并持有该公司流通筹码时，以该股该季的平均价视作主力建仓成本即可；二是原进筹码的建仓成本——则应往前逐季反推至某主力首次买入并持有该公司流通筹码的所在季度，并以该股该季的平均价作为主力建仓成本；三是混合筹码的建仓成本——既有新进筹码

又有原进筹码的，在综合考虑以上两种情况基础上，再来确定其建仓成本。

功课二：从市场走势测算阶段涨跌。以主力建仓成本为基准，根据建仓后该股走势，算出至最新收盘日止二级市场股价的阶段涨跌幅。如某主力买入某流通筹码的建仓成本为 10 元，最新收盘价若为 12 元，则该股的阶段涨跌幅为"涨 20%"。反之，同样为 10 元的建仓成本，最新收盘价若为 8 元，则该股的阶段涨跌幅为"跌 20%"。值得一提的是，测算阶段涨跌幅时，不一定要非常准确，但一定要计算，以便在"跟进操作"时做到胸中有数、有的放矢。

功课三：从历史经验寻找启动迹象。如某报数据中心对 2010 年以来的公开交易信息进行梳理后发现，王亚伟重仓股发力之时也恰好是长城证券北京某营业部等席位最为活跃的时期，如 2013 年 8 月和晶科技连续"三涨停"之时，该营业部累积买入和晶科技约 219.44 万元，而这一营业部也曾在 2011 年 8 月 11 日买入 681.24 万元的峨眉山 A 股票，峨眉山 A 当时正被由王亚伟执掌的"华夏大盘精选"重仓 895 万股。类似的例子说明，"跟进操作"虽然没有百分之百的胜算，但作为普通投资者善于利用一些带有历史规律性的经验，去把握相关股票的启动迹象，同样是在采取"跟进法"操作时须做好的一大"功课"。

2. 关键在于把握三个时机

做好三门功课的目的在于，通过对被"跟"对象建仓品种成本的测算和阶段涨跌幅的跟踪与比对，选择合适的"跟进"时机，进行及时、适量的"跟进"操作。在具体操作层面，选择以下三种时机"跟进"相对来说胜算更大些。

时机一：在主力被套时"跟进"，即选择在待"跟"品种最新价低于主力建仓成本价（主力被套）时买入，且在主力套得越深、进场优势越明显时买得越多。通过采取主力被套时"跟进"，使自己成为"高手"中的"高手"。一般情况下，此"跟进法"只需考虑主力被套与否（只作纵向比较），无须作横向比较（与大盘和同类个股涨跌比）。

时机二：在走势落后时"跟进"。与主力买入的筹码被套正好相反的是，当主力买入的筹码出现获利时，原则上应保持谨慎，尽量不要再"跟"。特殊情况下，也可考虑少量"跟进"，主要指虽然从纵向比较看相关股票的股价的确是涨了，主力买入的筹码出现了获利，但横向比，从主力买入至最新价的区间涨幅，与同期大盘和同类个股比明显处于落后状态，在这种情况下，投资者也可适量"跟进"。当然，如果主力买入的筹码与大盘和同类个股比，涨幅落后的程度越明显则可"跟"得越多；反之应少"跟"。

时机三：在信息不明时"跟进"。以上两种"跟进法"都是在财报已发布、信息明朗化之后，通过分析、计算、比较等方法采取的"跟进"操作方法。相比之下，还有一种更好的"跟进法"，这就是通过对主力布局风格的跟踪和研究，在确定大致方向基础上进行潜伏式的"跟进"操作。如有些主力喜欢布局防御性个股，有些则偏好重组类股票，还有的对高成长性个股情有独钟，等等。在摸准主力布局风格基础上，针对可能布局的重点品种，通过提前、逢低、适量参与的方法进行"跟进"操作。一般来讲，比起前两种"跟进法"，此法"跟进"的胜算更大，但需有一定的"跟庄"功夫。

3. 跟进操作注意三大问题

做好三门功课、把握三个时机，即可筛选出待"跟"股票，加入到自选股池，制订出跟进计划，并寻找恰当时机，及时进行"跟进"操作。须注意的问题主要有三：

一是对象选择要专一。采用"跟进法"操作的对象，一般限于长期关注的熟悉品种，在对主力操盘特点、选股风格、买卖时机、持股周期等精心研究、认真分析基础上，确定其中一两个重点品种为"跟进"操作的对象即可。"跟进法"操作强调的是品种的"专一性"，不宜"见一个、跟一个"。只有这样，操作的成功率才会大于失误率。

二是考虑问题要周全。如在观察主力仓位时，既要考虑主力筹码的变动趋势，是在增持还是减持，还要同时观察有没有送配除权等因素。如果区间内有过送配除权，那么还要对增加的筹码进行再观察，弄清楚是由于主动性买入引起的筹码增加，还是由于分红送配导致的筹码增加，两者一定要区分开来，否则计算出来的持仓成本就会失真，影响操作决策。

三是计算方法要科学。在计算主力持仓成本时，除确定其建仓时机（如某一季度），确定计算持仓成本的方法同样很有讲究。一般情况下，普通投资者可通过以下两种方法进行计算：一种是平均法，一般用某一季度股价的高、低点的算术平均数作为平均价即可，此法比较简单，但计算结果的误差比较大；还有一种是估算法，就是大致、粗略地进行估算，主要利用成交密集区的均价作为主力建仓的成本，此法比前者相对精确些，但同样存在一定的误差。个别激进的投资者甚至可采用极端式"用价方式"，借用季度内的最高价、最低价作为主力建仓的成本价，具体可因人而异，不宜千篇一律。

最后再强调一下，投资者在采用"跟进法"把握获利机会时，须适量适度，分散搭配，且尽量采用"追跌杀涨"法操作，千万不要在"跟进"操作中频繁地进行"追涨杀跌"。

第三节 "蹭法"炒股亦奇崛

4个交易日前——2010年10月22日，除了部分长线仓位，笔者还持有华星化工4500股（收盘价8.94元），账户资金余额865元，合计41095元。

4天后——2010年10月28日，品种还是那个品种（华星化工），数量还是那些数量（4500股，收盘价8.97元），但收盘后账户里的资金却变成了5950元，合计46315元，总值增加5220元（其中市值增加135元，资金增加5085元），涨幅达到12.70%，跑赢指数12.57个百分点（同期上证指数涨0.13%）。

这些多出来的资金，既不是向股市追加的投资，也不是所持股票的分红所得，而是"蹭法"炒股给"蹭"出来的。

1. "蹭法"炒股，得来全不费功夫

炒股没有绝对的好坏之分，选股也没有绝对的对错之别。独立思考、积极寻找适合自己的投资方法是正确的选择，借他人所长、为自己所用，通过"蹭法"炒股达到获利目的同样是不错的盈利模式。

2010年10月25日开盘前，除了部分长线仓位，笔者还持有华星化工4500股。当天，先前买入的华星化工已经获利但出现滞涨迹象，而A投资者19日买入的华远地产已经被套，短线似乎有些超跌（见表18-1）。与其持有华星化工不动，不如卖出华星化工换入华远地产捡些便宜。于是，便以9.32元的价格将持有的华星化工全部卖出，同时采取"蹭法"，以比A投资者低的价格买入6900股华远地产（6.12元）。

表18-1 A投资者2010年10月18~28日部分建仓清单

证券名称	买入时间	买入价格（元）	买入数量（股）	10月25日收盘（元）	10月26日收盘（元）	10月28日收盘（元）
中科英华	10月18日	7.03	2900	7.57	7.79	7.71
华远地产	10月19日	6.39	1800	6.17	6.34	6.36
中国联通	10月22日	5.35	3000	5.38	5.34	5.28
四川路桥	10月28日	8.90	1400	9.00	8.94	8.75

2010 年 10 月 26 日，买入的华远地产带来了超过 2% 的短线收益，而 B 投资者开盘时追入的泰山石油（8.63 元）出现了大幅杀跌，时价只有 8.26 元（见表 18-2）。若此时买入，前后只差半天时间成本就比 B 投资者低了 4 个多百分点，又是个难得的"蹭炒"好时机。于是，获利了结华远地产，再次利用"蹭法"买入 B 投资者刚买入就被套的泰山石油 5200 股（8.26 元）。

表 18-2 B 投资者 2010 年 10 月 25~27 日部分建仓清单

证券名称	买入时间	买入价格（元）	买入数量（股）	10 月 25 日收盘（元）	10 月 26 日收盘（元）	10 月 28 日收盘（元）
方大炭素	10 月 25 日	10.77	1000	10.66	10.69	10.45
泰山石油	10 月 26 日	8.63	2000	8.16	8.30	8.86
钱江生化	10 月 27 日	10.05	2700	8.80	9.51	9.06

2010 年 10 月 27 日，泰山石油强势洗盘；28 日第一小时，泰山石油企稳回升，第二小时加速上扬，午后一开盘就被大单推至涨停，中午笔者以比涨停价低一分的委卖（8.85 元）顺利成交。

两次"蹭法"炒股之后，见 4 天前卖出的华星化工已从 9.32 元跌至 9.02 元，出现了较好的"正差"（高卖低买）接回机会，遂以时价把 4 天前卖出的华星化工原数（4500 股）买了回来（见表 18-3）。

表 18-3 2010 年 10 月 25~28 日全部交易清单

交易日期	操作方向	证券名称	成交价格（元）	成交数量（股）
10 月 25 日	卖出	华星化工	9.32	4500
10 月 25 日	买入	华远地产	6.12	6900
10 月 26 日	卖出	华远地产	6.26	6900
10 月 26 日	买入	泰山石油	8.26	5200
10 月 28 日	卖出	泰山石油	8.85	5200
10 月 28 日	买入	华星化工	9.02	4500

盘后一算，前后 4 天时间，品种还是那个品种，数量还是那些数量，收盘后总值却增加了 5220 元，涨幅达到 12.70%，跑赢指数 12.57 个百分点。29 日，笔者又卖出华星化工，同时买入 A 投资者一天前买入后再次被套的四川路桥，开始了新的"蹭法"炒股。

2. "蹭法"炒股，看似寻常最奇崛

与投资者自己选择品种相比，"蹭法"炒股说白了就是参照他人买卖，以比其更低的价格买入，比其更高的价格卖出，从而获得稳定收益的炒股方法。

对象选择：弃生从熟。在平时的操作交流中，A、B 两位投资者都会及时地把他们的操作情况：什么时候，以多少价格买、卖了什么品种、多少数量等告诉笔者，一些报刊、电视、广播、网络等媒体也时常会刊发投资者实盘交易的信息。这些信息其实就是"蹭法"炒股的重要信息来源。但在实际"蹭"的过程中，需对"蹭"的对象进行筛选，不能随便找一个不熟悉的对象不加分析盲目"蹭炒"。一般情况下，要在对对方选股特点、操作风格、进出时机、投资胜率等有个大致了解的基础上再决定是否将其列为"蹭"的对象，进行"蹭法"炒股。

品种选择：弃小从大。投资者周边大多会有一些民间高手，可将其列为"蹭"的对象，但有时可"蹭"的对象有多人，或同一对象可"蹭"的品种有多个，需要对"蹭"的品种再行筛选。在同等条件下，应在具有可比的前提下选择备选"蹭品"中跌幅相对较大者，最大限度地降低建仓成本，争取操作主动权。对跌幅较小、不具有可比性的"蹭品"，在没有确切把握的情况下原则上不要进行"蹭炒"。

时机选择：弃热从冷。即使选择好了"蹭品"，也没有必要每次都在第一时间介入，而要视情决定。行情启动之初，一旦有了"蹭品"，一般要果断跟进，以免贪小失大；涨到一定程度，不宜急于买入，可以耐心等待更好的进场时机，定好心理价位，再逢回调分批买入。所谓弃热从冷，就是不要选在"蹭品"炙手可热时买入，而是应在无人关注时吸纳。

3. "蹭法"炒股，莫把绝活给"蹭"歪

炒股，说到底是在炒心态。刚追入的品种大幅回调时敢不敢再买？刚卖出的股票大幅拉升时会不会再卖？不少投资者不仅不敢、不会做这样的操作，甚至常常进行反方向买卖。

观察 B 投资者一周内这 3 笔操作不难发现，方大炭素（稀缺资源）、泰山石油（油价上调）、钱江生化（"超级细菌"）3 只股票无一不是在早盘借利好或题材冲高时追涨买入，但奇怪的是大幅下跌后不敢再补仓。特别是泰山石油 26 日 8.63 元追入，27 日收于 8.05 元不补，28 日 8.86 元涨停观望，29 日高开冲高至 9.40 元时却再次追涨买入，当天收盘即被深套。

解决 B 投资者操作中存在的问题最有效、最直接的方法就是"蹭法"炒股。"蹭法"炒股实际上就是集众人所长、补自己所短的操作方法，较好地解决了投资心态不稳、建仓成本偏高、难以获利的问题。用好"蹭法"的关键在以下三个方面：一要控制仓位。不要倾其所有，将全部资产拿出来进行"蹭炒"，账户里一些长线仓位应持股不动，不宜"蹭炒"。二要两手准备。"蹭法"炒股"买后再跌、卖后再涨"都是常有的事，衡量"蹭炒"成功与否的标准只有一条，就是比"蹭"的对象买得更低、卖得更高即可。三要及时了结。"蹭法"炒股与长线投资相比是种完全不同的操作方法，对象、品种、时机的选择都带有明显的短线风格，不要"恋战"，需要见好就收。

第四节　"傍式"炒股的独特技法

炒股，没有千篇一律的模式，需要因人而异、走自己的路，但这并不意味着可以不借鉴他人的投资经验、为我所用。相反，通过"傍式"炒股，取人之长，补己之短，是不少老股民在复杂多变的股市里经常采用的投资招术之一。

1."傍式"炒股，跑赢指数新引擎

所谓"傍式"炒股，简言之就是跟着高手炒股票，这是一种既简单又实用的投资方法。

打开报刊，细心观察，投资者不难发现，各种炒股大赛、实盘擂台十分红火，其中不乏一些默默无闻的民间高手活跃其中。

2010 年新年伊始，笔者利用账户里的 25177 元余资跟起某报"二十万元投资组合"参赛选手 TS 进行"傍式"炒股。4 个多月后，取得了"两个跑赢"——跑赢指数、跑赢高手的投资收益。至 5 月 21 日，采用"傍式"方法操作的账户收益率为-17.19%，虽然未能在大盘和个股大幅下挫的情况下实现超额盈利，但却跑赢指数（大盘同期-21.17%）3.98 个百分点，跑赢高手（TS 同期-27.01%）9.82 个百分点。

2."傍式"炒股，看似寻常最奇崛

投资者可能会说，"傍式"炒股不就是跟着高手炒股票，高手买什么、你也买什么，高手何时卖、你也跟着卖即可。实际上，"傍式"炒股绝非一些投资者所想象的

"简单跟跟"那么简单。

第一，找高手，须擦亮眼睛。"傍式"炒股，首先面临的问题是如何选择高手——确定"傍"的对象。报刊、电视、网络等媒体组织的炒股大赛、实盘擂台，参赛选手五花八门、良莠不齐，如不长期跟踪、仔细观察，很难找准"傍"的对象，一不小心还会"傍"错跟错。辨别方法：通常情况下，如果在定期公开的参赛信息里，有明确、具体的"下周操作计划"，标明了买卖品种、方向、价格、数量，并严格执行的实盘，其可信度较高，可以试"傍"一段时间；如果拟定的"下周操作计划"比较含糊，甚至没有具体的计划，操作起来见风使舵，但在"一周回顾"里所显示的实际买入价为上周的低点，卖出价为上周的高点，且买入的股票周五经常收于涨停，一段时间内统计结果收益率高得离谱又无法信服，并长期重复这种"讲故事"一样的"事后诸葛亮式"的操作模式，这样的十有八九不靠谱、不可信，投资者切勿信以为真、盲目"傍炒"。根据这一"选傍"标准，多年来，笔者一直重点关注 TS 的实盘，并将其作为"傍炒"的重要对象。

第二，买股票，不用太急。确定了"傍"的对象后，无须急于"傍"买。投资收益能否赶超高手的前提是建仓的成本要比高手低，特别是"傍"长线投资的高手。如果在高手建仓后的第一时间介入，往往很难买到比高手更低的价格。但稍后，当该股恢复"平静"时，往往又会有低点出现，此时便是从容"傍"买的好时机。2010 年首个交易日，TS 以开盘价 17.60 元全仓买入宏图高科 11000 股。在当天该股回调过程中，笔者再以 17.21 元全仓买入宏图高科 1400 股，买入价格比 TS 便宜了 0.39 元，达到了建仓成本比高手低的目的。

第三，好心态，弥足珍贵。选好了"傍"的对象，进行了"傍"买操作，并不见得买入的股票会立即大涨。高手买入的股票也不可能百发百中，有时甚至会逆市下跌：在大盘和其他个股纷纷大涨的同时，"傍"买的股票不涨反跌。此时，进行"傍式"炒股的投资者须保持足够的耐心，经受住各种考验，做到与高手同在。比如，2010 年 1 月 4 日至 3 月 31 日 3 个月时间，宏图高科除个别交易日有过短暂冲高外，其余时间均在低位徘徊，起伏不大、波澜不惊。此时若能经受住考验，不追涨杀跌，往往可为日后赶超大盘和高手赢得主动权。

第四，积小胜，方能大胜。在大致掌握了高手的操作计划、风格和所买股票的"脾性"后，便可适度出击做差价，以获得更大的收益。具体需要注意的问题有：一要力做"正差"。当发现持有的股票可能出现短线高点时，可考虑减仓，先订好计划（如 3 月 31 日拟卖宏图高科 1400 股，价 16.70 元），再在冲高时卖出（4 月 1 日实际卖出价

17.19 元）。二要"差中有差"。卖出的资金除了用于日后低位回补外，若有其他更好的投资机会，还可在其他股票上短线出击、低吸高抛。在获取"差价"收益的基础上，再找低点接回"傍炒"的"原卖"股票，达到账户内的持仓保持不变但资金增加的目的。

3."傍式"炒股，谨防弄巧成拙

"傍式"炒股，若被动"傍炒"倒也简单，只要跟着高手买入后持股不动，等高手卖出时跟着卖出即可。但欲做到"两个领先"就没那么简单了。如建仓成本要低，当"原买"股票处于"低潮"时既要学会忍耐，又要适度出击且不能忙乱，股票启动时要"坐"得住，特别是要处理好巧做差价与及时接回的关系，防止适得其反、弄巧成拙。

处理好巧做差价与及时接回的关系，巧在进出、难在接回。"傍式"炒股时需要接回的情形主要有：当高抛后股票连续出现调整，差价可观时，要及时接回；当目标股票出现启动迹象，出现机会时，要及时接回；当发现潜在利好，特别是"确定性"利好，利好出台前，要及时接回。如宏图高科 2010 年第一季度的交叉持股市值大幅增加，从 2009 年末的 0.98 亿元猛增至 31.91 亿元，累计增加 30.93 亿元。一旦市场上出现这样的潜在利好，就要在相关信息发布前第一时间把它们接回来。

常用的接回方法有：原数接回——按照卖出时的数量接回，股票不增也不减；正差接回——接回时股数不变但资金多了出来；保本接回——接回价比卖出价稍低、差价虽少但刚够支付交易费用，保本接回后账户里的资金不多也不少；赔本接回——接回价与卖出价相同，但需要另行支付交易费；负差接回——低抛高吸，损失的不仅有交易费用，还包括"倒差价"。因此，投资者在接回时，尽量不用或少用后两种方式，只有当"被接"股票出现启动迹象或存有潜在利好且操作胜算较大时方可采用。但也需两手准备，做好坏的打算，万一接反也能自如应对等。投资者只有做到了这些，才能避免或减少"傍式"炒股弄巧成拙情况的出现。

第五节　念好"三字经"，跟着"高手"走

在两市数千万股民中，有不少"能人""高手"。善于发现"高手"，为我所用，也是在复杂多变的股市里赖以生存的重要法宝。

经过这些年的不断实践，笔者不仅跟过不少"高手"，而且摸索到了其中的"跟

术"，归结起来有三个字，叫作"选、盯、跟"。

一是"选"。细心的股民在平时读报、上网、看电视、听广播时，常常能发现一些媒体组织开展的证券"实盘""擂台"等比赛活动，或一些机构、大户，甚至普通散户的操盘报告等。其参与者中，有不少操作得较为成功的"高手"。在这些"高手"中，有的喜欢提前布局，等在媒体上公布自己的操作结果后，"高手"买入的股票或已经上涨，或开盘后大幅高开、拉升，对这样的"高手"，散户跟随的意义不大；有的操作的频率和节奏特别快，操作起来像玩"猫捉老鼠"的游戏，散户跟随的难度较大；有的操作风格比较激进，专门追强势股票，喜欢玩心跳游戏，一会儿高位追入，一会儿止损出局，散户跟随的风险很大。但另有一些"高手"，透明度较高，可操作性较强，计划买卖什么品种、多少价位、多少数量、何时参与等，都事先在媒体上公布，散户完全有时间去关注、去研究、去分析这些股票，去计划、去安排自己的操作，这样的"高手"就可以入选跟踪。在选目标的时候，既要严格标准，好中选优，又要有一定的量作保障，要尽可能地多选几个"高手"；既可选媒体上公开的"高手"，又可选平时生活中接触的一些民间"高手"。这样就可以使自己多一个目标，多一种选择，以便"这壶不开提那壶"，不至于因选择范围太小而错过良好的投资机会。

二是"盯"。"高手"目标一旦锁定，还不能急于跟进，需要再"盯"上一段时间。看看这些"高手"投资效果如何，盈多还是亏多；操作风格怎样，长线还是短线，适合不适合自己等。如《都市快报》组织的"20 万元投资组合"参赛选手张震宇，不仅可操作性较强，几乎每周都有操作，而且选择的品种大多比较稳重，经过观察发现其操作的结果是"赢多输少"。张震宇的操作计划每周六在报纸上公布，实际操作中能严格按照计划行事，有很强的操作性和可信性。这样的"高手"散户跟起来放心，做起来踏实。而且，散户在实际跟随中更加灵活，比"高手"还要自如，在紧盯"高手"的同时，又可以高抛低吸，一旦股价涨到自己的心理价位，可及时获利了结，万一形势不对，还可以及时出局，而"高手"则受制于"计划"，得严格按照计划行事，相对来说要拘谨得多。

三是"跟"。做好"选、盯"文章就可以看准时机，大胆跟进了。跟的时候，一要注意品种选择，不是凡"高手"买入的品种都可以不加选择地跟，而是要结合各自选股的标准，比如股票质地，涨幅大小等，综合考虑，决定是否跟随；二要注意时机选择，有些品种需要在"高手"计划公布以后的第一时间跟进，有的需要在大盘和个股回落过程中逢低吸纳。卖出也一样，需要看趋势，打"时间差"，尽可能选在股票冲高过程中，找相对的高点，卖个比"高手"的卖出价还要高的价钱。

念好了"选、盯、跟"这"三字经"，不经意间你就成了"高手"中的"高手"。

第六节　寻找与自身实际相适应的炒股方法

上网看股博，发现一条留言挺耐人寻味："谢谢老师！（但）还是希望老师能把（大盘）最低点告诉大家，好（让我们）有个心理准备。这也是我们天天看你博的人希望获得的收获！"

看得出，这位博友说的都是实话，也很诚恳，但却犯了大错。他以为，世上存在股神，能预测股市涨跌，知道大盘顶在哪里、底在何方。博友看博的目的十分明确，只希望得到高人的指点，快速找到炒股致富的秘方。

博友的留言颇具代表性。留给投资者思考的问题是：投资炒股到底有没有千篇一律的教科书，有没有一成不变的模式，有没有普遍适用的方法？

1. "共性误区"种种

老股民都知道，投资炒股没有千篇一律的教科书，没有一成不变的模式，没有普遍适用的方法。只有积极地寻找与自身实际相适应的炒股方法，才能在机会与风险并存的股市里生存。然而，在实际投资中，不少股民尤其是初入股海的新股民，往往缺乏个性，未能因人而异，结果不盈反亏。存在的共性误区主要有以下三个。

误区一：形态越好，机会越大。投资炒股，少不了浏览行情、查看K线。但看什么、怎么看，怎样判断机会大小，如何决策买还是卖，却颇有讲究。2010年3月，当大盘从998点涨到6124点、涨了5倍的时候，大盘K线的形态到底是好还是不好？有的投资者感到非常漂亮、形态很好，据此判断今后"仍将大幅上涨"，看高至8000点、10000点甚至更高。于是，心头一热，眼睛一闭，重仓杀入，结果套在了"山顶"上。当大盘从6124点跌到1664点、缩水七成时，大盘K线的形态又是好还是不好？有的投资者感到大势已去、机会尽失，据此判断今后"仍将大幅下跌"，看低至1000点、800点甚至更低。于是，信心丧失，不假思索，斩仓离场，结果卖了个"地板"价。假如面对同样的K线，投资者看到的是另外一种景象，结果就会截然不同。所以看图炒股，形态好的不一定能赚钱，形态难看的，也不一定赚不了钱。

误区二：涨啥买啥，越涨越买。股市里有一句流行多年的老话："会涨的就是好股

票。"因此，一部分投资者在品种选择时专挑会涨的股票买——涨啥买啥，越涨越买。结果呢？没买的时候，你会发现，会涨的股票真能涨，涨幅榜上排列的都是一些自己刚刚看过、也曾经想买，但不敢买入的股票；一旦买入，又会发现，会涨的股票不一定能带来盈利，涨啥买啥的结果往往是买什么跌什么。打开账户不难发现，喜欢涨什么买什么、越涨越买的投资者，账户里的品种多数亏损，而那些逢低吸纳、很少追涨的股民，账户里的品种多数反倒是盈利的。

误区三：操作越勤，收获越多。罗马不是一夜建成的，但有的股民偏偏不信这个理儿，希望操作的时候，一买就涨、一卖就跌。当看到大盘和其他个股涨幅巨大、气势恢宏，而自己持有的股票不温不火，心里特别难过，于是赶紧止损、换股。换股后又发现，卖出的股票涨了，买入的股票跌了。本以为操作越勤，收获越多，到头来才觉得，多操作不如少操作，少操作不如不操作。

2."个性绝招"多多

炒股的大忌是随波逐流、缺乏个性，投资者若总是找不到与自身实际相适应的个性化炒股方法、步人后尘，就很难在错综复杂的股市里站稳脚跟、笑到最后。这里介绍几种简单易行的"个性化"炒股绝招：

一是买股票的时候，多听听空头的意见。分歧是投资炒股的最大特点，无论是对大盘的研判，还是对个股的喜好，不同的投资者会有不同的答案。实际操作中，投资者除了自己判断外，有时也需要听听他人的意见。但需注意的是，要多听反方的意见。如当准备建仓买股票的时候，不能光听好话、多头的话。最需要听的其实是坏话、空头的意见。只有多听反方的意见，才能保持克制和理性，有利于作出正确、审慎的决策（卖股票的时候，正好相反，要多听多头的意见）。

二是选股票的时候，不与持有同类股票的人交流。持股的人对所持股票大多持乐观、积极的看法，否则就会拿不住。准备买股的时候，如果光听持有同类股票的人的意见，听到的将会是清一色的有关该股票的好话，将会是一些促使你买入的意见，不利于作出理性的判断。只有既听取持有同类股票人的意见，又听取他人的意见，才有利于作出中性客观的判断。从某种意义上说，他人的意见比持有同类股票人的意见更有参考价值，因此更值得多听。

三是持股票的时候，不听或少听他人评论。股市内外的声音从来都是此起彼伏、五花八门。面对同一只股票，有人认为估值低了，机会很大；有人认为估值高了，风险很大。投资者听了前者的话赶紧高位追入，听了后者的话又连忙低位杀出，投资结

果必亏无疑。许多投资者都有这样的体会，对持有的股票，本来信心十足，但听了他人的评论后坚持不住，最后亏着出来。事后发现，割肉的股票，成了未来的"大黑马"，自己再一次与牛股失之交臂。因此，投资者除了买股时要谨慎外，持股的时候还特别需要有自己的定律，能力排各种干扰。而做到坚定沉着的秘诀之一，就是不听或少听他人对股票的评论，无论是积极的意见还是相反的看法。

3. 寻找与自身实际相适应的炒股方法

"个性化"炒股绝招远不止这些，需要投资者在平时加以总结、不断积累。积极寻找与自身实际相适应的炒股方法。需要注意的是：一是要在逆境中奋起，在狂热中淡定。与股市难以预料一样，"个性化"炒股方法也常常充满变数。原来适合自己的炒股方法，有时可能会失灵，曾经不灵的炒股方法，有时又会变得十分管用。所以，积极寻找适合自己的炒股方法，同样需要在逆境（不灵）中奋起，在狂热（灵验）中淡定。二是保持健康心态弥足珍贵。为什么有些投资者能在逆境中奋起，在狂热中淡定，有些则不能，重要区别在于心态不同。对于"个性化"炒股方法，投资者不要过于迷恋。一方面，要积极寻找适合自己的炒股方法；另一方面，也要坦然面对，平常心待之。毕竟，保持健康心态才是最重要的。而且，有了这种健康心态，反而有利于找到适合自己的炒股方法，进而取得投资的成功。

第十九章　面对市场规律：莫被无情股市利用

第一节　理性看待"章鱼哥"

在同样的市场，面对同样的波动，投资者若想战胜对方、成为赢家，不仅要有一套与众不同的技法和内功，而且需要有善借"东风"的本领。

譬如，研究表明，期指尾盘 15 分钟"独立行情"猜对次日股指涨跌的准确率高达 70.83%，"独立行情"也因此被一些投资者形象地比喻为股市"章鱼哥"。面对股市出现的"章鱼哥"现象，如何借好这一"东风"为我所用，成了不少投资者都在思考的问题。

1."独立行情"怎么看

股指期货作为股市价格发现和投资者风险管理的一种重要工具，自 2010 年 4 月 16 日推出以来发挥了积极作用，尤其是当日最后 15 分钟期指"独立行情"走势对次日现货指数涨跌所形成的"章鱼哥"现象，更是被一些投资者所发现并"利用"。

在期指推出一周年之际（2011 年 5 月），某报联合机构对过去一年里期指走势与股指涨跌之间的关系进行了分析研究，结果发现，将期指每日尾盘 15 分钟行情涨跌幅作为指标，当其为涨时，次日股指收阳（收盘价高于开盘价）的准确率为 68.55%，当其为跌时，次日股指收阴（收盘价低于开盘价）的准确率为 73.28%，结论是期指尾盘 15 分钟"猜对"次日涨跌的准确率达到了 70.83%。

投资者若能正确把握并合理使用期指的这一"规律"，充分发挥"章鱼哥"的作用，对于增加投资胜算无疑将起到积极作用。但前提是，必须理性看待股市的"章鱼

哥"现象。

一是要理性看待"因果关系"。与股市交易时间相比，期指交易时间早晚各多出15分钟，即上午9：15~11：30，下午13：00~15：15（最后交易日15：00结束）。一方面，分析结果得出的10次猜对7次指的既不是期指的全日涨跌，也不是上午开始时的15分钟，而是尾盘15分钟的"独立行情"，即下午15：00~15：15这段时间。另一方面，"章鱼哥"针对的是下一交易日的期指，但由于期指和股市大盘走势基本一致，所以10次猜对7次左右的"规律"同样适用于股市。还有，由于期指有多个合约，相当于有多个"章鱼哥"，投资者在选择"章鱼哥"对象时既可用当月合约，也可以多个合约同时参照，结果大致相同。

二是要理性看待"七成概率"。"章鱼哥"的准确率为70.83%，即10次里面能猜对7次左右，这就意味着10次还有3次可能猜错。从概率学的原理看，使用次数越多，"实际准确率"就越接近于"预期准确率"，次数越少则偶然性越大。所以，投资者在使用"章鱼哥"时应力求做到多次、连续和等额。

三是要理性看待"原有规律"。10次能猜对7次是在对过去一年相关数据分析基础上得出的"原有规律"，并不意味着以后也一定会完全遵循这一规律，因此只能起到参考作用，切忌机械、教条地看待并利用"原有规律"，更不宜抱着"赌一把"的心态去使用"章鱼哥"。

2. 翌日"硬仗"怎么打

投资者在使用股市"章鱼哥"时必须首先想清楚上述问题。在此基础上，方可指导实际操作。

第一，确定好参与方式。总体看，投资者先要分析一下自身的技术和心态，若操作技术不是特别过硬，心理承受能力也不是很强，原则上不要去碰股市"章鱼哥"。反之，才可适度使用。使用"章鱼哥"的方法主要有两种：一是无条件使用，既不管"独立行情"涨还是跌，也不管涨跌幅度大还是小都按"章鱼哥"的指点来操作。在这种情况下，投资者需先了解"独立行情"是涨还是跌（可事先将拟参照的合约置于自选股最上方位置）。若"独立行情"上涨，意味着次日股指将收阳（七成概率，下同），做好次日先买后卖的准备；若"独立行情"下跌，意味着次日股指将收阴，做好次日先卖后买的准备。二是有条件使用，即是否使用"章鱼哥"不仅要看"独立行情"涨还是跌，而且取决于涨跌幅度是否符合投资者的"假设"。如有的投资者准备"独立行情"涨时按"章鱼哥"的指点来操作，但跌时不操作，有的正好相反；有的投资者要

求"独立行情"涨跌幅度超过 1% 时才操作，否则不操作等。具体"假设条件"，不同投资者可根据各自风格和承受能力自行确定。

由于行情交易系统只显示合约的全日涨跌幅度，不显示"独立行情"的涨跌幅，因此，对于有涨跌幅度要求的投资者来说，在使用"章鱼哥"前还须自行计算出当日"独立行情"的涨跌幅。以只有当"独立行情"涨跌幅度超过 1% 才参与的投资者为例，若"独立行情"涨幅大于 1% 时，做好次日先买后卖的准备；若"独立行情"跌幅超过 1%，则应做好次日先卖后买的准备，否则应该放弃。

由于研究发现的"独立行情规律"依据的仅仅是涨跌，没有提及具体的涨跌幅度，加之股市交易须支付一定的税费，因此，从相对安全的角度考虑，普通投资者还是有条件地使用"章鱼哥"为宜。

第二，确定好参与仓位。使用"章鱼哥"来操作看似简单，实际上难度很大。因此，对于没有确切把握的投资者来说，不宜全仓参与，而应视情况确定合适的参与仓位，一般投资者拿出总市值的 1/3 左右来使用"章鱼哥"进行操作比较适宜。

第三，确定好参与品种。由于眼下正在交易的期指标的是沪深 300 指数，因此，跟"章鱼哥"操作最直接、最适用的对象是沪深 300 指数及与此相对应的股票。所以在品种选择时，应尽可能选择这类股票，否则，极有可能因品种选择不当而导致结果失真，或因参与股票实际走势强于大盘带来惊喜，或因走势弱于大盘而出现意外，甚至因走势完全相反而出现与"章鱼哥"的指点反向运行的走势。

与此同时，还要在上述范围内选择账户里有底仓的股票买入，以便当"独立行情"上涨、次日先买后卖时能有底仓可卖。即使是"独立行情"下跌、次日准备先卖后买，账户内同样需要有足够的股票可供卖出。除了要有股票外，次日交易前，账户里还要有足够资金，便于一开盘就能顺利建仓，而股票和资金的搭配比例以各 1/2 为宜。

3. 如何不留"后遗症"

使用"章鱼哥"炒股，与日常所进行的股票交易不同，核心在于通过对次日"开盘价"和"收盘价"之间"价差"规律的把握达到持续盈利的目的。因此，在使用"章鱼哥"炒股时原则上要求不留"后遗症"，做到当天交易、当天了结，并在确保交易前后筹码不变的同时尽量让资金多出来。达到这一目的的关键在于处理好两个关系：

一是确保开盘成交与择机分批参与的关系。具体可采用"切块法"进行操作，将交易标的（资金或股票）切成两块（各 1/2）。其中一半要确保开盘时成交，但须注意"同向缺口"（预期上涨时高开的幅度和预期下跌时低开的幅度）不能太大，反向缺口

则是越大越好（在收盘不变的情况下相当于扩大了盈利空间）。虽然从理论上讲，无论缺口大小，都可在开盘时买入，但鉴于机会与风险的不对等，还是建议按上述原则进行操作。另一半则留作机动。在一半开盘成交的同时，当盘中（最好是早盘，越早越好，因为越到后面风险越大）出现更好的买卖价位时再动用剩下一半仓位进行"再交易"，即当"独立行情"上涨、次日开盘买入后标的品种出现下跌时，再买入另一半股票，使股票的平均买入价低于开盘价；当"独立行情"下跌、次日开盘卖出后标的股票出现上涨时，再卖出另一半股票，使股票的平均卖出价高于开盘价。两种方式结合交易的收益要好于单一方式，实质是为扩大盈利提供了前提条件。

二是抓住盘中机会与确保收盘了结的关系。使用"章鱼哥"炒股相当于进行一次胜算较大的"T+0"交易，所以务必要做到当天交易、当天了结。具体了结时机有两种：其一，盘中了结。开盘或盘中交易之后，盘中出现了较好的买卖机会（买入的股票大涨或卖出的股票大跌），在这种情况下不等收盘即可了结，虽然不排除交易后可能出现更好的买卖机会。其二，收盘清算。在盘中了结机会不多或优势不明显的情况下，投资者可按既定计划选择收盘价进行清算。在这种情况下，无论结果盈还是亏，也不管盘中已经过去的机会是好还是坏，收盘时一定要及时了结、确保成交，以免留下"后遗症"，这是使用"章鱼哥"炒股与平时交易的一大区别。

第二节　勿过度迷恋期指仿真"神话"

在临近 2010 年 4 月 16 日期指上市的日子里，各大网站、期货公司组织的期指仿真交易大赛日趋"白热化"。某全国期指仿真交易大赛开始才两天，就有投资者创下了期指仿真交易的"神话"：一名姓尹的投资者，大赛第一天就获得了 71.9% 的收益，两个交易日后，收益率达到了 219.3%。换言之，这名投资者 100 万元的虚拟资金，仅仅过了两天，就奇迹般地增加到了 319.3 万元。从面上情况看，在头两个交易日里，收益排名前 20 名的投资者也均获得了 50% 以上的高收益率。

许多投资者看了这一报道感到不可思议，有的甚至跃跃欲试，准备等期指正式上市后大干一场。然而，笔者认为，股指期货毕竟是一个以小博大的市场，加之仿真交易的特殊性，期指仿真交易大赛创下的高收益率"神话"，不值得投资者过于"迷恋"。

1. 于高风险基础上创下的仿真交易"神话"

两天时间，收益就超过了 2 倍，投资者对期指仿真交易大赛创下的这一"神话"怦然心动不足为奇。但须明白，这种"神话"是在高风险基础上创下的。笔者平时接触到的一些投资者，多数一提起股指期货，首先想到的是又多了一种新的获利方式——不再像以前那样只有在市场上涨的时候才能获利，而是在市场下跌的时候也可以获利，但却忽略了其中的风险：一旦做反，不仅在市场下跌的时候可能亏钱，上涨的时候同样可能亏钱。而且，因为股指期货采取的是保证金交易制度，在放大盈利的同时也放大了亏损。一旦市场运行与预期相反，投资者所面临的风险就会成倍放大。加之股指期货还采用当日无负债结算制度，投资者还将面临强行平仓的巨大风险。

2. 多数投资者亏损的前提下创下的仿真交易"神话"

理性的投资者在参与某一投资活动前，总要事先分析一下成功的概率。当胜算较大时，他可能会选择参与；反之则可能放弃，这也是许多投资者之所以不愿意参与博彩的重要原因。期指仿真交易大赛创下的高收益"神话"与此并无二致，能够创下这种"神话"的赢家也只有极少数人。杭州一家期货公司近一个月的期指仿真交易大赛结果显示，正收益率的投资者占比不到 40%，而负收益率者却超过了 60%。据另一家期货公司统计，在开赛以来的一个多月时间里，模拟账户一共开了 4109 人，只有 785 人盈利，占比不到两成。赚点蝇头小利都如此之难，更甭说创下两天时间收益超过 2 倍这样的"神话"了。

3. 缺乏心理压力的情况下创下的仿真交易"神话"

投资股票也好，参与期指交易也罢，最终能否成功，在很大程度上取决于投资者的心态及是否有压力。心态好、压力小，往往有助于投资的成功；反之则相反。两天时间收益超过 2 倍这样的"神话"，是在没有心理压力的情况下，用虚拟资金进行的交易，催生出来的也只是虚拟的"富翁"。尽管期指仿真交易中的操作流程、结算方式、风控措施、资金管理等都与实际交易比较接近，且交易数据也蕴含着各种真实的信息内容，仿真交易的结果在一定程度上也体现了投资者期指交易的能力和水平，但由于是仿真交易，用的是虚拟资金，无论是资金性质，还是心理压力，都无法与真实交易相提并论。实际交易时，结果未必还会这么"美好"。所以，投资者不宜过于"迷恋"两天时间收益超过两倍这样的"虚拟神话"。

参加过期指仿真交易的投资者应将仿真交易看作一次"模拟演习"，为今后的正式交易奠定基础。未曾体验期指仿真交易的投资者对仿真交易大赛创下的高收益"神话"更要理性看待，不能过于"迷恋"。因为，期指实际交易中可能出现的各种复杂情况往往防不胜防，单是每时每刻需要盯盘这一点，恐也不是普通投资者人人都能做到的。

除了投资者自身需理性看待期指仿真交易"神话"外，有关部门也要加强对各种期指仿真交易大赛及舆论宣传的管理和引导，防止一些单位和个人出于各自目的而出现过于渲染"神话"气氛的情况，以求客观真实地反映期指仿真交易的结果，便于投资者在不受外力和人为因素影响下对自身能力作出全面正确的评估，审慎决定是否参与期指交易。

第三节　淘金"难看股"：细节决定成败

许多投资者都有看图炒股的习惯：当大盘 K 线图趋势向下时空仓，方向不明时观望，向上突破后跟进。在 2010 年 11 月的反弹行情中，就有不少投资者一直处于观望之中，决意等 3000 点被"有效"突破、新一轮牛市"确立"后再进场，似乎只有在图形"好看"时买入股票才显得安全。实际上，11 月 12 日沪深股市双双暴跌后，那些 3000 点上方高位追进的投资者不仅颗粒无收，而且损失惨重。

个股也一样。打开 K 线图，投资者不难发现：在沪深股市 1950 多只挂牌交易的股票中，有的从低点起来一路走高，图形显得非常"好看"，吸引众人目光；有的则从高点下来，阴跌不止，样子感觉十分"难看"，遭到股民抛弃。然而，"好看股"在给部分投资者带来些许收益的同时，也有人不赚反亏；"难看股"在使部分股民遭受投资损失的同时，也能使另外一些投资者从中受益。

1. "难看股"里有黄金

先来看一下实盘操作。2010 年 9 月 1 日之前，笔者持有中海集运 32400 股。9 月 9 日、13 日两天，分别卖出大秦铁路各 10000 股（均价 8.775 元），随即买入中海集运各 21200 股（均价 4.025 元）。加上原持有的股票，持有中海集运的总数达到了 74800 股（见表 19-1）。

表 19-1 2010 年 9 月 2~13 日交易中海集运清单

交易日期	交易方向	股票名称	成交价格（元）	成交数量（股）	股票余数
9 月 1 日	原余				32400
9 月 2 日	卖出	中海集运	4.11	32400	0
9 月 2 日	买入	中海集运	4.11	32400	32400
9 月 9 日	卖出	大秦铁路	8.76	10000	
9 月 9 日	买入	中海集运	4.05	21200	53600
9 月 13 日	卖出	大秦铁路	8.79	10000	
9 月 13 日	买入	中海集运	4.00	21200	74800

自 9 月 13 日完成中海集运建仓操作以来至 11 月 2 日（为说明问题，以 2 日中海集运涨停日作为截止日期），在不到两个月时间里，上证指数、深证成指和大秦铁路分别上涨 13.28%、16.73% 和 3.42%，同期中海集运涨 20.15%，分别跑赢 6.87 个、3.42 个、16.73 个百分点，取得了较好收益（见表 19-3）。

表 19-2 2010 年 11 月 2 日中海集运涨幅及与大秦铁路、大盘指数比对

区分	11 月 2 日收盘	涨跌幅（%）
上证指数	3045.43	−0.28
深证成指	13646.46	−0.71
大秦铁路	9.08	0.11
中海集运	4.83	10.02

表 19-3 2010 年 9 月 13 日~11 月 2 日中海集运涨幅及与大秦铁路、大盘指数比对

区分	9 月 13 日收盘	11 月 2 日收盘	涨跌幅（%）	中海集运与目标比（百分点）
上证指数	2688.32	3045.43	13.28	6.87
深证成指	11690.35	13646.46	16.73	3.42
大秦铁路	8.78	9.08	3.42	16.73
中海集运	4.02	4.83	20.15	0

如果按 11 月 2 日收盘时的涨幅和近两个月"好看"的日 K 线图分析，回过头去看 9 月的这些操作——卖出大秦铁路、换入中海集运，无疑是正确的选择。但在当时，按技术派投资者的操作习惯，很难想象会作出这样的操作决定，因为从图形分析，当时的大秦铁路并不"难看"，而中海集运则属于典型的"难看股"。

说中海集运是一只典型的"难看股"并不为过。该股自 2007 年 12 月上市以来（发行价 6.62 元），一直萎靡不振。打开周 K 线图可见，2008 年 1 月短暂冲高至 12.57 元后，中海集运便与大盘一道连收 10 阴，累计跌幅高达 81.23%，比上证指数同期（–69.60%）多跌 11.63 个百分点。之后，经过短暂返弹，该股再次大跌 51.24%，跑输上证指数（–33.30%）17.94 个百分点。后来，中海集运虽随大盘有所反弹，但至 2010 年 9 月，高点依然只有 4.21 元。在不少投资者看来，中海集运下降通道清晰可见、均线压制尚未摆脱，是一只再典型不过的"难看股"（详见表 19–4）。

表 19–4 2008 年 1 月~2010 年 9 月中海集运月 K 线显示的高低点及与上证指数比对

区间	区分	上证指数	中海集运	与上证指数比（百分点）
区间一	2008 年 1 月高点	5522.78	12.57	–11.63
	2008 年 11 月低点	1678.96	2.36	
	跌幅（%）	–69.60	–81.23	
区间二	2008 年 11 月低点	1678.96	2.36	65.73
	2009 年 8 月高点	3478.01	6.44	
	涨幅（%）	107.15	172.88	
区间三	2009 年 8 月高点	3478.01	6.44	–17.94
	2010 年 7 月低点	2319.74	3.14	
	跌幅（%）	–33.30	–51.24	
区间四	2010 年 7 月低点	2319.74	3.14	17.48
	2010 年 9 月高点	2704.93	4.21	
	涨幅（%）	16.60	34.08	

然而，正是这样一只昔日并不被众人所看好的"难看股"，一个多月之后，摇身一变成了众人瞩目的"好看股"。尤其是 11 月 2 日，在上证指数、深证成指分别下跌 0.28%、0.71% 的情况下，中海集运在众多的低价股中脱颖而出、逆市以涨停报收，给昔日善待"难看股"的投资者带来了较好回报。

2. 还是"笨"办法管用

能不能在"难看股"里发现好股票是一回事，发现后敢不敢于及时买入并在出现下跌时再次捡拾又是一回事。要做到这一点，其实无须高招，只需"笨"办法即可。

第一，知错就改。投资者可能会问，9 月 2 日刚刚以 4.11 元价格卖出的中海集运怎么突然又在当天接了回来？实际上，即使再"铁"的股民对于持有的长线仓位，有

时为做短差也难免会有筹码丢失的时候。当时，卖出中海集运的目的是想在日后以更低的价格把它买回，但一查成交发现，32400 股中海集运只有一个成交记录，即被同一个投资者买走（实际单笔成交数量还要大），应该系大户所为，直觉告诉自己，应立即把这些筹码买回来。在当天接回（买入成交）时，笔者又发现，共有 16 个成交记录，成交时间持续了 5 分多钟，此举更坚定了笔者"主力在买、散户在卖"的判断。这也说明，对于抛出去的筹码能够"正差"接回当然最好，万一失算、无法"正差"接回，同时又发现抛出去的股票是好股票时，则应当机立断把它买回，哪怕损失些交易成本或少量"倒差"。

第二，跌时捡拾。在实际操作中，笔者发现有的投资者追涨时很来劲，股票下跌后却没了再买的激情，这实际上是投资的大忌。同样的股票、同样的市场环境，在基本面变化不大、前后时间不长的情况下，就是要越跌越买、敢于捡拾，与主力比成本、拼耐心。鉴于此，当中海集运一周后跌至 4.05 元时，卖出大秦铁路 10000 股（8.76 元）换入中海集运 21200 股（4.05 元）。跌至 4 元时，再次进行了这样的换股操作，只是卖价更高（8.79 元）、买价更低（4.00 元）。两次增仓，使持有中海集运的总数达到 74800 股（规定的仓位上限）。

第三，经受考验。在股市投资，谁也不能保证买入的筹码不跌，关键是跌后怎么办：是恐惧害怕，还是无所畏惧、坚定持股。多年的成败得失表明，要想在股市取胜，必须选择后者：在主力刻意打压时，做到坚守初衷、坚定持股，这也是投资者在复杂多变的资本市场取得成功的关键所在。实际上，建仓完毕后，主力并未立即拉升，而是借大盘调整，进行顺势打压。9 月 13 日至 29 日，尽管上证指数和深证成指跌幅不大，但中海集运却缩水了 10.20%，多跌了 7.31 个和 6.21 个百分点（见表 19-5），对持股的投资者的确是个不小的考验。

表 19-5　2010 年 9 月 13~29 日中海集运跌幅及与大秦铁路、大盘指数比对

区分	9 月 13 日收盘	9 月 29 日收盘	涨跌幅（%）	中海集运与目标比（百分点）
上证指数	2688.32	2610.68	-2.89	-7.31
深证成指	11690.35	11223.86	-3.99	-6.21
大秦铁路	8.78	8.30	-5.47	-4.73
中海集运	4.02	3.61	-10.20	0

第四，涨时淡定。炒股，无时不在对投资者进行着折磨和考验，这种考验不仅表现在当股市下跌时投资者是否有足够的耐心持币，而且表现在当股票上涨时是否有足

够的耐心一路持有、让股票充分上涨。实际操作中，有的投资者跌时拿得住，但涨时容易丢。殊不知，股票上涨大多不会一蹴而就，而是需要持续一段时间。在此期间，投资者既要允许股票涨，也要允许股票跌，要给它足够的运行时间，不要指望能精准地踏准涨跌节奏，每次做到高抛低吸，尤其是在指数大幅震荡、热点频繁切换时更需保持淡定，用"笨"办法应对复杂多变的股市。

3. 细节决定成败

"难看股"里有黄金，取得收益靠的又是"笨"办法：逢低买入、一路持有。那么，对于众多的"难看股"，怎么判断其中有没有主力，会不会上涨，并据此树立持股的信心？笔者的体会是，要做有心人，特别是对盘中交易时的一些细节要仔细观察、认真研究，这一点往往决定着操作"难看股"的最终成败。投资者在操作"难看股"时需观察的细节主要有：

第一，有无主力。主要根据盘口走势是否存在异动来确定有无主力关照。10月27日，全天大盘单边下跌1.46%。在尾市大盘继续大幅下挫的情况下，中海集运却在最后15分钟从全日最低点4.21元直接拉至4.32元全日次高点，逆市收涨1.17%。事先毫无征兆、尾市突然抢筹这一"偷袭"动作，让中海集运的主力暴露无遗。

第二，能否拉升。有主力并不意味着股价一定会在短时间里出现拉升，还须结合盘口动向加以综合分析和运用。11月1日，笔者发现，在下午指数"横盘"过程中，中海集运每间隔1~2分钟就会出现一笔50万股的巨大买盘，这种情况持续了较长时间。如果没有具有足够资金实力的主力关照，不可能会出现这种情况，加之连续数天该股都位居低价股涨幅前列。应该说，这种情况的出现，往往是主力不甘寂寞、股价即将大幅拉升的前兆。

第三，何时涨停。与大幅拉升相比，股价出现涨停，对于持股的投资者来说无疑是最刺激的走势。11月2日，中海集运先在上午开盘后5分钟大盘快速下探过程中从4.39元拉至4.49元；半小时后再起一波，从4.49元推到4.59元；横盘1小时后，又从4.59元升至4.69元，最终以6.83%的涨幅结束上午的交易，稳居股市涨速榜前列。这种入场资金充足、主力实力强悍、走势极有规律、控盘手法老练的股票，极有可能在下午一开盘就直奔涨停。果然，下午开盘后，不到5分钟，中海集运就在数千万股买盘推动下一举涨停。

股市投资，不同的股票图形"好看"与否是个相对的概念；同样的股票图形，不同的投资者也会作出截然不同甚至完全相反的"好看"与否的判断。作为投资者，重

要的是要明白：真正能在股市赚大钱的，往往不是等图形"好看"时介入、"难看"时卖出，而是在"难看"时捡拾、"好看"时了结的投资者。那些股价涨幅已高、主力获利丰厚、看似漂亮"好看"的股票，可能存在短线机会但却风险很大，而那些累计涨幅不大、主力深套其中、多数人认为"难看"的股票却存在较大的投资机会。能否从"难看股"上成功淘金，很大程度上又取决于投资者的心态和对一些细节的把握。

第四节　七成股民跑输大盘之反思

与2008年股灾相比，2009年头5个月两市的表现，可以用一个字来形容，那就是"牛"！

1. 七成股民跑输大盘

1月5日，2009年头一个交易日。正当人们还沉浸在2008年熊市的阴影里，思忖着要不要吸取教训、控制风险，轻仓甚至空仓时，沪深股市一改2008年的阴霾，立马显出牛相，上证指数和深证成指以分别上涨3.29%和2.30%，两根中阳双双实现"开门红"，拉开了牛市"大戏"的序幕。

随后5个月，在更多股民的犹豫、彷徨中，两市高举高打、势不可当，指数屡创反弹新高，个股更是牛气冲天。至5月最后一个交易日，上证指数月线连拉5阳，从1820.81到2632.93，一鼓作气涨了44.60%，深证成指涨幅更大，达到56.16%，两市平均涨50.38%。一些个股你追我赶，轮番表演，有的股价已翻倍，有的则连翻几个跟头，而且依然没有停歇的迹象。大盘和个股的强劲表现，大大出乎许多投资者年初的预料，更让那些保守、谨慎的投资者看不懂、道不明。

同样让人看不懂的是，指数和个股的强势表现，并没有使多数投资者的市值跟着水涨船高，牛市盈利的投资者并没有如人们想象的那样多，涨幅也没有想象的那样大，收益能够跑赢大盘甚至跟上那些牛股节奏拉出"长阳"的投资者更是寥寥无几，而不盈反亏的倒大有人在。

先来看一个实盘。2009年1月10日，浙江某著名媒体的证券周报推出了类似实盘比赛的栏目——"二十万元投资组合"。至6月5日收盘，参与实盘操作的三位选手"一盈一平一亏"，全部跑输大盘。同期上证指数涨44.57%，深证成指涨58.74%，平均涨幅 51.66%。战绩最好的 T，收益率为 33.95%，跑输指数 17.71 个百分点；第二名 G 几乎打了个平手，收益仅为 3.42%，跑输指数 48.24 个百分点；收益最差的是 X，在指数上涨 51.66% 的情况下，竟逆市亏损 8.67%，跑输指数 60.33 个百分点。三位选手收益无一超过大盘，平均跑输指数 42.09 个百分点。

再来看一组数据。这是上海证券报联合证券之星开展的"千点反弹股民现状"网络调查。截至 2009 年 5 月 20 日 20 时，超过 6000 位投资者参加了这一调查。结果显示，尽管 7 个月中大盘涨幅高达 60%，四成个股股价翻番，但在参与调查的投资者中，只有四成投资者表示有收益，但获利幅度只在 0~60%；仅有一成投资者表示获利丰厚，资产升幅超过 100%；出人意料的是，在"千点反弹"期间，还有三成投资者的资产升幅为负，其中两成股民表示略有亏损，一成股民甚至表示亏了很多。换言之，在参与调查的投资者中，多达七成的投资者跑输大盘。

2. 尴尬背后的反思

熊市亏钱，没啥说的，但牛市跑输大盘甚至亏损，却着实让人匪夷所思。上述三位选手若是刚入市的新股民，抑或是操作手法、心态、技术有问题，跑输大盘也不足为奇。问题是，这些选手，都是久经沙场、身怀绝技的老股民，而且赶上了 2009 年这难得一遇的大牛市，结果还是出现了平均跑输指数 42.09 个百分点的尴尬局面。

无论是实盘选手，还是普通股民，"失败"已成往事，尴尬也不可怕。真正可怕的是，"失败"过后仍未醒悟，尴尬之后重复犯错。鉴于这一考虑，利用周末闲暇，笔者将记录着三位选手参赛数据的报纸一一找出，循着他们操作的足迹和脉络，找寻跑输大盘的背后原因，进行些许反思，以期给更多的人以启迪：

实盘 T：开赛第一天——1 月 12 日，T 以开盘价 5.35 元全仓买入山西焦化 37300 股，第二周就将其卖出。以后，T 又先后在沙隆达、澄星股份、海虹控股、泰达股份、金牛能源等多只股票上来回操作。最终，在三位选手中，T 以 33.95% 的收益率胜出，但未能跟上大盘节奏，跑输指数 17.71 个百分点。

反思一：频繁换股是牛市跑输大盘的头号"杀手"。T 曾以选股精准、快进快出著称，其最大的特点是几乎每周都要换股，而且多数以周一开盘价买入或卖出。这种操作手法，在大盘和个股处于僵持或震荡阶段，具有一定的优势，但在一轮大牛市里，往往得不偿失。多动不如少动、少动不如不动的炒股经，在牛市里尤为适用。假如 T 采取买入后一路持有策略，不仅操作起来更轻松，而且收益率也更高。以金牛能源为例，T 的买入价为 22.60 元，卖出价为 22.85 元，6 月 5 日收盘价已涨到了 35.59 元，但

因为拿不住，五成多的收益就这样灰飞烟灭。即使一路持有买入的首只股票山西焦化，涨幅也达 46.54%，比频繁换股多出收益 12.59 个百分点。

实盘 G：2009 年第一波也是最大的一波反弹行情自 1 月 13 日起至 2 月 16 日止。从实盘赛开始，G 一直空仓，不敢买入。直至 2 月 16 日，大盘连涨 19 天，涨幅高达 28% 时，G 终于忍不住，首次建仓华夏银行（9.68 元）。然而，从 G 建仓的次日起，大盘随即出现了连续两周，同时也是 2009 年以来幅度最大的一次调整，给 G 致命一击。好在半个月后，G 抓住时机以 9.68 元的买入价顺利脱手。这一仗，G 空手而归；3 月 9 日，G 二度出手，12.65 元建仓海通证券，9 天后又以 12.70 元的价格几乎平手出局，再一次无功而返。就这样，G 一空仓，大盘就涨，G 一进场，大盘就跌，一次次踏空，一次次错失良机，最终只收益 3.42%，跑输指数 48.24 个百分点，与牛市失之交臂。

反思二：底部做空是导致牛市跑输大盘的一大"硬伤"。在读者的心目中，G 堪称捕捉"黑马"的高手。2007 年实盘赛期间，G 曾因准确捕捉并长期重仓持有"大黑马"风帆股份（7.30 元买入，36 元卖出），实现盈利 411.24% 的目标而一举夺魁，给读者留下过深刻印象。正当人们再次期待 G 在 2009 年的牛市里再捕"黑马"、再创辉煌之时，G 却交了份差强人意的答卷。回眸 G 的参赛轨迹，不难发现，底部踏空、错失机会，是导致其牛市跑输大盘的重要原因。股市就是这样，期待的往往落空，担心的常常发生，本想空仓等跌，结果涨了又涨；曾经有过辉煌，并非永远会盈；高位满仓风险极大，低位空仓风险同样不可小视。还有，如果说低位空仓是"一错"，那么高位追涨就是"错上加错"。

实盘 X：相比前两位选手，X 似乎"运气"更差，不仅没能跑盈大盘，而且成了唯一一位牛市亏钱的参赛选手，而导致这一结局的"罪魁祸首"当属福星股份。2009 年新年伊始，福星股份俨然成了两市仅有的几只明星股之一，在短短一个半月的时间里，涨幅就超过 60%，吸引着众人的目光，也刺激着 X 的神经。2 月 14 日，X 在"操作计划"里，作出了大胆而又危险的决定——"下周一 7.5 元全仓买入福星股份"。周一，X 如愿以偿，满仓福星。随后 9 个交易日，福星大幅杀跌，X 市值同步跳水。两周后，X 咬牙卖出。这一卖，就使 X 的收益，由原来的盈利 7% 变成了亏损 13%。此后，大伤元气的 X 再也不敢冒险操作，从 3 月 2 日一直空仓到了 5 月 11 日，同期大盘则由 2066 点涨到了 2646。最终，X 的收益逆市下跌 8.67%，跑输指数 60.33 个百分点，这一"战绩"成了 6 月 5 日收盘时 X 的一段刻骨铭心的记忆。

反思三：追涨杀跌是牛市跑输大盘的"致命伤"。"炒股切忌追涨杀跌"这一老掉牙的警句，常被一些人视作耳旁风。然而，实践反复表明，追涨杀跌往往没有好结果，

十有八九要吃亏，X 当然也不例外。X 曾因短线激进而名噪一时。实盘赛开始阶段，X 也曾在津劝业上成功出击，取得过超过 7% 的收益。然而，这位短线高手最终还是"晚节不保"，"伤"在了追涨杀跌这一低级而又传统的险招上。面对亏损成绩单，眼睁睁地看着大盘和个股尽情狂舞，个中味道，是苦还是涩，只有 X 本人才能品得到。

5 个月，弹指一挥间；未来路还很漫长。三位选手，留给人们的反思远非这些；这些反思也不仅仅只针对三位选手。其实，许多股民在投资炒股中，都或多或少曾经犯过或仍在犯着上述选手犯过的错误。正因为如此，及时进行尴尬背后的反思，才显得十分必要和紧迫。

第五节　怎么抢股市"红包"

随着春节长假的结束，小朋友们领取春节"红包"的高峰期同时宣告结束。然而 2011 年春节过后，兔年股市分发"红包"的序幕才刚刚拉开，一个个大小不等、形态各异的股市"红包"正等待着投资者前去发现和领取。

1. 股市也有"红包"

股市也有"红包"，此话确信无疑。2011 年春节前夕（1 月 31 日），笔者就发现并领取了一只虎年（2010 年）股市最后分发的节日"红包"，分量还不轻——"包"内装有 18613 元现金。

1 月 24 日交易前，笔者的 A 账户处于满仓状态，资金余额为 1095 元。1 月 24~31 日 6 个交易日，A 账户在 4 个交易日进行了操作，全部交易清单如下：

24 日，卖出大秦铁路 20000 股，价格 8.67 元，买入新疆城建 19700 股，价格 8.76 元，交易后的资金余额为 1502 元；

26 日，卖出大唐发电 12100 股，价格 6.38 元，买入华东电脑 3800 股，价格 20.50 元，资金余额 632 元；

28 日，卖出华东电脑 3800 股，价格 21.224 元，买回大唐发电 12100 股，价格 6.19 元，资金余额 6194 元；

31 日，卖出新疆城建 19700 股，价格 9.48 元，接回大秦铁路 20000 股，价格 8.64 元，资金余额 19708 元（全部交易清单详见表 19-6）。

表 19-6　2011 年 1 月 24~31 日全部交易清单

交易日期	交易方向	交易品种	成交价格	成交数量	资金余额
1 月 24 日	卖出	大秦铁路	8.67 元	20000 股	1502 元
	买入	新疆城建	8.76 元	19700 股	
1 月 26 日	卖出	大唐发电	6.38 元	12100 股	632 元
	买入	华东电脑	20.50 元	3800 股	
1 月 28 日	卖出	华东电脑	21.224 元	3800 股	6194 元
	买入	大唐发电	6.19 元	12100 股	
1 月 31 日	卖出	新疆城建	9.48 元	19700 股	19708 元
	买入	大秦铁路	8.64 元	20000 股	

注：1 月 24 日交易前账户内原有资金余额 1095 元。

细心的投资者或已发现，A 账户经过 6 个交易日内 4 次操作后，持仓品种和数量没有任何变化，卖出的股票全部原数买了回来，买入的筹码又都卖了出去，唯一不同的是账户资金余额——由交易前的 1095 元变成了 19708 元，净增 18613 元，相当于在虎年股市交易的最后一刻捡了个装有 18613 元巨额现金的 "红包"，只要转出资金从银行领取即可。

2. 操作在精不在多

在虎年股市即将 "关门" 的最后一刻能及时发现并捕捉到如此巨额 "红包"，既是一种意外惊喜，又有一定的必然性。投资者关心的是：这只虎年的最后 "红包" 究竟是怎么取得的？操作不多，只有两个来回，怎么会想到进行这样的操作？既然在短时间内卖出的品种都不涨，买入的股票都大涨，为何不卖出账户里所有的股票再全仓买入这两只大涨的股票，这样操作岂不更好？

要回答这些问题，先要弄清楚两笔操作。第一，为何要在 24 日卖出大秦铁路 20000 股（8.67 元），同时买入新疆城建 19700 股（8.76 元）？此时，之所以进行这样的换股操作，主要鉴于两点考虑：一是在此之前（1 月 12 日）笔者有一操作——卖出大秦铁路 15472 股（8.10 元），同时买入华星化工 17800 股（7.06 元）。与当时的操作相比，此时大秦铁路显然出现了更好的卖点。二是 1 月 14 日笔者还有一操作——卖出工商银行 23303 股（4.35 元），同时买入新疆城建 10700 股（9.47 元）。与当时建仓相比，此时新疆城建的买点更好。而且，在这两笔操作中，虽然买入的华星化工和新疆城建都出现了下跌，但两者下跌的幅度和原因不同因而短线机会也不尽相同，后者不仅严重超跌，而且历来股性活跃，一旦止跌企稳反弹力度会更大。

综合考虑以上两方面因素：10 天前卖出的大秦铁路出现了大涨，同时买入的新疆城建出现了深跌，按照越涨越卖、越跌越买的操作原则，没有理由不在原操作的基础上进行同方向"再操作"，即以"更高"的价格卖出大秦铁路，以"更低"的价格买入新疆城建。

第二，为何要在 26 日卖出大唐发电 12100 股（6.38 元），同时买入华东电脑 3800 股（20.50 元）？操作理由不仅是出于高抛低吸的考虑，更是鉴于对长期跟踪股票股性的把握。一方面，经过长期观察笔者发现，大唐发电以往走势有个特点，每隔一段时间总会出现一次"单日井喷"，随后又将恢复原有的不温不火走势。另一方面，不久前买入的华东电脑出现了急跌，无论是短线博反弹还是为日后解套打基础，都有必要逢低补些仓位。26 日，正巧这两方面因素凑在一起，不仅赶上了大唐发电难得一见的"单日井喷"，而且华东电脑继续回调，于是毫不犹豫地进行了这一操作。

值得一提的是，发现并抓住了好的买卖点并不意味着股市"红包"已到手，有时在换股之后被换股票还会出现与投资者预期相反的走势，进一步折腾和考验投资者的操作定律和持股信心。以新疆城建为例，该股并非笔者长期跟踪的自选股，而是投资者 G 经常操作的熟悉品种，而 G 又是笔者经常参考借鉴的"傍炒"对象之一。之所以于 1 月 14 日以 9.47 元买入新疆城建 10700 股，主要考虑 G 当天和前一天曾以 9.51 元和 9.70 元分别买入 1300 股，笔者当天 9.47 元的买入价已比 G 便宜了许多，符合笔者的"傍炒"要求。

应该说，笔者和 G 分别买入新疆城建操作本身并无大错，问题在于买入的新疆城建出现大跌后两者所采取的操作方法截然不同。1 月 27 日，G 见新疆城建大跌，忍不住以 8.82 元的价格割肉离场，不仅分文未赚，还搭上老本、亏着出局。笔者对之前的操作深信不疑，不仅没有割肉，反而在新疆城建跌至 8.76 元时逢低补仓了 19700 股（另一账户追加资金后又补仓了 3600 股、成本价 8.66 元）。这一补，虽然操作不多，但却成了捕捉虎年股市最后"红包"的一大关键动作。

3. 只有抓住才算数

有了上述两笔操作，并不等于股市"红包"已到手。变潜在"红包"为现实"红包"还有一大关键——"抓住"，因为股市"红包"只有抓住才算数。对此，许多投资者深有体会：有时账户里某些股票的盈利十分丰厚，但由于未能及时把握获利机会，"红包"最终成了昙花一现。抓住兔年股市"红包"的关键在于：

第一，既要果断出击，又要适量适度。股市"红包"一般指的是在采取长线投资、

保持筹码不变基础上通过穿插短线操作使账户里的资金多出来的这部分"额外盈利"。对于采取有长有短、长短结合方式操作的投资者来说，在坚持操作风格的同时，可以把更多的精力放在捕捉股市"红包"上，但须做到果断出击、适量适度。一些熟悉的品种在一轮大的急跌之后大多会企稳反弹，但在走势上往往呈现出跌时不温不火、涨时出其不意的特点，这就需要投资者在股票"跌不下去"时逢低买入，突然大涨时果断卖出。还有，不要动用账户里所有的筹码去短线操作，而应做到适量适度。否则，极有可能在操作中显得过于紧张，导致动作变形，不仅达不到高抛低吸的目的，而且时常会成为别人收获股市"红包"的看客甚至埋单者。

第二，既要经受考验，又要善于补仓。这里面有两层含义，一方面，换股后要有自信，特别是当买入的股票出现大跌时原则上要不为所动，握住不放；另一方面，要利用大跌机会，善于低位补仓，这不仅是出于快速解套的需要，同时也是为了更多地捡拾股市"红包"。炒股要想不被套的确很难，实际上几乎所有投资者也都有过被套的经历，特别是当股市出现系统性风险时投资者买入的股票往往会同步下跌，此时被套甚至深套更是在所难免。但有些投资者即使被套总是能迅速解套甚至获利，而有些投资者不是亏损出局就是难以解套，重要区别在于操作方式不同，后者主要是因为曾经在高位斗胆买入的股票出现大幅下跌后害怕股票还会下跌因而不敢在低位补仓甚至割肉离场，不仅导致高位接手的筹码难以解套，而且错失许多获得股市"红包"的机会。

第三，既要明确目标，又要"好上加好"。能否抓住股市"红包"，还取决于投资者的预期。没有预期，往往会上上下下"坐电梯"；预期不当，则会导致思路混乱，要么目标难以实现，要么造成追涨杀跌。在有正确预期的同时，还要做到"好上加好"——在锁定"第一目标位"利润的同时努力扩大利润空间。以上述操作为例，无论是 28 日卖出华东电脑（21.224 元）后买回大唐发电（价格 6.19 元），还是 31 日卖出新疆城建（9.48 元）后再接回大秦铁路（8.64 元），两笔操作都是在有具体目标的基础上较好地做到了"好上加好"——卖得更高、买得更低，最终才牢牢地锁定了利润，抓住了来之不易的股市"红包"。

通过观察周边股市不难发现，兔年中国股市派发"红包"的概率正在增加。北京时间 2011 年 2 月 5 日凌晨美国股市再次收高，特别是道指已创下两年半以来新高。港股也不例外，截至 2 月 2 日虎年最后半个交易日收盘，恒生指数虎年累计上涨17.96%。然而，在周边股市形势一片大好的背景下，虎年上证指数却下跌了 7.26%，成了全球表现最差的市场之一。但种种迹象表明，虎年表现"最差"的中国股市并不意味着兔年仍没有机会，曾经的"最差"恰恰是风险的充分释放，为兔年股市的上涨

积蓄了能量、腾出了空间，从这一点上看，兔年中国股市会有更多的投资机会出现在投资者面前，就看投资者有没有眼力和能力，能不能及时发现和善于捕捉，最终将兔年股市"红包"收于囊中。

第六节　"翻身仗"怎么打

截至 2010 年 11 月，2010 年股市在经历大起大落、大喜大悲之后，只剩下一个多月时间。技法娴熟、操作从容的投资者在跑赢指数后希望能再接再厉、再创佳绩；操作不当、失去机会的投资者考虑最多的是如何调整思路、改变策略，在接下来的"冬季攻势"阶段打个漂亮的"翻身仗"。

1. 为什么会"败下阵来"

要打"翻身仗"，得先总结教训，看看之前的失误在哪里。

先来看两个实盘。11 月 18 日收市后，打开两个投资者的账户，笔者发现：自 10 月 8 日收盘起至 11 月 18 日收市 29 个交易日，在上证指数涨 4.63% 的情况下，投资者 A 的账户总值涨 2.67%，B 跌 3.83%，分别跑输指数 1.96 个、8.46 个百分点。再查看委托和成交记录，通过比对分析发现，这两个投资者尽管操盘风格有较大差异，但导致跑输指数的原因存在许多共性之处：

一是面对涨跌，"两头"害怕。表现在两个方面：一是大涨之后"害怕"新的上升浪又要开始。入市后一直满仓操作的 A 为了控制风险于 10 月 25 日卖出了部分股票，仓位降到了 49.77%，此时获利 11.34%（对应指数 3051 点）。应该说，在指数和个股涨到一定程度时选择减仓是一种相对理性的操作方法。但在大盘继续上涨过程中，A 怕指数再涨，改变了初衷，忍不住再次满仓（对应指数 3159 点），"反差"做了 100 多点。在随后的大盘暴跌中，A 的市值也大幅度缩水。二是大跌之后"害怕"新的"5·30"又要降临。B 在国庆前后一直不敢重仓，当指数涨到 3000 点上方，仓位由轻变重直至满仓，但在 11 月中旬连续数日暴跌之后 B 开始担心"5·30"又要来临，亏着卖出股票。

二是频繁操作，心态失衡。在 29 个交易日里，A 的操作频率很快，总数达到了 46 次，B 也有 32 次。不仅操作次数过多，而且缺乏计划。一方面，操作的时候不是按照事先计划，而是根据盘面再定；另一方面，在实际操作过程中又没有过人的谋略与胆

识，不是在冲高时卖、回调时买，而是多数都在大盘和个股上冲过程中临时买入，下杀时匆忙卖出，操作一次败一次。更奇怪的是，当天追高买入的品种在调整过程中价格比买入时便宜许多的时候又不敢再买，低位刚卖出的品种在冲高时反而不想再卖有时甚至反差买入。长此以往，市值不断缩水。心态严重失衡。

三是喜新厌旧，铸成大错。导致操作次数越多、亏损幅度越大的重要原因是在品种选择时不注重熟悉的股票，而是专挑自己不熟悉的陌生股票。假如在熟悉的股票里踏准节奏，高抛低吸，往往盈多亏少，整体收益也会积少成多。但操作陌生的股票，在受市场追捧时一头扎了进去，一旦该股无人关照便阴跌不止。A、B 投资者都有这一特点。A 的 46 次操作新品种达到了 16 只，B 的 32 次操作新品种更是多达 20 只。从开始时的满怀信心到四处出击，从四处出击到追涨杀跌，从追涨杀跌到最后的"败下阵来"，是许多投资者在炒股时"翻身"不成反而"翻船"的重要原因。

2. 炒股的"制胜秘籍"

在查看 A、B 投资者账户的同时，笔者也对同期自己的操作和市值变动做了查看和分析：10 月 8 日收盘时仓位 99.91%，11 月 18 日 98.22%，在此期间一直满仓，资产总值增加 8.93%，超过指数 4.3 个百分点。

虽然跑赢指数 4.3 个百分点这一幅度不是很大，但还是感到来之不易。尽管从理论上讲，投资者只要高点出、低点进，获利的比例将远超这个数，但实际上绝大多数投资者都达不到这种程度，一不小心甚至会踏错节奏、不盈反亏。假如在满仓持股，与指数齐涨共跌的同时能够胜出指数，便是一种既稳妥（不会踏空）又高超（胜于指数）的投资方法。而要做到这一点，关键是要在"不作为"的同时"有作为"——在长线满仓持股的同时穿插一些胜算、把握较大的短线操作，来达到增加投资收益的目的，归结起来是要做到"四有"：

一是要有记性。在同样 29 个交易日里，笔者的操作次数也达到了 41 次，比 A 少5 次比 B 多 9 次，但操作的品种只有 7 只，远少于 A 的 16 只和 B 的 20 只，且全是长线跟踪的熟悉品种。之所以进行这种"一根筋"式的操作，是因为炒股必须建立在良好记性基础上，严格遵守高抛低吸定律。比如，11 月 16 日卖出大秦铁路（8.69 元，10000 股）、买入中海集运（4.17 元，20800 股），针对的是对两个交易日前（12 日）操作的"记忆"：卖出大秦铁路（8.92 元，10000 股）、买入中海集运（4.47 元，21200股）。相比两天前，16 日的操作虽然卖出大秦铁路少获得 2300 元，但买入中海集运少支付 6240 元，两者相抵相当于"赚"了 3940 元。

二是要有理由。两天后（18 日），当中海集运和大秦铁路分别跌至 4.05 元和 8.24 元时，笔者感到短线套利的机会又来了，当即作了与 16 日相对冲的操作：卖出中海集运（4.05 元，20800 股），买入大秦铁路（8.24 元，10000 股）。这次操作从表面上看，似乎两股都跌了，但实际上跌幅不同，因此仍存套利机会：相比两天前，卖出中海集运亏 2469 元，但买入大秦铁路盈 4500 元，正负相抵再扣除佣金、印花税和过户费之后仍盈余 1601 元，这便是此次操作的理由。

三是要有目的。短线操作时经常碰到买卖双方齐涨或共跌，在这种情况下，一定要明确操作的目的：通过短线交易，使长线投资在筹码不变的情况下设法让资金多出来。无论数额多少，只要资金数量能够增加都是正确的操作；反之都是错误的。

四是要有总结。除了忙于日常交易，投资者还要对一段时间内的操作进行必要的总结，从持股结构是否合理、选股风格有无问题、交易频率是否适度等方面，对所做的操作进行回顾总结，针对存在问题，分析原因、调整策略。

3. 怎样打好"翻身仗"

在接下来的"冬季攻势"中，投资者若想打好"翻身仗"，有几个关键需要引起重视：

一是学会坚韧，告别急躁。炒股最难的是预测大盘，在上亿股民里，笔者至今没有发现预测大盘百测百中的"章鱼哥"。观察发现，无论是专家意见还是媒体观点，往往是一根长阳之后一片看多，投资者若第二天高开时买入时常被套；连跌数日之后又趋于谨慎，投资者若此时才想到减仓往往为时已晚。投资者若在实际操作中能在确保筹码不丢的情况下通过短线操作让资金多出来当然最好，但假如做不到这一点，就需要保持耐心、以静制动。既然指数无法预测就不去测它，以平和心态持有买入的股票，对待股指的涨跌。

二是不要指望"大小统吃"。总有这样一些投资者期望着题材股涨的时候，自己的市值能跟着飞涨，权重权涨的时候自己的市值也能水涨船高。殊不知，要达到这种"大小统吃"的程度一般投资者恐难以做到，稍有不慎还会两头不讨巧。在权重股大涨的时候，不少投资者割肉卖出题材股，再追涨买入权重股，在两头都亏的同时，既羡慕权重股的一时风光，又赞叹低位买入权重股投资者的眼力，其实此时只有一直以来持有权重股的投资者才知道权重股长期沉寂的滋味。因此，正确的做法是，在对大盘不极度看空的前提下，善待所持有的股票，涨到一定时候卖、跌到一定时候买，不要总是不切实际地指望"大小通吃"。

三是宁可慢些，但要稳些。与下跌的时候要有足够耐心等待机会的到来一样，当行情转入"冬季攻势"的时候，同样需要有足够的耐心持有股票、等待上涨。对于市场内外出现的各种声音，无论是看多还是看空、机构增仓还是减仓、资金流入还是流出、趋势转强还是转弱、成交放量还是缩量，都不要管得太多、想得太复杂，始终牢记"越涨风险越大、越跌机会越多"这一简单道理。投资者只要拥有足够的眼力、足够的定律和足够的耐心，在接下来的"冬季攻势"里打赢这场牛市"翻身仗"的概率就会大大增加。

第七节　怎样才能少"埋单"

众人聚餐，无非三种人：一是只管用餐、无须埋单，二是既已用餐、就得埋单，三是最倒霉的，餐未用上、却要埋单，跑也跑不掉、甩也甩不开。在股市投资，最终结局何尝不是这三种情况：赚了钱的，溜之大吉；不赚不亏，也算幸运；最糟糕的，钱没赚到，却接了最后一"棒"，要么"站岗"，要么"埋单"。

炒股，无论市道好坏、行情大小，永远不缺机会，只不过这种机会大小不同而已。交易期间，位于两市涨幅榜前列的牛股，总是吸引着无数股民的眼球：怎么办，追不追？不追，怕失去机会；追吧，又怕接的是最后一"棒"，到头来又逃不出"站岗"或"买单"的命运。

这和用餐与买单的关系一样。要想用餐，就得准备埋单；若不想埋单，就别指望用餐；若既想用餐又不希望埋单，办法只有一个：赶在别人之前用餐，趁在埋单之前走人。

沪深股市就是个能同时容纳数以千万甚至上亿人同时用餐的"餐厅"，人来人往、进进出出，有人用餐、有人埋单，络绎不绝、热闹非凡。这一全球最大的"餐厅"，一个重要的特点是，随着行情的展开和板块热点的轮动，"二""八"之间资金的争夺越发激烈。在行情启动之初，往往是题材股最先"发力"，到了"尾声"，才有"大象"身影。2009 年上半年的反弹行情也不例外，常常是指数涨得不多，但位于涨幅榜前列的涨停板却层出不穷，而且是清一色的题材股，有的早已翻倍，有的甚至翻了几个跟头，而"大象"们则默默无闻、波澜不惊。

行情涨到这里，重仓满仓者兴高采烈，空仓轻仓者坐卧不安。摆在踏空资金面前

的有两种选择：眼红、嘴馋、经不起诱惑的，会不顾一切，弃"大象"择"题材"，去吃人家用过的"剩宴"，但成为最后"埋单"者的概率极大；心态好、目光远的，则会静静地陪着"大象"，耐心等待下一场"盛宴"的开始，虽然时间久点，一时收益低些，但不大可能成为别人"盛宴"的"埋单"者。

2009 年 4 月上旬，上证指数已涨至 2400 一线，而许多"大象"还在原地踏步，涨幅远远落后于大盘，尤其是工行和石油。笔者发现，这两头"大象"安全边际相对较高，除了跌幅大、涨幅小外，还有机构在悄悄增持，单是汇金就在第一季度大幅增持了工中建"三大行"3991 万股，特别是工行占了 60%，增持了 2392.6 万股。鉴于这种情况，两头"大象"就成了当时剩余资金投资的首选品种，笔者遂按计划于 4 月 8 日建仓工行 20000 股，价格 4.06 元，4 月 10 日买入石油 10000 股，价格 11.44 元。当天，上证指数收盘为 2444.23 点。买入后，还采取不"长"不"短"的操作策略，暂时持股不动。

建仓后，两头"大象"尽管显得有些笨拙，却也在不停波动，要能做好差价，来回倒腾倒腾，倒也有利可图，但难度可想而知，弄不好还会适得其反，说不定又成了最后"埋单"的人。操作中，笔者之所以采取不"长"不"短"、暂时持股不动的策略，不在跌时补仓、涨时出掉，也是鉴于这一考虑。

当时，建仓"大象"还有一个初衷，就是为了控制风险，以免使自己成为最后"埋单"的人。买"大象"时，上证指数从低点反弹以来，涨幅已接近 50%，但行情依然没有结束的迹象。此时，重仓怕套牢、轻仓怕踏空的顾虑占了上风，采取什么样的操作策略才显稳妥？经过再三权衡，最终决定采取"三三三"法来确保应有的安全边际，即资金、"大象"和"其他"各 1/3，其中，留 1/3 资金的目的是控制"下跌风险"，持有 1/3"其他"是为了控制"品种风险"，而买入 1/3"大象"的目的在于控制"埋单风险"，以便当大盘涨时不踏空、跌时不"埋单"，做到逐利、风控两不误。有了这样的建仓初衷，无论"大象"是涨还是跌，操作起来自然是持股不动、紧握不放，避免了由于操作不当而使自己成为最后"埋单"的人。

手握"大象"，接下来的问题是什么时候离场？要不要离场，什么时候离场，不是看在"大象"身上是盈还是亏，而是取决于对大势的整体判断。如果感到阶段性高点已经出现，就退避三舍、离"象"观望，但一旦卖出，就不能再追；如对大盘是否见顶一时还难以判断，则继续守"象"。特别需要注意的是，买入并持有"大象"，一定要防止心态浮躁、阵脚乱套情况的出现，即大盘一跌，心里一怕，抛了"大象"；大盘一涨，心头一热，再追"大象"。因为这种没有理由、毫无章法的操作，往往会造成无

谓的损失，不知不觉中投资者就成了最后"埋单"的人。

5月11日，正当许多人继续盼望指数"日日涨"、股票"天天红"，期待着"题材"股继续高歌猛进之时，大盘神奇般地"握手"千点涨幅位、最高见2663.95后，下午2点，风云突变，大盘和个股纷纷开始"跳水"。一个小时后，上证指数收在了全日的最低点——2579.75 点，下跌1.75%，深成指收盘9868.79点，下跌3.09%，且跌破万点心理大关。然而，就在两市只有一成股票上涨，其余股票全部"翻脸"之时，工行、石油这两头"大象"却一反"常态"、昂首挺胸，表现极为出色：工行创了反弹新高4.50 元，收盘微跌1.15%；石油最大涨幅超过4%，收盘依然顽强翻红，逆市上涨0.97%，俨然成了众人羡慕的"万绿丛中一点红"。从买入"大象"到5月22日，指数冲高回落，不少"题材"股跌幅较大，但这两头"大象"却分别上涨4.93%、12.41%，平均涨幅8.67%，帮笔者有效地回避了大盘和个股连跌带来的"埋单风险"，保住了市值，做到了风控。

大盘从1664起涨以来，历时半年多，最高摸至2828，涨了1100多点，涨幅达到70%。哪里是尽头，谁也不知道。但这场股市"盛宴"不可能永远持续下去，终究会有宴散人走的一天。天下没有免费的宴席，"盛宴"结束后，总要有人埋单，这埋单的人，是你、是我，还是他？谜底早晚会揭开。

股市有风险，投资莫大意。身为股民，只要在股市一天，就要永远记住：投资炒股，能不能享受"盛宴"不要紧，关键是要力求不"埋单"，或少"埋单"。

第八节　炒股需要有"记性"

做人、做事都不能没有"记性"。一个人如果失去了记忆，往往会一事无成。要炒好股票，做个"常胜将军"，同样不能忘记过去，同样需要有好的"记性"。

一是对大势的判断要有"记性"。大盘经历了从6124点72%的跌幅后，再从1664点起涨以来，指数不断上扬，个股屡创新高，量能不断放大，股民开始增多。所有这些，都是基于广大投资者对未来的良好预期和"看多"判断，认为反弹未完，股市还会上涨。这种判断，在大盘和个股不断上涨的过程中不大会出现动摇和淡忘，因为大家都沉浸在赚钱的喜悦之中。但在下跌甚至暴跌的时候，这种判断就容易发生动摇，容易被许多人遗忘，因为到时候大多数人都沉浸在赔钱的痛苦之中，心态变了，大家

怕了。追涨时激情来了，"热血沸腾"，杀跌时理性没了，"壮士断臂"，是许多人亏钱的重要原因，也是一些庄家所希望看到的结果。笔者的体会是，在大盘和个股不断上涨、屡创新高的时候，不但要牢记牛市的判断，更要有风险意识，多一份理性；在大盘和个股连连下跌、屡创新低的时候，不但要有风险意识，更要牢记当初对大势"牛市"的判断，多一份激情，逢低从容地吸纳、补仓。

二是对钟爱的股票要有"记性"。涨跌，是股市的"铁律"；高抛低吸，是所有股民都知道的基本常识。但在实际操作中，在同样的投资环境下，对同样的一只股票，有的投资者三五十元的时候非常想买，但当股价跌至一二十元的时候，往往变得不要了，不想买了；有的投资者在股价一二十元的时候不想买，但当涨到三五十元，甚至上百元的时候却变了，要了，想买了。这同样是许多投资者屡买、屡套、屡亏的重要原因。笔者的体会是，对自己所钟爱的股票，需要有好的"记性"。曾经想买的股票，当回调的时候，下跌的时候，不仅不改初衷，不轻易杀跌，而且应该加仓，应该越跌越买，除非目标股曾被爆炒过，或者涨幅已大，或者基本面出现了问题。否则，对在高位曾经想买的品种，在基本面不变的情况下，应逢回调予以加仓。

三是对做过的操作要有"记性"。曾经做过的操作，以什么样的价格，买卖了多少数量什么样的品种，当时为什么会进行这样的操作，在过了不长的时间以后，常常被许多人所忘记。这也是一些人常常亏钱的"致命伤"。笔者的体会是，操作前要独立判断，慎之又慎，操作后要坚守初衷，"记性"要好。林海股份和太龙药业都是笔者原来持有的长线品种，2008年元旦前，曾以9.95元和7.66元的价格卖出。元旦以后，由于大盘和个股表现红火，林海和太龙也一路上扬，没给笔者接回的机会，当时只有一个想法，只要能够保本，就把它们接回来。后来，大盘和个股出现了较大幅度的调整，林海和太龙也同步出现了下跌。一个月后，当行情出现反弹的时候，笔者没有去追当时表现抢眼的"热门股"，而是始终牢记当初的"计划"，选择逆市下跌的林海和太龙，在它们调整时，分别以8.088元和6.95元的价格把原来抛出的筹码接了回来，不仅保持了原有股数，而且多出资金17625元。

第九节　猜测底部不如"计划行事"

随着股市的持续下跌，市场内外各种看空的猜测也多了起来：有的认为，股市下

跌后仍将下跌，甚至更低，更有甚者，认为熊市将持续两年、三年甚至更长时间。面对各种悲观、看空的猜测，投资者人心惶惶、提心吊胆，看不到希望，看不到未来，满仓的想割肉离场，空仓的则不敢进场。

　　无论是持股的，还是持币的，投资者都希望自己买在最低点，卖在最高点，因此都非常关心大盘和个股的底在哪里？什么时候才可以建仓买入股票？何时应该清仓离场？作为一名有着十多年"股龄"的老股民，笔者认为，市场内外，没有谁真正知道"底在哪里""顶在何方"？更不可能有人能够始终做到"买在最低点，卖在最高点"。与从事其他行业一样，炒股的人偶尔搭上班"顺风车"不足为奇，想成为一名百发百中的"神枪手"的可能微乎其微。

　　猜测底部如此之难，所以不如给自己定个期望值，制订个计划，并按计划行事。这样就显得较为理性和现实。

　　一是何时进场要有计划。在股市投资，除了成熟老到的股民，不少人在操作时其实是缺乏计划性的。在很多时候，买卖股票会带有明显的情绪化倾向，往往受行情波动、现场气氛影响。典型的例子是，在大盘五六千点的时候，许多人会冲锋陷阵、不顾一切地买入，此时胆子很大；在两千多点的时候，却有不少人选择割肉离场，胆子很小根源在于缺乏计划。怎样制订进场计划？可以根据个人的实际情况而定。如有人认为 3000 点是底部，那么他可以在 3000 点上下开始分批买入。有人认为 2500 点是底，那么他可以等到 2500 点的时候再买。如果认为 2000 点才是底，那么他必须等到 2000 点方可买入。只要是自己期望的点位，按照自己事先的计划行事，都不算错。

　　二是进场买啥要有计划。除了将大盘的某一点位作为自己买入股票的"心理点位"外，还要有具体备选的品种，以免当自己想建仓买入的时候，没有了目标和方向，成了无头苍蝇。如大盘是 2300 点，自己精选、可供买入的品种有 5 只，自己建仓的"心里点位"是 2000 点。此时，就应将大盘点位和备选品种现时的价格记录下来，供日后备用。当有一天大盘真的跌到自己所期望的 2000 点的时候，再去看看这 5 只股票的价格，此时选股的标准就是"谁跌多买谁"，即在这 5 只备选品种里，选择跌幅最大的一只按计划买入。需要注意的是，当大盘和个股朝与自己预期相反的方向运行时，切忌违背初衷、放弃计划、追涨杀跌，因为这是炒股的大忌，成熟、理性的投资者一般很少会这样做。

　　三是进场之后要有计划。由于"心理点位"只不过是你认为可以买入的点位，并不一定就是大盘的底部，备选品种也不过是你认为可以买入的品种，不可能没有"失眼"的时候。所以，当"心理点位"没有达到之前，要耐心等待，不可心急，如迟迟

未能到达"心理点位"，要学会放弃。建仓成功后，无论是大盘还是个股，都有两种可能，一是上涨，二是下跌，故在进场之前就要对"进场之后怎么办"做好打算。假如买入后涨了，何时卖出，要有计划并严格执行，一般情况下，笔者认为应采取分批卖出、获利了结；假如买入后跌了，又该怎么办，同样要事先想好计划并严格执行，一般情况下，笔者认为不宜采取割肉止损的操作方法，相反，应逢低分批买入，沉着应对，无须惊慌。

炒股是有风险的。假如大家都知道底在哪里，顶在何方，炒股岂不成了无风险投资？要想在充满风险的股市取得投资的成功，势必要有过人的本事。"按计划行事"这一看似平常实则不易的投资方法，正是高手们历经风浪而不倒、顽强坚守在熊市的黑夜里并能笑到最后的"过人"之处。

第十节　"谋而后动"方能"战胜自己"

散户炒股，最大的敌人既不是庄家也不是机构，而是自己，能否在充满变数的股市稳操胜券、成为赢家，不仅取决于大盘和个股的表现，更取决于能否做到"谋而后动""战胜自己"。

"谋而后动"方能"战胜自己"有三层含义：一是操作前要有计划，二是有了计划需要执行，三是执行之后还应反思。

1. 操作前要有计划

炒股离不开操作，操作离不开买卖，操作前要有计划主要也是体现在买卖前的计划上。制订买入计划需从三方面入手：

一是要有记性。2010 年 12 月 13 日，笔者有一笔资金（15456 元）准备买入股票。当时有两个选择：要么根据盘面追"热门股"，要么买入之前曾经想买如今已大幅下跌的股票。根据笔者的选股原则，自然首选后者。记得 11 月 26 日曾有一计划——拟买长航油运（5.26 元）或交通银行（5.70 元）。当时，这两只股票已分别跌至 5.23 元和 5.60 元，均出现了比之前更好的买点，因此决定在长航油运和交通银行两只股票中选其一择机买入。

二要做到"好上加好"。打开登记本笔者发现，10 月 26 日获利卖出的华远地产

（6.26 元）也出现了大幅下跌，有了更好的买点（最新价仅为 5.83 元），可以选择正差接回，但与长航油运和交通银行相比，买点优势不如后者。10 月 26 日卖出当天，华远地产收盘价为 6.34 元，最新 5.83 元，跌幅 8.04%。同期长航油运和交通银行的跌幅分别为 12.40% 和 12.64%。从比对结果看，买入长航油运和交通银行两只股票中的任意一只（尤其是交通银行）所对应的正差幅度都比华远地产要大，最优方案显然是买入交通银行。

三要多方比较找金股。有了待买目标后若有更好的品种还可一并加以考虑，在此基础上再确定最终拟买品种。当时，笔者突然发现 11 月 11 日还做过一笔操作：卖出交通银行（6.15 元），换入华星化工（9.70 元），12 月这两只股票虽然都出现了下跌但跌幅相差较大：交通银行最新 5.60 元，只跌 8.94%；华星化工最新 7.93 元，大跌 18.25%。假如一个月前用手头余资 15456 元买华星化工只能买 1593.4 股，此时再买相同品种、相同数量的股票只需 12636 元，相当于多出资金 2820 元。最终，笔者作出了买入华星化工 1900 股的操作计划。

不仅买股票要有计划，卖股票也要有计划。制订卖出计划的方法与买入计划类似，只是价格要求正好相反："买入计划"是价格越低越好，但"卖出计划"则是价格越高越好。

2. 有计划还要执行

如果说没有计划、盲目操作是炒股大忌的话，那么有了计划不执行同样是炒股的大忌。因此，笔者按照制订的计划，第一时间以 7.94 元的价格买入了 1900 股华星化工。做到严格按计划操作的关键是要养成"四个习惯"：

一是养成"低吸高抛"的习惯。不少投资者在实际操作中也制订过买卖计划，但却未能严格执行，原因之一是贪婪或恐惧在作祟。当待买（卖）股票的市价未达设定的计划价时盼着下跌或上涨，但达到计划价时又不敢买入或卖出，担心买后再跌或卖后再涨，最终错失机会。做到严格按计划操作的关键是要克服贪婪或恐惧，养成低吸高抛的习惯，一旦到价就要毫不犹豫，按计划操作。当然，若能在买入时买得比计划价更低些，卖出时卖得更高些自然更好。

二是养成"弃生就熟"的习惯。投资者未能执行操作计划的另一原因是"喜新厌旧"，担心买卖熟悉的"老股票"会跟不上节奏，抓不住牛股，跑不过指数，因而频繁地买卖相对陌生的"新股票"，结果适得其反：买入的股票不涨、未买的股票大涨。走出这一怪圈的方法是要克服侥幸心理，养成"弃生就熟"的习惯，尽可能选择熟悉的

股票进行买卖操作，且做到买入后要敢于高抛，卖出后要敢于低吸。

三是养成"不走极端"的习惯。总有这样一些投资者在操作时喜欢"走极端"——集中兵力（全部资金）出击一只股票。虽然这种操作方法有可能达到利润最大化的目的，但也可能导致风险的最大化。正确的"执行计划"方式是到价后分批操作，以便为"进一步"的操作——再跌再买、再涨再卖预留空间。具体方法有两种：一是等量法，先确定初次买卖数量，再依次分段操作（每次数量都不变）；二是倍数法，数量不等但比例相同（2倍、3倍或1/2、1/3等）依次递增或递减。

四是养成"勤做记录"的习惯。有的投资者既想"得到"多一些，又想"付出"少一些，连动动笔头做做记录都不愿意，常常导致事先制订的操作计划未能严格执行。解决记性不好、计划不能严格执行问题最有效的办法便是"勤做记录"：既要对什么时候、以多少价格、买卖什么品种等计划内容予以记录，又要对实际执行情况进行登记。只有在平时养成了"勤做记录"的习惯，才能确保在实际操作中严格按计划执行。

3. 执行后需要反思

即使做到了每次操作前都有计划，每次计划都能执行，但也不能确保每次制订的计划和所执行的操作都正确，这就需要在执行后增加一个总结和反思的环节。

一是看制订计划的方法是否正确。制订买卖计划的关键一环是进行比对，无论是比从"高点"下来的跌幅、从某一时点下来的跌幅、从某一交易日下来的跌幅谁大，还是比从"低点"上来的涨幅、从某一时点上来的涨幅以及从某一交易日上来的涨幅谁小，都要求既比跌幅又比涨幅，即是否达到了跌幅最大、涨幅最小。只有在进行了"双向比对"后制订的计划才是采用正确方法制订出来的正确计划。

二是看制订的计划内容是否科学。一方面，在比的时候要尽可能做到简捷，防止比到最后找不着北；另一方面，要有可比性。对于没有可比性的股票，即使跌幅再大、涨幅再小都没有任何意义，这一点特别需要注意。

三是看最终的操作执行是否合理。在进行全面系统又具有可比性的比对之后，还要看最终操作是否养成了"四个习惯"，有无存在技术、方法方面的问题。

有的投资者可能会认为，有计划并严格执行的操作不一定是最好的操作，有时没有计划"看着办"或者虽有计划但不执行反而比没有计划或死守计划管用得多。乍一听，此话似乎有些道理，但实际上无计划操作对的只是一时，长此以往并非正确的选择。只有"谋而后动"，事先精心制订计划，并在操作中严格执行才是在复杂多变的股市里"战胜自己"、成为赢家。

第十一节　炒股也要"见机行事"

在股市投资，有一种极端而又奇特的现象耐人寻味：有的人，即使行情再差，也很少被套，还时有所获；相反，总有一些人，行情再好，也难以获利，还时常亏损。究其原因，主要在于对机会的洞察和把握能力悬殊。

1. "跌"出来的机会

机会，首先来自"下跌"，包括大盘的下跌和个股的下跌。大盘 2007 年从 6124 "空中"飞流直下，2008 年 10 月 28 日直接砸在 1664 "地板"上。面对同样的"高台跳水"，有的人吓得魂飞魄散，有的人感到机会来临。典型的投资者有三种：一是惊慌失措，割肉逃命，结果把那些十分珍贵的筹码让给了别人，错失了难得的投资良机；二是沉着应对，选择坚守，这类投资者心态大都比较平和，如果坚持到 2009 年 7 月已减亏或扭亏，有的或已盈利；三是抓住机遇，逢低买入。对于第三种资者来说，大盘和个股出现七成以上的下跌，正是买入股票的机会。他们认为，涨、跌是股市永恒不变的规律，要想在充满风险的股市获利，不仅要在大多数投资者的一片狂喜中"落袋"，而且要在大多数投资者的一片绝望中"捡拾"。从这个意义上讲，大盘和个股的下跌，对于准备买入的投资者而言就是一种难得的机会。

2. "涨"出来的机会

跌是机会，涨更是机会。在股市投资，十有八九都希望股市上涨，只有上涨、大涨，才能卖个好价钱。对于想卖股的投资者来说，涨是机会，对于想买股的投资者来说，涨也是机会。当大盘和个股刚开始启动时，多数人很难分辨主力的真正目的、操盘动向，以及领涨板块和率先启动的个股，此时，先涨起来的股票往往就是机会最大的品种。当行情涨到一定程度，板块和个股轮番上涨之后，那些长期处于潜伏状态的板块和个股一旦出现放量上涨，往往也是机会。在买入的时机方面，在发现目标品种启动的第一时间介入，是一种机会，在这些品种随后出现的回调中分批逢低买入也是一种机会。一般情况下，与"跌"出来的机会相比，"涨"出来的机会更容易被发现，也更容易去把握。

3. "磨"出来的机会

还有一种比较特殊的机会来自"磨"，既不在"涨"时出现，也不在"跌"时产生，而是在"磨"的过程中逐步呈现。有些个股，大盘涨时它不涨，大盘跌时它也不跌，始终表现得不温不火，磨磨蹭蹭。投资者也一样，有的人善于把握"涨"的机会，有的人善于把握"跌"的机会，而有的人特别善于把握"磨"的机会。无论大盘还是个股，一旦没完没了地"磨"起来，这部分投资者就有了用武之地。以大唐发电为例。该股是笔者长期跟踪的自选股之一，除了刚上市不久，借良好的分配预期，有过一番短暂的炒作外，其余时间基本上都是"按兵不动"，倒是在除权之后，跟随大盘的调整也出现过大幅下跌。大盘从 1664 点起涨以来，至 2009 年 7 月 3 日 3088 点收盘，涨幅高达 86%。其间，许多个股上蹿下跳、十分活跃，而大唐发电却始终在 7~8 元徘徊，"磨"的特征表现得非常明显。Q 以 7.47 元的价格买入后，大唐发电依然来回磨蹭，无论大盘怎么涨跌，它都依然我行我素，"气"得 Q 几次都想一抛了之，换股操作。

见 Q 有些急躁，笔者说，炒股要有耐心，既买之则安之，那些频繁"出没"于涨幅榜前列的个股机会虽多，但风险也大，而那些默默无闻的二线股票虽股性呆些，但也不乏机会，今天没有表现不等于明天也不会表现，过去表现得沉寂也不等于以后不会井喷，有些看起来"磨磨蹭蹭"的股票，一旦"磨"到了头，说不定就是未来的"大黑马"。几天之后，一向表现不温不火的大唐发电终于开始发力、加速。至 7 月 3 日，大唐发电在不知不觉中竟也涨了 15%，这一涨幅虽无法与那些大牛股相比，但对于普通投资者来说，在买入后的几个月时间内，能有这样的收益，也该知足了才是。

一样的大盘，一样的行情，摆在投资者面前的也是一样的机会。在有些投资者眼里，无论大盘和个股"涨""跌"，还是"磨"，都是一种机会，因而总能及时发现，"见机行事"，做到"机为我用"，而对于有些投资者来说，无论大盘和个股"涨""跌"，还是"磨"，都是一种风险，因为发现不及时，很难"见机行事"，所以常常痛失良机，甚至变"机"为"危"。

机会无处不在，机会无时不有。炒股，从某种意义上讲，其实就是锻炼和考验投资者对于机会的洞察力和"见机行事"的能力。股市不可能人人都赚钱，也不可能出现互利共赢的结局，谁成谁败、谁盈谁亏，区别往往就在对机会的发现和把握上存在差异。事实表明，在错综复杂的股市里，只有那些善于发现机会、及时抓住机遇、做到"见机行事"的投资者，才有机会成为这个市场里极少数的赢家和高手。

后记　勤学多思要牢记

炒股，与做其他事情一样，需要付出、需要投入。如果把炒股看作非常简单、人人都会的事，只要有钱，谁都可以炒股，那就错了。

要炒好股票，需要对政策面和市场面有个基本的了解，这就需要勤学多思。随着经济社会的快速发展，政策面和市场面无时不在发生着巨大而又深刻的变化。可以这样说，谁要是不加强学习，随时都有跟不上形势、被市场淘汰出局的可能，更别想在复杂多变的市场里成为赢家了。

要炒好股票，还要对股市的规律性和市场的复杂性有较充分的认识和准备，这同样需要勤学多思。凡事不能光往好处想，总得留有余地，总要有"一颗红心两种准备"。作为股民，从进入股市的第一天起，如果把问题想得过于简单，把结果想得过于美好，只有盈的打算，没有亏的准备，显然是行不通的。尽管股市变幻莫测，但仔细留意、细心观察，总还是有规律可循的。通过勤学多思，进一步了解市场的复杂性，把握股市的规律性，对于取得投资的成功，将大有益处。

要炒好股票，还要具有宽广的胸怀和良好的心态，这更加需要勤学多思。在股市投资、比拼，从某种意义上说，比的不是资金量的多少，也不是技术水准的高低，而是心态。大家都有这样的体会，炒股实际上是心态左右操作，心态决定成败。心态好了，人就会大度，理智就会占上风；心态好了，炒股才会目光远大、志在千里，才不会过多地计较一时的涨跌和眼前的得失，才能做一名理性、成熟的投资者，才能笑到最后。

勤学多思，是炒股的必修课和基本功。要想取得投资的成功，唯有勤奋，没有其他捷径可走。要做到勤学多思，关键在平时，功夫在课外。在证券投资的道路上，只要勤学多思，就没有越不过的坎。